大坂蔵屋敷の建築史的研究

植松清志 編著

思文閣出版

福岡藩蔵屋敷（「よと川の図」部分・大阪市立住まいのミュージアム蔵）

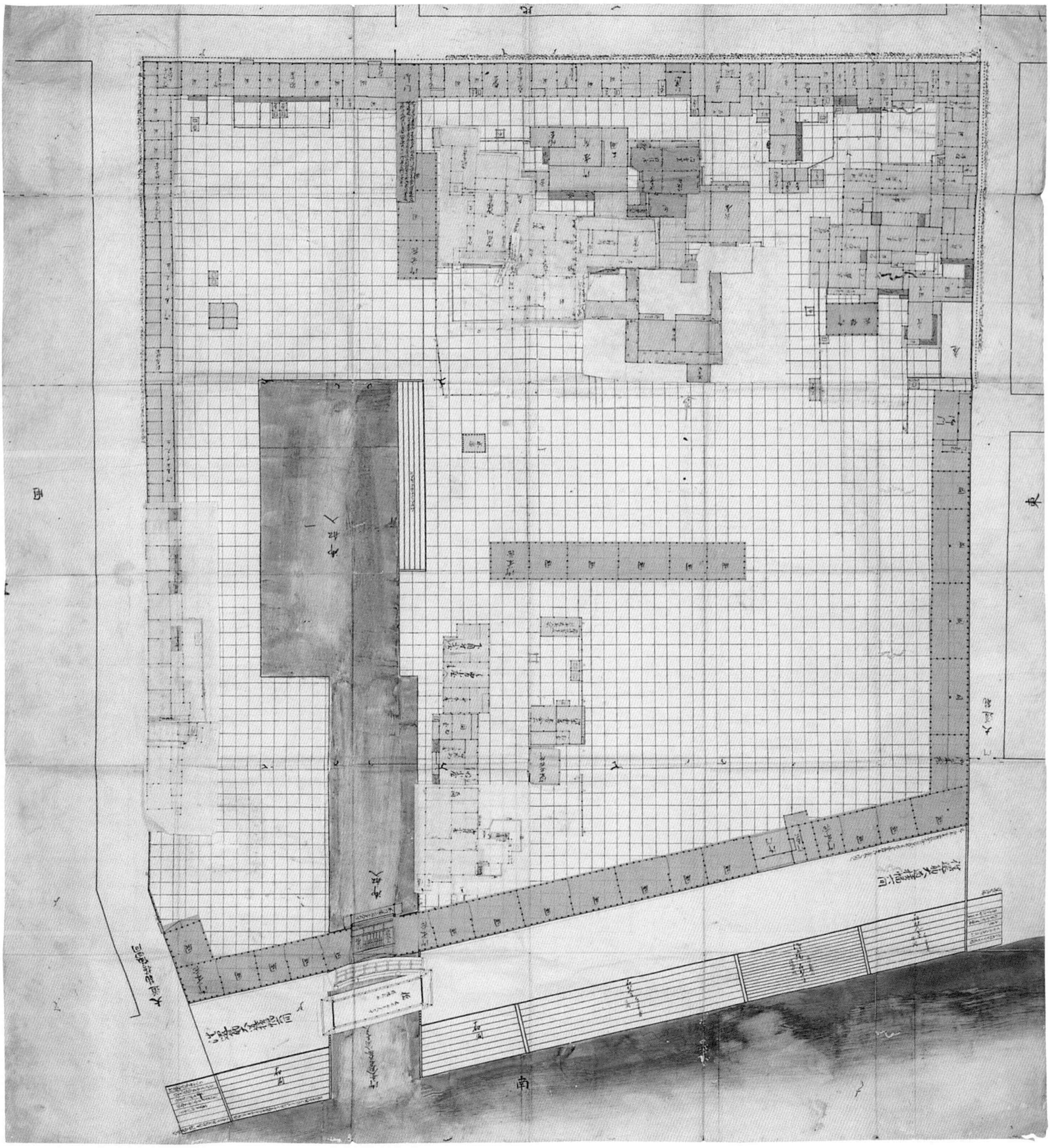

佐賀藩　元禄絵図（折り込み図1-2参照）

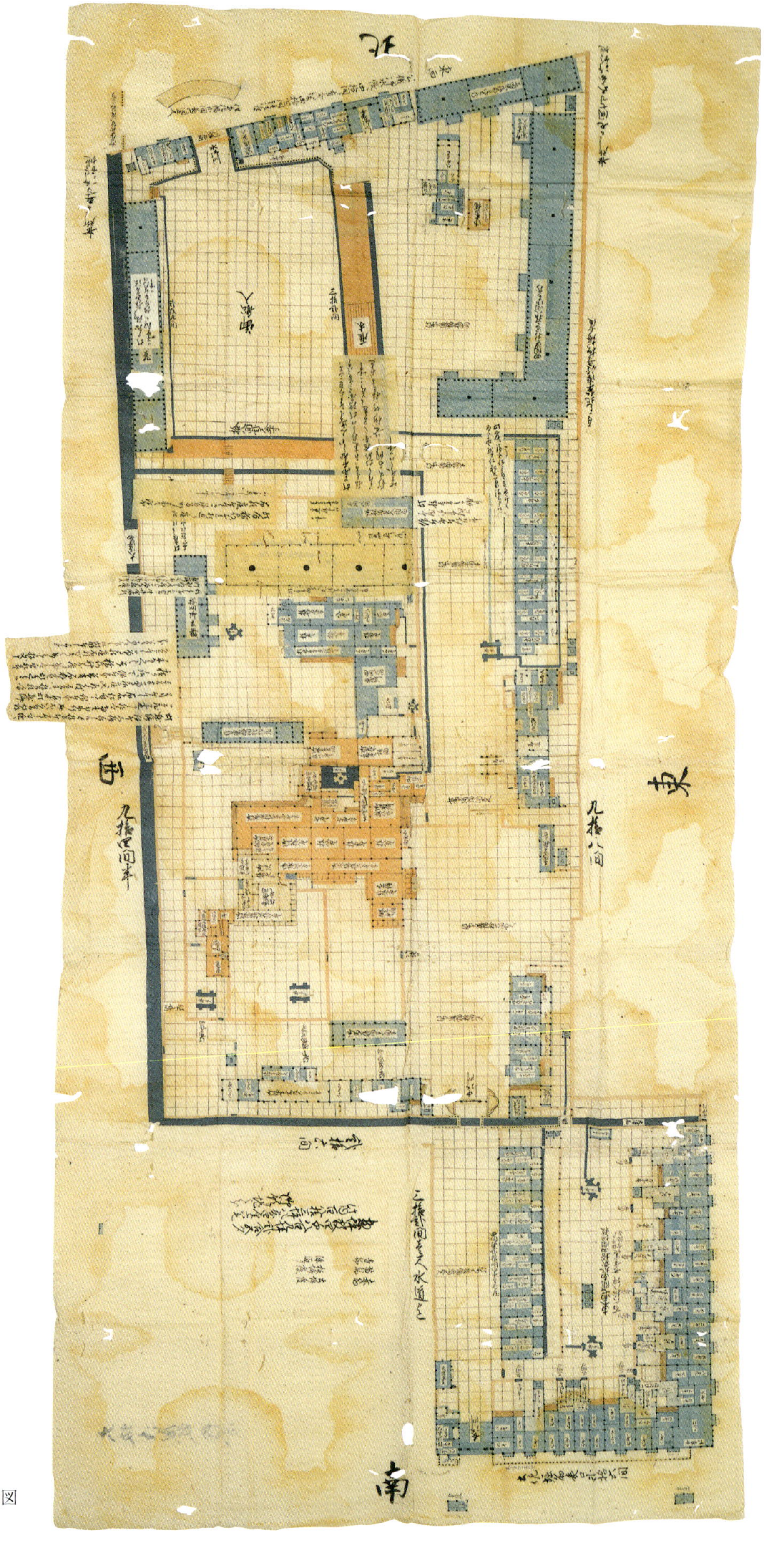

徳島藩　大坂蔵屋敷絵図
（折り込み図2-4参照）

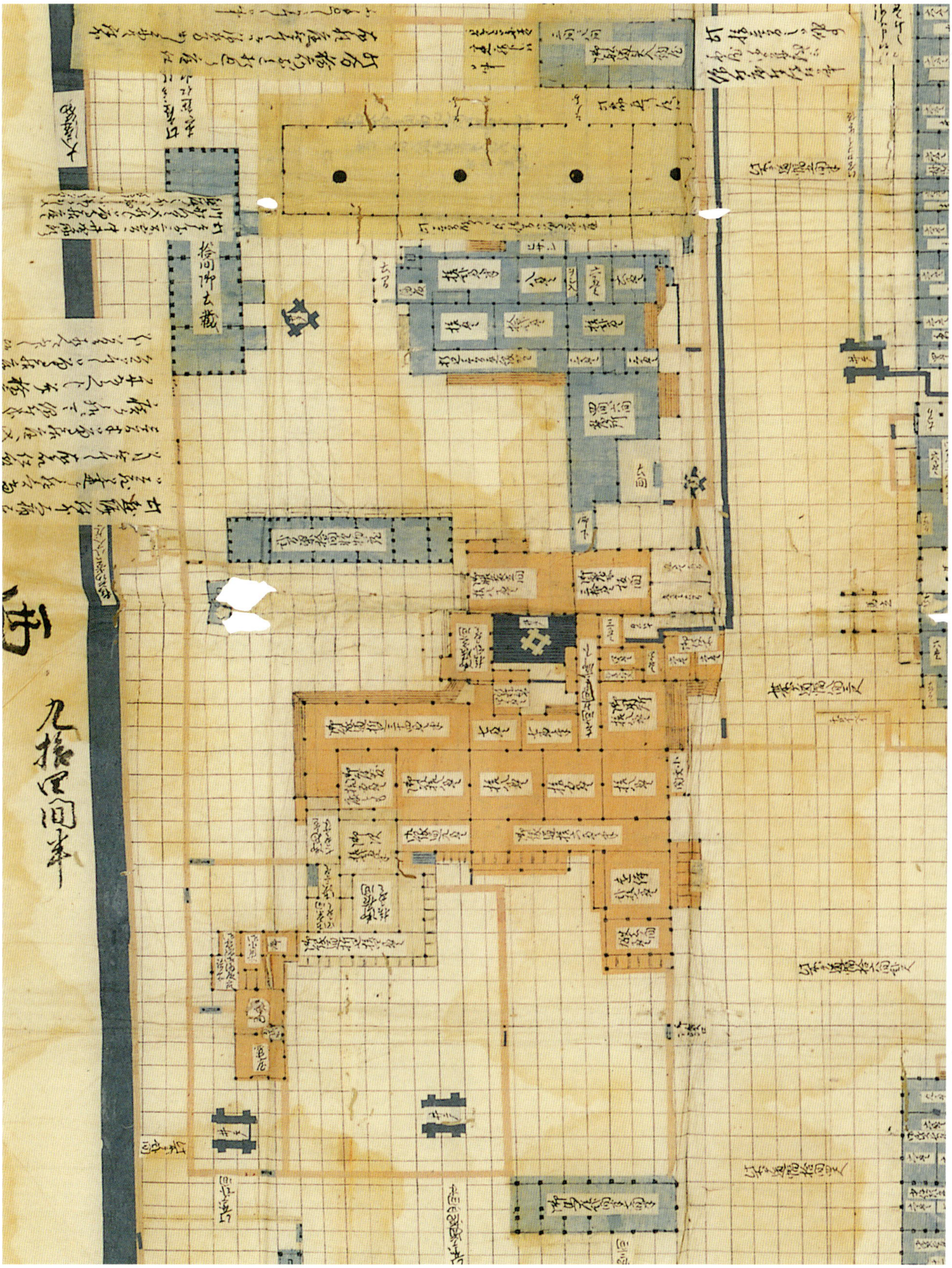

徳島藩　大坂蔵屋敷絵図部分拡大（29頁図2-5参照）

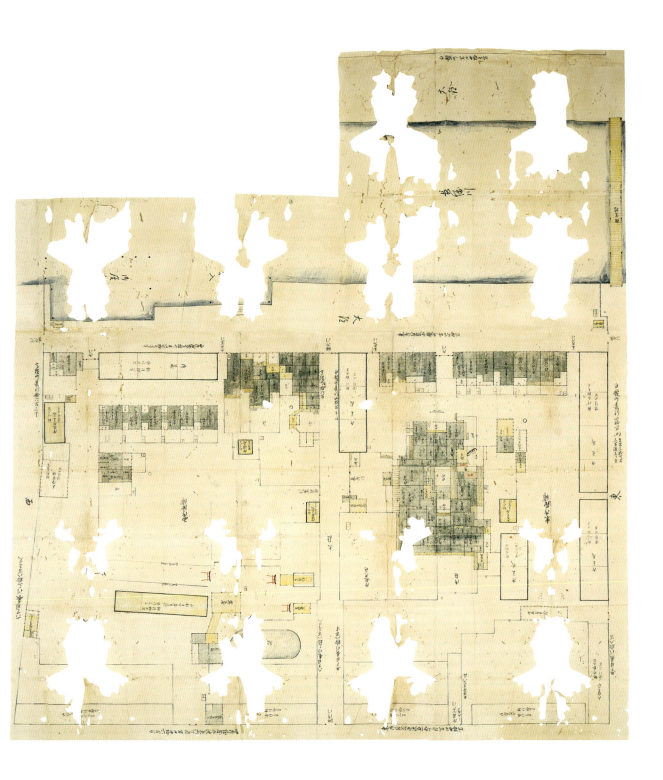

高知藩　大坂蔵屋敷図（折り込み図3-1参照）

目次

大坂蔵屋敷の建築史的研究

序　章　大坂蔵屋敷の建築史的研究

江戸時代の大名が藩庁所在地以外にもつ屋敷は、大きく二つに分けられる。一つは、幕府が江戸に参勤在府する諸大名に与えた屋敷で、江戸藩邸とも言い、藩の江戸役所としての機能を含んでいた。この屋敷には、藩主や家族が住む公邸としての上屋敷、隠居後の藩主や嗣子などが住む中屋敷、郊外に設けられた別邸や年貢米などを収納・保管する下屋敷としての蔵屋敷があった。もう一つは、各藩が江戸以外の京都や大坂・敦賀などの主要な都市や交易地に設けた屋敷である。

大名屋敷の建築史的研究は、平井聖氏が諸藩の江戸藩邸の建築構成や用法に関する研究において、一つの御殿が一つの機能に対応する「一殿舎一機能」の関係が明暦年間に成立し、これが近世武家住宅（大名屋敷）の特質であることを明らかにされた。各藩の江戸藩邸の研究では、佐藤巧氏による仙台藩江戸藩邸の建築構成や用法、北野隆氏による熊本藩江戸藩邸や数寄屋風書院、平井聖・後藤久太郎両氏による毛利藩江戸藩邸、後藤氏による弘前藩江戸藩邸の室内意匠に関する研究など豊富な蓄積がある。また、諸藩の江戸藩邸の指図の技法や図面表現の比較・検討も行われている[(1)]。さらに、江戸における旗本住居の研究も行われ[(2)]、江戸の武家住宅の研究はその分野を大きく広げている。江戸以外では、藤川昌樹氏の研究により、京都の大名屋敷が江戸時代の初期に有していた「宿」の機能とその変遷が検証されるとともに、京都における大名屋敷の実体が明らかにされつつある[(3)]。さらに、江戸やその他の都市における武家住宅の建築史的研究は、城下町の武家地の成立と構成や、都市史的観点などからの検討により、多方面にわたる研究が進められている[(4)]。

一方、大坂における大名屋敷は、慶長期（一五九六～一六一五）に大坂城南部の玉造や龍造寺町などに豊臣氏による拝領上屋敷が設置され、この屋敷での生活や軍役を支えるために、水運の便のよい場所に米穀などを収納・保管する機能を備えた下屋敷が設けられた。この下屋敷が、近世大坂における蔵屋敷の先駆であると考えられている。しかし、豊臣期の大名屋敷の建築史的研究は、大坂夏の陣による市街地の荒廃とその後の再開発や史料上の制約のため進んでいない[(5)]。

江戸時代の大坂は、慶長期から引き続き西国大名の年貢米市場として機能した。幕府の政策とも相まって米穀以外の諸国の物産も集まるようになると、大坂は全国市場として繁栄する。諸大名は、参勤交代による定期的な移動や江戸での生活の財源を確保する必要から、米穀や特産物を販売するために大坂に屋敷を設けるようになった。

各藩が大坂に設けた屋敷は、国許では「大坂御屋敷」などと称されるが、地元大坂では、米蔵と住居の機能をもつことから「蔵屋敷」と呼ばれる場合が多い。この蔵屋敷は、ほとんどが大名家によって設けられており、延宝七年（一六七九）の八九を最古に、元禄末期八一、延享四年（一七四七）八九、安永六年（一七七七）八六、享和元年（一八〇一）八五、文化一一年（一八一四）九六、天保六年（一八三五）一〇四と、一七世紀後半から一九世紀前半までその数が確認される。

大坂蔵屋敷に関する従来の研究は、蔵米や蔵物の流通や制度などに主眼をおいた経済史や商業史の研究が中心で、戦前では、佐古慶三氏による佐賀藩の仲仕制度を中心にした研究(6)、野村重臣・竹越與三郎両氏により蔵屋敷の意味や役割りを総体的にとらえた研究がなされ(7)、一定の成果が蓄積されている。

戦後では、宮本又次氏らによる、岡山藩・福岡藩・佐賀藩などの蔵屋敷史料の紹介や蔵役人の勤務形態や屋敷の業務などの研究(8)、森泰博氏による府内藩・鳥取藩・高知藩・福岡藩・金沢藩・佐賀藩などの蔵屋敷の成立事情や業務などについての詳細な研究が行われている(9)。また、渡辺忠司氏による蔵屋敷の設置と移転に関する研究(10)や、塚田孝氏によって、蔵屋敷が取引物産の販売以外に大坂町奉行所の行政の遂行にもかかわりをもっていたことが明らかにされ(11)、考古学では、佐賀藩・広島藩などの大坂蔵屋敷の遺構が発掘調査され、文献との照合による検証も行われるなど(12)、研究分野が拡張し、研究内容も深まりつつある。

しかし、建築史的研究は筆者らの研究があるのみで(13)、この分野における研究の進展が望まれる。これまでの流通機構や業務などを中心に行われてきた蔵屋敷の研究に対し、建築史的観点から蔵屋敷の変遷、建築構成・空間構成、居住性などを研究することは、蔵屋敷の全貌を解明するうえで必要不可欠なことと考えられる。また、大坂における大名屋敷の実体が解明されることで、江戸・京都・大坂の大名屋敷の比較・検討が可能となり、建築に関する「三都論」が議論される契機ともなろう。

そこで本書では、各藩の大坂蔵屋敷の敷地や立地、屋敷の変遷、建築構成や空間構成、藩主が参勤交代のさいに滞在した御屋形（御殿）の機能、役人住居の階層性や居住性などについて、都市との関連も考慮に入れつつ、指図や文献史料を用いて検討を行い、蔵屋敷の研究に新たな局面を開くことを目的としている。さらに、奥羽地方の弘前藩と秋田藩、甲信地方の松代藩の蔵屋敷の建築構成なども検討し、西国諸藩の蔵屋敷との相違点を明らかにしたい。弘前藩は元禄初期（一七世紀後期）に大坂に蔵屋敷を設けているが、敦賀・大津に蔵屋敷、京都に屋敷を設置しており、これらの屋敷と大坂蔵屋敷の比較・検討を行い、大坂蔵屋敷の特質を論じたい。秋田藩は文化年間（一九世紀初期）に大坂蔵屋敷を設けている。松代藩は、幕末の嘉永年間（一九世紀中期）に大坂市場に参入し、蔵屋敷を在所の商人を対象にした滞在型の宿泊施設、蔵は物産の保管施設と位置づけ、宿泊料や保管料（蔵敷料）をとるなど独自の運営を模索した。

本研究は、近世大坂における蔵屋敷の成立・展開・変容過程の三つで構成されている。東国地方も含めて、多くの新出史料を得ることができ、それらの史料を紹介しながら、諸藩の大坂蔵屋敷が、社会の変化や都市の発展とともに、どのように対応・変化したのかという点にも留意しつつ検討を行った(14)。

本書は九章で構成されている。第一章は佐賀藩大坂蔵屋敷の成立と変遷として、豊臣期の大坂屋敷の変遷を跡づけ、江戸時代の蔵屋敷の成立と変化、焼失後の再建蔵屋敷の機能などについて検討している。第二章は徳島藩大坂蔵屋敷の変遷をたどり、大小二区画という特異な敷地をもつ同屋敷の建築構成を明らかにし、御屋形（御殿）の空間構成から、その平面形態を考察している。第三章は高知藩における上方屋敷（京都・伏見・大坂）を比較検討し、大坂蔵屋敷・京都屋敷・伏見屋敷の特質を考察している。第四章は弘前藩の敦賀・大津・大坂屋敷の変遷をたどり、各屋敷の機能を考察し、特に大坂蔵屋敷の規模の拡張と機能の充実を明らかにしている。また秋田藩では、大坂蔵屋敷の建築構成などを考察している。

　第五章は大坂蔵屋敷の鎮守社と祭礼について検討し、大坂の年中行事と蔵屋敷祭礼との関係や、その発展を明らかにしている。さらに、諸藩の鎮守社と祭礼の様相を示すとともに、祭礼の経済効果や近代の蔵屋敷祭礼などにも言及し、都市大坂と祭礼との関連を考察している。第六章は「よと川の図」に描かれた都市大坂の景観年代や制作意図などを検討するとともに、福岡藩大坂蔵屋敷の建築構成などについて考察している。第七章は拝領屋敷であった小室藩大坂蔵屋敷の成立と解体の過程を明らかにし、その跡地が銅細工職人町として発展していく過程を考察している。第八章は松代藩の大坂蔵屋敷が、在地商人の宿泊施設や物産の保管施設として機能していることを検討し、従来の諸藩の蔵屋敷の運営方針との違いを明らかにしている。第九章は御三卿清水家の蔵屋敷が、拝領屋敷であることを確認し、領知村々によって建築される過程を検討している。

　そして結章において、これらの研究の成果をふまえて、建築史的立場から、近世大坂における蔵屋敷の成立・展開・変容の過程、蔵屋敷の類型化などをまとめている。

（1）平井聖『日本の近世住宅』（鹿島研究所出版会、一九六八年）、佐藤巧『近世武士住宅』（叢文社、一九七九年）、北野隆「細川家文書による近世初期江戸屋敷の研究」（『日本建築学会論文報告集』第二〇〇号、一九七二年一〇月）、同「近世武家住宅における数寄屋風書院について」（『日本建築学会論文報告集』第二六三号、一九七八年一月）、後藤久太郎・平井聖「毛利藩江戸上屋敷指図について（一）」（『日本建築学会関東支部第四四回研究報告集』一九七三年度）、後藤久太郎「弘前津軽藩江戸藩邸の室内意匠について」（『宮城学院女子大学生活科学研究所研究報告』第九巻、一九七五年）、同「近世指図の作図技法と図面表現」（『宮城学院女子大学生活科学研究所研究報告』第二三巻、一九九一年）

（2）鈴木賢次「旗本住居の平面構成について」（『日本建築学会計画系論文報告集』第三五四号、一九八五年三月）、同「上級旗本住居の平面構成における階層的性格について」（『日本建築学会計画系論文報告集』第三七一号、一九八七年一月）などの一連の研究。

（3）藤川昌樹「武家屋敷と近世京都」（『日本建築学会大会学術講演梗概集』一九八七年一〇月）、同「近世初期京都における大名屋敷の成立」（『日本建築学会大会学術講演梗概集』一九八八年一〇月）、同「近世初期諸藩上洛供奉における〈宿〉」（『建築史学』第二八号、一九九七年三月）

（4）藤川昌樹「近世の武家屋敷と都市史研究」（都市史研究会編『年報都市史研究二』、山川出版社、一九九四年一二月）。これ以後、例えば、浅野伸子他「史料による上田城下武家屋敷の配置と平面の分析——幕末の上田城下武家屋敷の様相（その一）——」（『日本建築学会計画系論文集』第五三〇号、二〇〇〇年四月）、同「岡崎藩家老中根家における寛政期以降の屋敷の変化について——中根家文書にみる住宅関係史料（その三）——」（『日本建築学会大会学術講演梗概集』二〇〇七年八月）、生田国男他「濃州加納城下町における大名の交代に伴う都市構成とその内部構造の変化について――近世城下町の研究――」（『二〇〇五年度日本建築学会関東支部研究報告集』）、堤喜恵他「柳河城内における屋敷割について――旧柳河藩の武家住宅に関する研究・その一――」（『日本建築学会九州支部研究報告』第四六号二〇〇七年三月）、伊豆蔵蔵喜「鷹匠町における武家屋敷地の変遷――福井城下町の武家地の研究・その一七――」（『日本建築学会北陸支部研究報告集』第五四号、二〇一一年七月）のような福井城下町に関する一連の研究など、広範囲にわたり詳細な研究成果が蓄積されている。

(5) 慶長期の下屋敷について、森泰博氏が経済史の立場から論究（「大阪蔵屋敷の成立」、『大阪経済のダイナミズム』、清文堂、一九九〇年）されているが、文献のみによるため具体的な様相がわかりにくい。

(6) 佐古慶三「佐賀藩蔵屋敷払米制度」（『大阪市立高等商業学校大阪商史学研究室紀要』第一冊、大阪史学会、一九二七年四月）

(7) 野村重臣「大阪に於ける蔵屋敷について（一）〜（四）」（『同志社論叢』第三三号、一九三〇年一二月／同三四号、一九三一年二月／同三五号、一九三一年六月／同四〇号、一九三三年二月）、竹越與三郎『日本経済史研究 第九巻』（平凡社、一九三五年）

(8) 宮本又次「大阪の岡山藩の蔵屋敷史料の紹介」、同「福岡藩と大阪との関係史料紹介」、作道洋太郎「細川藩の大坂蔵屋敷について」（宮本又次編『大阪の研究』第二巻、清文堂、一九六八年）、宮本又次「佐賀藩蔵屋敷の史料紹介」、同「大阪の蔵屋敷と蔵役人」（宮本又次編『大阪の研究』第三巻、清文堂、一九六九年）などの一連の研究。

(9) 森泰博「府内藩大坂蔵屋敷の業務」（『大阪の歴史』第二五号、一九八八年一〇月）、同「鳥取藩大坂蔵屋敷の成立」（『商学論究』第三七巻一・二・三・四・合併号、一九八九年一〇月）、前掲注(5)同「大阪蔵屋敷の成立」、同「初期の高知藩大坂蔵屋敷」（『経済学論究』第四四巻第三号、一九九〇年一二月）、同「福岡藩大坂蔵屋敷」（『西南地域史研究』第八輯、文献出版、一九九四年）、同「金沢藩大坂蔵屋敷の新設」（『経済学論究』第五二第二号、一九九八年一二月）、同「佐賀藩大坂蔵屋敷の成立」（『商学論究』第四六巻三号、一九九九年三月）などの一連の研究。

(10) 渡辺忠司「大阪三郷町続き在領における蔵屋敷の設置について」（『大阪の歴史』第五一号、一九九八年五月）

(11) 塚田孝『近世の都市社会史』（青木書店、一九九六年）

(12) 『旧佐賀藩大坂蔵屋敷船入遺構調査報告』（大阪市文化財協会、一九九一年三月）、『広島藩大坂蔵屋敷跡』（大阪市文化財協会、一九九七年三月）、伊藤純・豆谷浩之「新出広島藩大坂蔵屋敷絵図について」（『大阪の歴史』第五一号、一九九八年五月）。

(13) 伊勢戸佐一郎・谷直樹「佐賀藩大坂蔵屋敷の建築と年中行事」（『大阪の歴史』第二五号、一九八八年一〇月）、俵敬子・谷直樹「岡山藩大坂蔵屋敷の建築指図について」（『日本建築学会中国支部研究報告集』第一六巻、一九九一年三月）、植松清志・谷直樹「弘前藩の蔵屋敷について」（『大阪市立大学生活科学部紀要』第四六巻、一九九八年）、同「弘前藩大坂蔵屋敷の建築構成について」（『日本建築学会近畿支部研究報告集』第三九号、一九九九年度）、同「高知藩の大坂蔵屋敷について」（『日本建築学会大会学術講演梗概集』一九九九年九月）、同「松代藩の大坂蔵屋敷について」（『大阪市立大学生活科学部紀要』第四七巻、一九九九年）、同「奥羽諸藩の蔵屋敷の建築について」（『歴史科学』第一五九号、二〇〇〇年五月）、同「佐賀藩大坂蔵屋敷について」（『日本建築学会計画系論文報告集』第五三〇号、二〇〇〇年四月）、同「小室藩大坂蔵屋敷の変貌」（『大坂城と城下町』、思文閣出版、二〇〇〇年）。

(14) 本書は、平成一二年四月に大阪市立大学大学院に提出した学位請求論文『近世に大坂における蔵屋敷の住居史的研究』をもとにしているが、提出後、徳島市立徳島城博物館（徳島藩）、和泉市（御三卿清水家）、島原市本光寺（島原藩）、西川家（島原藩）、島原図書館（島原藩）において史料調査を行い、その成果も本書にも収めた。さらに第五章・第六章の論考を収録することで、現時点における大坂蔵屋敷の建築史的研究の最新の成果を示した。

第一章　西国大名の大坂蔵屋敷――佐賀藩大坂蔵屋敷の成立と変遷――

一節　初期の佐賀藩大坂蔵屋敷

豊臣時代の大坂では、大坂城の南部に諸大名の屋敷が設けられたが、これらは戦時の陣屋あるいは大名と家族や家臣の滞在所で、豊臣氏による軍事的な意味合いの濃い拝領上屋敷であった。(1)

龍造寺隆信の嫡子政家は、天正一六年（一五八八）大坂へ赴き豊臣秀吉に仕えた。(2)龍造寺氏の大坂屋敷に関する一次史料はないが、江戸時代、大坂城の南西部に龍造寺町という地名があり、(3)同氏の屋敷地との関係が類推できる。同一八年二月に政家は隠居となり、その後を継いだ鍋島直茂は、同年八月の秀吉による人質要求に応じ、直茂夫人と次男を「大坂へ罷登」らせ居住させている。(4)

鍋島家の大坂屋敷が具体的に確認できるのは、慶長二年（一五九七）五月九日に秀吉を玉造屋敷に招待した記事である。その様子は、「鍋嶋直茂譜考補」(5)によると

直茂公、大坂玉造ノ御屋敷ニ数寄屋ヲ御用意アリ。（中略）直茂公、自カラ御茶ヲ献セラル。畢テ殿下書院ニ御移リ（中略）広間ニ於テ（中略）御礼ヲ遂ル。（中略）楽屋舞台ニ御移リ、風呂屋御見物アリ。（中略）太閤殿下殊ニ御機嫌能、（中略）暮ニ及ンテ御帰也

とあり、数寄屋・書院・広間・能舞台・風呂など、同屋敷の主要な建築構成が判明し、同屋敷は鍋島家の上屋敷であると考えられる。この屋敷が先の直茂夫人などが居住した屋敷であろう。

これ以前、秀吉が文禄元年（一五九二）に伏見で始めた普請は、同三年から本格的な城と城下町の建設に発展し、城下には諸大名が屋敷を設置した。(6)鍋島家では、直茂の嫡子勝茂が文禄五年二月に同屋敷で婚礼をあげており、上屋敷が存在したことが知られる。(7)つまり、この時期鍋島家では、伏見と大坂玉造に上屋敷を設けていたのである。

慶長三年、大坂では町中屋敷替えがあり、秀吉による大規模な城下町の改造普請が行われたが、(8)八月一八日に秀吉は死去した。慶長五年九月一五日に関ヶ原合戦が始まり、勝茂は西軍に参加した。同軍は敗退し、九月一八日に玉造屋敷に戻ったところ、(9)

はや関ヶ原の先勢大坂へ乱入、少々御屋敷へも取囲んと致ける故、御屋敷中の輩是を為可防先火矢の用心に屋根板などをはね迦しける（後略）

とあり、東軍の攻撃を受けているが、一一月六日条に「此方御屋敷何事も無之候」(10)とあって、同屋敷の無事が確認される。

ところで、鍋島家では、関ヶ原合戦直前の慶長五年三月に黒田家の天満屋敷を購入しようとしている。(11)この時は不首尾に終わったが、大

坂の天満周辺で屋敷地をさがす動きはその後も継続していたようである。鍋島家の大坂天満屋敷の存在が最初に確認できるのは同一〇年七月二六日付けの覚[12]で、全文一一か条のうち以下の五か条に建物などに関する規定がある。

覚

（前二か条略）

一、大坂天満詰之者兵糧之義（中略）俵にて可相渡候事　①

一、伏見詰之者兵糧之事、従国元米参着候而（中略）於天満ニ船たてニ可差渡候事　②

（中二か条略）

一、天満屋形番、今之まゝ山田助左衛門申付、替掃地など可入念事　③

一、大坂天満有道具いささかの物たりとも、宮部善右衛門為奉行帳面ニ載、請取可置事　④

一、天満家并米蔵、或ハとうかい、或は上下之乗船共修理候義、銘々相改、書立を以可申聞候　⑤

（後二か条略）

条文の内容は、①②が兵糧米の受け渡しに関する規定、③④⑤が天満屋敷の維持・管理に関する規定である。このうち、⑤から天満屋敷には「家」があったことがわかる。「家」には、殿舎（御殿・屋形）という意味があるが、当時の用例をみると、慶長一七年の名古屋城天守の作事のさいに、徳川家康の側近から出された御掟[13]の一条に、「一御天主（守）立候後、御家をハ立可申候事」とあり、天守の完成後に御家、すなわち殿舎の作事を申し付けている。つまり、天満屋敷の「家」とは、藩主滞在用の屋形で、③のように、屋形番がいて維持・管理を担当していた。また、⑤からは、同屋敷に米蔵が設けられていたことがわかる。ただし、鍋島家では、慶長一二年の時点でも大坂は廻米の最大の売却地ではなく、少しでも高値の場所での販売を目論んでいた[14]。従って、慶長一〇年の段階では国元からの定期的な廻米はなく、①②にみられるように、天満・伏見詰めの者への兵糧米が中心であった。

以上のことから、慶長一〇年時点の天満屋敷は、藩主の居館を備えた上屋敷の機能と、兵糧米の保管と水運を利用した輸送という、下屋敷の機能を有していたことが判明する。一方で、関ヶ原合戦以降、玉造屋敷に関する記事は史料に登場しなくなるが、これは、政権の所在地が大坂から伏見・江戸に移ったこと、大坂における佐賀藩の活動拠点が水運の便に優れた天満に移ったことなどから、上屋敷であった玉造屋敷の必要性が低下したことを思わせる。

慶長二〇年（元和元年＝一六一五）正月に鍋島勝茂は一旦下国するが、同年五月八日、大坂夏の陣参戦のために上坂の途中、西宮で大坂落城の知らせを受ける。同年六月大坂に入部した松平忠明は、復興整備の過程で豊臣期の大名屋敷をすべて没収した。さらに元和二年二月、町割の完成を機に水帳を作成し[15]、屋敷地は町人名義の登録とした。

その後、明暦元年（一六五五）と推定されている「大坂三郷町絵図[16]」には、天満十一丁目下半町付近に「鍋嶋信濃守」と記され、また延宝七年（一六七九）刊の『難波雀』にも「松平丹後守屋敷天満十一丁目」と記載されている。

後述する享保一一年（一七二六）の天満十一丁目下半町の水帳には、明暦元年五月二三日に佐賀藩大坂蔵屋敷名代の肥前屋善左衛門・中田屋理右衛門が大坂町奉行配下に提出した水帳の写しが収録されている。これにより、明暦元年に佐賀藩大坂蔵屋敷が同所に存在したことが明らかになるが、同文書中に、「前廉之水帳四十年ニ及申候」とあることから、位置が元和の町割の時期にさかのぼる可能性が高い。ただし、大坂の町割は夏の陣以前と以後の断絶があるので、慶長一〇年の史料にある天満屋敷との位置関係は不明とせざるをえない。

元和二年八月一〇日の鍋島勝茂覚書[17]によると、佐賀藩には、江戸・伏見・天満・下関の各屋敷が確認できる。江戸・伏見屋敷は上屋敷、天満屋敷は伏見屋敷の支援と大坂での藩主滞在、下関屋敷[18]は米価情報収集の目的で設けられていた。やがて、元和末期から寛永初期にかけて同藩の廻米は大坂へ集中することになり[19]、大坂蔵屋敷では下屋敷を中心に米蔵などが整備充実されていったと考えられる。

二節　江戸時代の佐賀藩大坂蔵屋敷

（1）史料

ここでは、まず佐賀藩大坂蔵屋敷関係史料（表1―1、日本生命保険相互会社蔵・大阪歴史博物館寄託）を紹介する。同史料は、昭和六二年（一九八七）秋に発見されたもので、平成二五年度大阪市文化財に指定された。このうち①から⑩までの図面類は「天満御屋敷諸絵図控・水帳之控・建家指図入」と函書された木製の書類入れに一括して収められていた。これらの史料が日本生命に入った経緯は判然としないが、もとは佐賀藩大坂蔵屋敷に伝来したものと推定される。なお佐賀藩では大坂の蔵屋敷のことを「天満御屋敷」とよんでいたが、本章では「佐賀藩大坂蔵屋敷」の名称に統一した。したがって史料名称は、必ずしも原本の標題とは一致していない。

つぎに指図類の体裁と作成時期について触れておきたい。まず史料番号①

表1-1　佐賀藩大坂蔵屋敷関係史料一覧

番号	史料名称	点数	寸法（単位ミリメートル）と仕様
①	貞享五年天満十一丁目下半町水帳絵図	一枚	東西　七〇七×南北一一六五
②	元禄五年佐賀藩大坂蔵屋敷指図Ⅰ	一枚	東西一九八〇×南北二一七五　着彩貼図・八分計
③	元禄五年佐賀藩大坂蔵屋敷指図Ⅱ	一枚	東西一九八五×南北二一二〇　着彩書き図・八分計
④	元禄五年佐賀藩大坂蔵屋敷御屋形指図	一枚	東西　八七八×南北　九三〇　着彩貼図・一〇分計
⑤	享保再建佐賀藩大坂蔵屋敷指図	二枚一組	北半図は東西二二六〇×南北一二〇三、南半図は東西二二六五×南北一五三〇　書き図・一〇分計
⑥	享保再建佐賀藩大坂蔵屋敷御屋形指図Ⅰ	一枚	東西　九三一×南北　九五〇　書き図・一〇分計
⑦	享保再建佐賀藩大坂蔵屋敷御屋形指図Ⅱ	一枚	東西　九八八×南北　九五五　書き図・一〇分計
⑧	享保再建佐賀藩大坂蔵屋敷御屋形屋根形指図	一枚	東西　九三四×南北　九五二　書き図・一〇分計
⑨	享保再建佐賀藩大坂蔵屋敷御屋形建具一式	一冊	墨付四枚
⑩	享保再建佐賀藩大坂蔵屋敷御屋形畳一式	一冊	墨付二枚
⑪	享保十一年天満十一丁目下半町水帳	一冊	墨付七枚
⑫	宝暦三年天満十一丁目下半町水帳	一冊	墨付七枚
⑬	宝暦七年浜納屋地坪数帳	一冊	墨付三枚

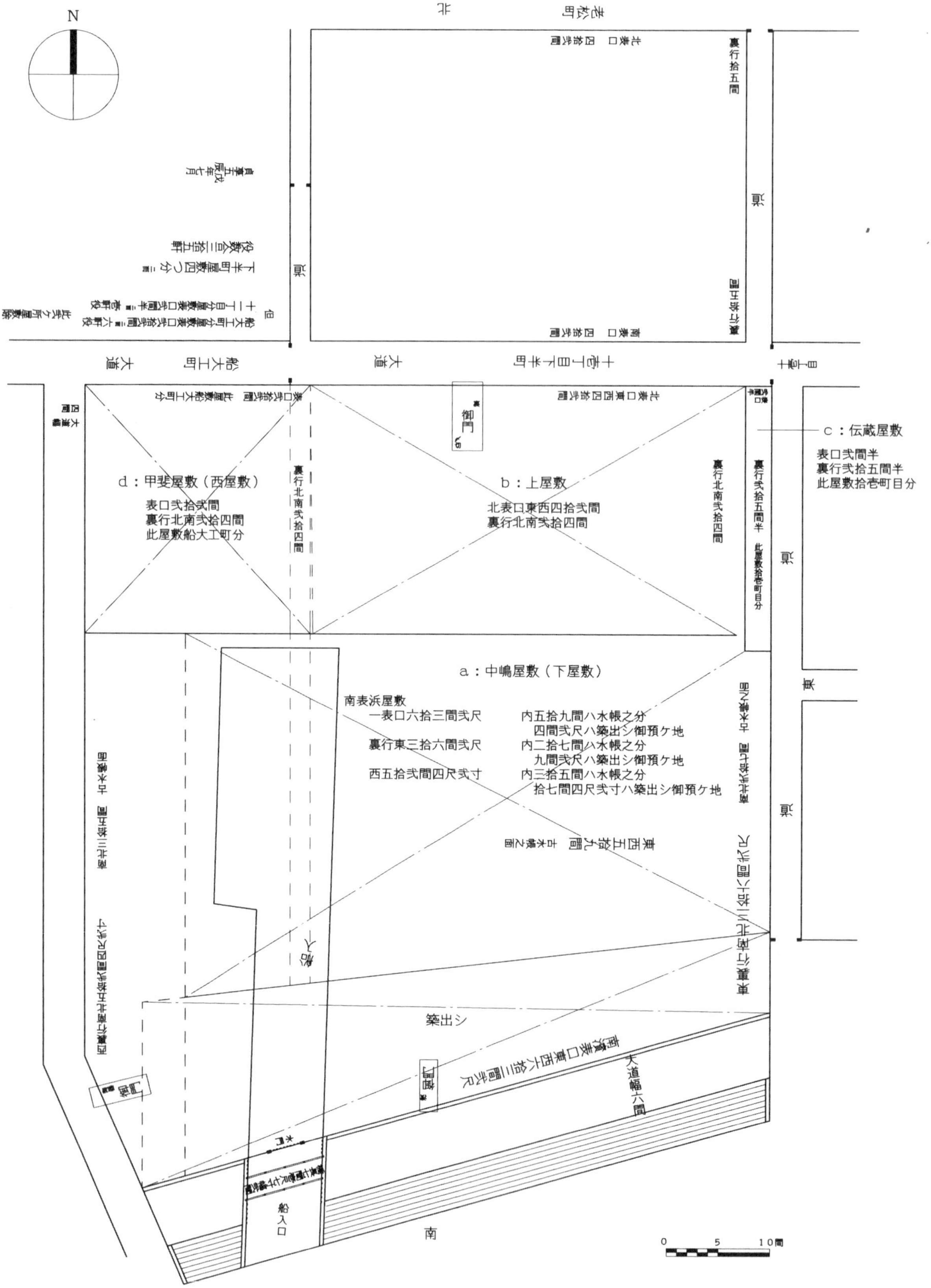

図1-1　貞享五年天満十一丁目下半町水帳絵図（貞享図）

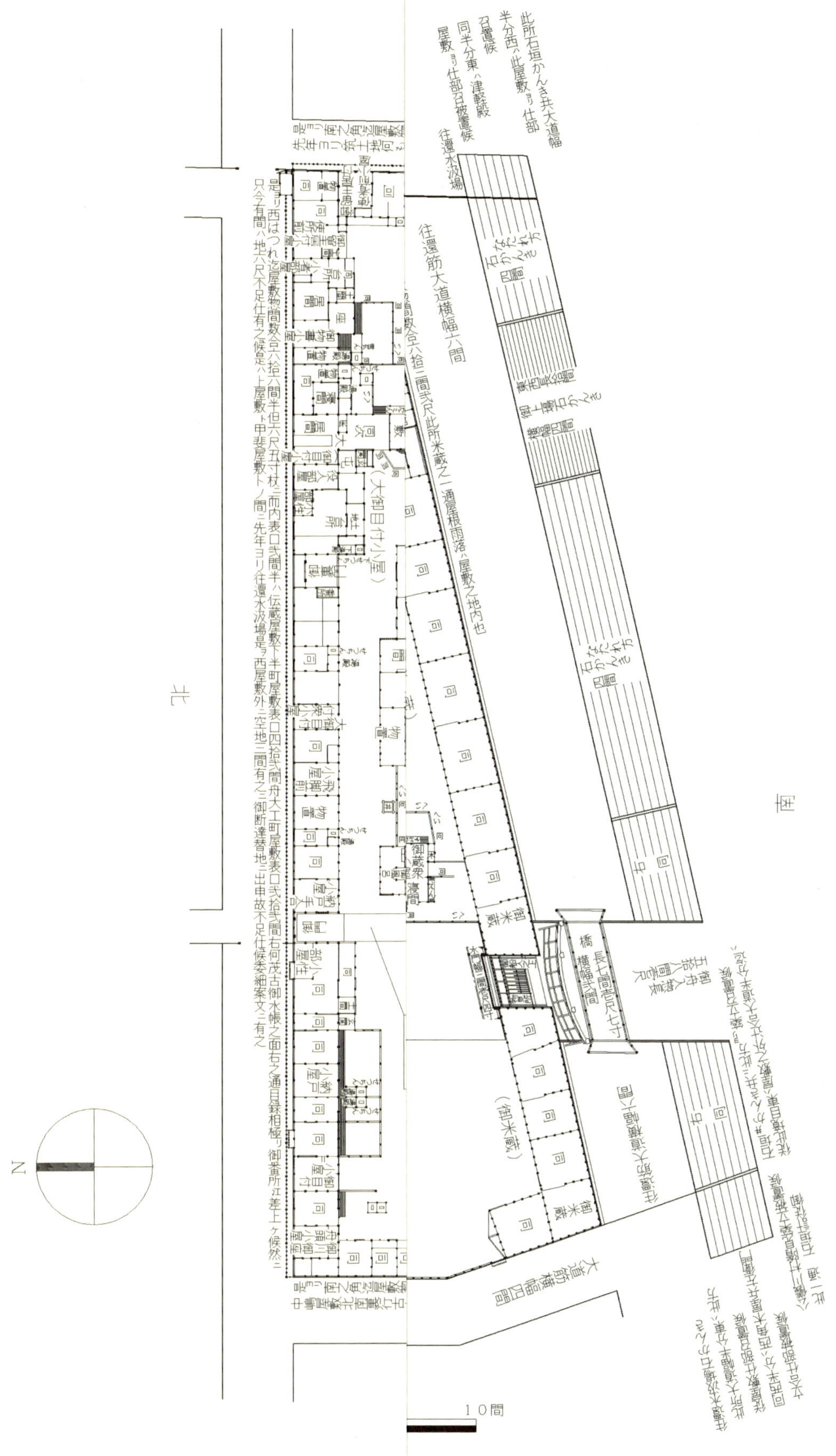
此所石垣かんき共大道幅
半分西ハ此屋敷ヨリ仕部
召置候
同半分東ハ津軽殿
屋敷ヨリ仕部召被置候
往還水汲場
往還筋大道横幅六間
屋敷総間数合六拾三間弐尺此所米蔵之二通屋根雨落ハ屋敷之地内也
石かんき四間
（大御目付小屋）
御米蔵
（御米蔵）
橋長十二間弐尺七寸
横幅弐間
大道筋横幅四間
北
西
N
10間
是ヨリ西はつれ迄屋敷物間数合六拾六間半但六尺五寸杖ニ而内表口弐間半ハ伝蔵屋敷下半町屋敷表口四拾弐間舟大工町屋敷表口弐拾弐間右何茂古御水帳之面右之通目録相極リ御奉所江差上ケ候然ニ
只今有間ハ地六尺不足仕有之候是ハ上屋敷ト甲斐屋敷トノ間ニ先年ヨリ往還水汲場是ヨリ西屋敷外ニ空地三間有之ニ御断達替地ニ出申故不足仕候委細案文ニ有之

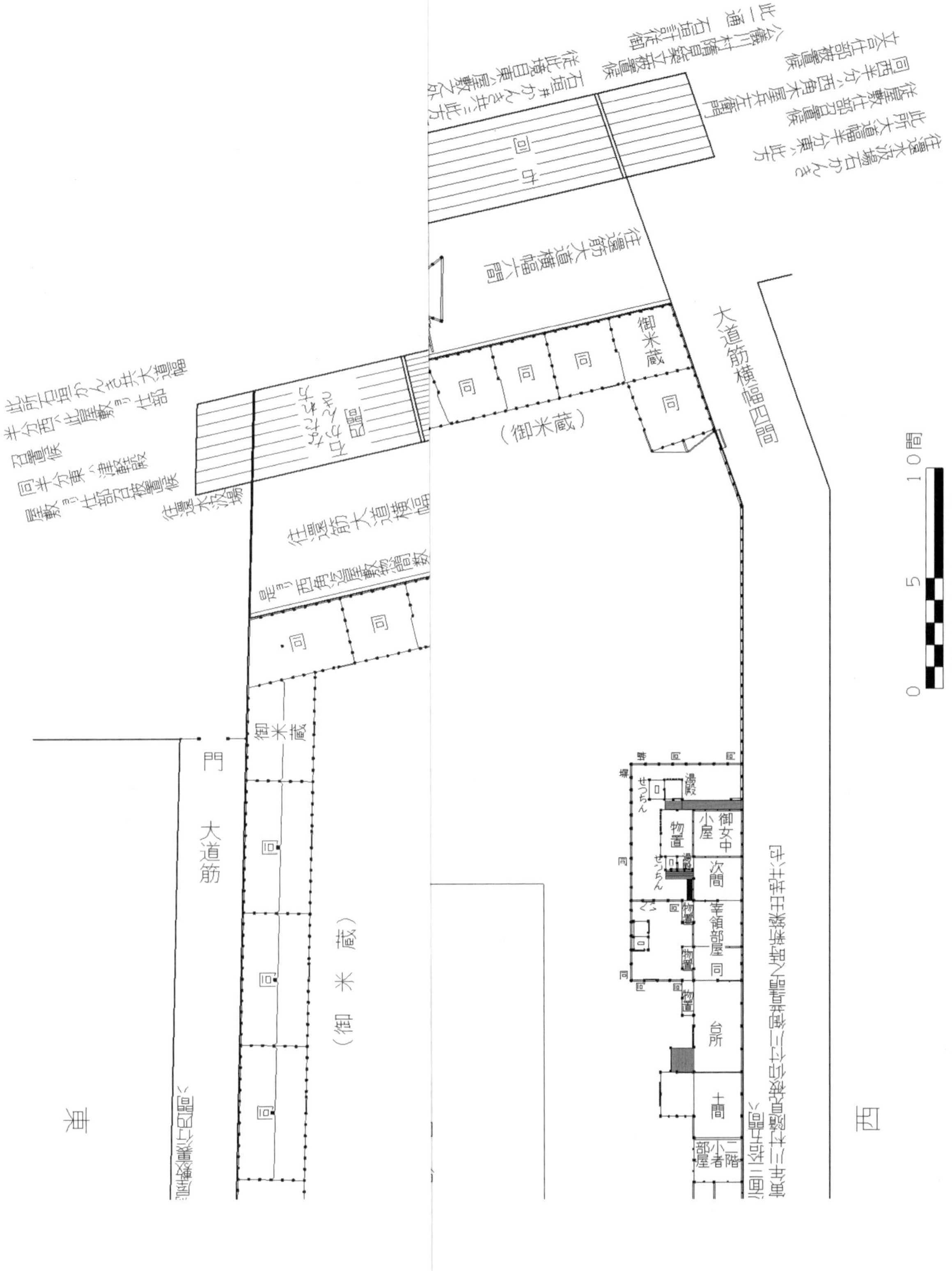

大道筋横巾四間
往還筋大道横巾六間
御米蔵
同
（御米蔵）
大道筋
門
（御米蔵）
東
西
湯殿
せっちん
物置
御女中
小屋
次間
筆頭部屋
台所
土間
二階
小者
部屋
0
5
10間

図 1-2　元禄五年佐賀藩大坂蔵屋敷指図

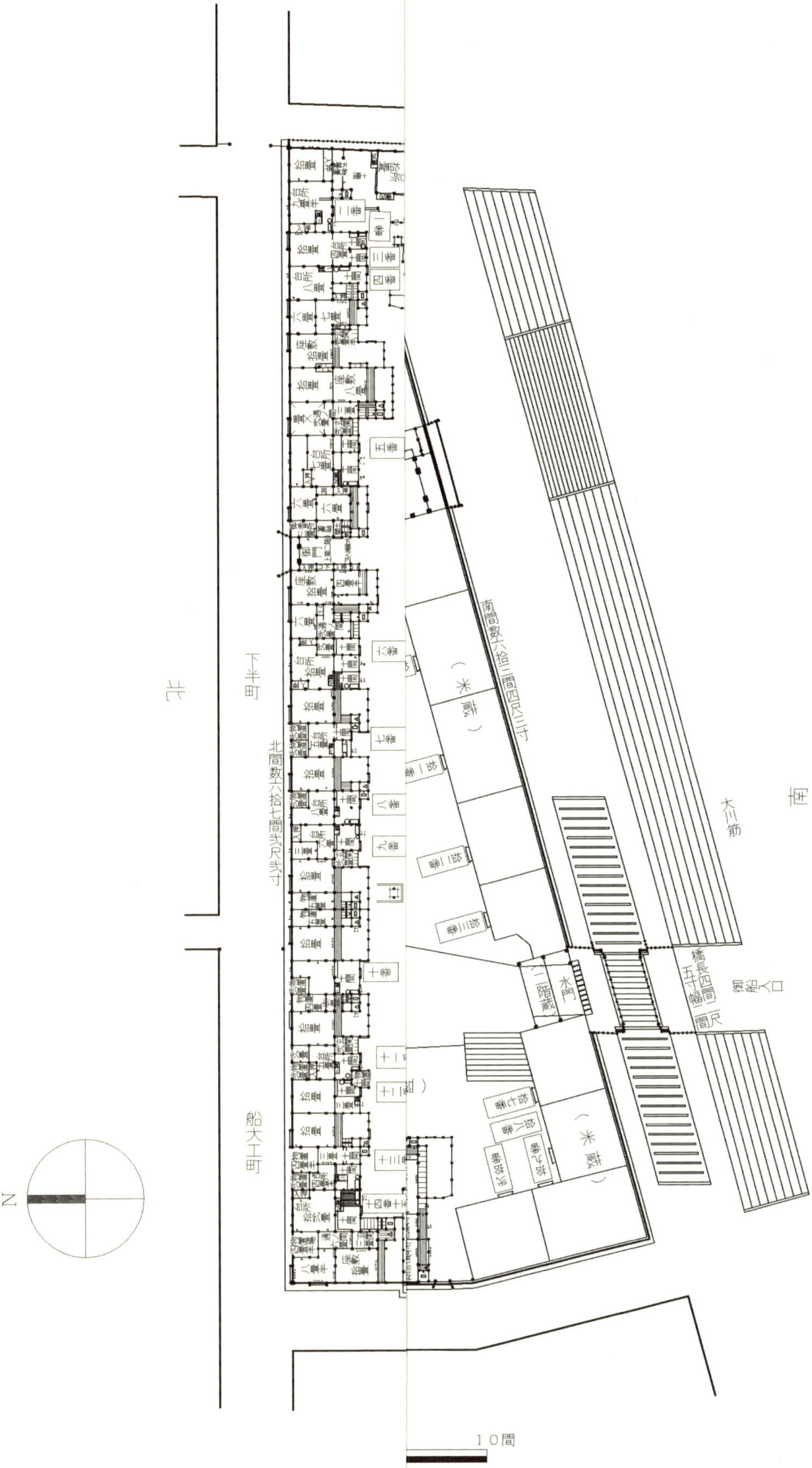

北
下半町
北間数六拾七間弐尺弐寸
船大工町
南間数六拾三間四尺三寸
（米蔵）
大川筋
南
御船入口
橋長四間五寸幅一間一尺
水門
二階蔵
（米蔵）
N
10間

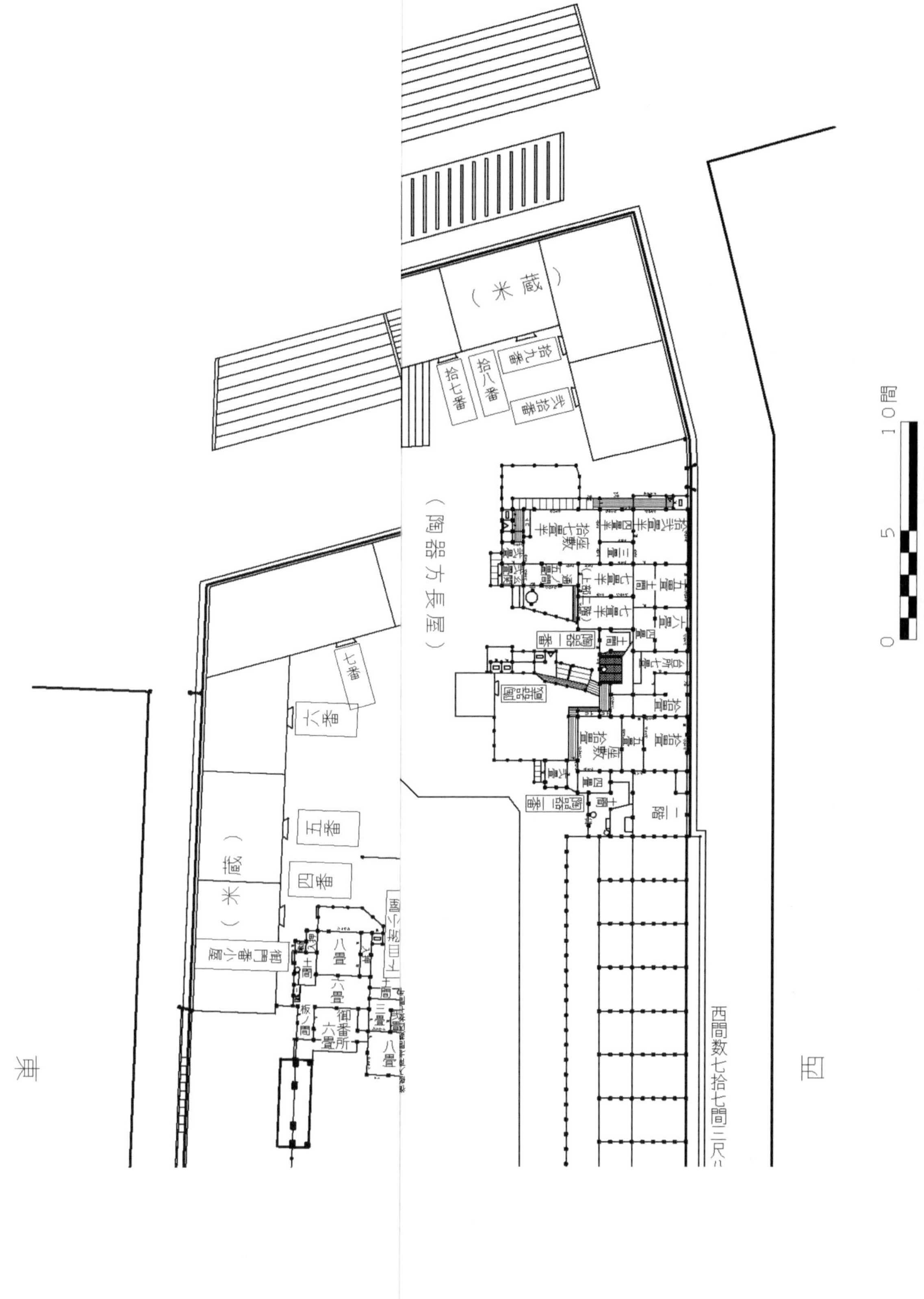

（米蔵）
拾七番
拾八番
拾九番
弐拾番
（陶器方長屋）
陶器一番
陶器二番
七番
六番
五番
四番
（米蔵）
御門番小屋
御番所
西間数七拾七間三尺
東
西
0
5
10間

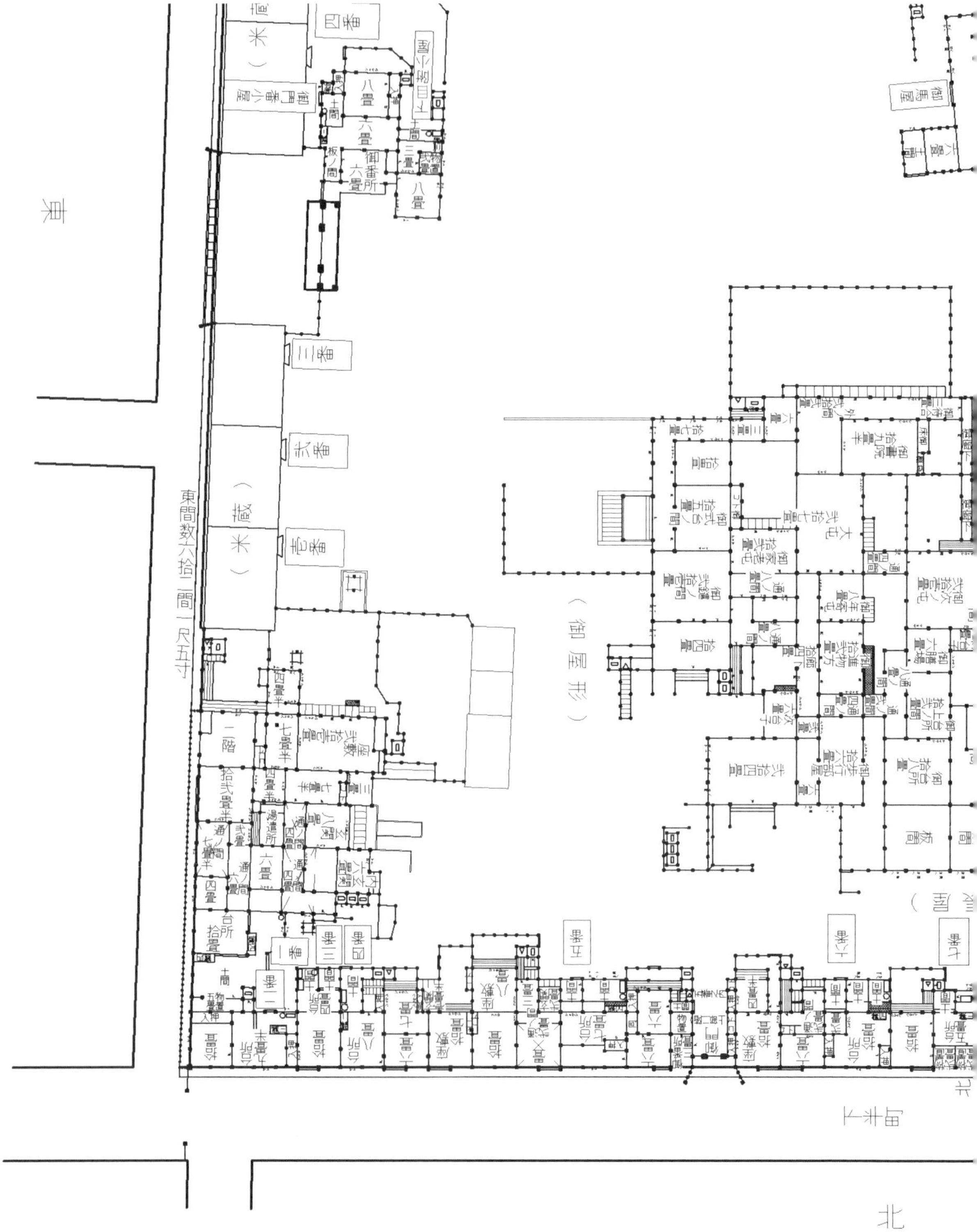

図 1-3　享保再建佐賀藩大坂蔵屋敷指図(

「貞享五年天満十一丁目下半町水帳絵図」（以下、「貞享図」と略称、図1―1）は「貞享五戊辰年七月」の年紀をもち、佐賀藩蔵屋敷が所在する天満十一丁目下半町および（天満）船大工町の一部を含んだ敷地の区画図である。また②の「元禄五年佐賀藩大坂蔵屋敷指図Ⅰ」（以下、「元禄図」と略称、図1―2）は一間＝六尺五寸を八分（八分計）に縮尺（約八〇分の一）した方眼の上に、敷地の形状を示し、建物施設は黄土色、朱色、青色などの色紙に平面を描いたものを貼り付けた貼図の体裁をもっている。さらにその上に別の色紙を何枚も貼り重ねているが、これはのちの改造あるいは改造計画を示したものと推定される。各施設には建物の名称、部屋の名称などが書き込まれており、一部には建具の記載もある。この指図は二重の袋に収められていたが、外袋には「上御屋敷・下御屋敷・西御屋敷・諸事絵図・差図・水帳控四通、外に委細書之目録壱品有之、元禄五年壬申年三月改」と記され、また内袋には

　貞享三丙寅年、従御公儀川御普請ニ付、天満御屋敷川中江地形築出廣成、因之古今之地形間尺相改、絵図仕立、元禄四辛未年十二月九日地方御役人衆江差出納申絵図扣也

　元禄五壬申年三月改　役者　谷村兵左衛門

　大工八左衛門

と記されており、元禄五年（一六九二）時点の佐賀藩大坂蔵屋敷の状況を示していることが判明する。なお史料番号③の「元禄五年佐賀藩大坂蔵屋敷指図Ⅱ」は「元禄図」を後世に写したものと考えられ、また史料番号④の「元禄五年佐賀藩大坂蔵屋敷御屋形指図」は「元禄図」の御殿部分を取り出して別図に仕立てたものである。

史料番号⑤の「享保再建佐賀藩大坂蔵屋敷指図」（以下、「享保再建図」と略称、図1―3）は、敷地を南北二枚に分割した二枚一組の指図で、一間を一寸（一〇分計）に縮尺（六五分の一）した方眼の上に、敷地の形状と建物施設の平面を描いている。各施設には建物の名称、部屋の名称などが書き込まれており、一部に建具の記載もみられる。

この指図は年紀を欠くので、享保再建と推定した根拠を示しておく。「御屋舗外廻普請等幷船入橋修理御届」[20]によると、佐賀藩蔵屋敷は享保九年（一七二四）三月二一日の大火で「御屋敷不残類焼」し、同年六月一八日に蔵屋敷名代の溝口善左衛門（本人病気につき、家守肥前屋助右衛門）から奉行所月番役に宛てて口上書が出されており、直ちに再建の準備にかかったことがわかる。それによると当面は敷地の東表に長屋を再建し、門は火災以前より六間南に寄せて一重門としたこと、南浜側は長屋を建てるが、船入りの上は長屋を建てず当分は板囲いのままにしておいて追って建て増すこと、船入りの口には以前のとおり橋を架けたことなどが記されている。一一年後の享保二〇年の春、御屋敷西囲の塀を取り除き、その跡地に中使が住む長屋二〇軒を建てた。同年一一月には船入橋も架け直され、さらに寛保三年（一七四三）には稲荷社も再建され、佐賀藩大坂蔵屋敷はほぼ焼失前の規模を取り戻したと考えられる。

享保大火後に再建された蔵屋敷の建物は、その後も何度か火災に見舞われている。まず寛政四年（一七九二）五月一七日の天満大火では、類焼した一五の蔵屋敷のなかに佐賀藩のものが含まれているが、被災の程度については記載がない[21]。つぎに天保五年（一八三四）七月一〇日の大火では「御蔵屋敷四ヶ所焼、東天満大半焼、西天満八歩通焼、

鍋嶋様御屋敷うら長屋、横長屋焼、表通り残り申候」とあり、佐賀藩蔵屋敷は裏と横の長屋を類焼しているが、全焼にはいたらなかったことが判明する。[22] 弘化三年（一八四六）一一月三日の大火は西天満一帯が焼失したが、その範囲をみると、「南ハ鍋島屋敷のうらより樽屋橋渡り、鳥井筋東六丁目まで」とあって、佐賀藩蔵屋敷はかろうじて類焼を免れたことがわかる。[23] したがって享保大火後に再建された佐賀藩大坂蔵屋敷の建物は、寛政大火時の被災状況については判然としないものの、数度の大火にも全面的に焼失することなく、大部分が幕末まで存続したと推定される。

なお史料番号⑥「御屋形指図Ⅰ」、⑦「御屋形指図Ⅱ」、⑧「御屋形屋根形指図」は、いずれも「享保再建図」の御屋形だけをとりあげて描いたものである。⑥と⑦は平面図、⑧は平面図のなかに梁と隅木の位置を朱で示してある。また史料番号⑨「御屋形建具一式」、⑩「御屋形畳一式」は年紀がないが、ともに「享保再建図」の各部屋に用いられた建具と畳の種類と数量を書き上げたものである。

（2）貞享三年の川普請と敷地の変化

ここでは、「貞享図」「元禄図」「享保再建図」によって、同藩蔵屋敷の建築構成上の特徴をみておきたい。

「貞享図」によると、佐賀藩大坂蔵屋敷の敷地は四筆に分かれており、[24] 図中の（a）（b）は天満十一丁目下半町に、（c）は同十一丁目、（d）は天満船大工町に属していた。「元禄図」によると、（a）は「中嶋屋敷」、（b）は「上屋敷」、（c）は「伝蔵屋敷」、（d）は「甲斐屋敷」と記されている。また、同指図が収められていた袋には、「上御屋敷」「下御屋敷」「西御屋敷」と記されており、（a）が下屋敷、（d）が西屋敷を指していることが判明する。

「貞享図」の（a）（b）（c）（d）に記入した、「南表浜屋敷　一表口六拾三間弐尺」などの記述は、享保一一年の水帳によるもので、このうち「水帳之分」「築出シ御預ケ地」[25] は、貞享三年（一六八六）の公儀川普請以前と以後の敷地規模を示したものである。川普請以前の敷地形状は、北に表口四二間、裏行二四間の「上屋敷」と、南に表口五九間、東裏行二七間、西裏行三五間の「下屋敷」（中嶋屋敷）が隣接した敷地で、「貞享図」とはかなり異なったものであった。この上屋敷と下屋敷が併存する形態は、同藩の慶長期天満屋敷の性格を引き継ぐもので、江戸時代になっても、西国の雄藩であった佐賀藩としては上屋敷の機能を保持していることがわかる。

また、西屋敷については、「元禄図」の上屋敷と西屋敷の境目に、

是所先年より往還水汲場通道ニ而候ヲ、甲斐屋敷西之外ニ空地三間有之候ヲ、町御奉行堂《ママ》藤伊豫《ママ》守殿時御断達替地相済、只今ハ御屋敷内ニ罷成候

との貼紙がある。これによると、元来ここには一間幅の「往還水汲場通道」があったが、替地が行われて屋敷内に組み入れられたさいに、甲斐屋敷西側の空地が四間に広げられたことがわかる。その時期は、藤堂伊勢守良直が西町奉行を勤めた天和元年（一六八一）から貞享五年（元禄元年＝一六八八）で、貞享三年の川普請と同時に整備された可能性が高い。

貞享三年の川普請で拡張された敷地は約九〇〇坪に達した。築き出し部分の工事内容は、「元禄図」によると、南側の堂島川に面する石

段部分に、

　此一通石垣計従　御公儀川村（河村瑞賢）随見築立被置候（中略）石垣幷かんき共ニ此方より築立召置候

とあり、幕府の整備は堂島川に面する石垣のみの最低限のもので、各藩がさらに整備をしている。なお、岡山藩においても、貞享三年四月一四日から同年一二月一八日にかけて、「長弐拾五間口川中江拾間壱尺」[26]の約二五四坪を川中へ築き出しており、各藩においても川普請に関連して敷地の拡張を行い、これにより堂島川の川岸が整備されたことが明らかになる。

　敷地の拡張とともに、下屋敷では船入りの整備や米蔵の建設など、大規模な工事が行われた。船入りは、蔵屋敷内に設けられた入り堀で、[27]廻米を輸送する艀《はしけ》などが直接屋敷内に入ることができ、荷揚げに便利なように最奥部が拡幅されていた。また、船入りの入口にはアーチ状の「船入橋」が架けられ、一般の通行に供した。

　以上のことから、佐賀藩大坂蔵屋敷の敷地は、当初は天満十一丁目下半町に属する「下屋敷（川普請による拡張以前の規模）」と「上屋敷」であったが、年代は不明ながら、東隣りの町内に属する「伝蔵屋敷」地を買得[28]して上屋敷を拡大した。また、貞享三年の堂島川の普請では、川中へ大規模な築き出しを行って下屋敷を拡大し、同時に西隣りの「甲斐屋敷」との間にあった道路を替地して、同屋敷を敷地内にとりこんだ。そして、長屋や米蔵、船入りなどの整備を行ったと考えられる。このように、「貞享図」の敷地形態にいたるまでに数段階の拡張がなされたことが判明する。

（3）建築施設と配置

　貞享年間の川普請にともなって整備された佐賀藩大坂蔵屋敷の面積は約四二〇〇坪[29]で、これは、現在判明している諸藩の大坂蔵屋敷の中では最大級に属する（表1―2）。この敷地の建物群を描いた「元禄図」「享保再建図」をもとに、建築施設の共通点・相違点などをまとめておく。なお、御屋形については次節で詳述する。

　「元禄図」によると、大坂蔵屋敷の四周は、「御米蔵」「長屋」「御馬屋」で囲まれ、南西部には船入りが設けられていた。敷地の内部には、北側に「御屋形」があり、南側には「御米売場」が設けられていた。「享保再建図」によると、大坂蔵屋敷の周囲は米蔵と長屋で囲まれ、南西部には船入りが設けられていた。敷地の内部には「御屋形」や「御米会所」があるのは「元禄図」と同様であるが、新たに「役所」と「稲荷社」が設けられている。

　「稲荷社」は、船入り正面に位置し、正面には鳥居と灯籠二基を据え、六畳の拝殿の奥に稲荷社が鎮座していた。「年中行事」[30]に、「稲荷社御建立之儀、寛保三年亥年御屋敷鎮守稲荷社御再興（中略）同年閏四月十五日遷宮有之」とあり、寛保三年（一七四三）に再興されたことが判明する。

　米蔵は、「元禄図」によると奥行はすべて三間で、外周りの蔵は全長約八七間、面積は約二六〇坪になる。敷地中央部付近の一棟（間口二〇間）、御屋形西の一棟（間口一〇間）を加えた総面積は約三五〇坪である。

　一方「享保再建図」の米蔵の奥行は三・五～四・五間で、外周りの蔵は全長約九二間、面積は約三五六坪で、船入り沿いの一棟（間口一

○間）を加えた総面積は約四〇五坪と増加している。敷地南西部の「陶器蔵」と「陶器方長屋」は、佐賀藩の蔵物である伊万里焼を扱う部署であった。同藩では、元禄期に堂島浜三丁目に「伊万里とうき蔵」を有していた。[31] 同蔵の面積は約一〇六七坪、東半分の五六六坪が陶器蔵、西側が米蔵で、敷地内には小屋も設けられていたが、享保大火後の天満屋敷再建の過程で、「陶器蔵」「陶器方長屋」が建設されたと考えられる。

他に「元禄図」には「御米売場」があり、一〇畳の座敷と床が設《しつら》えられ、「寄合所」や「物置」などが付属している。「享保再建図」では「御米会所」と称し、座敷は「元禄図」同様一〇畳であるが、ほかに、式台と二つの座敷、二つの土間、雪隠を備えるなど、規模が増大し、充実している。米会所には、入札者が開札まで待機したり、諸藩の相場を聞きにまわる者や、当番の中使なども控えていることから、[32] 相当混雑したと考えられ、佐賀藩では元禄期の「御米売場」と「寄合所」の機能を併せもつ「御米会所」として規模を拡大し、混雑の解消を図ったものと推察される。

蔵屋敷の役人が居住する長屋は、「元禄図」「享保再建図」ともに、おおむね敷地の西・北・東北の道路に面して配されていた。その一軒を小屋と称しているが、長州藩の江戸藩邸でも小屋と称しており、[33] 一般的な名称と推察される。これらの建物は、敷地の内側に出入口が設けられ、外の道路からみると武家長屋の構えになっていた。

「元禄図」によると、各居住区画の名称は西南の端から順に「御女

表1-2　諸藩大坂蔵屋敷の敷地規模

藩　名	規模(坪)	年　代	西暦	出典
岡山藩	1156	慶安元年	1648	A
小室藩	約4200	元禄14年	1701	B
佐賀藩(天満屋敷)	約4200	元禄年間	−	C
(伊万里陶器蔵屋敷)	1067.49	元禄年間	−	D
津和野藩(３か所)	1836	元禄年間	−	D
弘前藩	約517	享保７年	1722	E
小笠原藩	2249	寛延元年	1748	F
福岡藩	3552.17	寛保頃	−	A
長州藩(本屋敷) (浜屋敷)	2920.45 481	寛政５年	1793	G
弘前藩	約740	寛政９年	1797	E
高知藩	約4495	寛政年間	−	H
秋田藩	約934	文化14年	1817	H
広島藩	約4000	慶応２年	1866	I
岩国藩	428.8	明治２年	1869	F
姫路藩	1207.7	明治２年	1869	F
柳川藩	1557.02	明治２年	1869	F
高松藩	569.34	明治２年	1869	F
徳島藩(３か所)	約5200	明治２年	1869	F
丸亀藩	1048.66	明治２年	1869	F
熊本藩(２か所)	約8270	明治２年	1869	F
杵築藩(２か所)	2012.36	明治２年	1869	F
津山藩	615	明治２年	1869	F
龍野藩	456.75	明治２年	1869	F
松代藩(２か所)	約281	明治４年頃	1871	J

出典
A：宮本又次「大阪の岡山藩の蔵屋敷史料の紹介」、同「福岡藩と大阪との関係史料紹介」(宮本又次編『大阪の研究』第二巻)
B：「大坂天満南木幡町小堀大膳様御屋鋪之絵図」(佐治重賢氏所蔵文書)
C：「元禄図」(日本生命保険相互会社蔵)
D：大熊喜邦『江戸建築叢話』(中公文庫、1983年)
E：「京阪越藩邸故事図叢全」(弘前市立図書館蔵)
F：本章注(24)『中之嶋誌』
G：「大坂御屋敷差図」(山口県文書館毛利家文庫蔵)
H：指図をＣＡＤ図化したさいの求積による。
I：「大坂御屋敷指図」(大阪商業大学商業史博物館蔵)
J：「大坂御蔵屋敷買入并普請評議書類」(国文学研究資料館蔵)

中小屋・宰領部屋・小者部屋・御馬屋・別当部屋・舸子小屋・御川御座舟頭小屋・御目付小屋・納戸小屋・納戸手合小屋・飛脚前小屋・大目付付衆小屋・大御目付小屋・御物書小屋・御留主居小屋・御留主居付使者前小屋・御留守居小屋」と記され、表門をはさんで米蔵に接続していた。このほかに船入りの東岸に「御蔵衆小屋・御蔵衆手合小屋・斗手小屋・御川御座船頭小屋」があった(34)。小屋の位置をみると、御留主居小屋と御留主居付使者前小屋、大目付小屋と大目付付衆小屋、納戸小屋と納戸手合小屋、御蔵衆小屋と御蔵衆手合小屋など、役職上の上下関係にもあるものがたがいに隣り合って配置されている。

表1-3 「元禄図」にみる長屋の規模と設備

設備／小屋名称	居室規模（畳）	室数	式台	床	玄関	庭	役人部屋	小性部屋	台所	湯殿	雪隠
留主居小屋	171	14	◎	◎	◎	◎	◎	◎	◎	◎	◎
大御目付小屋	87.1	10		◎	◎	◎	◎	◎	◎	◎	◎
納戸小屋	49.5	5			◎	◎		◎	◎	◎	◎
御女中小屋	46	5				◎			◎	◎	◎
御物書小屋	28	5				◎		◎	◎	◎	◎
御蔵衆小屋	28	4				◎		◎	◎	?	◎
御目付小屋	26	3				◎				◎	◎
納戸手合小屋	23	3								◎	◎
大御目付付衆小屋	22	3								◎	◎
留主居付使者前小屋	18	2								◎	◎
御蔵衆手合小屋	12	2									◎
飛脚前小屋	19	2									
御川御座舟頭小屋	18	2									
舸子小屋	12.5	2									
斗手小屋	11.5	2									

蔵屋敷内の役宅は表1―3でみても明らかなように、その規模や部屋構成に明確な格差がみとめられ、役職の上下と対応していたことが指摘できる。まず蔵役人の筆頭にあった「御留主居小屋」は一二一坪と最大の規模をもっていた。その間取りは南側に「玄関・式台」を構え、奥には床を構えた一二畳の「座敷」と八畳の「同次」があって接客空間を構成していた。また式台の横には「御物書所・武具部屋・御銀蔵」などの役所空間を配置していた。なお佐賀藩では掛屋をおかず払米事務は銀納にいたるまですべて屋敷で取り扱ったとあり、売米代銀として請け取った銀はすべてここの御銀蔵に収められたと推定される。この接客空間の北側には「不断所・居之間・寝間・台所」などの日常生活空間、さらに北側には「中間小屋・小性小屋・役人小屋」など配下の者の部屋を配している。この接客部分の空間構成を御屋形と比較してみると、両者は規模を異にするが、まったく共通した施設を備えていたことが判明する。留主居につぐ地位である大御目付の役宅も、床を備えた「座敷・同次」の接客空間をもち、その北に「居間・寝間」があり、「役人部屋・小性部屋」をはさんで「台所」が設けられている。

これにつづく納戸役、御物書役、御蔵衆役、御目付役など中堅の役宅では、ともに居間、寝間、台所と推定される四室から七室程度の部屋と小さな庭をもっているが、玄関や床の間は設けられていない。さ

表1-4　「享保再建図」にみる長屋の規模と設備

番号＼設備	居室面積(畳)と室数 1階	室数	2階	座敷(畳)	式台	床	玄関(畳)	庭	湯殿	竈口(数)	雪隠数 大	小	役職名(推定役職名)
1番	147.5	19	37	21	◎	◎	8	◎	?	8	5	1	(御留守居)
18番	108.5	14	32	15	◎	◎	10	◎	◎	?	4	1	(御目付)
陶窯1番	95.5	13	15	17.5		◎	2	◎	?	?	2	2	陶器方役人
陶窯2番	58	8	15	10		◎	2	◎	◎	?	3	1	
5番	38	6	8	8		◎	2	◎	◎	4	1	1	(銀方役)
6番	34.5	6		10		◎	2	◎	◎	4	1	1	(物書役)
4番	32.5	4		10		◎	1.5	◎	◎	3	1	1	
14～17番	44	6		10			3	◎	◎	4	1	1	(納戸方手伝)
9番	26	4					2	◎	◎	3	1	1	(銀方手伝)
11番	24	6					2	◎	◎	3	1	1	
13番	24	5						◎	◎	3	1	1	
10番	25	4						◎	◎	3	1	1	(銀方下役)
7番	19	4						◎		3	1	1	(上米方下役)
8番	20	3						◎		3	1	1	
修理方小屋	16	3									1		修理方
御番所	17	4						◎			1		門番
下目付小屋	14	2								3	1		下目付
2番	19.5	2								3			
3番	14	2								3			(足軽)
12番	13	2								3			
中使長屋	16	2											中使

らに下役の付衆、使者、手合などの身分になると、居室は三室程度で庭がなくなる。そして斗手、飛脚前、川御座舟頭、舸子などの小屋は二室程度で、湯殿もなく、雪隠も共同便所になっている。ところで、すでに指摘したように、役宅は役職の上下関係にあるものがたがいに隣合って配置されていたが、台所は上級の役宅にしか設けられていないので、下役は上役の台所で食事をとったと推定される。このことは『中之嶋誌』の「回顧談」に「上役人の軒別に又下役人の長屋は縁先廻りで、室は別なれど食事は臺所で一緒にする仲間部屋」があったと記されているのと対応する。なお井戸は内井戸はなく、すべて共同井戸を利用していた。

一方、「享保再建図」の長屋は、「下目付小屋・御門番小屋・修理方小屋・陶窯一番・陶窯二番」と記されたものと中使長屋に比定できるもの以外には、「一番」から「十八番」までの通し番号が付されており、居住者の役職名はみられない。そこで各戸の規模と付属設備を一覧表にしてみると、明瞭な格差を設けていることが判明した。すなわち、式台をもったものは二つ、床を構えたものは七つ、玄関を構えたものは一〇、庭を付属したもの一五で、これに居室面積の大小を勘案すると、表1―4に掲げたような順位にまとめることができる。

つぎに「享保再建図」とほぼ同年代の宝暦年間における蔵役人の構成を参考にしながら長屋の居住者を比定してみると、[35]最大規模の「一番」は御留守居、これに次ぐ「十八番」は御目付、「陶窯一番・陶窯二番」は「陶器方役人」

に比定できる。以下、銀方役・物書役など「役」のつく階層、銀方手伝・納戸方手伝など「手伝」の階層、銀方下役・上米方下役など「下役」の階層、そして「御門番小屋・修理方小屋・下目付小屋」の下に足軽などの階層の長屋があり、さらに別に中使長屋がある。

このうち特色のあるものを紹介しておきたい。まず敷地の南西に所在する「陶窯一番・陶窯二番・陶器蔵」である。ここは佐賀藩の蔵物であった陶器を扱う陶器方役人の居住空間である。なお「諸色取締儀二付奉伺候書付」[36]によると、佐賀藩では寛政年間に藩の特産品である「佐賀藩産物瀬戸物」を蔵物としたとある。しかしすでに述べたように、佐賀藩では元禄期に堂島浜三丁目に「伊万里とうき蔵」を有しており、また宝暦八年の「年中行事」にも「陶器方」の役職名が登場するので、享保焼失後の再建過程で堂島浜の陶器蔵を移して陶器方の長屋が建設されたと考えても矛盾はない。

もうひとつ注目されるのは、陶器方長屋の北につづいて建てられた中使の居住する長屋の存在である。この長屋は「御屋鋪外廻普請等幷船入橋修理御届」[37]によると、享保二〇年の春、御屋敷の西囲の塀を取り除き、その跡に二〇軒の長屋を建設し、中使を差し置いたものであった。「中使長屋定」[38]によると、この長屋は貸家で、一月の家賃が一坪あたり銀六分であった。この六分という額は、当時の貸家家賃としてはかなり低額であるが[39]、これは蔵屋敷の雑用に従事することと引替えであったことを思わせる。各戸の間取りは一〇畳と六畳の二室からなり、「見世付」つまり店舗が設けられるなど、町家の表長屋と類似した平面形態をとっている。また蔵屋敷の中心部とは塀と路地で隔てられ、蔵役人の居住区とは区別されていた。町人身分で蔵屋敷内に居住する中使の性格を反映したものであろう。

なお「十八番」の建物の東側には、床を構えた一二畳、八畳三間、そして二畳の座敷などを備えた「役所」がある。ここは物書役などが詰めた役所と推定されるが、「元禄図」では「御屋形」の一隅にあったものが、享保再建の過程で独立して設けられたことがわかる。

三節　御屋形

「御屋形」は国元と江戸の間を往復する藩主が一時滞在する御殿で、元禄期には「上屋敷」とも称した。敷地の中央北寄りの位置に南面して建てられていた。この場所は、貞享図に示された「上屋敷」に、また「米蔵」や「御米売場」などは「下屋敷」に一致する。これらのことから、同藩では、「上屋敷」「下屋敷」という意識と機能が継承されてきたことがうかがわれる。

(1) 元禄図の御屋形

「元禄図」の屋形部分には貼紙が施されているが、貼り重ねられた紙質は三種類に分類でき、また、彩色も紙質と対応して三種類あることから、三時期に貼り重ねられたことが推定できる[40]。これは、元禄五年以降に三回の変更（あるいは変更計画）があったことを物語っている。変更時期の下限は、この蔵屋敷が焼失する享保九年である。

「元禄図」の貼紙を取り除いた一番下は、元禄五年時点の状況である（図1—4）。同図の御屋形の主要な空間は、東の「玄関」、南の「御対面所」（接客空間）、西の「御居間」（居住空間）、北の「御台所」（台所空間）で構成され、東から南にかけての表向き棟、西から

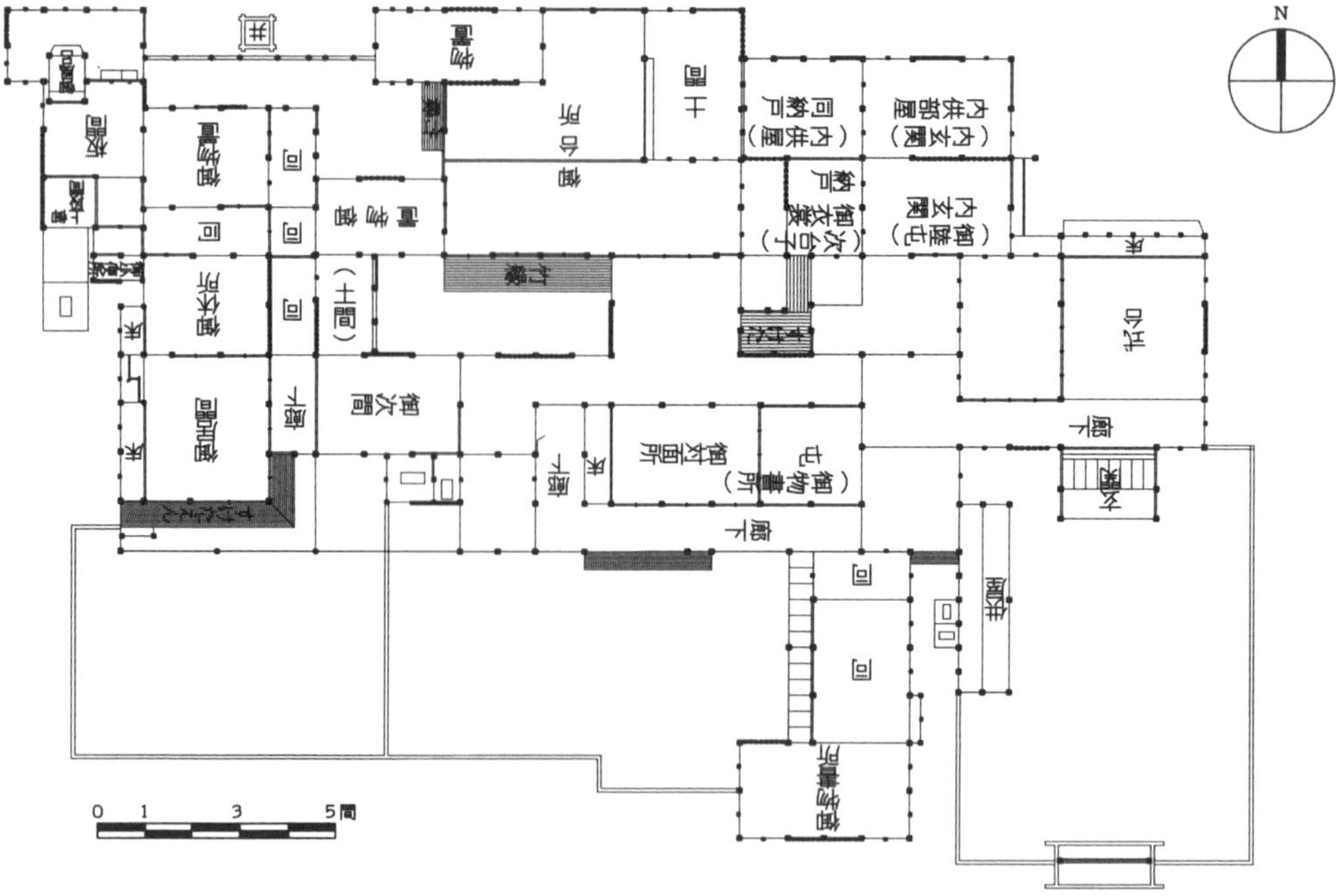

図1-4　元禄期御屋形(当初・一部変更／変更部分は室名を(　)で示す)

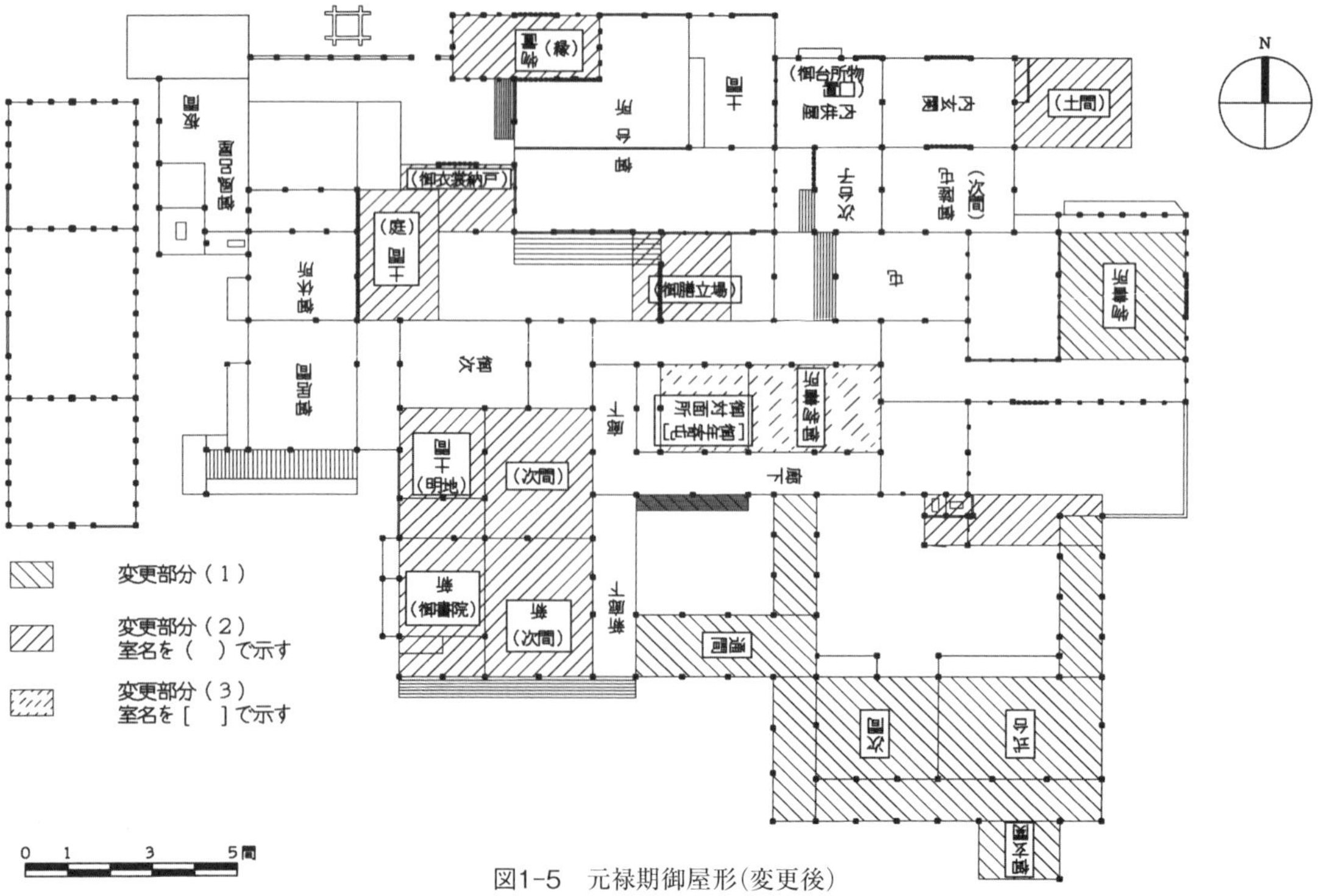

図1-5　元禄期御屋形(変更後)

北にかけての奥向き棟に大別されていた。

個々の間取りを詳しくみておくと、東の端には南を正面とした「玄関」と一八畳の「式台」を構え、その西南にそれと接する形で、対面所の棟を東西方向に配している。正式の接客座敷であった「御対面所」は二間の床を構えた一二畳の部屋で、隣室の「屯」との境の建具を取り除くと二〇畳大の部屋に拡大することができ、また南は一間幅の「廊下」をへだてて庭に面していた。その西にある南北棟は藩主の居住空間であった。「御居間・御休所・御物置」の各部屋からなり、北西隅に湯殿と雪隠が付属していた。御居間は一五畳の広さをもち、床と棚をそなえ、庭を望むことができた。この棟の北東には「御物置」をはさんで「御台所」がつづき、さらにその東、式台の北にあたる部分には「内玄関・内供部屋・御衣裳納戸」などが配されている。

次に、貼紙の状況から御屋形の変遷をたどっておきたい。図1―5は貼紙の最終段階であるが、図1―4と図1―5の比較から、以下の変更が明らかになる。

居住空間では、「御居間」南東のL形の縁側が廃され、南に濡れ縁が新設されるとともに庭が広げられた。また、「御休所」東面の廊下が廃され、「土間」が新設されている。「御居間」と「御対面所」の間に「新廊下」・「新」(御書院・次間、以下「新座敷」と略記)・「土間」が増築され、床面積が増加(「新座敷」と「新廊下」で約二三畳)するとともに、「新座敷」から南面に濡れ縁を通して大きな庭が確保される一方で、「御対面所」南部の中庭が縮小されている。さらに、「御対面所」の東部に隣接する「屯」が「御物書所」となって拡大し[41]、「御対面所」そのものが縮小された。役人の詰め所である「屯」から役所空間である「御物書所」への変更は、双方ともに役人の空間であることを考慮すると、機能的な変更ではなく、役所空間の充実とみるべきであろう。このことは、北東隅の「内玄関」「内供部屋」「御衣裳納戸」「同納戸」が、それぞれ、「御陸屯」「内玄関」「次台子」「内供屋」となり、「御陸屯」の南に縁側・庭付きの「屯」が設けられ、この部分に屯空間が集中していることからも同様のことがいえる。

以上のことから、「新座敷」の増築により接客空間が充実するが、東部に設けられた三室の「御物書所」のうち二室が面する西側の庭が、「御対面所」の庭と共通することから、接客・役所空間のゾーニングの不明確さがうかがえる。

図1―5では、以下のように変更されている。

(1)「御玄関・式台・次間」が南に移動した。「御玄関」と「式台」の間に新設された廊下は、「新座敷」と「御対面所」へつながり、「新座敷」への接客動線が明確化された。「式台」の東北から北へ延びる廊下は、回廊にはならず途中で止まっている。「御対面所」の南部の廊下を隔てた庭は、廊下で囲まれた中庭になったことでさらに縮小され、「御対面所」が今までより奥になった。このことは、主たる接客空間が対面所から「新座敷」へと移ったことを示していよう。「御物書所」は、元の「式台」部分と「御対面所」の東部の二か所となり、ここが役所空間となっている。

(2)「新座敷」西側の室を「御書院」、それに続く東面の二室を「次間」とし、北側の「次間」に面する土間を廃して「明地」が設けられている。「式台」北の庭に面する便所が廃され、廊下が増設されて回遊が可能となった。このことで、「御玄関」からの動線が、「御書院」へ向かう接客動線と、「御式台」を通って「屯」や奥向きへ向かう動線に明確に分かれた。居住空間では、「御休所」東部の土間を「庭」に変更し、その北側に「御衣裳納戸」が設けられた。奥向きでは、「御台所」に「御膳立場」が設けられ、物置が廃されて「縁」が新設された。さらに、「内玄関」に接して「土間・次間・御台所物置場」が設けられ、玄関部が整備された。

(3)「御書院」が正式な接客空間となり、「御対面所」は「御年寄屯」に転用された。なお、ここでは、奥向きの「土間」「御台所」周辺に貼紙が施され、奥向き空間の細部で変更が行われていることがわかる。変更の最終段階では、「御書院」に接する「次間」東部の「新廊下」が「次間」にとりこまれ、「通間」の間に建具が入り、接客空間の独立性が高められている。「物書所」の北側には床が設けられ、役所空間としての格式が整えられている。居住空間では、「御休所」に面する「庭」に濡れ縁が設けられ、この部分の空間が整備されている。また、この付近にあった「御衣裳納戸」が、「御対面所」付近に移動している。役所空間では、「御年寄屯」が再び「御対面所」となったが、東部の「御物書所」が「屯」となり同空間の充実がうかがわれる。

以上の変遷から、元禄図の御屋形は、接客・居住・台所・役所空間で構成されているが、接客空間は小さく、居住空間は独立性に乏しく、役所空間は詰め所と役所に分散されていた。これが、数次にわたる増改築などの変更を経て、各空間が次第に充実されるとともに、ゾーニングが明確になっていく過程がうかがえる。

（2）享保再建図の御屋形

享保再建図の御屋形の空間は、元禄図と同様、接客・居住・台所空間で構成されているが、役所空間が別棟として設けられている点が元禄図と異なる（図1—6）。各空間は、「明地」「通ノ間」「大屯」「御次屯」などで区画されている。ここでは、各空間の配置を「明地」を通してみてみたい。

明地①は、「御家老屯」の南に縁が設けられ、ここに面する他の室はすべて壁であることから、「御家老屯」専用の庭である。明地②は、「通ノ間」「廊下」に囲まれているが、窓・壁もしくは窓があることから、これらの通路への採光用である。明地③は、「次台子」に設けられた縁と障子から、これに付属する庭と「廊下」への採光用である。以下、同様に周囲の建具や壁・窓の状況をみていくと、明地には専用庭、採光用、採光用と庭としての機能があり、それらを室の機能にあわせて配置していることが判明する（図1—7）。屯空間は、元禄図とは異なり、「大屯」「御次屯」「御家老屯」「御年寄屯」のように、用途や役職によって設けられ、空間の機能が明確化している。

以上のことから、享保再建図の御屋形では、接客空間と居住空間の併存という機能的な矛盾を、各種の屯や明地を巧妙に配置することで、接客空間を独立させるとともに、「御居間」や「御台所」などの奥向きの空間を分離し、さらに、居住空間の独立性を確保するなど、高いレベルで解決している。

例えば、接客空間としての「御書院」の東・北・西面に「明地」「大屯」を配することで、他の空間からの明確な独立性を保っている。居住空間は、西側に「御居間・御寝所・御湯屋」が一列に配され、ことに、「御寝所」「御湯屋」には専用の「明地」を設けて独立性と居住

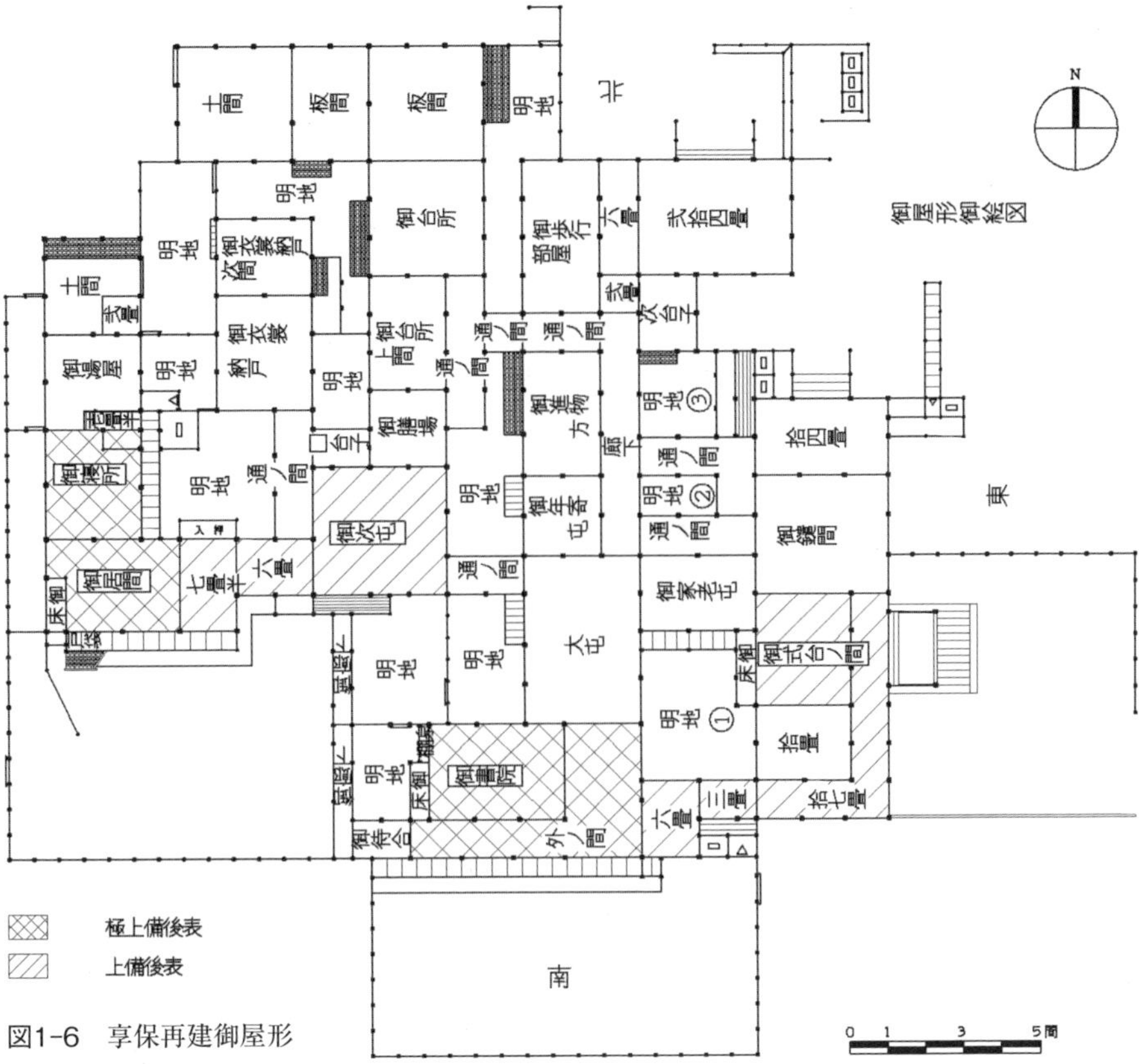

図1-6　享保再建御屋形

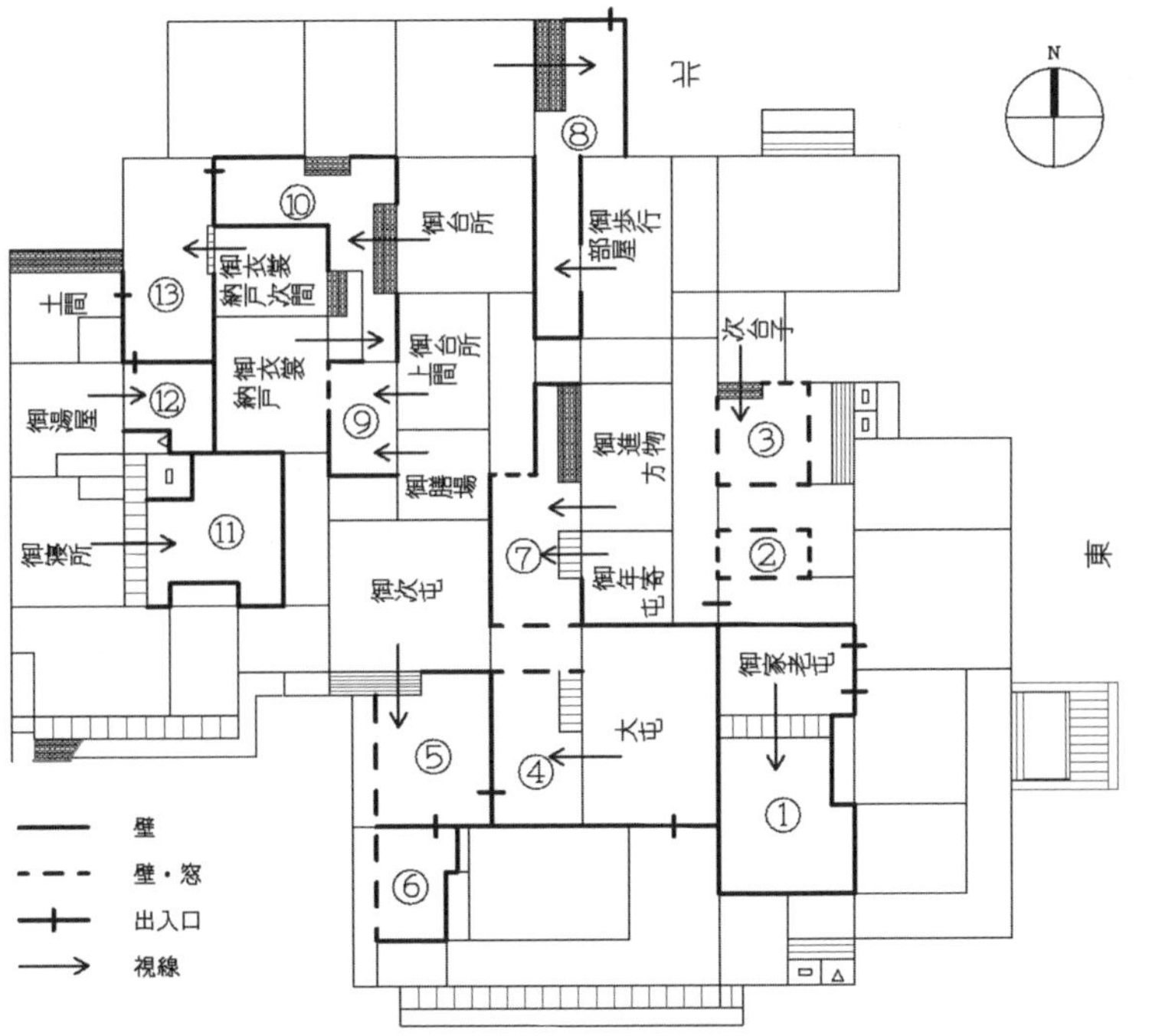

図1-7　明地の機能

性を高めている。

そこには、御屋形の建築にさいし、元禄期の増改築の経験に加えて、全焼再建という状況の中で周到な計画がなされたことがうかがえる。さらに、役所空間が別棟として独立し、接客・居住・台所空間のみとなったことも、同屋形のゾーニングが明確になった要因の一つであろう。なお資料⑩「御屋形畳一式」はこの御屋形に敷く畳の種類について書き上げたものであるが、極上備後表・上備後表・備後表の三種類の畳を使用している。極上備後表は「御書院内外・御居之間・御寝所」に、上備後表は式台から書院や居間に至る「通り間」に敷かれ、それ以外の部屋はすべて普通の備後表という具合に敷き分けられており、部屋の格式に合わせて畳を敷き分けていたことが判明する。

四節　佐賀藩大坂蔵屋敷の様相

以上、佐賀藩大坂蔵屋敷の初期の状況、建築構成、御屋形の変遷の検討から、以下の点を明らかにすることができた。

(1)佐賀藩大坂屋敷の初期の具体的な様子がわかるのは、慶長二年（一五九七）に設けられた玉造屋敷で、同屋敷は、書院・広間・数寄屋・能舞台などをもった上屋敷で、慶長五年一一月六日までその存在が確認できる。一方、慶長一〇年に存在が確認される天満屋敷には屋形と米蔵があり、上屋敷の機能と下屋敷の機能を備えており、玉造屋敷の機能が天満屋敷に移ったことを思わせる。

(2)江戸時代の佐賀藩大坂蔵屋敷は、天満十一丁目下半町に所在したが、同町の水帳から明暦元年（一六五五）にさかのぼることが確認できた。明暦期の敷地は、上屋敷と下屋敷が隣接して一つの屋敷を構成しており、西国の雄藩であった佐賀藩大坂蔵屋敷では、江戸時代になっても上屋敷と下屋敷の機能を併せもっていた。

(3)佐賀藩大坂蔵屋敷では、貞享三年（一六八六）の公儀川普請を契機として、上屋敷の西側の屋敷地を同一敷地内にとりこみ、また下屋敷の浜側を川中に築き出し、敷地を拡張している。そして、長屋・米蔵・船入りの整備を行ったと考えられる。こうした数段階の拡張工事を経て、貞享五年の水帳絵図に示された敷地形態が完成した。

(4)元禄五年（一六九二）の佐賀藩大坂蔵屋敷は、米蔵・米売場・長屋・御屋形などで構成され、御屋形は、接客・居住・台所・役所空間で構成されていた。元禄図の御屋形の接客空間は、狭小で居住空間は独立性に乏しいが、数段階の増改築を経て各空間が次第に充実するとともに、ゾーニングが明確になる。

(5)享保再建図の佐賀藩大坂蔵屋敷は、米蔵・米会所・長屋・御屋形・役所・稲荷などで構成されていた。御屋形は、接客空間と居住空間の併存という機能的矛盾を各種の屯空間や明地の配置によって、接客空間の確立、居住空間の独立性の確保など高いレベルで解決している。享保期では、役所が別棟となり、御屋形が接客・居住・台所空間のみで構成されたことがゾーニングがより明確になった要因と考えられる。

(6)長屋は、居住者と規模に相関関係があり、階層差があることがうかがわれる。また役宅は、役職の上下関係にあるものが隣接して配置されていた。

（1）宮本又次ほか『講談社版日本の文化地理　第一二巻　大阪』（講談社、一九七〇年）

（2）『新訂寛政重修諸家譜』（続群書類従完成会、一九六五年）

(3)『大阪府の地名』（平凡社、一九八八年）によると、現在も大阪市中央区に残る龍造寺町の名称は政家屋敷跡に因むという。

(4)『佐賀県近世史料　第一編第二巻』（佐賀県立図書館、一九九四年）

(5)『大阪編年史　第二巻』（大阪市立中央図書館、一九六七年）

(6)『京都の歴史4』（学芸書林、一九六九年）

(7)前掲注(4)『佐賀県近世史料　第一編第二巻』

(8)『新修大阪市史　第三巻』（同市史編纂委員会、一九八九年）

(9)森泰博「佐賀藩大坂蔵屋敷の成立」（『商学論究』第六巻三号、一九九九年三月）

(10)前掲注(4)『佐賀県近世史料　第一編第二巻』

(11)前掲注(9)森泰博「佐賀藩大坂蔵屋敷の成立」

(12)「慶長ノ頃御書キ物」（佐賀県立図書館蔵鍋島文庫）

(13)高橋正彦編『大工頭中井家文書』（慶應通信、一九八三年）

(14)前掲注(9)森泰博「佐賀藩大坂蔵屋敷の成立」

(15)前掲注(8)『新修大阪市史　第三巻』

(16)大阪歴史博物館蔵

(17)『佐賀県史料集成古文書編　第八巻』（佐賀県立図書館、一九六三年）

(18)下関には、北国米や九州米が多数集散し、多くの問屋が存在した。これらの問屋は、すべて藩の指示に従わねばならず、自由に荷主との取引はできなかった。鈴木直二『徳川時代の米国配給組織』（国書刊行会、一九九七年）

(19)前掲注(9)森泰博「佐賀藩大坂蔵屋敷の成立」

(20)大阪商業大学商業史博物館編『蔵屋敷Ⅱ』（大阪商業大学商業史博物館史料叢書第二巻、二〇〇一年）

(21)『大阪編年史　第十三巻』（大阪市立中央図書館、一九七一年）

(22)『大阪編年史　第十八巻』（大阪市立中央図書館、一九七四年）

(23)『大阪編年史　第廿一巻』（大阪市立中央図書館、一九七七年）

(24)天満十一丁目下半町には、大道をはさんだ北側に表口四二間裏行三〇間の土地があるが、ここは町家部分で蔵屋敷地には属さない。

(25)「元禄図」には、南浜の東側は浜から一間が「貞享三寅年川御普請之時新築出地」、その奥四間二尺が「余地」、さらに四間が「先年より築出地」とある。また、南浜の西側は浜から一一間が「貞享三寅年川村瑞見被仰付川普請之時新築出地」、奥の一間半七寸五分が「先年ヨリ之築出地」、五間二寸が「余地」と記されている。結局、東側の合計は九間二尺、西側の合計一七間四尺二寸になり、浜側に拡大した規模は「築出シ御預ケ地」の寸法と一致する。

(26)宮本又次「大阪の岡山藩の蔵屋敷史料の紹介」（宮本又次編『大阪の研究第二巻』清文堂、一九六九年）

(27)佐賀藩以外、『中之嶋誌』（中之島尋常小學校創立六十五周年中之島幼稚園創立五十周年記念会、一九三七年）によると、広島藩・高松藩・徳島藩・熊本藩・鳥取藩・久留米藩のような、西国大名の大規模な蔵屋敷に設けられていた。なお、船入りについては、小規模藩にも設けられていたとする指摘がある（森康博「大坂蔵屋敷の成立と変貌」『蔵屋敷Ⅱ』前掲注20）が、これは船入りの形態による違いと考えられる。例えば、高知藩蔵屋敷では屋敷前の長堀川に船を係留するために凹部を設け、津山藩蔵屋敷では川に杭と塀で囲いをつくっているが、屋敷内部には入り堀が設けられていない。

(28)史料上の制約から、甲斐屋敷と伝蔵屋敷は水帳による確認ができない（仲田憙弘「大坂水帳所在目録」『大阪府立図書館紀要』第二号、一九六六年三月）。また、甲斐屋敷南部の敷地の拡張過程についても不明である。

(29)六・五尺平方を一坪として算出した。

(30)大阪商業大学商業史博物館編『蔵屋敷Ⅰ』（大阪商業大学商業史博物館史料叢書第一巻、二〇〇〇年）

(31)大熊喜邦『江戸建築叢話』（中公文庫、一九八三年）

(32)「天和三年留帳」（岡山大学図書館蔵池田家文庫）

(33)山本博文『江戸お留守居役の日記』（読売新聞社、一九九二年）

(34)大御目付小屋には、「大□」と貼紙が施されているが、その下では「御目付小屋」と判読できる。御留主居小屋は、この居住区に「御留主居小屋台所」の記載から判断した。

(35)「御蔵賄之事」（「年中行事」所収、前掲注30）に会所へ出席役職として、順に御留守居・御目付・銀方役両人・雑務目附両人・物書役・銀方手伝・

納戸手伝・上米方手伝・下目附・銀方下役・上米方下役の名前があげられている。

(36)『大阪編年史』第一四巻(大阪市立中央図書館、一九七二年)

(37)前掲注(20)

(38)「記録」大阪商業大学商業史博物館編『蔵屋敷Ⅰ』(前掲注30)

(39)『所以者何』によると、一九世紀初頭における大坂の貸家の家賃は半坪当り、表店で銀九分、裏店で七分程度が平均であった。一坪当り銀六分というのは格安である。谷直樹『町に住まう知恵』(平凡社、二〇〇五年)

(40)「元禄図」に貼り重ねられた平面図は、糊でしっかりと接着されており、貼り重ねのほぼ最終段階が「元禄図(写)」に相当することから、貼り重ねられた図はすべて「元禄図」に添付されたものであると推定した。また、貼り重ねられた順序は、「元禄図」の現状による上下関係に従ったが、平面的な整合性を検討した結果、矛盾点はなかった。逆に、上下関係を入れ替えると平面的な矛盾が生じた。

(41)『日本国語大辞典 第八巻』(小学館、一九八〇年)によると、屯には、寄り集まる、たむろする、屯所には、兵士などが詰める所の意味があることから、役人の詰め所と判断した。

第二章　西国大名の大坂蔵屋敷——徳島藩大坂蔵屋敷の建築構成——

一節　徳島藩大坂蔵屋敷の変遷

徳島藩は、天正一三年（一五八五）の豊臣秀吉による四国平定にさいし、蜂須賀家政が父正勝の功により阿波国一七万五〇〇〇石に封ぜられたことに始まる。慶長五年（一六〇〇）の関ヶ原合戦において、家政は家督を至鎮に譲り、所領を豊臣秀頼に返上したうえで東軍に参加し、戦後、徳川家康から改めて阿波国が与えられた。さらに、元和元年（一六一五）の大坂夏の陣の後に淡路国七万石が加増され、二五万六〇〇〇石余の藩領が確定し、明治初期の廃藩置県まで一四代にわたって継承された[1]。

徳島藩大坂蔵屋敷に関する記事の概略を表2―1に掲げる[2]。同表によると、徳島藩は寛文三年（一六六三）には立売堀と濃人橋に屋敷を設けていたが、後者は無用となり売却された。また、藩が所持し、屋敷の前に係留されていた船は、干潮のさいに急な御用に使えないため、方々の屋敷へ「壱艘宛」預けられた。

延宝七年（一六七九）に、江戸堀三丁目南側に屋敷、土佐堀に蔵屋敷が確認される[3]。屋敷と蔵屋敷が分けられていることから、後者は蔵物などを保管するための施設であったと考えられる。

元禄四年（一六九一）、中之島に屋敷が完成した。位置は不明であるが、同一六年には、土佐堀北側の(55)が徳島藩蔵屋敷として確認される（図2―1の▲印）。(55)の徳島藩に隣接する㊸と(54)（ともに高松藩）、(56)（丸亀藩）の配置形態は、文化三年（一八〇六）まで続いている（図2―2の破線で囲まれた部分）。そこで、元禄四年以前の状況をみると、図2―1の㊸と(54)の高松藩は、貞享四年（一六八七）時点でも同位置で「松平讃岐守」として確認されるが（図2―3の△▽印）、㊸の西隣りは「松平大和守」と記されている。この松平大和守は、延宝七年に同場所で屋敷を所持した姫路藩主松平大和守直規であるが、同人は天和二年（一六八二）二月に豊後国日田に移封されており、貞享四年当時の藩主本多中務大輔の屋敷は淀屋橋北詰の上中之島に設けられ、元禄一六年にも同所㉗で確認される（図2―1の▼印）。

以上のことから、元禄四年に徳島藩が屋敷を普請したのは、所有者の記載がない土地（図2―3の☆印）であると考えられる。

徳島藩蔵屋敷は、延享四年以降は常安町、天保六年には越中橋北詰、文久三年には越中橋北詰東にあり、これらの位置は図2―2と同様である。すなわち、徳島藩蔵屋敷は元禄一六年、姫路藩蔵屋敷は安永六年以降同場所で継続してきたのである[4]。なお、松平大和守の西隣りの京極備中守は丸亀藩主で、同屋敷は延宝七年より文久三年まで同場所で継続している[5]。

表2-1　徳島藩大坂蔵屋敷関連事項

和暦	年	月・日	西暦	記事概略	出典
寛文	3		1663	立売堀濃人橋御屋敷……両御家守之儀尤ニ思召（後略）	Ⓐ
				御船御屋敷之前ニ置候得共，潮干申候ヘハ俄之御用ニ立不申候故，方々屋敷へ壱艘宛預ケ置申候	
				濃人橋三間半之御屋敷売払申事，此御屋敷之儀売申儀，先無用ニ可仕（後略）	
				御屋敷之前御船道具入納屋普請之事	
延宝	7		1679	屋敷：江戸堀三丁目南側，蔵屋敷：土佐堀	Ⓑ
元禄	4		1691	今年大坂中島御屋敷御調上御普請出来	Ⓒ
	9		1696	……大坂御留守居方へ手形差出（後略）	
	16		1703	常安町	ⒹⒺ
正徳	5	10·16	1715	御蔵前有たゝき石岩岐石并ニ水道御修復（後略）	Ⓒ
享保	9	3·21	1724	妙智焼け，罹災の記述なし	ⒷⒸ
	12		1727	大坂御召川御座船·同御召替舟·御台所船·御家老船とも四艘（後略）	Ⓐ
				於大坂去ル辰歳被仰付候三枚帆・四枚帆之小早新造弐艘之御船諸道具……御地留守居ニ被仰付候	
	20	10·29	1735	大坂御屋敷ニ有之御召川御座船·御召替其外之御船共……古来之通大坂御留守居	
寛保	2	10·8	1742	大坂御買米奉行へ被仰出覚	Ⓐ
				若山梶之丞儀，此度大坂御払米御用方御目付被仰付候	
		10·00		水門出入之儀，夜ニ入浜方之者・百姓・船頭願出候ハヽ，御留守居申談（後略）	
				若山梶之丞義，大坂御買米御用御目付並御屋敷諸事御目付役共被仰付候（後略）	
				御参勤交代大坂着之節，御留守居ハ御船ニて御迎ニ	
				罷出申候，私儀御玄関へ罷出（後略）	
延享	4		1747	常安町	Ⓑ
安永	4	7·00	1775	岡田次八　大阪御留守居手代より召出	Ⓕ
	6		1777	常安町	Ⓑ
	8	9·23	1779	大坂御屋敷御蔵殊外及大破……御繕可被仰付候（後略）	Ⓐ
寛政	2	9·23	1790	大坂御屋敷諸事御目付御指止	Ⓒ
		9·24		大坂御留守居森甚作	Ⓐ
享和	元		1801	常安町	Ⓑ
	3	9·19	1803	……大坂御屋敷御蔵之儀諸式御取究御用被仰付（後略）	Ⓐ
文化	2	3·17	1805	竹内市左衛門　大坂御留守居より召出	Ⓕ
	4	11·11	1807	……京・大坂住並在番又ハ当分御用ニ罷越居申面々年始並不時恐悦伺之儀，已後御留守居長屋へ罷出申上（後略）	Ⓐ
	11		1814	常安町	Ⓑ
天保	6		1835	越中橋北詰	Ⓑ
	14		1843	常安町	Ⓓ
文久	3		1863	常安町越中橋北詰東	Ⓓ

注：月・日欄の 00 は日付不明
出典：Ⓐ『藩法集 3』 Ⓑ『大阪編年史第 26 巻』 Ⓒ『徳島県史料第 1 巻』 Ⓓ『中之嶋誌』 Ⓔ『新修大阪市史第 3 巻』
Ⓕ『徳島藩士譜』

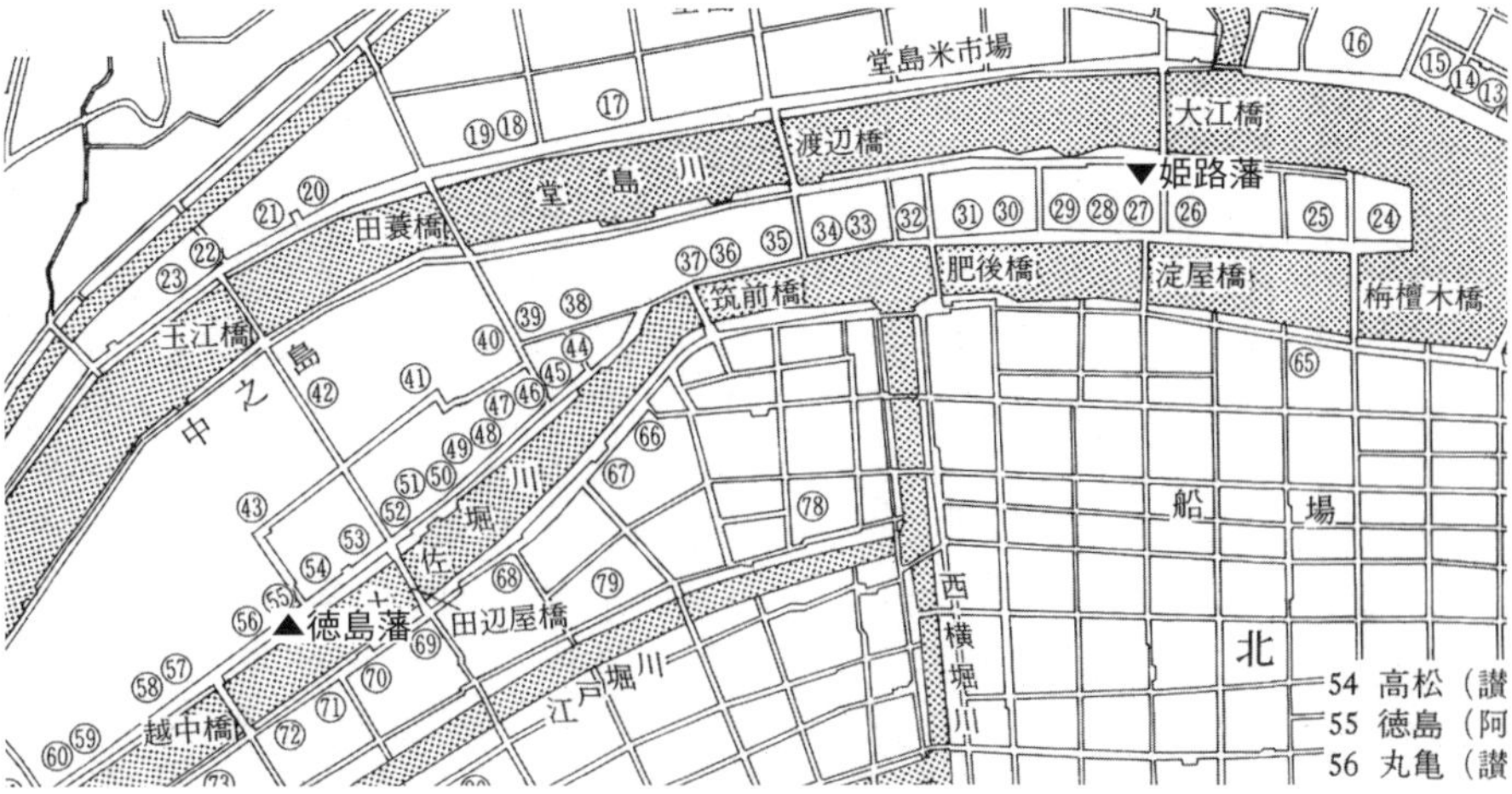

図2-1　元禄16年徳島藩大坂蔵屋敷の位置（『新修大阪市史』第３巻〈1989年〉所収）

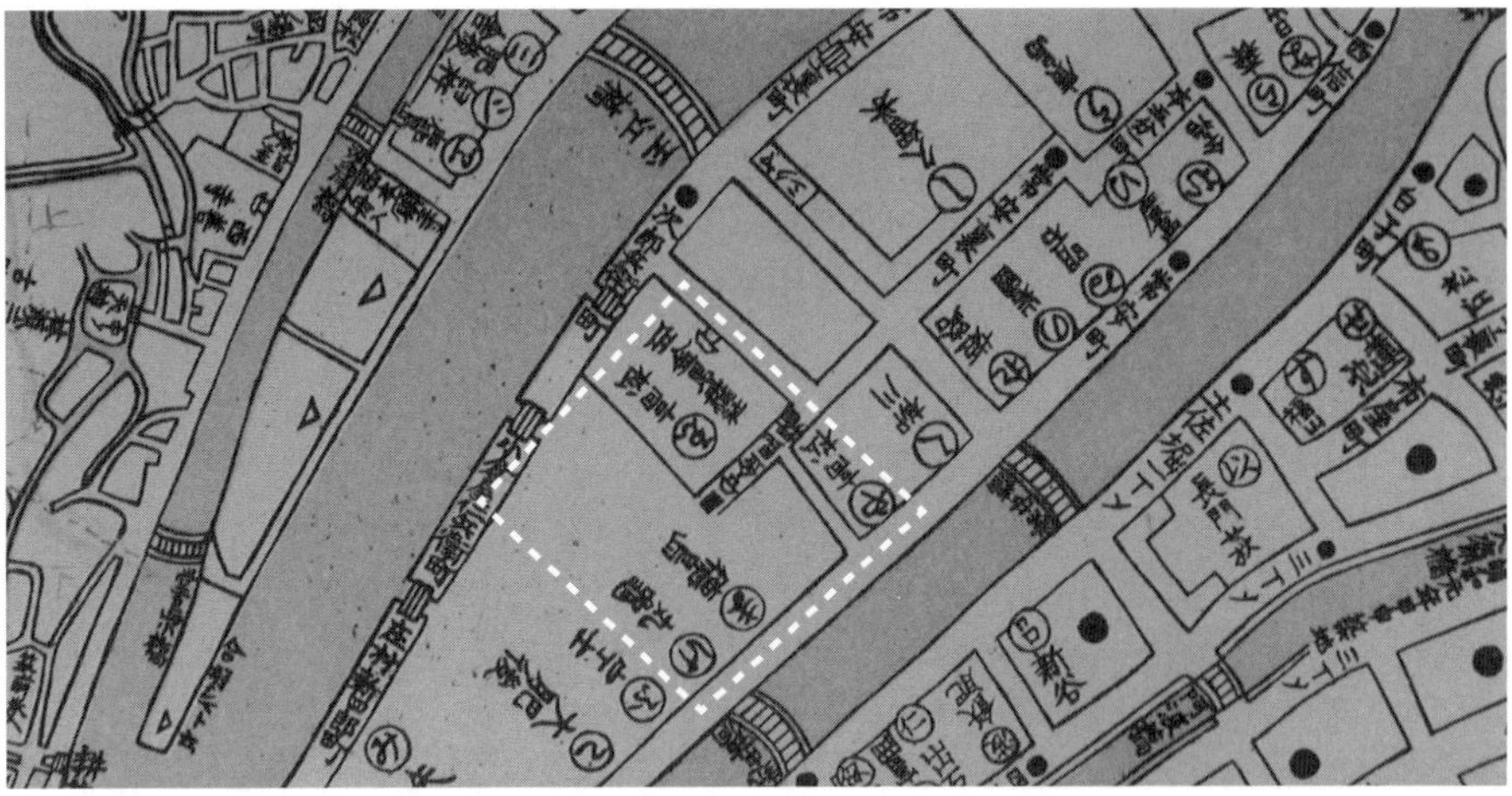

図2-2　文化３年の徳島藩大坂蔵屋敷の位置（『古板大坂地図集成』〈1970年〉所収）

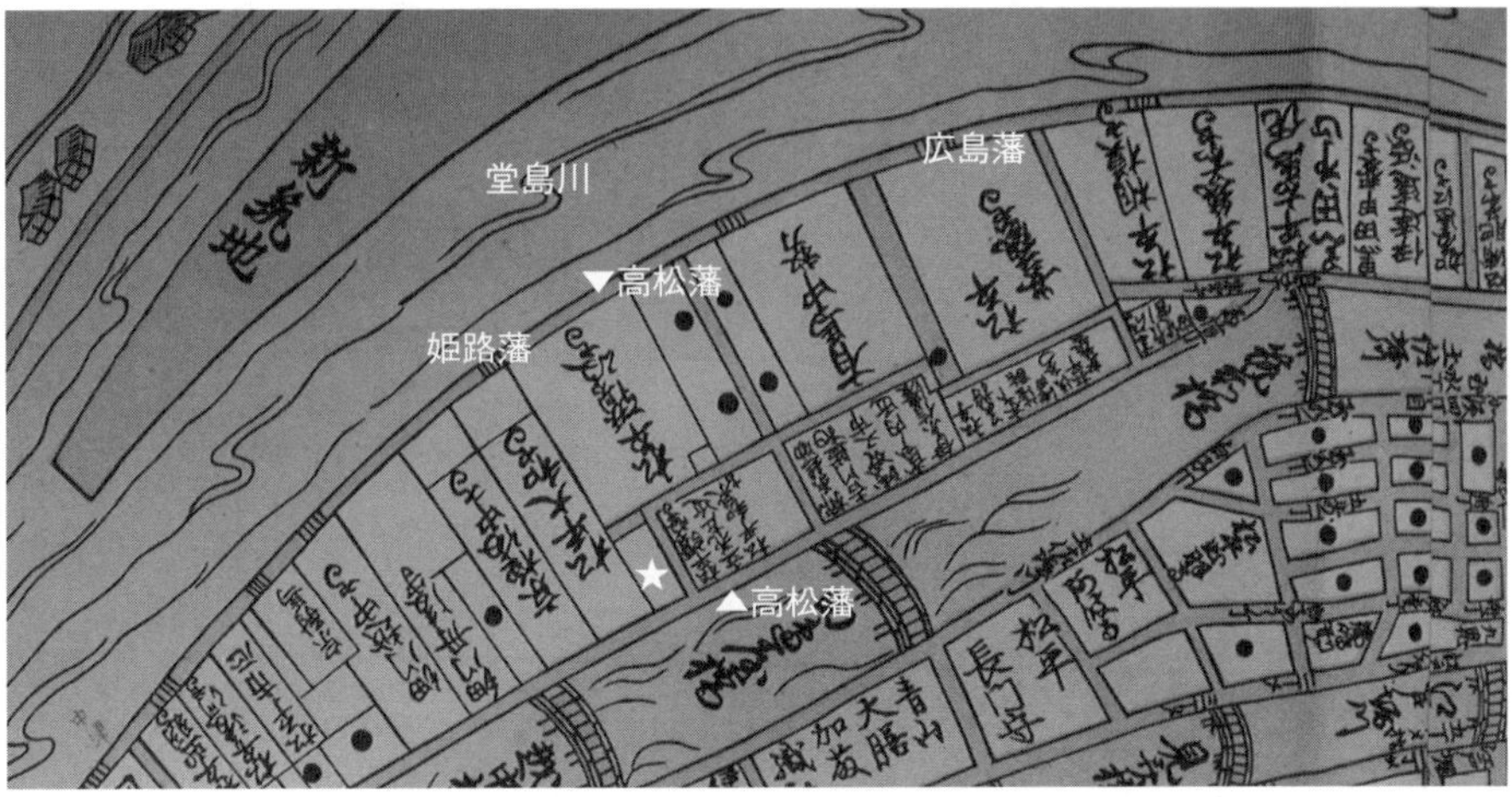

図2-3　貞享４年の徳島藩大坂蔵屋敷の位置（同上）

姫路藩が、藩主の交代により貞享四年以降に常安町の蔵屋敷を手放したとすると、元禄四年に常安町に屋敷を普請した徳島藩が同一六年までの間に買得した可能性があるが、同藩が買得したことを示す史料は現時点では見いだせていない。

表2—1の寛保二年（一七四二）には、夜間における水門出入りの願いが出されている。水門とは、船入りと川との境に設けられた門のことで、この時期に船入りの存在が判明する。図2—3の松平大和守屋敷は、屋敷の堂島川に面する箇所が区画されて描かれている。同所

は、後掲する図2―4では、船入りや米会所などに該当する箇所であり、堂島川の改修を契機に屋敷を拡張させて(6)水門と船入りを設けたと考えられる。

徳島藩蔵屋敷は、享保九年（一七二四）ならびに寛政四年（一七九二）の大火のさいに罹災していない(7)ことから、図2―4に描かれた屋敷の形態は、享保九年の大火以前までさかのぼる可能性がある。同屋敷では、安永八年（一七七九）に蔵が修繕されているように、諸施設は補修や増改築などが行われてきたと考えられるが、拡張後の敷地は大きな変化もなく継続され、明治末年には同所に住友伸銅所分工場が設けられている。なお、船入り前の橋は「徳島橋」、東隣りの高松藩では「高松橋」と記載されている。(8)

二節　大坂蔵屋敷の建築構成

徳島藩大坂蔵屋敷図(9)（以下「絵図」と略記）の大きさは、縦一七〇五ミリメートル×横七七〇ミリメートル、全面に一間間隔で碁盤目状に罫線が引かれ、その上に彩色された用紙を貼った着彩貼図で、縮尺は一間を約一二ミリメートルであらわした四分計である。

絵図の作成年代や経緯は記されていないが、図中の長屋に記された「竹内市左衛門」が、文化二年（一八〇五）三月一七日に国元に「大坂御留守居手代より召出(10)」されていることから、これ以前の作成であることがわかる。

同絵図をもとに作成した図面を図2―4に掲げる。本章では、同図をもとに徳島藩大坂蔵屋敷の建築構成などをみていくことにしたい。

（1）建築構成

敷地は、絵図の記載によると延べ四八〇九坪余で、北部の大きな長方形の敷地（大区画）と南部の小さな長方形の敷地（小区画）が喰い違って接続している。

大区画は、北面の西部から中央にかけて「水御門」「米役人住居」「裏御門」など、東面の北部三分の一、西面の北部三分の一程度まで土蔵が配されている。そして、敷地の北西隅に船入り、船入りと東面の土蔵の間に米会所・米廻場が設けられている。

大区画の中央部には、「留守居部屋」の南部に「御殿」が隣接して配され、双方ともに東側を塀で仕切って独立性を高めている。東面の北部土蔵より南部にかけて「長屋」「留主居家来部屋」「勘定所」など、さらに、南面には「作事所」などが配されている。

小区画は、南西隅に「表御門」を設け、南面・東面に「役人長屋」、中央部西寄りの南北に「水主長屋」を配し、その西側を「中御門」への通路としている。

すなわち、同蔵屋敷は、おおむね大区画の北約三分の一が米穀などの取引のための業務空間、他は御殿・留守居部屋・長屋などの居住空間、小区画は大区画への通路と役人などの居住空間で構成されている。

（2）居住施設

(1)御殿

佐賀藩大坂蔵屋敷の独立した御屋形（御殿）が、接客・居住・役所・台所空間で構成されていたことや、御殿における各空間の位置、室構成などはすでに明らかにした。(11)ここでは、まず徳島藩大坂蔵屋敷

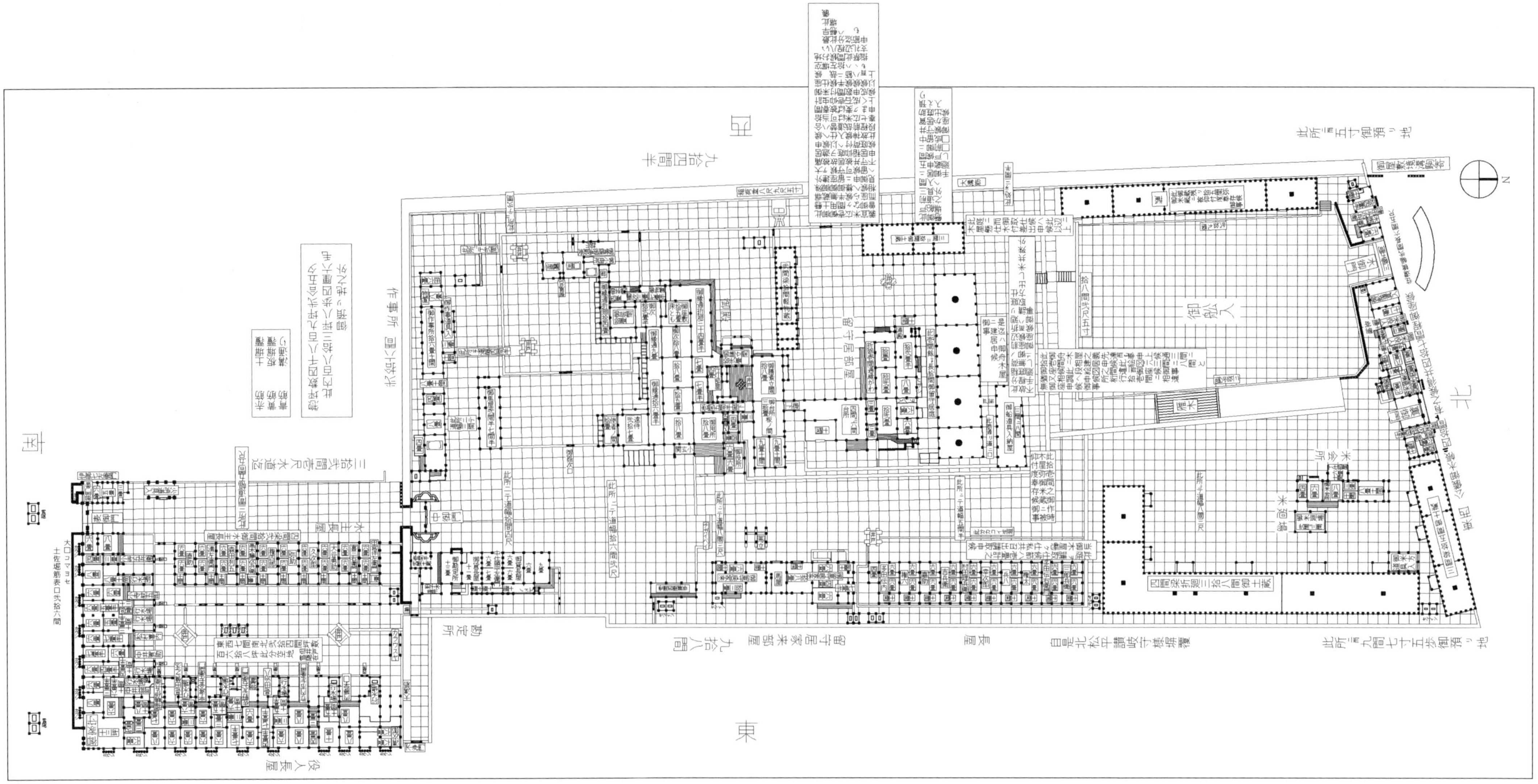

図2-4　徳島藩大坂蔵屋敷図（全体図）

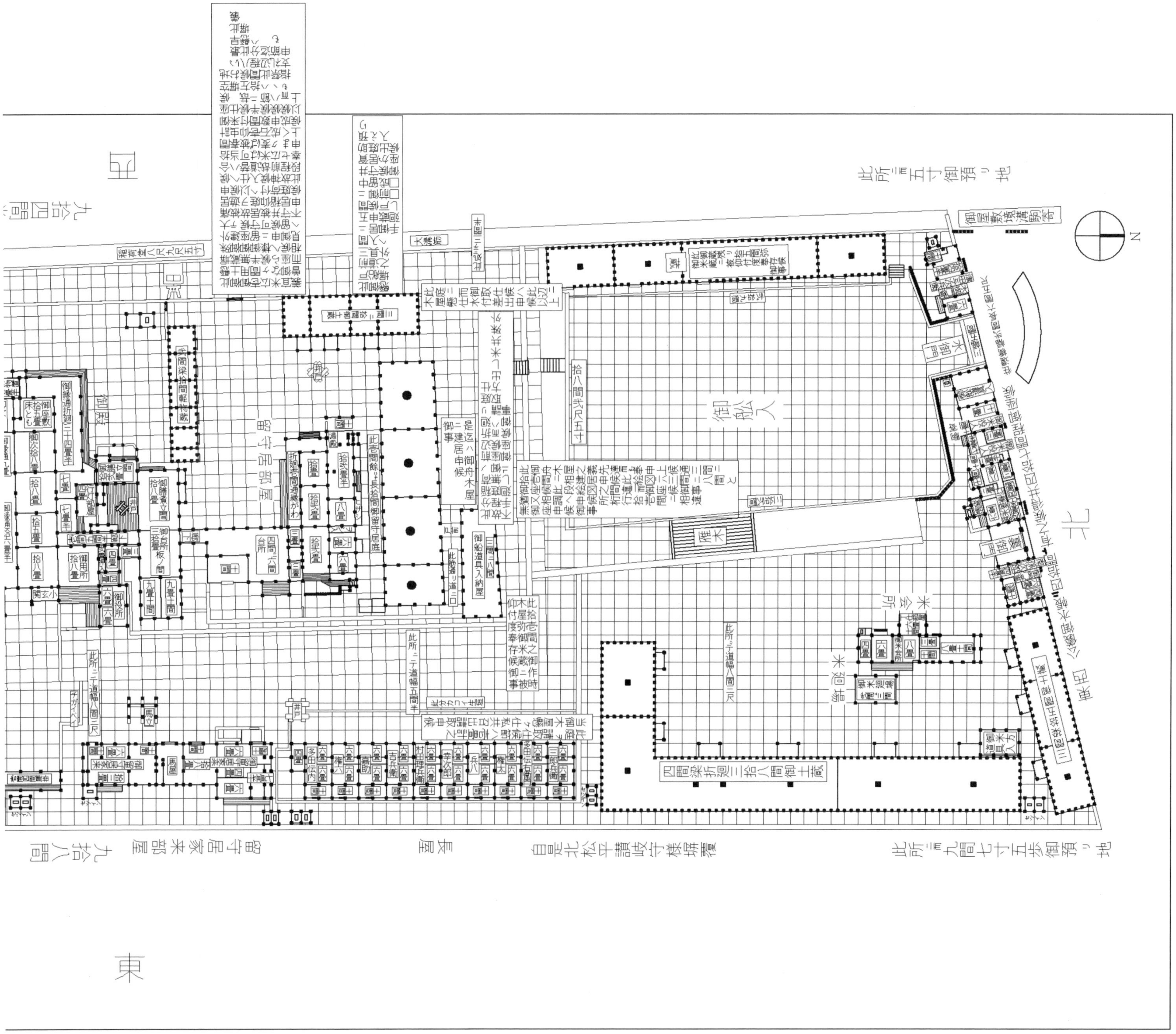

図2-4　徳島藩大坂蔵屋敷図（右半分拡大図）

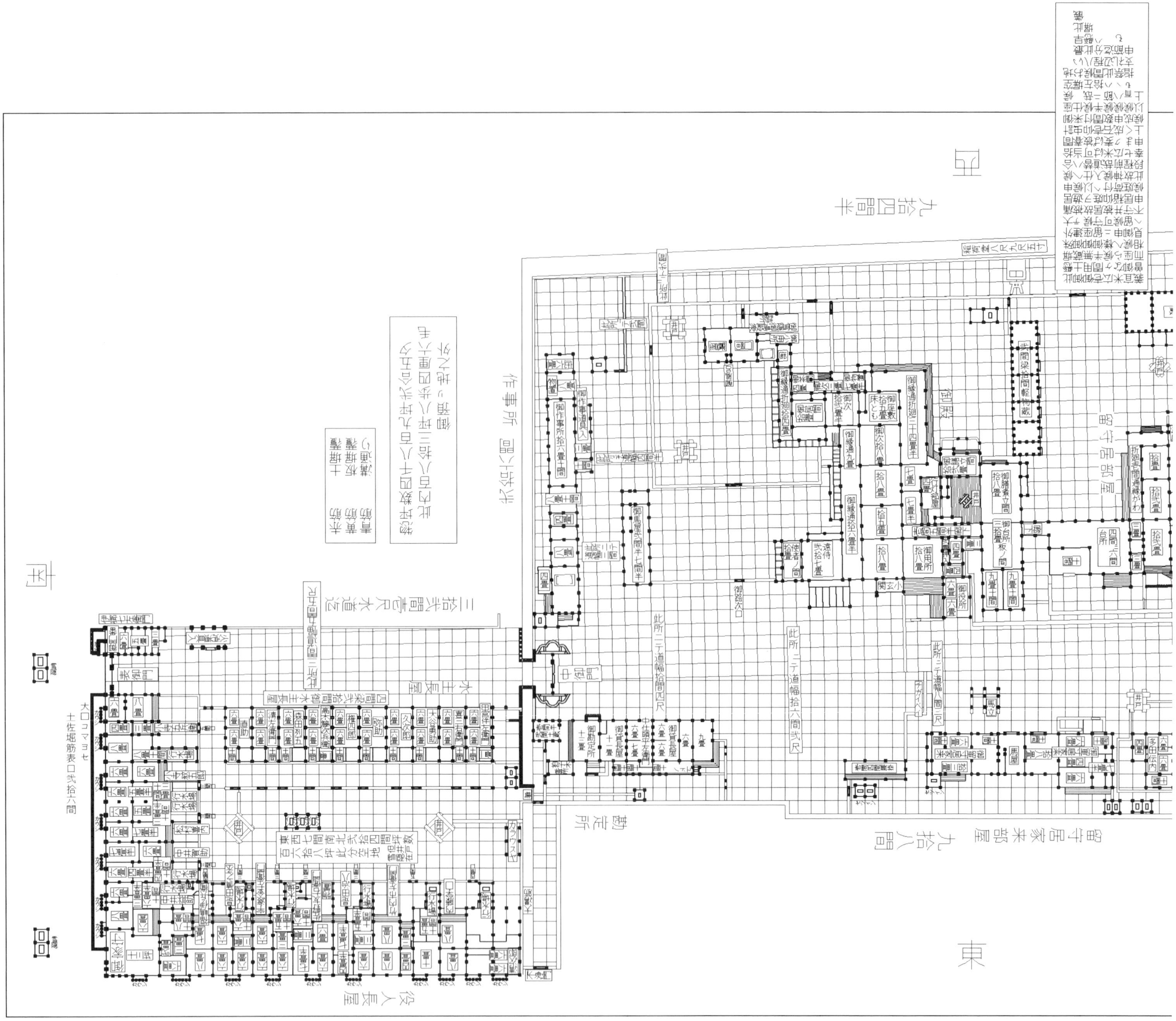

図2-4　徳島藩大坂蔵屋敷図（左半分拡大図）

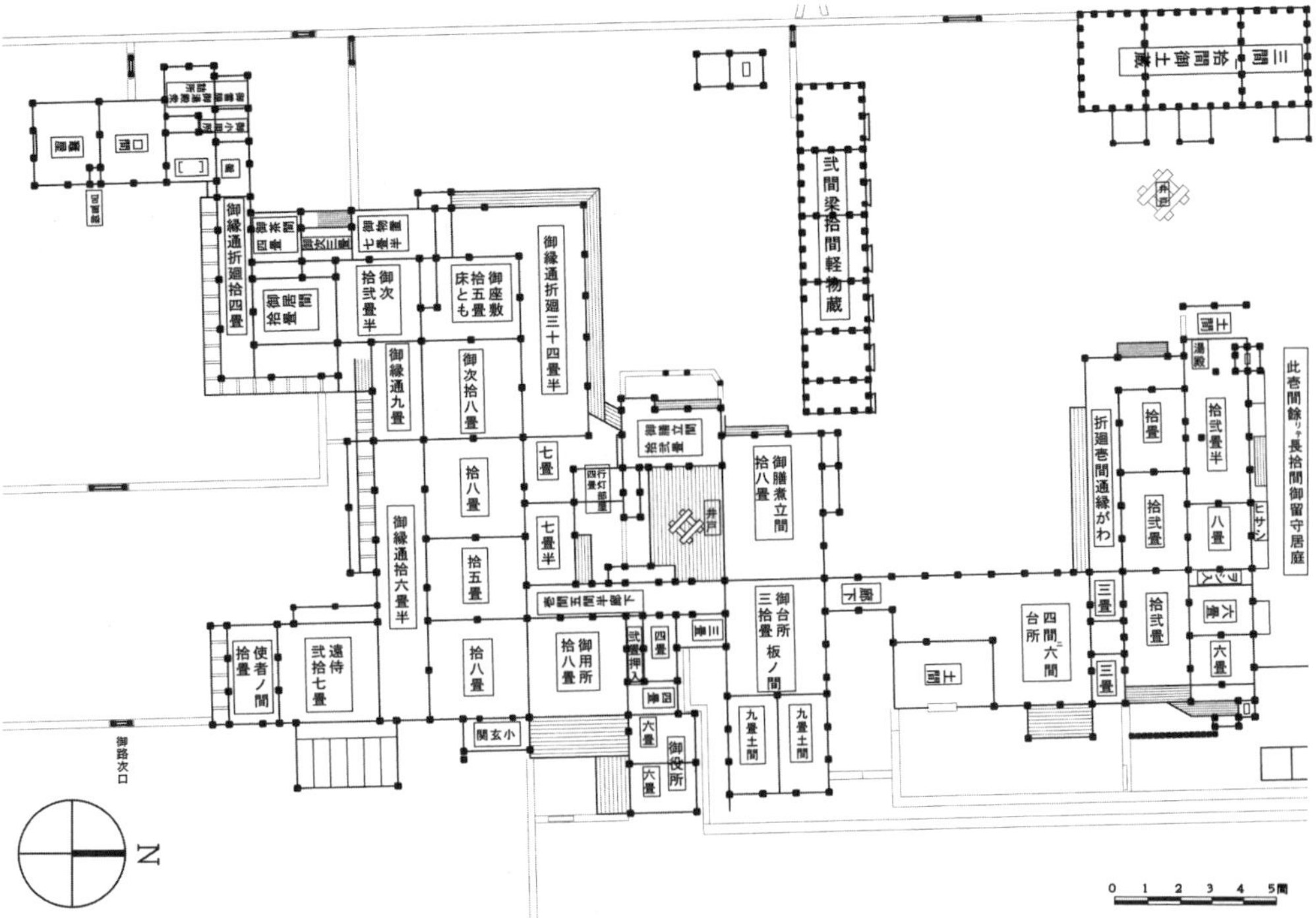

図2-5　徳島藩大坂蔵屋敷御殿

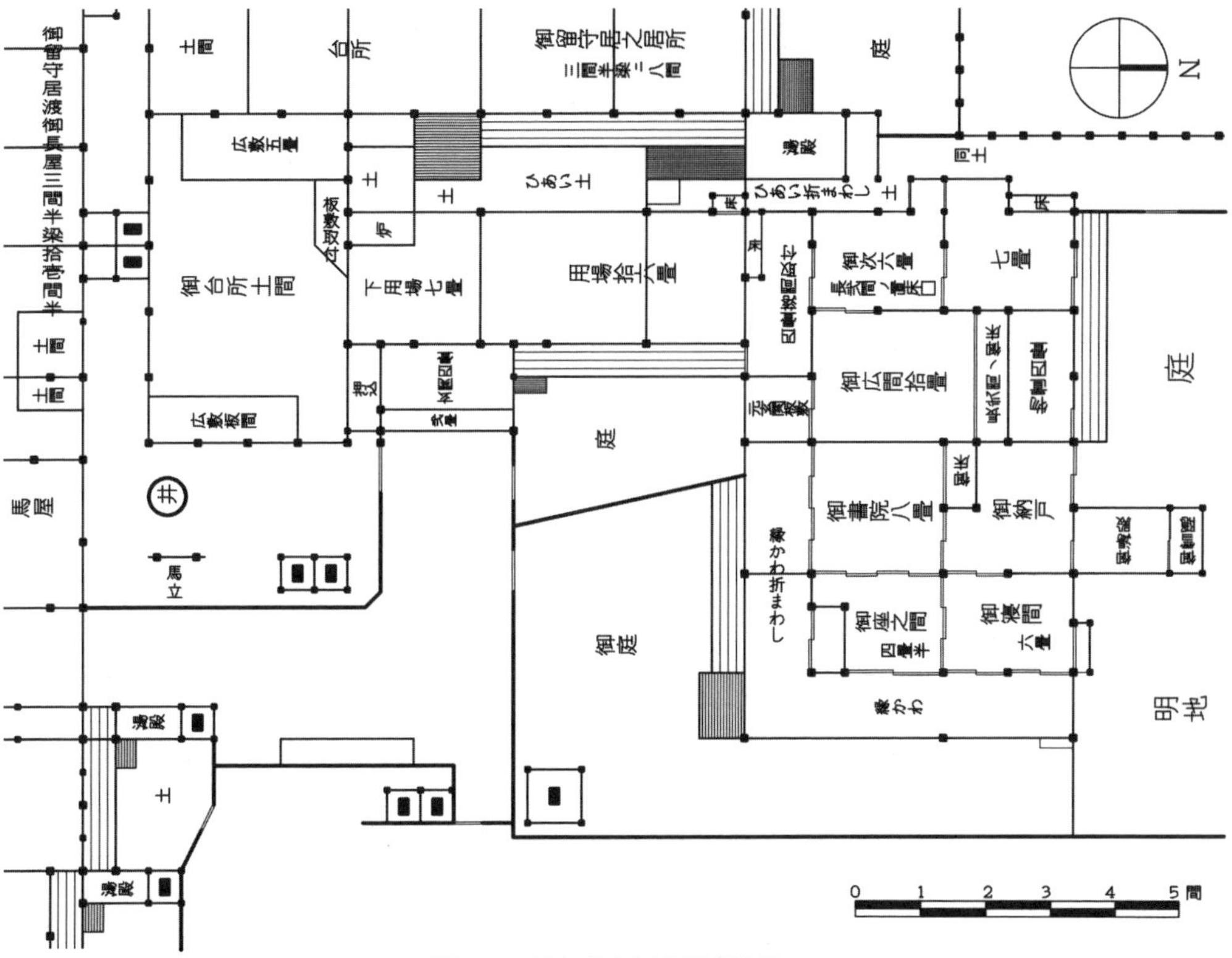

図2-6　岡山藩大坂蔵屋敷御殿

の御殿（図2―5）の各空間構成を明らかにし、次いで諸藩御殿の平面の比較検討を行いたい。

①各空間の構成

接客空間は、御殿中央の西部に配されている。東南部の玄関から「遠侍」（二七畳）「御縁通」（一六・五畳）を経て、「御次」（一八畳）「御座敷」（一五畳）の二室で構成されている。「御座敷」は、床を設えて格式が整えられ、西北部の折廻りの「御縁通」（三四・五畳）を介して庭が設けられている。

居住空間は、接客空間に南面して配され、「御次」（一二・五畳）「御居間」（一〇畳）の二室で構成されている。「御居間」の西部に「御茶間」（四畳）、便所や風呂は西南部、庭は東南部に設けられている。

役所空間は、御殿中央部の北部に配されている。「小玄関」から座敷（一八畳）を経て、「御用所」（一八畳）と「御役所」（一二畳）などで構成されている。さらに、御殿外、大区画東南部の隅に「御勘定所」（一三畳）と土蔵が設けられていることから、交易などの交渉は御殿で、実務的な仕事は「御勘定所」で行われたと考えられる。なお、「御勘定所」に付随する土蔵は銀蔵と推察される。

台所空間は、役所空間の北部に配され、「御台所」（三〇畳板の間）「御膳煮立間」（一八畳）「土間」などで構成されている。さらに、「御台所」は「留守居部屋」の台所とつながっている。

以上のように、徳島藩御殿の接客・居住空間はともに二室構成で、御殿西部の最奥に配されているため、玄関からの動線が長くなっている。居住空間には、居間のほかに茶室が設けられるなど、居住性に配慮されていることがうかがわれる。また、接客空間と居住空間が隣接していて空間相互の分離が不明確であることが判明した。役所空間は、御殿中央部の「小玄関」の北部に隣接して配されているが、御殿外にも「御勘定所」などが設けられ、業務の分担が図られている。台所空間は、役所空間の北部に隣接して設けられるとともに、留守居部屋の台所ともつながり、ここで屋敷内の食事を賄っていたと思われる。[12]

②諸藩御殿の平面

享保九年（一七二四）の大火では、多くの蔵屋敷が罹災した。佐賀藩では、罹災を機に屋敷が再建され、御殿の平面が大きく変化した。

享保九年の大火以前の平面　貞享三年（一六八六）ころの岡山藩の御殿（図2―6）は、中央部の「玄関」に接する庭の北部に居住・接客空間、玄関の西部に役所空間、南部に台所空間が配置されている。接客・居住空間は相互の分離が不明確で、前者が「御広間」（一〇畳）「御書院」（八畳）「御座之間」（四・五畳）の三室構成で南面するのに対し、後者は北面する「御寝間」（六畳）のみで、居住性に欠けている。

佐賀藩の御殿（第一章図1―5参照――一四頁）は、元禄五年から数度の増改築を経て、「御玄関」から接客空間である「御書院」までの動線が明確となっている。また、役所・台所空間が「内玄関」付近に、居住空間が御殿西部の最奥に配されて居住性に配慮されるなど、各空間の機能による配置がうかがわれる。さらに、中庭を配して接客空間と役所空間が明確に分離されている。

広島藩の御殿[13]（図2―7）は、中央部の中庭を中心に東部に役所空間、南部に接客空間が配され、双方とも庭によって独立性が高められ

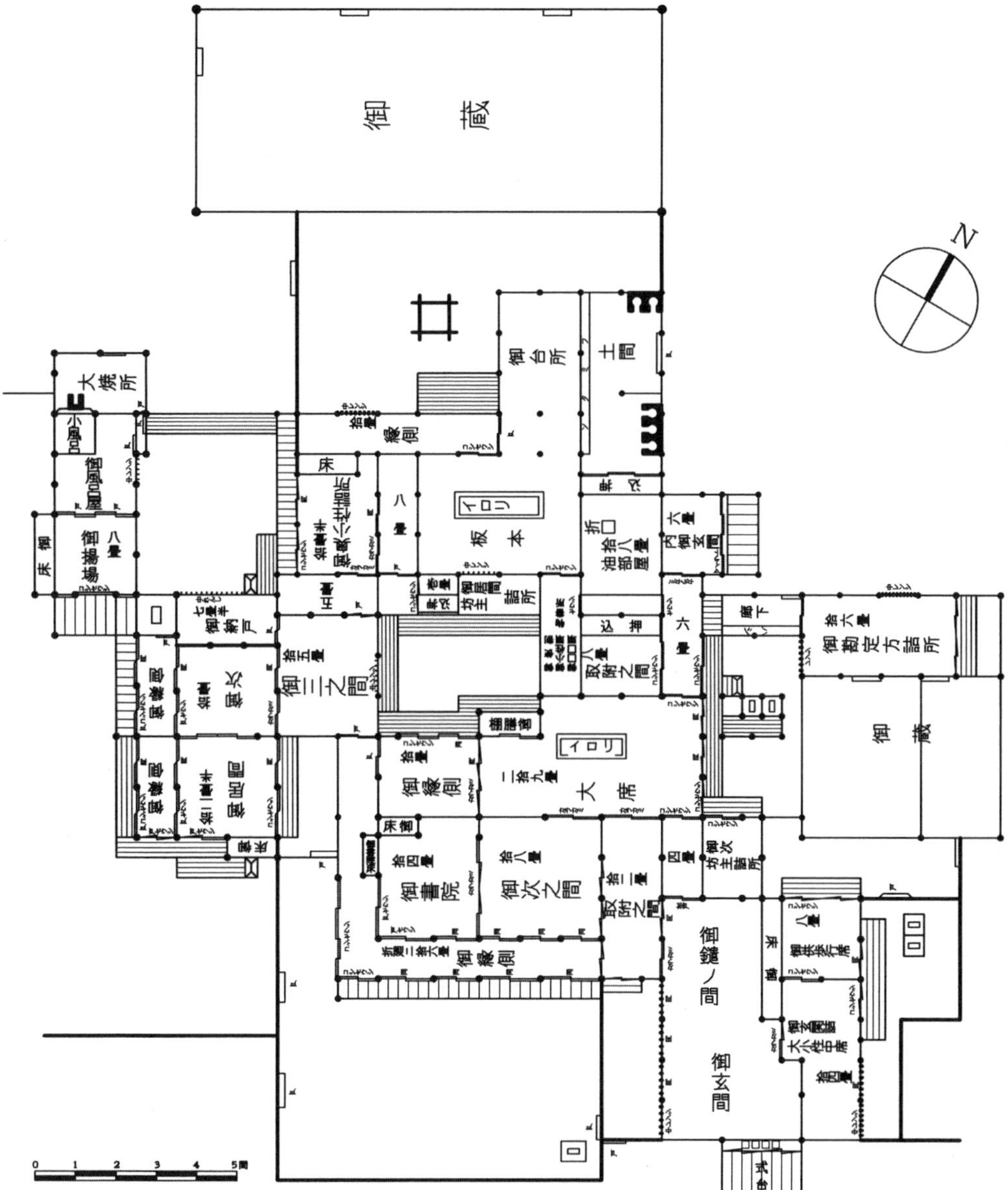

図2-7　広島藩大坂蔵屋敷御殿

表2-2　役人長屋の規模と室構成

		室（畳）													設備など			住人
	規模（畳）	10	8	7.5	7	6	5.5	5	4.5	4	3.5	3	2	計	土間（畳）	便所	行水場	
絵図中の表記	五間口	1	2	－	－	－	－	－	－	1	－	1	－	33	5	○	○	竹内市左衛門
		－	2	－	－	1	－	－	－	1	－	1	－	29	8	○	○	小寺五兵衛
	四間口	－	1	－	1	1	－	－	－	－	－	1	1	26	8	共同	不明	福嶋伊兵衛
		－	3	－	－	－	－	－	－	－	－	－	－	24	9	○	○	内藤学□
		－	1	－	－	2	－	－	－	－	1	－	－	23.5	6.5	共同	○	中井益助
	三間口	－	－	1	－	2	－	1	－	－	－	－	－	24.5	3.5	○	○	松村喜内
		－	－	1	－	2	－	－	1	－	－	－	－	24	4.5	○	○	中井賀助
		－	－	－	－	3	1	－	－	－	－	－	－	23.5	3	○	○	小寺紋五郎
		－	－	1	－	2	－	－	－	－	－	1	－	22.5	6	○	○	佐野友衛門
		－	－	－	－	3	－	－	－	－	－	1	－	21	6	○	○	是田慎之丞
		－	－	－	－	3	－	－	－	－	－	1	－	21	6	○	○	宇渡金左衛門
		－	－	1	－	1	－	－	1	－	－	1	－	21	5.5	○	○	是田治八

ている。西部の居住空間は、区画された庭によってプライバシーも十分に考慮されている。北部の台所空間は、中庭によって接客・居住空間から独立し、縁側・「御三之間」（一五畳）などによって連絡されている。このように各空間は、中庭などによって区画されるとともに、通風・採光に配慮がなされ、さらに付属する縁側などによって移動の動線が確保されるなど、すぐれた平面計画であることがわかる。

以上のことから、大火以前の平面は、岡山藩のように各空間の分離が不明確で諸室が連なる形態から、佐賀藩・広島藩のように、玄関付近に接客空間、最奥に居住空間、小玄関付近に役所空間・台所空間を配し、中庭を設けて空間の分離と日照・通風をうながすなど、居住性などが配慮された形態に変化していることを指摘できよう。

享保九年の大火以後の平面　大火の罹災後に再建された佐賀藩の御殿（第一章図1―6参照――二一頁）は、役所が独立して設けられたため、御殿は接客・居住の機能が明確になった。そして、罹災以前よりさらに多くの「明地」（中庭）を設けることで、各空間の独立性が高められるとともに、日照・通風などにも配慮された、居住性の高い形態が形成された。

徳島藩では、御殿中央の西部に接客空間・居住空間、中央の東部に小玄関を設け、その北部に役所空間・台所空間が配されている。この平面形態は、空間の分離という点からは大火以前の佐賀藩・広島藩の形態に近いが、中庭を設けずに諸室を連ねる点や、接客空間・居住空間の分離が不明確である点からは岡山藩に類似しているといえる。すなわち、徳島藩御殿の平面は、空間分離が不明確な岡山藩から、中庭を設けて空間分離を明確にする佐賀藩・広島藩にいたる過渡期的な形態と考えられる。

(2)留守居部屋

留守居部屋は、御殿の北側に廊下を介して隣接している。留守居部屋の接客空間は、南西の「折廻り壱間通縁かわ」に南面して、「拾弐畳」の次の間と「拾畳」の座敷の二室で構成されており、小規模であるが御殿の接客空間と類似の空間を構成している。居住空間は、接客空間の北部に接して東西に四室が配されている。接客空間が南面していることから、留守居部屋での接客の比重が大きかったことがうかがわれる。

(3)長屋

役人の住居は、小区画の東南面に配された長屋で、中央部の南北方向には水主長屋、さらに、これと同規模のものが大区画の東面中央部に配されている。二棟の長屋は六畳二室に土間の構成で、総数二〇戸である。

役人長屋の規模と室構成を表2―2に示す。同表によると、五間口の留守居手代竹内市左衛門宅が室の延べ面積が一六・五坪で最大、最小は三間口の一〇・五坪、平均一二・二坪である。三間口は六畳を中心に構成されているが、四間口・五間口は八畳が主となる。また、三間口には八畳より大きな室がみられないことから、居住者の階層差がうかがわれる。なお、各長屋には便所と行水場が設けられているが、湯殿はない。

(4)その他

大区画の西面中央部に稲荷堂、南面に作事場、勘定所に並んで貸長屋が設けられている。

三節　徳島藩大坂蔵屋敷の様相

以上の、徳島藩大坂蔵屋敷の変遷、建築構成、居住施設などの検討から、以下の点を明らかにすることができた。

徳島藩は、江戸時代前期の寛文年間に大坂に屋敷を設置したが、売却や移転を経て、元禄四年に土佐堀に屋敷を設けた。その後、屋敷を買得し、寛保二年には船入りを持つ屋敷となっていた。この屋敷は、享保九年・寛政四年の大火にも罹災していないことから、絵図に描かれた屋敷の建築時期は、享保九年以前にさかのぼる可能性がある。

同絵図は四分計、着彩貼図で、記載された人物名より文化二年以前に作成されたと考えられる。絵図によると敷地は四八〇九坪余で、これは約八三〇〇坪の熊本藩蔵屋敷にはおよばないが、高知藩（約四五〇〇坪）・佐賀藩（約四二〇〇坪）より大きく、諸藩の大坂蔵屋敷のなかでは最大規模のものであった。

敷地は、大小の二区画に分かれる変則的な形態で、大区画は、御殿・留守居部屋などの居住施設、船入り・米蔵・米会所などの取引き上の業務施設などで構成され、小区画には主に長屋が配されていた。

御殿は、西国諸藩と同様に接客・居住・役所・台所の各空間で構成されていた。その平面は、中庭を設けずに室を連ねる平面形態で、岡山藩の御殿に類似しているが、佐賀藩・広島藩のように中庭を配して各空間が分離されていないことから、室を連ねる形態から中庭を設けて空間を分離する形態にいたる過渡的な平面形態と考えられる。

留守居部屋は御殿と接続して設けられ、接客空間が確保されていた。役人長屋は間口によって規模が異なり、住人の階層性がうかがわれる。

(1)　『国史大辞典10』（吉川弘文館、一九九二年）

(2)　出典は以下の通りである。Ⓐ『藩法集三』（石井良助編、創文社、一九六二年）、Ⓑ『大阪編年史　第二六巻』（大阪市立中央図書館、一九七八年）、Ⓒ『徳島県史料　第一巻』（県史編纂委員会、一九六四年）、Ⓓ『中之嶋誌』（臨川書店、一九七四年）、Ⓔ『新修大阪市史　第三巻』（大阪市、一九八九年）、Ⓕ『徳島藩士譜』（宮本武史編『徳島藩士譜』、同刊行会、一九七二年）

(3)　前掲注(2)Ⓑ『大阪編年史　第二六巻』所収「諸大名御屋敷付」

(4)　前掲注(2)Ⓑ『大阪編年史　第二六巻』所収「諸大名蔵屋敷一覧」

(5)　前掲注(2)Ⓑ『大阪編年史　第二六巻』所収「諸大名蔵屋敷一覧」およびⒹ『中之嶋誌』

(6)　貞享三年の堂島川の改修により、佐賀藩・岡山藩が敷地の拡張整備を行っていることから、徳島藩も拡張整備を実施したと推察される（第一章二節一項「貞享三年の川普請と敷地の変化」参照――九頁）。

(7)　『大阪編年史　第七巻』（一九六九年）・『同　第一三巻』（一九七一年）

(8)　『大阪地籍地図』（吉江集画堂、一九一一年）

(9)　個人蔵。同絵図は、特別展「水の都徳島再発見」（徳島市立徳島城博物館、二〇〇七年一〇月二七日～一一月二五日）に出展され、同展覧会の図録でも紹介されている。

(10)　前掲注(2)Ⓕ宮本武史編『徳島藩士譜』。なお、諸藩の大坂蔵屋敷図に関する筆者らの調査によると、紙面に描かれた碁盤目状の罫線上に建物や施設などの色紙を貼り付けた着彩貼図は、岡山藩大坂蔵屋敷図（慶安元年＝一六四八）や佐賀藩大坂蔵屋敷図（元禄五年＝一六九二）にみられ、以後は紙面に直接絵図を描いた書き図が多くなる。徳島藩大坂蔵屋敷図の作成年代は、文化二年以前と推定されるが、その年代が比較的新しいことから、着彩貼図という古式な図法で描かれているといえる。

(11)　第一章二・三節参照

(12)　前掲注(2)Ⓓ『中之嶋誌』には、「室は別なれど食事は台処で一緒にする仲間部屋があって」とあり、一括して賄いが行われていた様子が記されている。

(13) 広島藩蔵屋敷の所在地は、延宝七年(一六七九)の「諸大名屋敷付」には「中ノ嶋常安裏町」、「諸大名蔵屋敷一覧」には、延享四年(一七四七)以降天保六年(一八三五)まで「本五分一町」とある(『大阪編年史 第廿六巻』所収、大阪市立中央図書館、一九七八年)。一方、明暦元年(一六五五)から幕末まで変化なしとの指摘もある(『大阪府の地名』、平凡社、一九八九年)。伊藤純・豆谷浩之氏によると、同藩蔵屋敷絵図の作成年代は、一七世紀末から一八世紀初頭と考えられている(「新出広島藩大坂蔵屋敷絵図について——浅野文庫本絵図の紹介——」、『大阪の歴史』五一号、大阪市史編纂所、一九九八年)。屋敷位置について相違があるが、同絵図は本五分一町に立地していた屋敷を描いたものと考えられる。図2—7はその部分図である。なお同屋敷は、享保九年(一七二四)・寛政四年(一七九二)の大火にも罹災していないことから、享保九年以前の屋敷の形態が描かれている可能性がある。

第三章　西国大名の大坂蔵屋敷と京都・伏見屋敷――高知藩における上方屋敷の比較研究――

高知藩は、天保期には江戸において上屋敷のほかに、中屋敷二（芝三田・日比谷）、下屋敷三（品川・築地・深川）の計六か所を有し、[1]最も多く屋敷をもった大名に属する。[2]江戸ではこのほか、麻布屋敷も設けられ、[3]各屋敷の所在地は明らかにされているが、建築構成などについては不明な点が多い。

本章では、「五藤家文書」（安芸市立歴史民俗資料館所蔵）に収められた、大坂蔵屋敷・京都屋敷・伏見屋敷・江戸上屋敷・江戸麻布屋敷図を用いて、各地における高知藩屋敷の変遷や建築構成などについて考察を行うとともに、大坂蔵屋敷、京都・伏見屋敷の特質を論じるものである。

一節　高知藩屋敷の変遷と指図

ここでは、表3―1に掲げた指図を紹介するとともに、屋敷の変遷をみていくことにしたい。

（1）大坂蔵屋敷

高知藩は、元和七年（一六二一）に江戸堀に所在した屋敷を売却し、長堀白髪町に屋敷地を購入した。[4]「御当家年代略記」（以下「年代記」と略記）[5]によると、その後、寛永五年（一六二八）八月に長堀白髪町北側で二か所、同一三年に長堀白髪町南側、明暦三年（一六五七）に高橋町で屋敷地を購入している。同地は、蔵屋敷が集中している中之島周辺とは異なり、大坂市中の南部に位置している。その後、同屋敷は享保九年（一七二四）[6]と寛政四年（一七九二）[7]の大火にも罹災をまぬかれ、享保二年には敷地内に稲荷宮の社殿が造営されている。[8]

表3-1　高知藩屋敷の所在地と指図

屋敷名	所在地	寸法(mm)・仕様	作成時期
大坂蔵屋敷	長堀白髪町南側 高橋町	1,538×1,376 5分計 着彩書図	寛政2～12年
京都屋敷	備前島町	1,485×1,220 10分計 書図	寛政7年6月 以前
伏見屋敷	塩屋町 南浜町	1,103×960 10分計 書図	不明
江戸上屋敷	鍛冶橋門内 大名小路	980×655 6分計 着彩書図	寛政3年
江戸麻布屋敷	麻布新堀町	1,300×542 7分計 着彩書図	（寛政年間）

1）所在地：江戸上屋敷は『日本の古地図』（講談社，昭和51年9月），江戸麻布屋敷は『麻布区史』，他は「年代記」による。
2）作成時期：（　）付きは推定

大坂蔵屋敷図[9]（以下「絵図」と略記、図3―1）は、一間を五分に縮尺した五分計で描かれ、居住部分の畳や板間・蔵などに着彩が施されている。図中に記された「宮地三十郎」は、「御侍中先祖書系図牒[10]」によると、寛政二～一二年（一七九〇～一八〇〇）まで勘定奉行として大坂蔵屋敷に勤務していることから、絵図の作成年代は寛政年間と推定される[11]。

大坂蔵屋敷は、長堀白髪町南側と高橋町に位置し、敷地中央部の大道を隔てて東西に分かれており、その規模は、東屋敷が約二〇五八坪、西屋敷が約二二五二坪で、中央部の大道を含めると全体では約四四九五坪となる。これは現在判明している諸藩の大坂蔵屋敷のなかでは最大級に属するものである[12]。

東屋敷の建築構成は、大道中央部に面する「表御門」、その北の「御米蔵」、北面二か所の「米出御門」「御門」と長屋、東面北部から中央部にかけての「御米蔵」、そこから南面に「御貸家」が配されている。屋敷の中央部北寄りに御殿、その南部には塀で区画された「御殿御庭」「御庭」が設けられ、御殿の南東には「御米蔵」、北東には「御賄方」「御買米方役所」など多様な施設が配されている。貸家は三棟（一四四坪）あり、南面中央部に「御用心御門」が設けられている。貸家は塀で区画された裏庭を含むとその規模は約四〇八坪になり、東屋敷地の約二割を占めている。

西屋敷は、敷地の中央部を塀で区画し、北寄りに長屋など、南寄りに「稲荷宮」「磐根宮」「舞台」「池」「御船手方道具蔵」などが配されている。敷地の西面は、塀と「御作事場」「御扶持米蔵」「御扶持米役所」など、北面には「御門」「御蔵」「御用心門」「御銀役所」「御在役座敷」「御銀蔵」や住居などが設けられている。また、南面には貸家が二棟（一二三坪）配され、中央部に門が設けられている。貸家は塀で区画された裏庭を含むと三七四・四坪の規模になり、西屋敷地の約一・七割を占めている。

長堀川ぞいの大道の東西端には「柵御門」「辻番所」、中央部大道の南北端にも「柵御門」が設けられており、藩主が滞在するさい、この道を通って御殿に入ったものと考えられる。絵図によると、西屋敷の前の長堀川に「□《船カ》入・御座□《船カ》」が記されている場所は、御座船の係留地と、船を接岸する船入りであったと推察される。また、長堀川の浜地では材木の販売が行われた[13]。

(2) 京都屋敷

「年代記」によると、高知藩は、寛永五年に「川原町、肥前町」において屋敷を購入したが、正保三年（一六四六）に川原町屋敷を売却した。同藩の京都屋敷は、近世初期から明治維新まで備前島（豊前島）町に位置したことから[14]、絵図に描かれているのは備前島町に位置した屋敷である。「年代記」に記された「肥前」は、「備前」もしくは「豊前」の誤記であろうと判断される。その後、寛文二年（一六六二）五月一日の大地震において破損しているが、被害状況は不明である。また、宝永五年（一七〇八）と天明八年（一七八八）の大火には罹災をまぬかれている[15]。

京都屋敷図（図3―2）[16]は、一〇分計で描かれたもので、「寛政七卯六月御作事奉行棚橋貞五郎江戸より持来也」の記載があり、同年に江戸より持ち込まれたことがわかる。この絵図には、建て替えや増改

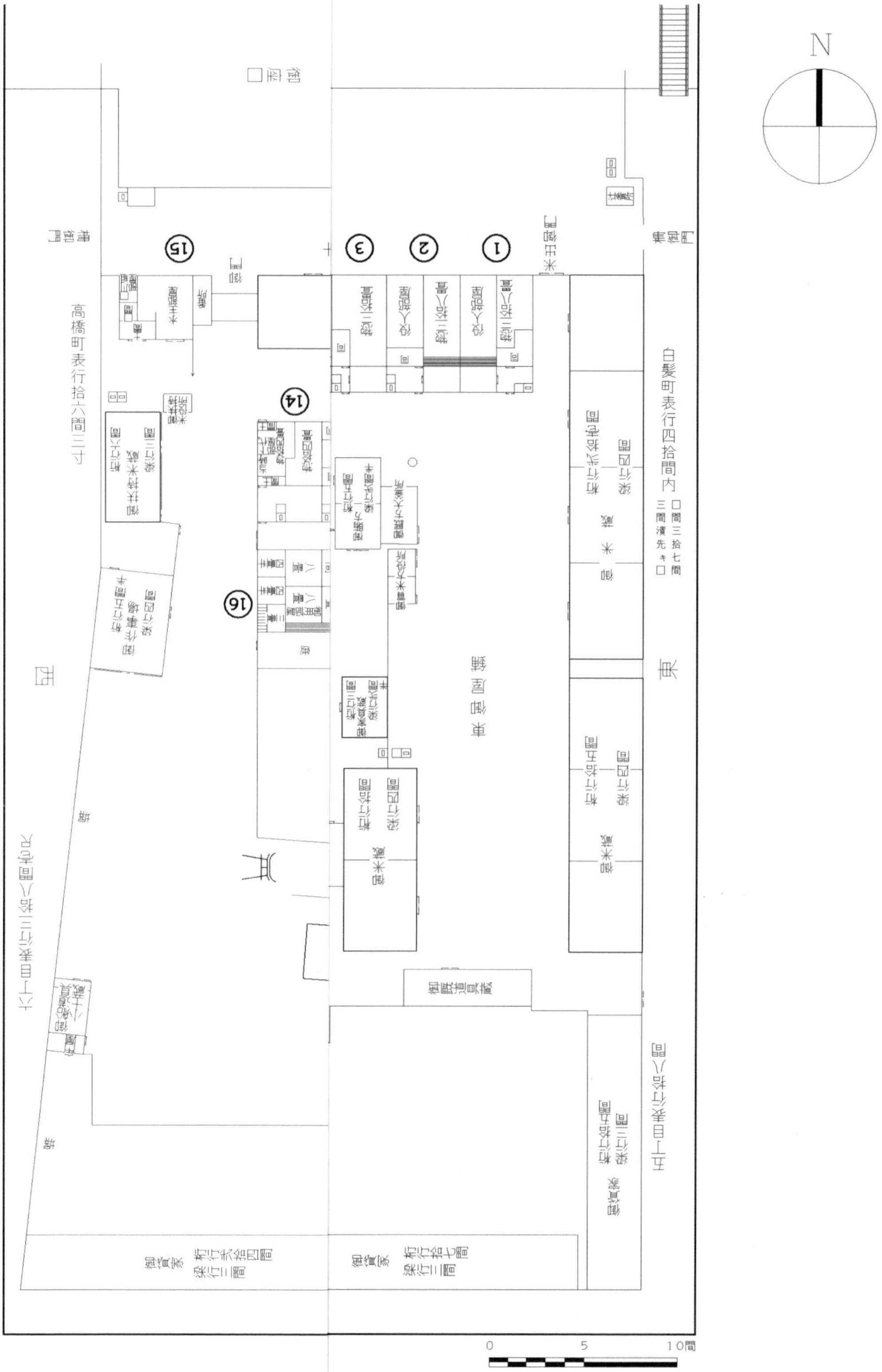

N
白髪町表行四拾間内
口間三拾七間
三間清先キ口
高橋町表行拾六間三寸
御貸家 桁行弐拾四間 梁行三間
御貸家 桁行拾七間 梁行三間
0 5 10間

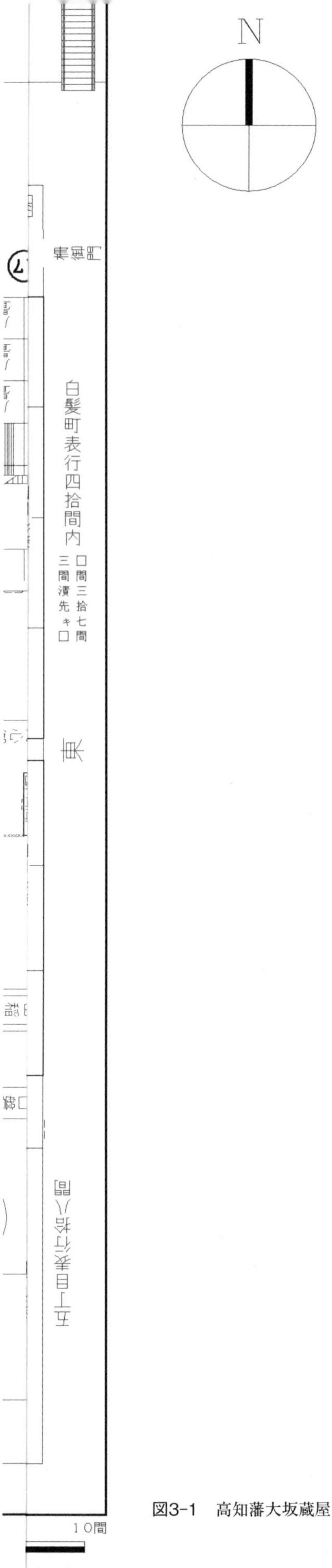

図3-1　高知藩大坂蔵屋敷図（右半分拡大図）

図3-1　高知藩大坂蔵屋敷図（左半分拡大図）

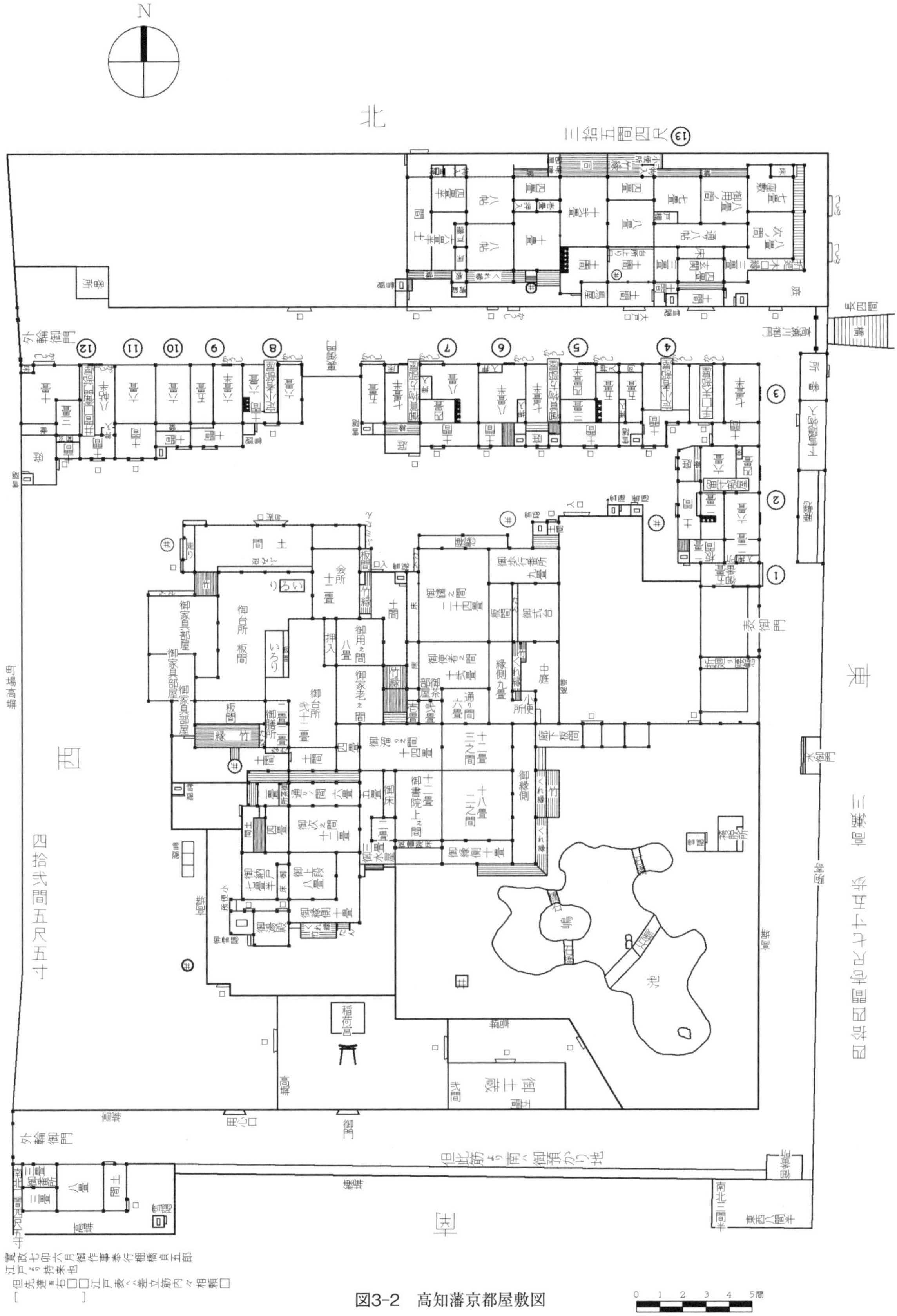

図3-2　高知藩京都屋敷図

築を経た寛政年間の様子が描かれている。

図3―2によると、京都屋敷には、東の高瀬川に面して「高瀬川御門」「番所」「水御門」などが設けられている。敷地には、西面の二か所に「外輪御門」を配した逆コの字形の小路が設けられ、屋敷が南北に分かれている。敷地規模は、南屋敷が約一〇五〇坪、北屋敷が約二一〇坪で、小路を含むと全体では約一五二二坪になる。

南屋敷は、東面中央部に「表御門」、北面中央部に「裏御門」を設け、表門から北面にかけて長屋が配されている。御殿は中央部に設けられ、御殿の東南部には池が穿《うが》たれた庭があり、このほか南面に土蔵一棟と稲荷宮が配されている。また、北屋敷には役宅が設けられている。

京都屋敷は、南屋敷の南面に接する小路の両端部と北面に接する小路の西端部、高瀬川御門脇に設けられた番所、敷地内に配した小路、敷地や屋敷を練塀や高塀で囲むなど、格式の高い屋敷構えを構成していた。

（3）伏見屋敷

伏見屋敷は、慶長一六年（一六一一）一一月一七日に紺屋町からの出火により類焼した記録がある。[17]「年代記」によると、元和六年には伏見の諸大名屋敷が召し上げられており、同藩屋敷も同様であったと考えられる。その後、寛永七年（一六三〇）に森殿橋、同一三年に境町、正保元年（一六四四）に塩屋町（二か所）と南浜町で屋敷を購入している。さらに、寛文三年（一六六三）四月一七日に書院三の間の縁側に落雷し、「御内家不残焼失」したが、長屋には被害がなかった。また、元禄七年（一六九四）には長屋が類焼しているが、以後の経緯は不明である。

寛文一〇年の「山城国伏見街衢近郊図」[18]では、塩屋町と南浜町に「松平土佐守」屋敷が確認できる。また、江戸時代中期の伏見の状況を記した「伏見大概記」[19]にも、「一、松平土佐守　御殿有　田中惣兵衛　但町役三軒塩屋町一軒、南浜町」とあり、同地に高知藩伏見屋敷が引き続き所在していたことがわかる。

伏見屋敷図（図3―3）は、一〇分計のヘラ書き方眼の上に描かれたもので、年紀を示す記載はない。同図によると、敷地の形状は塩屋町に南浜町の一部が付加したT字形をしており、敷地規模は約四九六坪である。東面中央部に「表御門」、北面西寄りに「裏御門」、南面に「御用心門」を設け、表門から南部にかけて、「御実物部屋」「花道具部屋」などの収納施設、同じく北面にかけて長屋・「御武具部屋」、西面には役宅・「御台所」・「御料理之間」・「御家具部屋」など、また、南浜町の突出した敷地には「表座敷」「御米蔵」「御道具蔵」などが配されている。

御殿は、塩屋町の敷地のほぼ中央に配され、御殿の東南から南面には塀で区切られた「御庭」が設けられ、東南庭の一隅に稲荷宮が勧請されている。

（4）江戸上屋敷

江戸上屋敷は、慶長九年（一六〇四）に鍛冶橋門内の大名小路が造成されたさいに屋敷地を拝領し、以来幕末までその位置を変えていない。[20]「年代記」によると、同屋敷は天明四年（一七八四）一二月二六日に、西尾隠岐守屋敷からの出火により類焼した。

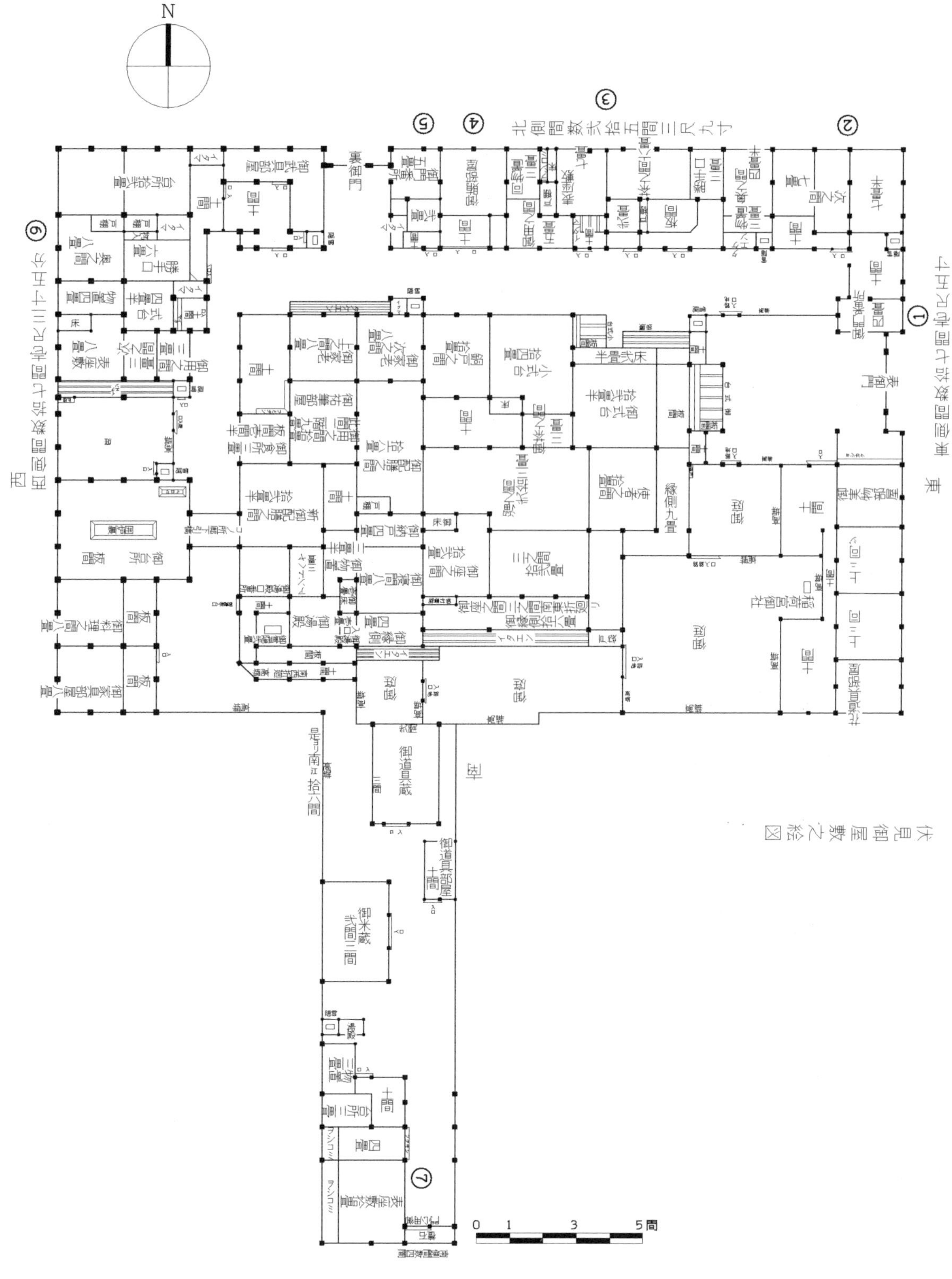

図3-3　高知藩伏見屋敷図

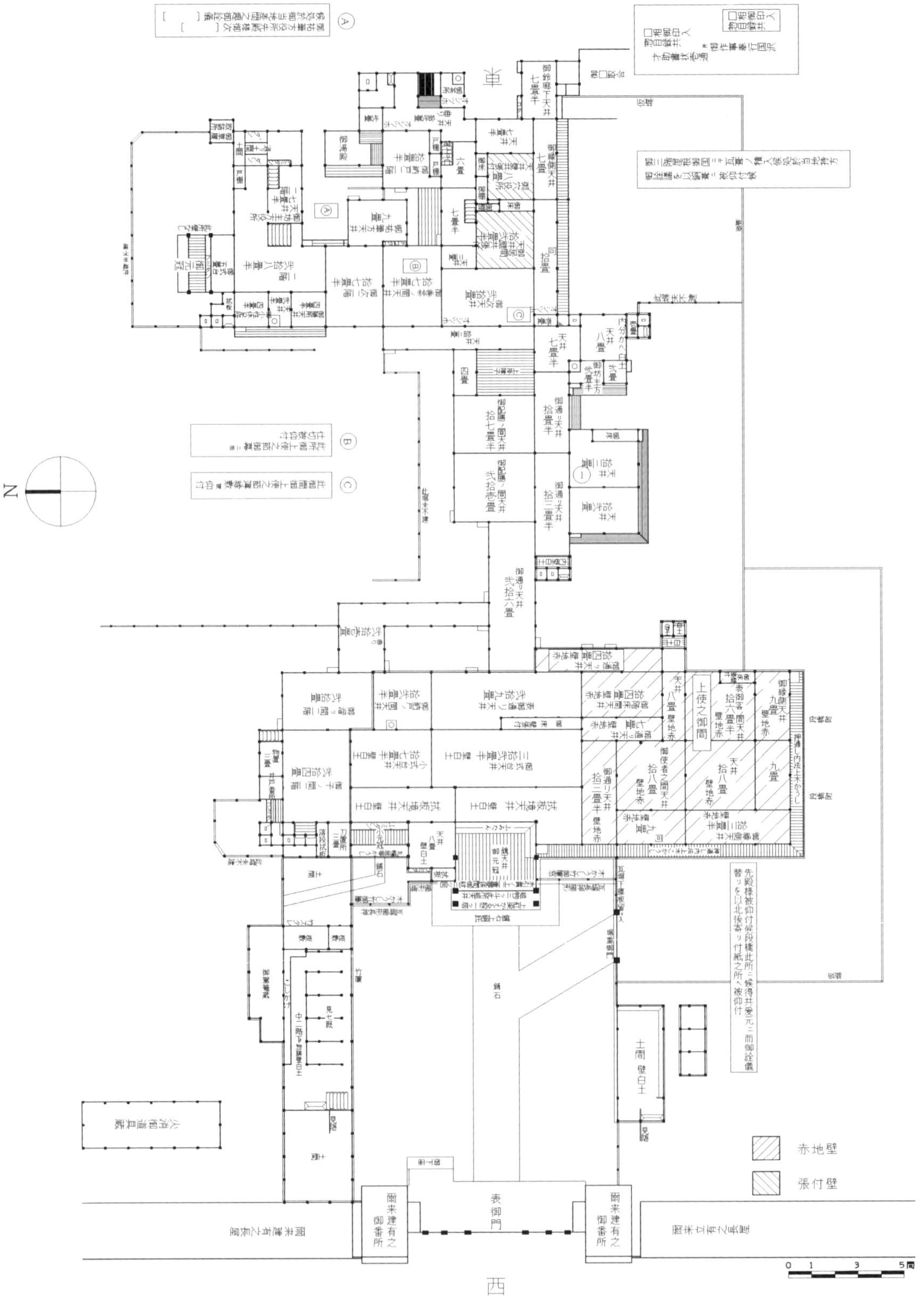

図3-4　高知藩江戸上屋敷図

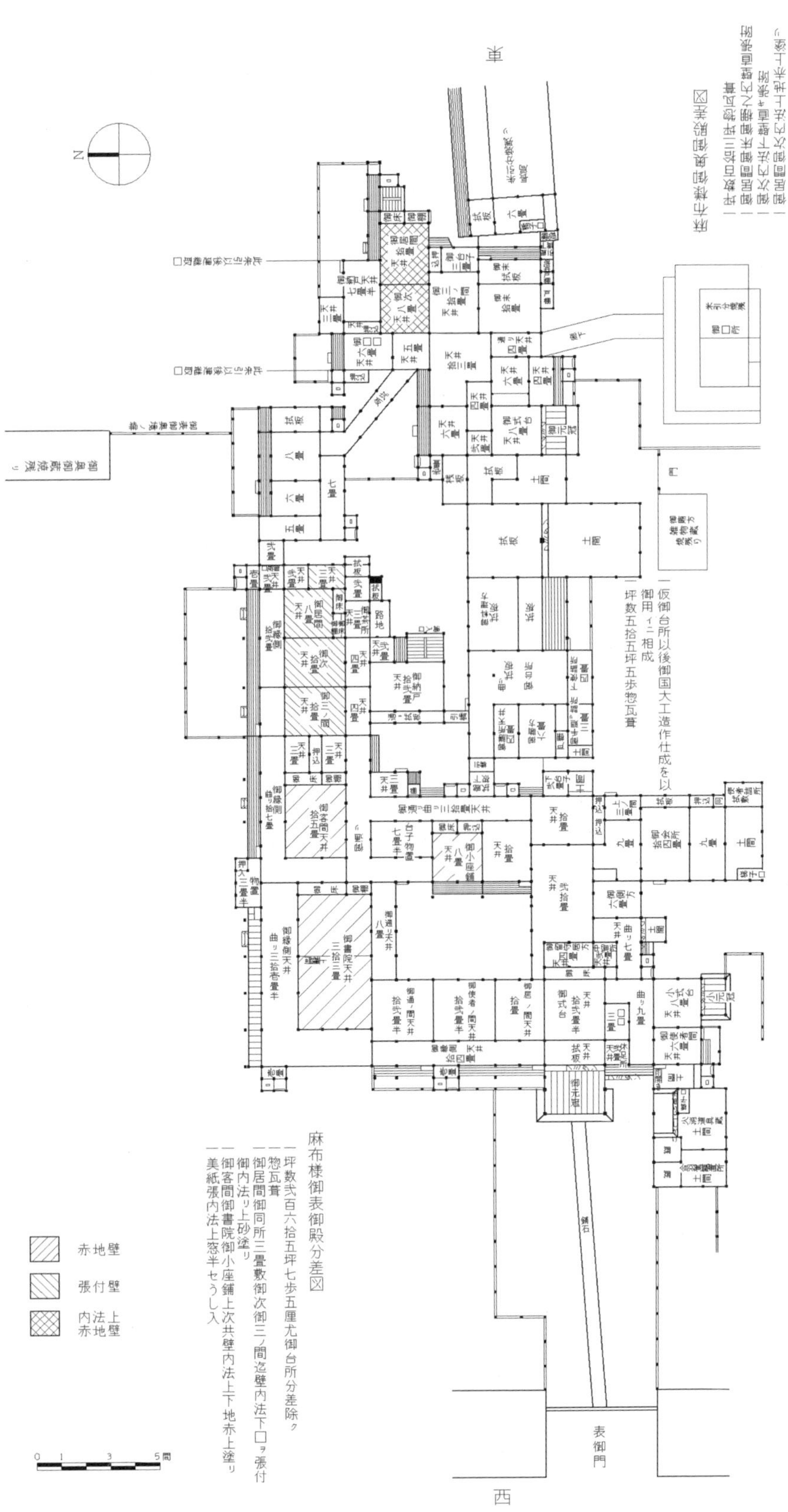

図3-5　高知藩江戸麻布屋敷表御殿・奥御殿図

江戸上屋敷表御殿図（以下「江戸上屋敷図」と略記／図3―4）は、六分計のヘラ書き方眼の上に、大名小路に所在した上屋敷が描かれたもので、指図の包紙に「寛政三亥年江戸上御屋鋪新御作事御表分之御指図」とあり、表御殿部分のみが描かれ、敷地部分に黄色系の着彩が施されている。奥御殿へは東端の「御鈴廊下」[21]によって連絡されているが、奥御殿の配置・構成、敷地周囲の状況などについては不明である。上屋敷の作事には数年かかる場合が多く[22]、同図中の東北隅の「御元冠」を囲むように設けられた塀に「此塀未不建」、南側に位置する「御居間」「御穴役所」などに畳廊下を介して面する庭には、「仮塀」「此塀未不建」の書き込みがあるほか、「御三階屋根御国ニテ瓦葺ノ積入候処、於当地持方御詮議を以銅葺ニ被仰付候」などの付紙が施されていることから、同図は上屋敷復興の計画図で、変更や未完成の部分が適宜記入されたものと推定される。なお、この作事は寛政四年（一七九二）四月一三日に成就した。

同図から、江戸上屋敷では、表御殿・「表御門」・「御番所」・「長屋」・「火消御道具蔵」・「御駕籠蔵」などの配置のみが判明する。敷地は七〇五二坪[23]である。

（5）江戸麻布屋敷

麻布山内氏は分家にあたり、慶安二年（一六四九）八月に創立された[24]。屋敷地は、「年代記」によると寛文三年（一六六三）一二月に麻布新堀町に拝領している。

江戸麻布屋敷表御殿・奥御殿図（以下「江戸麻布屋敷図」と略記／図3―5）は、七分計のヘラ書き方眼の上に描かれたものである。包紙に「麻布御屋鋪御表御奥共御指図弐枚」とあり、表御殿部分と奥御殿部分の二枚に分けて描かれ、西寄り中央部の空地に付された○の合い印によって御殿の全体が示されているが、敷地規模は不明である。同図には年紀を示す記載はないが、図面に施された着彩や表現方法などが江戸上屋敷図と酷似していることから、両図の作成時期は大きく隔たるものではなく、江戸麻布屋敷図も寛政年間に作成されたものと推定される。

以上の検討から、伏見屋敷以外の各地の屋敷は、おおむね寛政期頃（一八世紀末）の屋敷の様子を示していることがわかる。

二節　敷地規模と建築構成

高知藩が、国許以外に所持していた各屋敷の敷地規模と建築構成を表3―2に示す。同表によると、江戸上屋敷は表御殿とその周辺、江戸麻布屋敷は表御殿と奥御殿の周辺のほかは不明な点が多いため、ここでは大坂・京都・伏見の三屋敷を中心にみていくことにしたい。

まず屋敷の立地をみると、大坂蔵屋敷が立地する長堀川ぞいは、材木の廻漕に便利なうえ、材木業者が集住する材木浜に隣接する場所でもある。一般に、大坂の蔵屋敷は中之島周辺に集中しており、高知藩も初期には中之島にあったが、南部の長堀に移動した背景には、財政収入の物産（蔵物）である材木の販売を重視したことが考えられる。京都屋敷は高瀬川の東に、伏見屋敷は南に面している。伏見は、交通の要衝として栄えた土地で、伏見屋敷と京都屋敷は高瀬川を介して相互に連絡されていたことがうかがえる[25]。

敷地規模は、最大規模の江戸上屋敷は別にして、上方の屋敷では、

表3-2　高知藩屋敷の敷地規模と建築構成

屋敷名	大坂蔵屋敷		京都屋敷	伏見屋敷	江戸上屋敷	江戸麻布屋敷
敷 地（坪）	約4,495（含大道）		約1,522（含小路）	約496	7,052	不明
	東屋敷（約2,058）	西屋敷（約2,252）	南屋敷（約1,050） 北屋敷（約210）			
御 殿（坪）	約220		約230	約127	表御殿 約614 奥御殿 不明	表御殿 約352 奥御殿 約125
長 屋（坪）	8　（約115）	12　（約170）	13　（約141）	7　（約59）	有　詳細不明	（有）　詳細不明
蔵　（坪）	米蔵4　（244） 駕籠蔵1　（5） 蔵1　（72） 家具蔵1　（7.5） 厩道具蔵1　（7）	武具蔵1　（6） 銀蔵1　（4） 扶持米蔵1　（18） 船道具蔵2　（48）	土蔵1　（10）	米蔵1　（6） 道具蔵1　（6）	火消道具蔵1　（12） 駕籠蔵1　（7）	火消道具蔵1　（5）
合計	411.5坪　（335.5）	（76）	10坪	12坪		
独立の役所等（坪）	買米方役所　（4.5） 賄方　（12.5） 厩方　（6）	銀役所　（9） 扶持米役所　（1.5） 作事場　（22）	無	無	不明	不明
門　（数）	表御門　（1） 御門　（1） 御用心門　（1） 米出御門　（2）	御門　（1） 御用心門　（2）	表御門　（1） 裏御門　（1） 高瀬川御門　（1） 外輪御門　（2） 水御門　（1）	表御門　（1） 裏御門　（1） 御用心門　（1）	表御門　（1）	表御門　（1）
	柵御門（4）					
番 所（数）	門番所　（2）	門番所　（2）	門番所　（2） 御番所　（4）	門番所　（2）	門番所 （2，表門両脇）	不明
	辻番所（2）					
神　社		稲荷宮 磐根宮 鳥居4	稲荷宮 鳥居1	稲荷宮		
その他（坪）	貸家3　（144） 裏庭　（264）	貸家2　（123） 裏庭　（251.4）	池	道具部屋　（2） 武具部屋　（4.5） 家具部屋　（6） 花道具部屋（12） 実物部屋　（4）	不明	不明
合計	782.4坪 貸家（267），裏庭（515.4）					
		能舞台・楽屋 池				

1）敷地規模は，江戸上屋敷・江戸麻布屋敷以外は作成図面より算出した。
2）御殿面積は，江戸麻布屋敷以外は作成図面より算出した。同屋敷の（有）は推定。
3）指図では，長屋の各戸が「部屋」と記載されているので，表示がない住居も部屋で統一した。
4）長屋の面積は，作成図面より算出した。
5）施設数は，名称の記入がないものでも，判断できる場合は計上した。

大坂蔵屋敷の約四四九五坪が最大で、京都屋敷は大坂の三分の一、伏見屋敷は大坂の九分の一程度にすぎない。

建物の構成は、大坂蔵屋敷では、御殿・長屋・蔵・役所・神社・門・貸家など、京都・伏見屋敷では、御殿と長屋が主体であるが、大坂蔵屋敷では、御殿・長屋以外に蔵・役所が大きな比重を占めている。

建物の配置は、大坂・京都・伏見の三屋敷とも敷地の周囲を長屋・門・蔵などで囲繞し、中央に御殿や役所関係の建物を配置している。

御殿の規模は、大坂は約二二〇坪、京都は約二三〇坪、伏見屋敷は約一二七坪であるが、御殿が敷地に占める割合をみると、伏見屋敷は大坂の五倍強、京都屋敷は約三倍で、伏見・京都屋敷における御殿の重要性がうかがわれる。参考までに、江戸上屋敷は約六一四坪（表御殿のみ）、江戸麻布屋敷は約四七七坪である。江戸上屋敷は、表御殿だけでも京都屋敷の約二・七倍、江戸麻布屋敷も別家とはいえ、京都屋敷の約二・一倍あり、ともに規模が大きい。御殿の平面的な考察は次節で行いたい。

長屋の数は、大坂では東屋敷に八部屋[26]、西屋敷に一二部屋の計二〇部屋あり、京都屋敷の一三部屋、伏見屋敷の七部屋に比して、数・規模ともに大きい。長屋の分析は四節で行いたい。

蔵は、大坂蔵屋敷では一三棟、延べ四一一・五坪あるが、京都屋敷では土蔵が一棟、伏見屋敷では米蔵・道具蔵が各一棟のみである。但し、伏見屋敷には花道具部屋・実物部屋などの収納空間がかなり確保されており、参勤交代のさいの数多の物品や什器などを収納したと推察される。

大坂蔵屋敷の蔵に注目すると、米関係では米蔵（四棟、一四四坪）と扶持米蔵（一八坪）がある。高知藩は、領内の八割を山地が占めるため米の産出量は少なかった[27]。当初は大坂へ廻米を行っていたが、明暦期には材木が最大の蔵物となり、京都・伏見・大坂詰め家臣の扶持米を大坂蔵屋敷が買い入れていたことから[28]、扶持米役所が設けられ、扶持米蔵にはこれらの米を収納したと考えられる。銀蔵と銀役所は、業務関連の施設・役所である。江戸時代における西国の流通は銀目遣い、東国は金目遣いであったが、これと対応して、西国諸藩の蔵屋敷では銀蔵が、東国では奥羽在藩の弘前藩大坂蔵屋敷のように金蔵が設けられている[29]。高知藩の銀役所は、収入の出納機関と考えられる。米蔵とともに大坂蔵屋敷の主要な施設である。

駕籠蔵・家具蔵・武具蔵は、屋敷の備品や必需品などの収納庫であろうが、参勤交代のさいに携行する什器なども収納されたと推察される。廏道具蔵は、指図では廏がみえないので使用されていたかは不明である。参考までに、佐賀藩大坂蔵屋敷では元禄期に大規模な馬屋が設けられていたが、火事で全焼し、享保期に再建されたさいには、馬屋の跡に大規模な借屋が建築されている[30]。高知藩大坂蔵屋敷でも、以前は廏道具蔵の付近に廏があった可能性もある。船道具蔵（御船手方道具蔵・御船道具小土蔵）は、蔵物輸送船や御座船の維持・管理の道具を納めたと考えられる。このように大坂蔵屋敷には、伏見や京都と比べて多数の蔵が存在し、その規模とともに同屋敷の多岐にわたる機能を示している。

蔵と関連するが、大坂蔵屋敷のみにみられる施設として、種々の役所の存在をあげることができる。買米方役所・扶持米役所・銀役所は、蔵の管理と密接な関係がうかがえる。作事場は、屋敷全般の維持・管理の施設であり、賄方は、屋敷内居住者の食事の世話を行っていたと推察される。

神社は、諸藩の大坂屋敷では国許から勧請される場合が多いが、高知藩大坂蔵屋敷の稲荷社は、伏見稲荷から勧請していて[31]、京都・伏見屋敷も同様と推察される[32]。大坂蔵屋敷では、稲荷宮・磐根宮に四つの鳥居と参道、さらに舞台と池などが設けられ、祭礼時の施設が充実している。同屋敷の稲荷は土佐稲荷として有名で、祭礼時には多くの市民が参詣した。京都屋敷には社殿と鳥居があり、南面の小路に御門が設けられている。伏見屋敷では、御殿東南の庭の一隅に小祠が設けられているのみである。なお、江戸の屋敷における神社の存在は指図からは判明しない。

長屋の総面積は二八五坪、裏庭が五二七・四坪、総計八一二・四坪であり、東西屋敷の約一・九割を占めている。貸家は大坂蔵屋敷のみに設けられている。貸家は、佐賀藩・鳥取藩・小室藩などの大坂蔵屋敷でもその存在が確認され、家賃が藩の収入になるほか、藩の雑用にあたる町人を住まわせていたことが他藩の例から類推できる[33]。

次に、全ての屋敷に共通して設けられていた御殿と長屋をとりあげて、次節以降で検討したい。

三節　御　殿

近世の武家住宅は、表向き[34]（接客・対面）と奥向き[35]（居住）の空間で構成され、江戸を中心とした大名屋敷では、一つの御殿が一つの機能に対応するという、「一殿舎一機能[36]」の対応関係があった。ところが、佐賀藩大坂蔵屋敷の元禄期の御殿は、接客・対面の接客空間、藩主の居住空間、業務関連の役所空間、配膳などの台所空間という複数の機能を一か所にまとめていた[37]。高知藩の大坂・京都・伏見屋敷も、佐賀藩同様一か所にまとめられていて、敷地の広大な江戸屋敷とは様子が異なっている。ここでは、高知藩屋敷の御殿の接客・居住・役所・台所の各空間構成について、大坂・京都・伏見屋敷と江戸上・麻布屋敷の比較・検討を行う。

（1）接客空間

大坂蔵屋敷では、二間床のある「御書院」（八畳）・「□院次北ノ間」（二間床・□六畳）などの諸室が矩折に配された三室構成で、畳敷きの縁側を隔てて、南西部に塀で囲まれた御殿御庭が設けられている。

京都屋敷では、「御書院上之間」（一二畳）・「二之間」（一八畳）・「三之間」（一二畳）が矩折に配された三室構成である。特に、「御書院上之間」には二か所に二間の床が備えられ、格式の高い接客空間を形成している。これらの諸室は縁側を隔てて、東南部の池のある庭に面している。

伏見屋敷では、「御座之間」（一二畳、一間床、付書院）・「三之間」（一二畳）の二室構成であるが、「御座之間」には床や「御付書院」が設けられ、格式の高い接客空間を形成し、縁側を隔てて、南側に塀で区画された「御庭」が配されている。

江戸上屋敷では、西面中央部の「御元冠」の南部に接客空間が集約され、「上使之御間」（一六・五畳、一・五間床）・（御次〈一八畳〉）・「御使者之間」（一八畳）が矩折に配された三室構成で、これに接して畳敷きの入側と縁側が設けられている。これらの諸室は全て赤地壁で仕上げられ、室の構成や規模、一・五間の床の間（張付壁）などから、同屋敷における最も格式の高い空間であることがわかる。赤地壁を施した数寄屋風書院の意匠は、一七世紀半ば頃から武家住宅にも採用されるようになり、対面・接客用の建物では、主に奥に位置する御殿に用いられていたが(38)、同屋敷では、最も格式の高い接客空間に施されていることから、一八世紀末には、正式の接客空間に数寄屋風書院の意匠が適用されるほど、広がりと定着をみせていることがうかがえる。なお、藩主の居間付近に貼付された付紙Ⓑ©によると、「此所御上使之節御幕ニ而仕切被仰付」「此御間御上使之節薄縁敷被仰付」とあり、上使のさいには、この場が特別の空間になることがわかる。

江戸麻布屋敷では、北面中央部の「御客間」（一五畳、一・五間床、一間棚）・「御書院」（三三畳、二間床、一間棚）・中央西部の中庭北部の「御小座鋪」（八畳、一間床）・南部の「御使者ノ間」（一二・五畳）などの諸室で構成され、「御客間」「御書院」はL字形の畳敷きの入側と縁側を隔てて庭に面している。「御小座鋪」の北隣りに「台子物置」が設けられていることから、ここで茶の接待が行われたと考えられる。壁の仕上げは、書院・客間・小座敷などでは、内法の上下ともに赤地壁の数寄屋風書院で、表向きのなかで最も格式が高いと考えられる。

（2）居住空間

大坂蔵屋敷では、接客空間の東側に南面して位置し、「御居間」（八畳、二間床）・「御次」（八畳）・「御次北ノ間」（一一畳）が矩折に配された三室構成で、畳敷きの入側と縁側を隔てて前面には塀で囲まれた「御庭」、東側には「御納戸」「御湯殿」「御雪隠」などが、さらに北側の畳廊下を隔てて「御茶道方」「御時計間」が設けられている。

京都屋敷では、接客空間の西側に南面して位置し、「御上段」（八畳、一・五間床）・「御次之間」（一二畳）の二室構成で、その周辺に「御納戸」「御湯殿」「御雪隠」などが配され、南部の矩折の「御縁側」を隔てて庭に面している。

伏見屋敷では、接客空間の西側に接して位置し、「御寝間」（八畳、一間床）のみの一室構成で、周辺に「御納戸」「御湯殿」「御雪隠」などが配され、「御寝間」は南の「御縁側」を介して庭に面している。

江戸上屋敷では、表御殿の裏側、つまり奥御殿との間に、「御居間」（一二・五畳、一・五間床、一間棚）・「御次」（二〇畳）、その周辺に「御穴役所」「御祐筆方」「御湯殿」「御配膳ノ間」など、藩主の政務や生活用の諸室が配され、またこの空間が御鈴廊下によって奥御殿と連絡されていることから、中奥(39)の機能を有したと考えられる。将軍家に限らず、大名屋敷においても中奥が設けられていたことがわかる。

中奥を設けることで、表向きと奥向きの相互の独立性がより明確になるが、同屋敷の中奥には、藩主の政務や生活用の諸室のほか、東北隅の「御元冠」脇の「御小性休足所」や、二階に「御数寄屋方」（四九・五畳）などの大規模な接客施設が配され、公私の空間が混入し、居住空間の独立性がそこなわれていた。そのため、表御殿に「御上使之御間」を設置するとともに、絵図にあるように、玄関を塀で囲って閉鎖し、居住空間の独立性を確保しようと計画したと推察される。このことで、中奥の接客機能が縮小され、藩主の政務・居住空間としての機能が高められた。なお、中奥の藩主の居間と東隣りの「御穴役所」は「天井壁共張附」で仕上げられている。

江戸麻布屋敷は、東端に位置する、「御居間」（一〇畳、一間床、一間棚）・「御次」（八畳）・「御三ノ間」（一〇畳）などの居住空間と、北面中央部の「御客間」の東側に、塀で囲まれた庭をもつ「御居間」（八畳、一間床、一間棚）・「御次」（一〇畳）・「御三ノ間」（一〇畳）・「御茶所」などの藩主の空間（中奥）で構成されている。なお、中奥の「御居間」「御次」「御三ノ間」などは、内法より下は張付壁、上は砂壁仕上げ、「御居間」の床・棚の内壁も張付壁である。奥向きの、「御居間」「御次」の内法より上は赤壁仕上げであった。

（3）役所空間

大坂蔵屋敷では、御殿西北部の「御小元冠」付近に「溜り間」（八畳）・「御在役方役所」（六畳）、廊下をはさんで東に「御□者方役所」（八畳）・「□□詰所」（八畳）、さらに東側に「御家老間」（一二・五畳）などが配されている。

京都屋敷では、御殿北面中央部の土間付近に「会所」（一二畳）・「御用之間」（八畳）・「御家老之間」が縦一列に並び、伏見屋敷では、御殿北面の「小式台」（一四畳）を経て「御家老次之間」（八畳）・「御家老上之間」（八畳）・「御用之間」（一〇畳）が矩折に配されている。

江戸上屋敷では、家老部屋の記載はないが、御殿中央部の「御配膳ノ間」（二一畳）の南に設けられた座敷①（一三畳）に二間床が備えられ、次の間（一二畳）に接して矩折の縁側をもつことなどから、この部屋が家老部屋と推察される。江戸麻布屋敷では、家老・祐筆などの部屋は二階に設けられている。

（4）台所空間

大坂蔵屋敷では居住空間の北部に「御台所」（三〇畳）・「御配膳之間」（二畳）など、京都屋敷では役所空間の西に「御台所」（二二畳）・「御膳所」（四畳）などが設けられている。伏見屋敷では、居住空間の北・西部に「御配膳之間」（一六畳）・「新御配膳之間」（一二・五畳）など、さらに、廊下（引橋）を隔てた西側に「御台所」「御料理之間」（八畳）が位置し、台所・料理・配膳関係の諸室が明確に確保されており、大坂・京都屋敷に比してその充実ぶりがうかがわれる。これは、同屋敷が伏見という交通の要衝の地に位置したことから来客が多く、そのため賄いに関する設備が充実されたと推察される。

江戸上屋敷では、表御殿と中奥の接点に「御配膳ノ間」（二一畳、一七・五畳）が二室設けられ、麻布屋敷では御殿中央部に「御料理方」「御台所」「御賄方」（六畳）などが配されている。

以上、各絵図をもとに行った御殿の空間構成に関する検討から、以下の事柄が判明した。

接客空間は、上方の三屋敷のなかでは、京都屋敷が広さ・格式ともに優っており、接客が同屋敷の主要な任務であったことがうかがわれる。伏見屋敷は二室構成で小規模ではあるが、「御座之間」には床と付書院が別個に設けられ、大坂蔵屋敷の「御書院」よりも大きい。京都・伏見屋敷の格式ある空間に対し、大坂蔵屋敷の接客空間は、比較的小規模で簡素な空間といえよう。なお江戸屋敷は、藩の江戸役所の性格を有していることから、接客・対面が重視され、格式の高い空間が整えられているが、その意匠は数寄屋風書院であった。

居住空間は、大坂蔵屋敷は三室構成で広さは二七畳、京都屋敷は二室構成で二〇畳、伏見屋敷は一室で八畳と規模が小さい。各御殿の居間は、南面に塀で囲まれた庭が確保され、居住性を高めている。大坂蔵屋敷では周辺に茶道方を配するなど、ゆとりのある空間を構成し、居住性に重点が置かれているのに対し、京都・伏見屋敷は格式が高く、大きな接客空間を構成しているため、居住空間が圧迫されている。江戸の屋敷は、二屋敷とも表向きと奥向きとの間に中奥を設け、ここを藩主の主たる政務・居住の空間にしている。

最後に、御殿の複雑な機能を結ぶ動線計画に関してまとめておきたい。まず、大坂蔵屋敷の御殿は、廊下を設けることで接客・居住・役所・台所の各空間が明確に分けられ、さらに、役所空間では、「御在役方役所」「御□者方役所」「御家老間」などのように、各部署の独立がうながされている。また、中央部に設けられた二か所の空地（中庭）によって、御殿内の日照・通風を確保している。京都屋敷の御殿は、接客空間と居住空間の間に「通リノ間」を設けることで、各空間の独立性を高める工夫がなされているが、書院北の「御溜リ之間」は通行にも使用されると考えられ、各室と各空間の独立性はやや不明確である。なお京都屋敷では、役所空間付近に小玄関が設けられておらず、接客機能に重点がおかれていたと考えられる。伏見屋敷の御殿には廊下や通りの間がなく、中央部の「溜之間」や小式台に接する「銅戸之間」が通路として用いられたと推察され、各室と各空間の独立性はさらに不明確である。

江戸上屋敷と江戸麻布屋敷は、双方ともに、表向きから中奥、中奥から奥向きへの空間構成、すなわち、接客・対面空間、藩主の政務・居住空間から順次奥向きへと連続する空間構成である。また、各空間をつなぐ廊下を長くすることで、空間の分離と独立性を確保している。つまり、廊下は単なる交通の空間ではなく、各空間の機能性と独立性を明確にし、中庭を設けることで動線を分離し、日照・通風などの居住環境も確保している。これらの手法は、建築計画的にみてもすぐれた手法で、江戸における多くの火事による復興が大名家の格式を守るとともに、機能性・独立性に富んだ屋敷を出現させたといえよう。

四節　長屋(役宅)

長屋は、大坂・京都・伏見屋敷のいずれにも設けられている。建築年代は必ずしも同時期とは言い切れないが、比較・検討することでその特徴を明らかにしたい。なお、江戸上屋敷・江戸麻布屋敷では存在がうかがえるものの、詳細は不明である。藩士の住居には長屋と独立家屋がある。例えば、弘前藩の大坂蔵屋敷には長屋と独立家屋が設けられていたが、役職による階層性は家屋の形態ではなく、各住居の規模や室数などによっていた(40)。また、佐賀藩の大坂蔵屋敷では、上級藩士を含む全てが長屋に居住していた(41)ことから、本節においては独立家屋も長屋と同列に扱うことにした。

高知藩の職制は、近習家老の下に、江戸留守居・京都留守居・大坂在役・江戸上屋敷奥頭取・麻布家老などがあり、京都・大坂では留守居・在役の下に買物役があった。これらの下に下士の役として、下代・定御小番などがある(42)。各屋敷図から抽出される役職名は、大坂では、「家老」「在役」「宮地三十郎」（勘定奉行）「役人」「門番」「留書」「小人」「下代」「小早船頭」など、京都では、「家老」「井間左衛門」「定小者」「買物方」など、伏見では「家老」であり、三つの屋敷に共通する家老が各屋敷の最高責任者で、その下に京都では留守居、大坂では在役がいたと考えられる。

指図には壁と建具の区別がないので、入口・土間・雪隠《せっちん》などを勘案して決定した(43)。

以上のような方法で住居の範囲を想定し、長屋の室数と面積順にし、室数や広さが同程度の場合には、式台・床の有無や付帯設備も考慮に入れて一覧表を作成したところ、室数・広さ・付帯設備の有無などによって階層差があることが判明した。これらをグルーピングし、先の家老以下の職制を想定すると表3―3～5のようになる。

(1) 家老部屋

大坂蔵屋敷では、西屋敷の北東隅に位置し、九室、約七五畳の広さを有し、入口が敷地内に面している。同部屋には、土間に接して式台と考えられる空間があるが、床付きの座敷がないことから、接客・役所機能よりも居住機能が優先されていると考えられる。

京都屋敷では北屋敷が家老部屋と考えられる。同部屋は、東西に長い平面をもち、一五室、一一五畳を有する。室構成は、二間床を備えた「玄関」、一間床を備えた「座敷」「次ノ間」「通り」「御用ノ間」などの接客空間・役所空間が東側に、台所空間が中央部に、座敷と湯殿・雪隠などの居住空間が西側に配されている。すなわち同部屋は、規模は異なるが御殿の接客空間である「御書院上之間」「二之間」と、役所空間である「御用之間」と同様に構成されていることから、御殿に準ずる機能を有することが判明する。

伏見屋敷では北面東部に位置し、五室、四八・五畳を有し、一間床を備えた「表座敷」「次之間」「御用之間」の接客空間・役所空間、勝手口・奥の間などの居住空間と台所空間が設けられている。同部屋の接客空間・役所空間は、京都屋敷同様、規模は異なるが御殿の「御家老上之間」「御家老次之間」「御用之間」と同様の室構成で、接客・役所機能を有していることがわかる。

(2) 役人部屋

三屋敷にはそれぞれの役職があることから、役付の部屋という意味から、ここでは役人部屋としてまとめた。大坂では、在役・買物方・勘定奉行(宮地三十郎)・役人、京都では、留守居・井間左衛門・買物方・定小者などが相当する。両屋敷の役職では買物方が共通するが、その規模は、大坂は六室、三四畳、京都は三室で二四・五畳と二〇畳の二部屋がある。また、大坂の在役に相当するのは京都では留守居で、双方ともに五室構成であるが、大坂は四六畳、京都は二四畳と規模の差が明らかである。しかし京都では、家老部屋以外でも床の間を備えた座敷をもつものが三部屋あり、三室構成の部屋には縁側付きの庭が設けられている。大坂蔵屋敷は、京都・伏見屋敷より規模は大きいが、床付きの部屋は一部屋しかないことから、京都屋敷の長屋は家老部屋をはじめ、格式を整えた部屋の多いことがわかる。大坂蔵屋敷では、縁側付きの庭はおおむね二室構成の部屋までであるが、他の部屋のほとんどに庭が設けられており、格式よりも居住性が優先されていることがうかがわれる。

表3-3　高知藩大坂蔵屋敷長屋の規模と設備

部屋番号	長屋の位置		居室規模		式台	床	玄関	縁側	庭	台所	湯殿	雪隠	土間(坪)	役職(役職)	備考
	東屋敷	西屋敷	室数	畳											
17		○	9	74.5	(○)	×	×	○	○	×	○	○	5	(家老)	(役人部屋)
18		○	5	46	○	○	×	○	○	×	×	×	3　2か所	在役	
16		○	6	34	×	×	×	○	○	×	×	○	3	(買物方)	
7	○		3	56.5	×	×	×	○	○	×	×	○	2	勘定奉行	宮地三十郎
1	○		2	38	×	×	×	○	○	×	×	○	3	役人	
2	○		2	38	×	×	×	○	○	×	×	○	2	役人	
3	○		1	30	×	×	×	×	○	×	×	○	2		(下役部屋)
19		○	1	26	×	×	×	○	○	×	×	○	0.5		明部屋
4	○		1	25	×	×	×	×	○	×	×	○	2.3		
8	○		1	20	×	×	×	×	×	×	×	○	2.5	交代	
5	○		1	15	×	×	×	×	○	×	×	○	1.5		
6	○		1	8	×	×	×	×	○	×	×	○	1.5	門番	
14		○	2	28	×	×	×	×	○	×	×	○	1.3　2か所	下代	
9		○	1	24.5	×	×	×	×	○	×	×	○	1.5　2か所	留書	
11		○	1	21	×	×	×	×	○	×	×	○	2　2か所	下代	
12		○	1	21	×	×	×	×	○	×	×	○	2　2か所	小早船頭	
13		○	1	21	×	×	×	×	○	×	×	○	2　2か所	小早船頭	
10		○	1	14	×	×	×	×	○	×	×	○	1.5　2か所	小人	
20		○	1	16	×	×	×	×	×	×	×	×	1	抱水主	
15		○	1	14	×	×	×	×	×	×	×	×	2	水主	

1）部屋番号は，分析のために筆者が絵図に記入した。
2）(　)付は推定
3）○：部屋の位置，施設・設備が確認されるもの　×：施設・設備が確認されないもの

表3-4　高知藩京都屋敷長屋の規模と設備

部屋番号	居室規模		式台	床	玄関	縁側	庭	台所	湯殿	雪隠	土間(坪)	役職(役職)	備考
	室数	畳											
13	15	115	○	○	○	○	○	○	○	○	15　6か所	(家老)	
2	5	24	△1	○	×	○	○	○	×	○	2.5	留守居	
12	3	21.5	△2	○	×	○	○	×	×	○	2.5　2か所	井間左衛門	
7	3	24.5	×	○	×	○	○	○	×	○	2.5	買物方	
5	3	20	×	×	×	○	○	○	×	○	2.5	買物方	
3	2	15	×	×	×	×	×	×	×	×	2	手□夫	(下役部屋)
4	2	13	×	×	×	×	×	×	×	○	1.5	定小者	
8	2	12	×	×	×	×	×	○	×	×	0.8	定小者	
9	2	11.5	×	×	×	×	×	×	×	×	2		
6	1	8.5	×	×	×	×	×	×	×	○	1		
11	1	6	×	×	×	×	×	×	×	×	2.3		
10	1	6	×	×	×	×	×	×	×	×	1		
1	1	5	×	×	×	×	×	×	×	×	×	門番	

1）部屋番号は，分析のために筆者が絵図に記入した。
2）(　)付は推定
3）○：施設・設備が確認されるもの　×：施設・設備が確認されないもの
　△1：絵図では，式台の位置に「ふみたん」とあり，式台と判断した。
　△2：絵図では，式台の位置に「玄関」とあり，式台と判断した。

表3-5　高知藩伏見屋敷長屋の規模と設備

部屋番号	居室規模		式台	床	玄関	縁側	庭	台所	湯殿	雪隠	土間(坪)	役職(役職)
	室数	畳										
6	5	48.5	○	○	×	○	○	○	×	×	4　2か所	(家老)
2	4	22	×	×	×	×	×	×	×	×	2	
3	3	15	○	○	×	×	×	×	×	×	0.5	
7	2	14	×	×	×	×	×	○	×	×	1.8	
4	1	8	×	×	×	×	×	×	×	×	1.5	
5	2	7	×	×	×	×	×	×	×	×	0.7	門番
1	1	4	×	×	×	×	×	×	×	×	×	門番

1）部屋番号は，分析のために筆者が絵図に記入した。
2）(　)付は推定
3）○：施設・設備が確認されるもの　×：施設・設備が確認されないもの

伏見屋敷は、部屋番号②が四室、二二畳、部屋番号③が三室、一五畳を有し、式台・床を備えているが、これ以外の部屋には玄関・庭・湯殿・雪隠がなく、役職などによる格差をうかがうことはできない。

(3) 下役部屋

役人より下位の部屋をここでは下役部屋としてまとめた。大坂では、下代・留書・小早船頭・抱水主・門番など、京都では、定小者・門番などが相当する。大坂蔵屋敷では、東屋敷の北側に五部屋、西屋敷では銀役所の西隣りと北西・南西に各一部屋、中央部北寄りに六部屋の計九部屋、総計一四部屋が設けられ、部屋番号⑭の下代以外はすべて一室住居で、おおむね庭と雪隠が備えられている。東屋敷の部屋番号①〜⑧には役人とその下役、西屋敷の部屋⑨〜⑭には留書・下代・小早船頭などの下役が居住している。この長屋のすべてに土間が表と裏の二か所設けられている。

京都屋敷では、定小者などは二室、門番などは一室構成である。定小者の一部屋に台所が設けられているが、これは共同炊事用と推察される。土間は、門番以外すべてに設けられているが、ほとんどの部屋に庭・雪隠がなく、大坂と比して、規模・設備の充実度は低い。

以上、大坂・京都・伏見屋敷の長屋の検討を行った結果、以下の事柄が判明した。

家老部屋の規模は、最大が京都屋敷、最小は伏見屋敷で、双方とも御殿に準ずる接客・役所機能を備えているのに対し、大坂蔵屋敷では役所機能が別棟に独立していたため、居住機能が優先していた。大坂と京都屋敷の長屋は、規模や室構成に役職と対応した階層差が認められるが、伏見屋敷では家老部屋を除いて格差はない。また、台所は大坂蔵屋敷はすべてになく、東屋敷に位置する「御賄方」が炊事を担当し、食事は一緒にした[44]のではないかと推察される。京都屋敷では、家老部屋を含む五部屋に設けられ、役職ごとに行う炊事と、買物方などが行う共同炊事に分かれていたと推察される。伏見屋敷では家老部屋と部屋番号⑦以外に台所はない。庭は、大坂蔵屋敷では大半の部屋に設けられているが、役人部屋の庭には縁側が付き、下役部屋の庭にはない。京都屋敷では、縁側付きの庭のみであるが、大坂・京都屋敷とも縁側付きの庭が設けられているのは、役人部屋までである。伏見屋敷では家老部屋以外にはない。湯殿は三屋敷とも家老部屋以外にはない。なお、伏見屋敷の長屋は、他の二屋敷と比べて設備の充実度が低い。これは、建築年代が古いためとも考えられるが、あるいは同屋敷が交通の要衝に位置することから、宿泊施設に供されたのではないかという推察も可能であろう。

五節　高知藩における大坂蔵屋敷と京都屋敷・伏見屋敷

これまで高知藩屋敷の変遷や施設の建築・空間構成などを、主に絵図の分析を通して検討したが、最後に屋敷の全容を描いた絵図が存在する大坂・京都・伏見の各屋敷をとりあげ、その変遷と特質をまとめておきたい。

(1) 慶長年間の高知藩屋敷

冒頭にも述べたように、高知藩は天保年間には、国許以外の屋敷として、江戸の上屋敷・中屋敷・下屋敷があり、このほか支藩の麻布屋敷も設けられた。また、大坂・京都・伏見にそれぞれ屋敷があった。同藩は、慶長六年（一六〇一）に立藩されているが、江戸屋敷は同九年に拝領している。上方の屋敷に関しては、管見の限り、伏見屋敷が慶長一六年に焼失していることから、これ以前に伏見屋敷が存在したことが判明するにすぎない。

伏見は、慶長五年の関ヶ原合戦後伏見城が再建され、二条城とともに徳川家康の居城となり、西日本支配の拠点となった[45]ため、この伏見屋敷は、上屋敷の機能をもっていたと推察される。火災後の復興記録はないが、元和五年（一六一九）に伏見廃城が決まるまでの八年間も放置されたままとは考えにくく、何らかの復興がなされたことを思わせる。しかし、伏見廃城後の元和六年に伏見所在の大名屋敷が召し上げられているため、高知藩屋敷も上屋敷としての使命を終えたものと考えられる。

(2) 元和・寛永年間の高知藩屋敷

元和偃武後、上方の所領は大きく変わり、また江戸・京都・大坂・伏見の関係も再編成された。このような再編期にあたる、元和・寛永年間の上方の高知藩屋敷の動向をみておきたい。

大坂屋敷は、その創立は明らかではないが、元和七年以前は中之島付近の江戸堀にあった。この時の屋敷の性格は、江戸堀という立地を考慮に入れると、蔵物を扱う屋敷であったことを思わせる。大坂市中は、慶長二〇年（元和元＝一六一五）の大坂夏の陣で全焼しているため、それ以前の慶長年間における大坂屋敷の存在については史料を欠いている。しかし、高知立藩が関ヶ原合戦後の慶長六年であることから、豊臣家の城下町である大坂に上屋敷を置いた可能性は低いといえる。また、慶長年間における京都屋敷に関しては史料を欠いていて確認できない。

元和末年から寛永年間になると、上方の高知藩屋敷では敷地の購入と移動がみられる。大坂では、元和七年（一六二一）に江戸堀から長堀白髪町に移り、寛永五年（一六二八）と同一三年に同所で屋敷地を拡大している。京都では、寛永五年に川原町と肥前（備前島・豊前島）町で屋敷地を購入し、また伏見では、寛永七年に森殿橋、同一三年に境町、そして正保元年（一六四四）に塩屋町と南浜町で屋敷を購入している。この時期に確定した大坂・京都・伏見の屋敷地は、幕末まで高知藩屋敷として継続している。徳川政権の安定にともない、上方の三都市における藩屋敷の機能が定着したことを思わせる。なお、大坂蔵屋敷は、明暦三年（一六五七）に白髪町に隣接する高橋町で屋敷地を購入し、敷地を拡大している。こうして、一七世紀中期までに、上方の三屋敷は絵図にみられる規模の敷地に達した。

(3) 江戸時代中・後期の高知藩屋敷

絵図から判明した、おおむね寛政年間における京都・伏見・大坂の三屋敷の建築構成、建物の平面的特徴などを踏まえて、この三都市の性格や都市機能と関連させながら若干の考察をしておきたい。

伏見屋敷は、政権の所在地から交通の要衝に変貌した伏見において、参勤交代など藩主や藩士の移動などに重要な役割を担っていたと考えられるが、その点が絵図の建築構成に対応している。

京都屋敷は、接客中心の格式ある屋敷を形成していたが、一般に諸藩の京都屋敷は、京都所司代への付け届け、方々への使者派遣、京都町人からの借銀の調達など、情報の収集を主に担当したとされるが、[46]高知藩の場合もこのような機能にふさわしい建築構成を備えている。

大坂蔵屋敷は、東屋敷と西屋敷に分かれているが、先に成立した東屋敷は主に御殿と米蔵・長屋・貸家で構成され、御殿は藩主の滞在、米蔵は蔵物の売り捌き、長屋は役宅になり、他藩の大坂蔵屋敷と共通した施設であった。明暦年間に購入された西屋敷には、役所や銀蔵・武具蔵・扶持米蔵、役宅の長屋、貸家などがある。ちょうどこの時期に、高知藩の蔵物は米から材木への転換が進み、同屋敷の前で材木の競り売りが行われるようになったことと対応している。

大坂蔵屋敷は、京都・伏見の二屋敷に比べると収納関係の施設が充実しており、また業務関連の役所や貸家を設けるなど、高知藩の経済活動の中核施設として、経済・流通都市大坂にふさわしい蔵屋敷としての体裁を整えている。ただ、大坂に所在した他藩の蔵屋敷と比較すると、蔵米ではなく材木販売を中心に運営されていたために、他藩とは離れた材木浜に立地しているところが高知藩大坂蔵屋敷の特色であった。

（1）　コンスタンチン・ヴァポリス「江戸と土佐――土州藩邸の一考察」（『土佐史談』一九五号、一九九四年）。同論文によると、高知藩の屋敷は、江戸以外に京都・伏見・大坂に設けられ、藩総人口の一％にあたる四～五〇〇〇人がこれらの屋敷に居住していた。

（2）　『古版江戸図集成　別巻』（中央公論美術出版、一九六〇年）によると、嘉永六年頃の大名二六四家中最も多く屋敷をもった大名は、紀伊中将・細川越中守・松平阿波守の七か所で、六か所を有したのは高知藩・尾張中納言・松平薩摩守・松平内蔵頭の四大名である。

（3）　『麻布区史』（東京麻布区役所、一九四一年）には「氏名：山内式部（遠江守、主膳）、場所：新堀町、始期：延宝以前、終期：幕末、城地又ハ最終役名：土佐高知新田一三、〇〇〇石、外様、備考：後裔子爵山内豊英氏」とある。

（4）　平尾道雄『土佐藩』（吉川弘文館、一九六五年）。なお屋敷地の購入は、『新修大阪市史　第三巻』（同編纂委員会、平成元年）によると、大坂では大名が土地・屋敷を所有することは許されていなかったので、大坂商人が名義上所有する屋敷を借り受け、相当の扶持米を与えて、これを蔵屋敷とするのが通例であった。

（5）　高知県立図書館所蔵

（6）　「米商舊記一」（『大阪編年史　第七巻』、大阪市立中央図書館、一九六九年）

（7）　「米商舊記四」（『大阪編年史　第一三巻』、大阪市立中央図書館、一九七四年）

（8）　三善貞司『大阪史蹟辞典』（清文堂、一九八六年）

（9）　本章に掲載する図面は、「五藤家文書」中の五点の絵図をもとに作成したもので、これらの図面を用いて分析・考察を行った。

（10）　高知県立図書館所蔵

（11）　関西学院大学森泰博名誉教授のご教示による。『土佐藩家老五藤家文書目録』（安芸市教育委員会、一九八七年）では不詳としている。

（12）　第一章注（32）参照

（13）　森泰博「初期の高知藩大坂蔵屋敷」（『経済学論究』第四巻第三号、一九九〇年）

（14）　『京都市の地名』（平凡社、一九七九年）

（15）　『史料京都の歴史　第四巻市街・生業編』（平凡社、一九八一年）

（16）　同図は、前掲注（11）『土佐藩家老五藤家文書目録』では、「江戸屋敷見取図」として整理されているが、図中に描かれた「高瀬川」などの書き込みから京都屋敷図と判断した。

（17）　「江戸伏見御館炎上記全」（山内家史料刊行委員会所蔵）

（18）　原田伴彦・西川幸治編『日本の市街古図・西日本編』（鹿島研究所出版

会、一九七二年）
（19）『史料京都の歴史　第一六巻・伏見区』（平凡社、一九九一年）
（20）『丸の内三丁目遺跡　第一分冊』（東京都埋蔵文化財センター、一九九四年）
（21）『建築大辞典　第二版』（彰国社、一九九三年）によると、御鈴廊下とは江戸時代、将軍邸で中奥と大奥との境、大名屋敷では表と奥との境に設けられていた細長い渡り廊下。その入口は御錠口といわれ、錠の掛かる扉と鈴が付けられていた。将軍邸では御鈴廊下は二本（明暦大火以前は一本）、大名屋敷では一本あった。
（22）前掲注（1）コンスタンチン・ヴァポリス「江戸と土佐――土州藩邸の一考察」
（23）同右
（24）『土佐藩御役人帳　第一巻』（高知市民図書館、一九八九年）によると、麻布山内氏は、山内家三代忠豊の弟一安を初代とし、明治三年まで九代続いた。
（25）江戸麻布屋敷の敷地規模は不明であるが、上屋敷の表御殿だけで、麻布屋敷の表・奥御殿より規模が大きいことから、麻布屋敷の敷地規模が上屋敷よりも大きいとは考えられない。
（26）絵図では、各戸の表示を「部屋」としているので、表示がない住居も部屋で統一した（以下同じ）。
（27）『国史大辞典5』（吉川弘文館、一九八五年）
（28）前掲注（13）森泰博「初期の高知藩大坂蔵屋敷」
（29）第四章一節参照
（30）序章注（13）伊勢戸佐一郎・谷直樹「佐賀藩大坂蔵屋敷の建築と年中行事」
（31）序章注（13）伊勢戸佐一郎・谷直樹「佐賀藩大坂蔵屋敷の建築と年中行事」によると、国許から勧請された神社としては、金毘羅宮（高松藩）・柿本人麿神社（明石藩）・清正公（肥後藩）・太宰府菅公廟（福岡藩）・水天宮（久留米藩）・和霊神（宇和島藩）などが知られている。
（32）土佐稲荷神社のご教示による。
（33）序章注（13）伊勢戸佐一郎・谷直樹「佐賀藩大坂蔵屋敷の建築と年中行事」
（34）前掲注（21）『建築大辞典　第二版』によると、表向きは表とも言い、政務、公式行事、接客などにつかわれる儀礼的な空間。この空間では、規模形式は格式によって異なるが、玄関（元冠）・床の間・違い棚・付書院などを構えている。
（35）前掲注（21）『建築大辞典　第二版』によると、奥向きとは奥とも言い、大名から旗本までの武士の屋敷において、主人が寝食・休憩し、夫人や女中などが炊事・仕事・休憩する一群の部屋と土間。「表向き」に対する語で、両者は通常は廊下で区切られていた。
（36）平井聖『日本の近世住宅』（鹿島研究所出版会、一九六八年）
（37）第一章三節参照
（38）『新建築学大系二　日本建築史』（彰国社、一九九九年）
（39）前掲注（21）『建築大辞典　第二版』によると、中奥とは、江戸城の将軍邸において将軍が起居し政務を執るための公邸。公式行事や謁見が行われる表向きの建物と連続していて、御座の間・休息の間・膳立の間・坊主部屋・側衆部屋・台所・能舞台などで構成され、大奥との間は二本の御鈴廊下でつながっていた。
（40）第四章一節参照
（41）第一章三節参照
（42）『藩史大事典　第六巻』（雄山閣出版、平一九九〇年）
（43）住居規模想定のさいに、大坂蔵屋敷の部屋⑰と⑱は、一つの住居とみることもできようが、職制として家老の下に在役がいること、⑱には在役座敷があること、さらに京都屋敷には大坂の在役に相当する留守居の部屋があり、その上位の家老部屋の規模はこれらより大きいと推定されることから、⑰を家老部屋、⑱を在役部屋と考えた。
（44）『中之島誌』（臨川書店、一九七四年）所収の「回顧談」に、食事を台所でとった話が掲載されている。
（45）『国史大辞典12』（吉川弘文館、一九九一年）
（46）山本博文『参勤交代』（講談社、一九九八年）

第四章　奥羽諸藩における上方蔵屋敷の変容――弘前藩・秋田藩の上方蔵屋敷――

本章では、奥羽諸藩のうち弘前藩・秋田藩をとりあげ、弘前藩が各地に設けた屋敷の建築構成、ならびに秋田藩大坂蔵屋敷指図の紹介と同蔵屋敷の建築構成について考察する。

一節　弘前藩における上方蔵屋敷の成立と展開

弘前藩は、藩庁を陸奥国弘前に設けた藩で、津軽藩とも言い、藩主の津軽氏は城持ちの外様大名である。同藩の石高は、文化二年（一八〇五）の表高一〇万石に対し、内高は約三三万石であり、豊作時には実高六〇万石を越えたが、寛文九年（一六六九）～安政六年（一八五九）にわたる蝦夷地への出兵と凶作が藩財政を窮乏化させた(1)。同藩は、江戸や京都などでの生活や高級衣料品や武具などの購入、藩内の円滑な経済活動などのため、板久（潮来）・敦賀・大津・大坂に設けた蔵屋敷を通じて年貢米を販売した。なお江戸藩邸は、寛永年間以前に上屋敷地として神田屋敷を、正保年間以後、寛文年間までの間に柳原に下屋敷地を拝領したが、この屋敷はのちに中屋敷となる(2)。下屋敷は、文化・文政期には亀戸柳島と本所大川端に設けられていたが(3)、これらの屋敷に蔵屋敷の機能が備わっていたかは不明である。

弘前藩の各地の蔵屋敷を描いたものに「御屋鋪之図」がある。同史料は一括して袋に納められ、袋の表書きには、「享保七壬寅八月廿一日、御屋鋪之図五枚」に加えて、「京都弐枚、大坂一、大津一、敦賀一、板久一」と各地の屋敷図の枚数が記されている。このうち、「板久御屋敷絵図」の裏面には、「板久御屋敷之図会所より出之、此通写置候様大石庄司殿被仰付、則本紙会所江返シ被成候、享保七壬寅年八月廿一日」とあり、享保七年（一七二二）に各地の五枚の屋敷図が作成されたことがうかがわれる(4)。これらの史料を用いて、同藩の各地における蔵屋敷の様子をみていくことにしたい。

（1）敦賀蔵屋敷

「京阪越藩邸故事図叢全」(5)によると、敦賀屋敷は文禄二年（一五九三）、京都・大坂屋敷と同時期に上方での勤番や軍役に対応するため、武具などの輸送や保管(6)の目的で設けられた。この屋敷がいつまで存在したかは不明であるが、同史料には、「一、敦賀其昔御殿御座之間抔も有之、結構之御邸ニ相建御座候趣（後略）」とあり、敦賀屋敷は、「御殿」や「御座之間」のある上屋敷の機能を備えた屋敷であったことがわかる。しかし、寛文五年（一六六五）七月の敦賀表唐仁橋からの出火により、

（前略）右之御屋敷不残焼失仕候、古き書物等迄も不残類焼仕候由ニ付、同十年迄に只今之御屋敷御蔵屋鋪ニ御建被為仰付（後略）

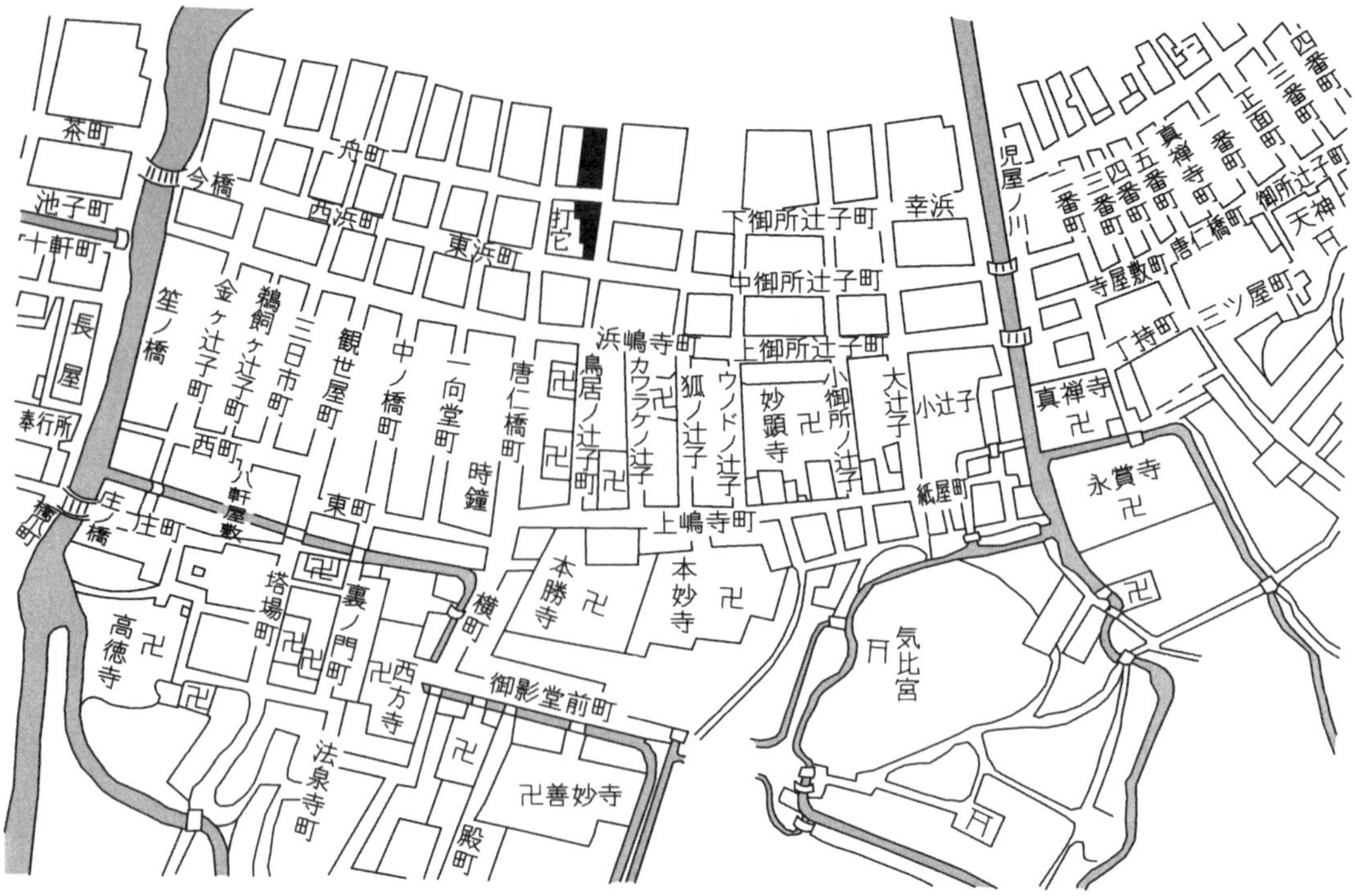

図4-1　弘前藩敦賀蔵屋敷の位置（黒色部分、『敦賀市史』通史編上巻〈1985年〉所収）

とあり、建物だけでなく記録類などまで焼失したため、同一〇年までに大量の廻米を貯蔵・販売する蔵屋敷として再建されたことが判明する。

敦賀屋敷は、船町通りをはさんで東浜町（津軽屋敷）と船町（浜屋敷）に分かれており（図4―1）、津軽屋敷の敷地は、表地口五間三尺、裏地口一二間一尺、奥行三五間一寸五分で総坪数約三〇五坪、浜屋敷は、表地口一二間一尺、裏地口一二間一尺、奥行三〇間半[7]で総坪数約三七六坪で、合計約六八一坪であった。

屋敷内の建物配置の変化を、図4―2（享保七年＝一七二二／享保図とする）、図4―3（天明元年＝一七八一／天明図とする）[8]をもとに比較・検討してみると、敷地の規模は両者ともほぼ同じである。津軽屋敷は、東浜町通りと船町通りに面する門やそれに隣接する番所・住居、敷地東面の蔵などで構成されているが、天明図の西面に記された二か所の「蔵跡」は、享保図でも蔵がみられない。これは、弘前藩が寛文一一年の西廻航路の整備により、貞享四年（一六八七）からすべての廻米を大坂へ送るようになったため、享保期には敦賀への入津量が激減[9]したことから、享保七年の時点ですでに失なわれていたと考えられる。享保図の東面の物置、船町通りに面した「御門」東側の住居は、天明図ではともにみられない。さらに、享保図では、東浜町通りに面する「御門」の西側に接して「御屋敷守居所」があるが、天明図では「台所」がなくなっている。

浜屋敷内の配置は、享保図・天明図ともに、東西面に二棟の蔵を配し、享保図では、船町通りと東西面の蔵の北端に「ひらきす戸」[10]が設けられているが、天明図では、船町通りに面した「木戸口」のみとな

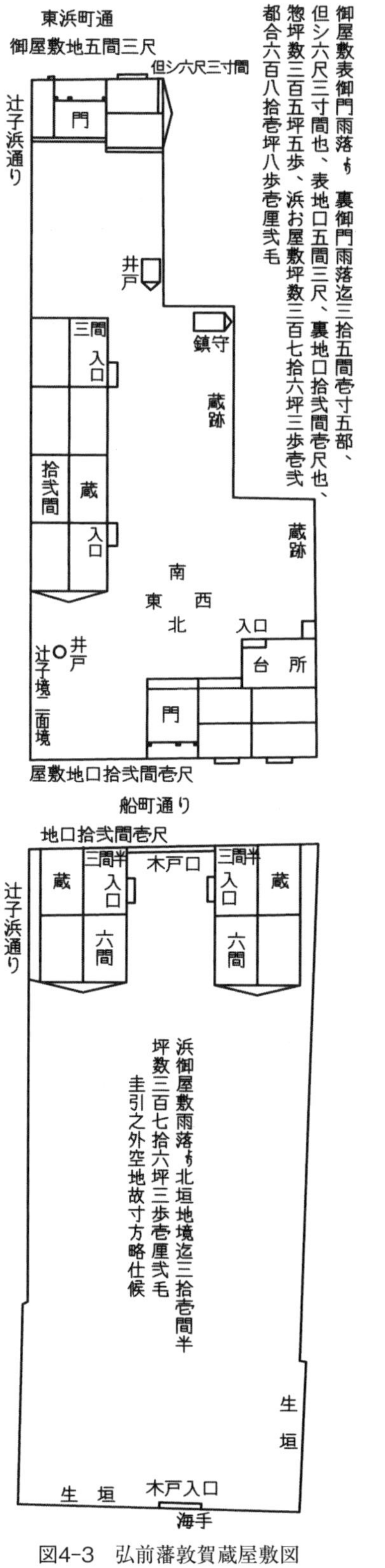

図4-3　弘前藩敦賀蔵屋敷図
（天明図、『敦賀市史』通史編上巻〈1985年〉所収）

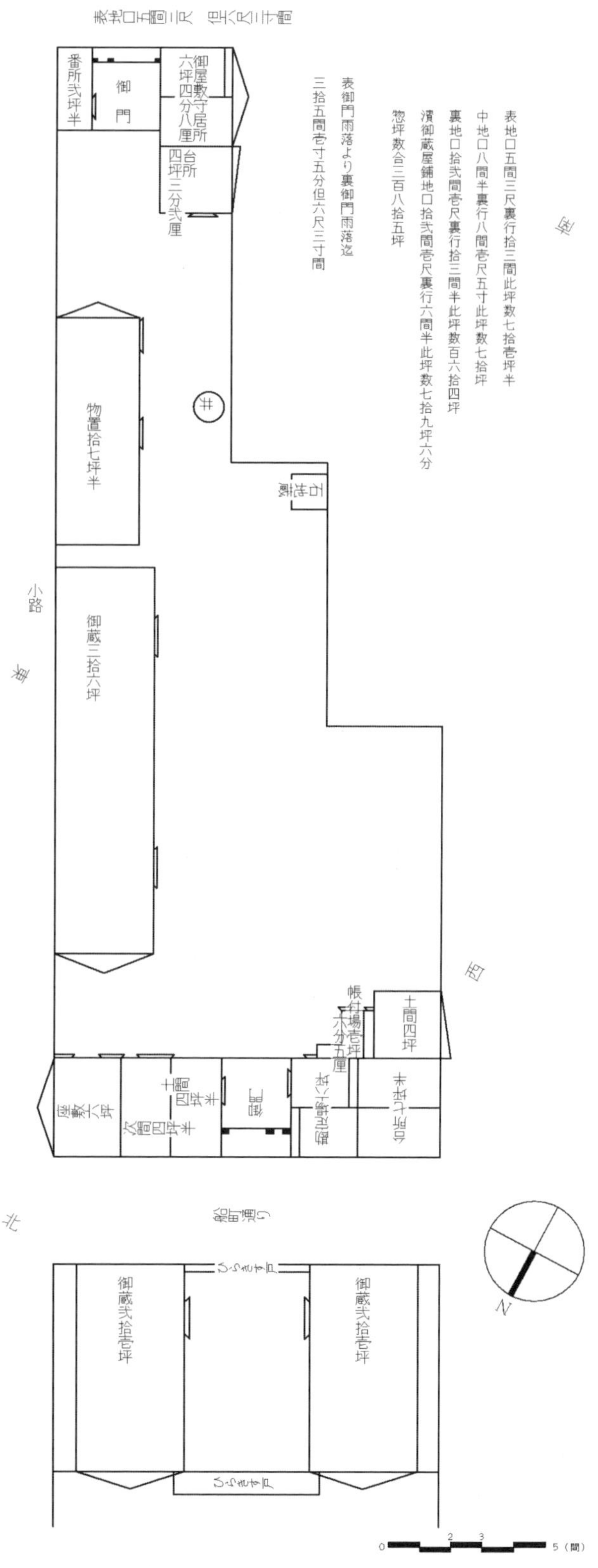

図4-2　弘前藩敦賀蔵屋敷図（享保図）

っている。二棟の蔵の規模は、両者ともに二一坪で変わりはない。
そして、天明二年（一七八二）には、「右建家・蔵・地面共田丸次郎左衛門へ譲り遣し」[11]、以後、田丸氏が廃藩時まで同屋敷を管理する。享保図から天明図にいたる間に住居・物置部分がともに減少した要因として、廻米量の減少、田丸氏への蔵屋敷の移譲で常駐役人が不要となり、同屋敷の居住機能が低下したことがあげられよう。

(2) 大津蔵屋敷

大津蔵屋敷は堅田町に設けられた。北面を琵琶湖に接し、元禄年間には同屋敷の東に仁正寺藩（近江）、西に長岡藩（越後）の蔵屋敷が並んでいたが[12]（図4―4）、享保七年には東隣りは町家となっている。大津蔵屋敷（図4―5）の敷地は約三九二坪で、表口は町通りに面して約八間二尺、東は裏行約四〇間三尺で町家に隣接し、西は裏行五〇間で小路に面し、北面には石垣が築かれている。屋敷は、「御門」・住居・「御蔵」・「番所」などからなる。住居は敷地の西南隅に位置し、「式台」を中心に、東南の庭に面する座敷・「廊架」・「土間」・「湯殿」などと、西面に接する「御屋敷守居間」「台所」「台所土間」などで構成されている。部屋の位置と名称から、前者が役所空間、後者が生活空間であると考えられる。

なお、宝永三年（一七〇六）九月に屋敷長屋のうち勘定所・立会目付居所などが取り壊されていることから[13]、役所や住居としての機能がこの時期には低下していたことがうかがわれる。西面住居の北端には「御米買人腰掛場」があり、ここが入札場として機能していたと推察される。敷地中央部には大きな蔵が一棟あり、内部は九坪二室と一八

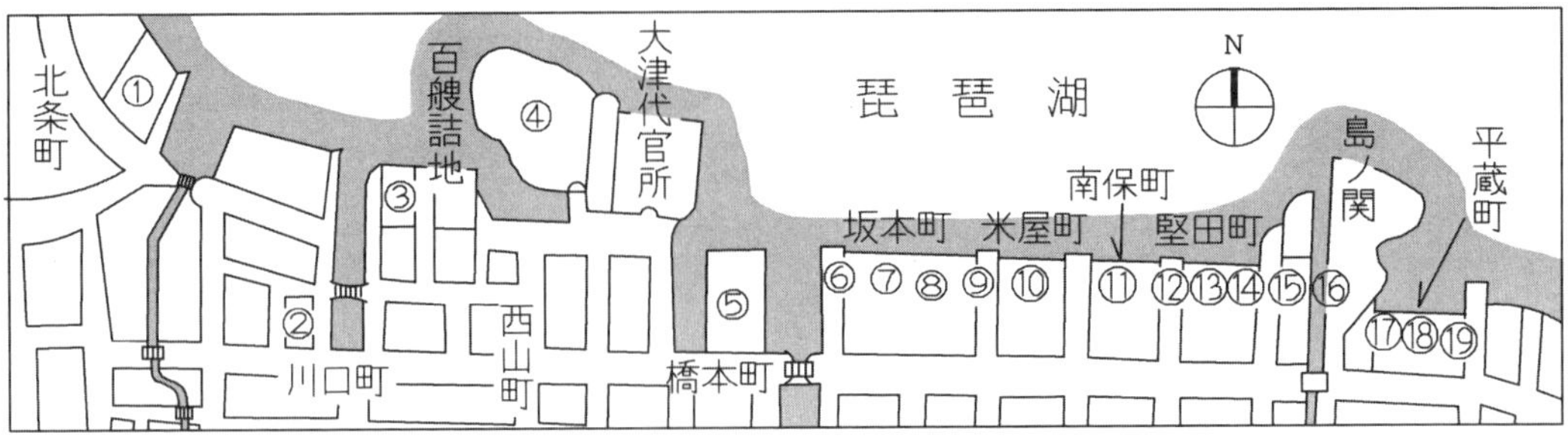

領主名	藩　名	国　名	領主名	藩　名	国　名	領主名	藩　名	国　名
①前　田	加　賀	加　賀	⑧松　平	鳥　羽	志　摩	⑮渡　辺	（旗　本）	
②徳　川	府　中	甲　斐	⑨岡　部	（旗　本）		⑯阿　部	宮　津	丹　後
③小　堀	小　室	近　江	⑩朽　木	福知山	丹　波	⑰土　井	唐　津	肥　前
④徳　川	（幕　府）		⑪京　極	峯　山	丹　後	⑱酒　井	小　浜	若　狭
⑤井　伊	彦　根	近　江	⑫牧　野	長　岡	越　後	⑲有　馬	（旗　本）	
⑥酒　井	厩　橋	上　野	⑬津　軽	津　軽	陸　奥			
⑦分　部	大　溝	近　江	⑭市　橋	仁正寺	近　江			

図4-4　弘前藩大津蔵屋敷の位置（印牧信明「近世前期の大津米穀市場について」〈『海事史研究』第53号、1996年〉所収）

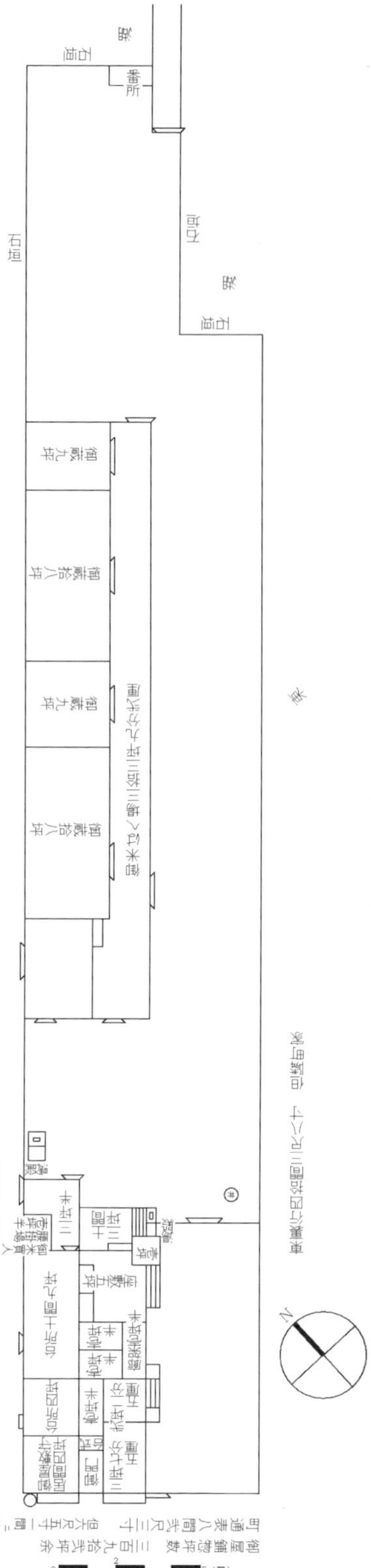

図4-5　弘前藩大津蔵屋敷図

坪二室の蔵に区切られ、それぞれが約三三坪の「米はへ場」に面している。天明元年一〇月に、敦賀と同様に同地への廻米がなくなり、屋敷の管理を沢村藤兵衛に委ねた。[14]

(3) 京都屋敷

京都屋敷は、「釜座通姉小路上ル津軽町西北角」[15]に位置し（図4―6）、敷地は、表口二二間三尺七寸五歩、裏行一四間六尺で約三九九坪である。同屋敷を描いた図面には、既出の二枚のほかに、「京阪越藩邸故事図叢全」所収の天保年間の「京都御屋鋪之図」[16]（天保図とする）がある。ここでは、図面の分析・検討を行う前に二点の図面（図4―7・8）の年代を検討したい。

京都は、江戸時代を通じて幾度かの大火に見舞われたが、とりわけ、「宝永の大火」（宝永五年）・「天明の大火」（天明八年）・「元治の大火」（元治元年＝一八六四）において、甚大な被害をこうむった。弘前藩京都屋敷は、宝永五年の大火に類焼している。[17] 天明・元治の大火

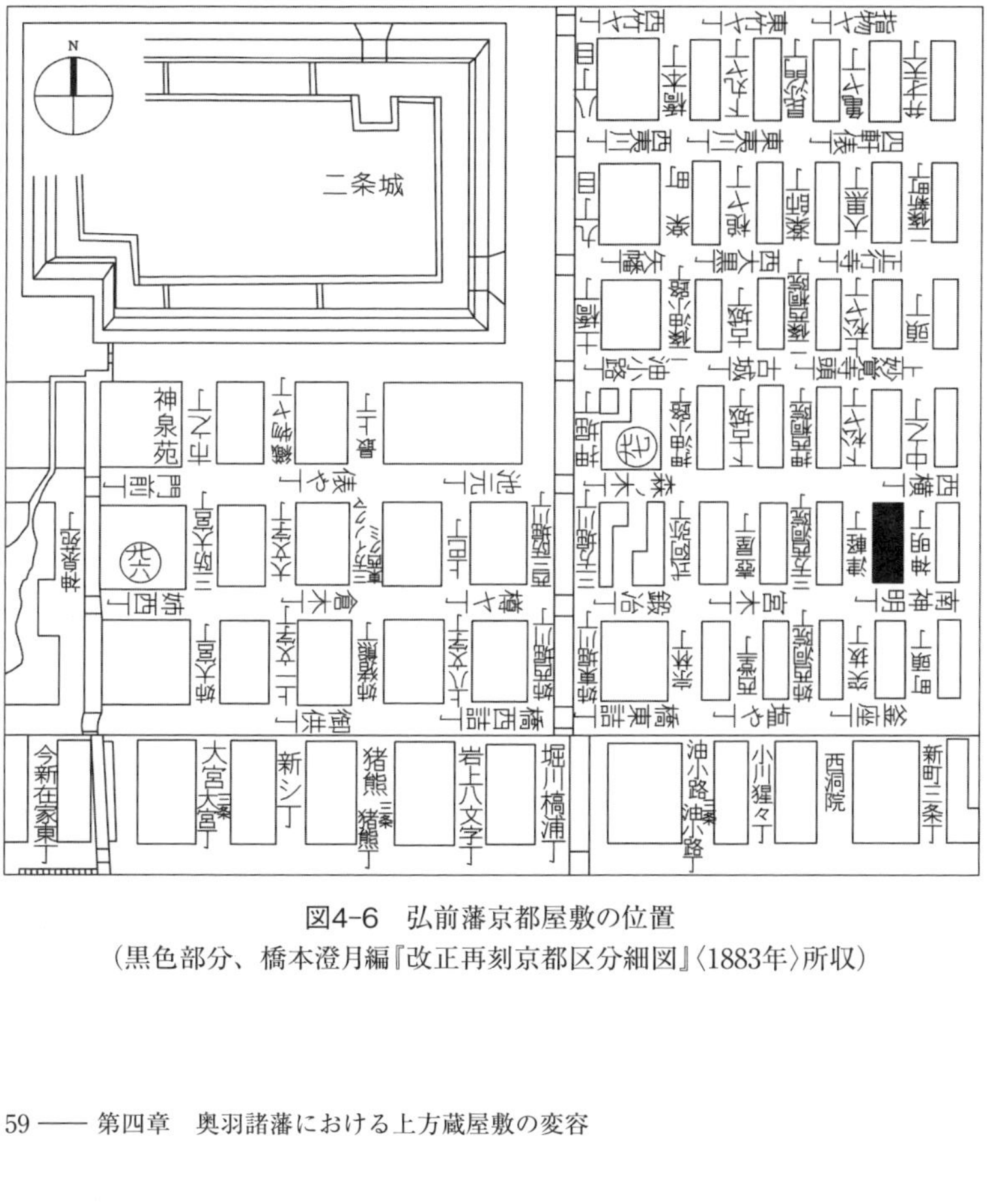

図4-6　弘前藩京都屋敷の位置
（黒色部分、橋本澄月編『改正再刻京都区分細図』〈1883年〉所収）

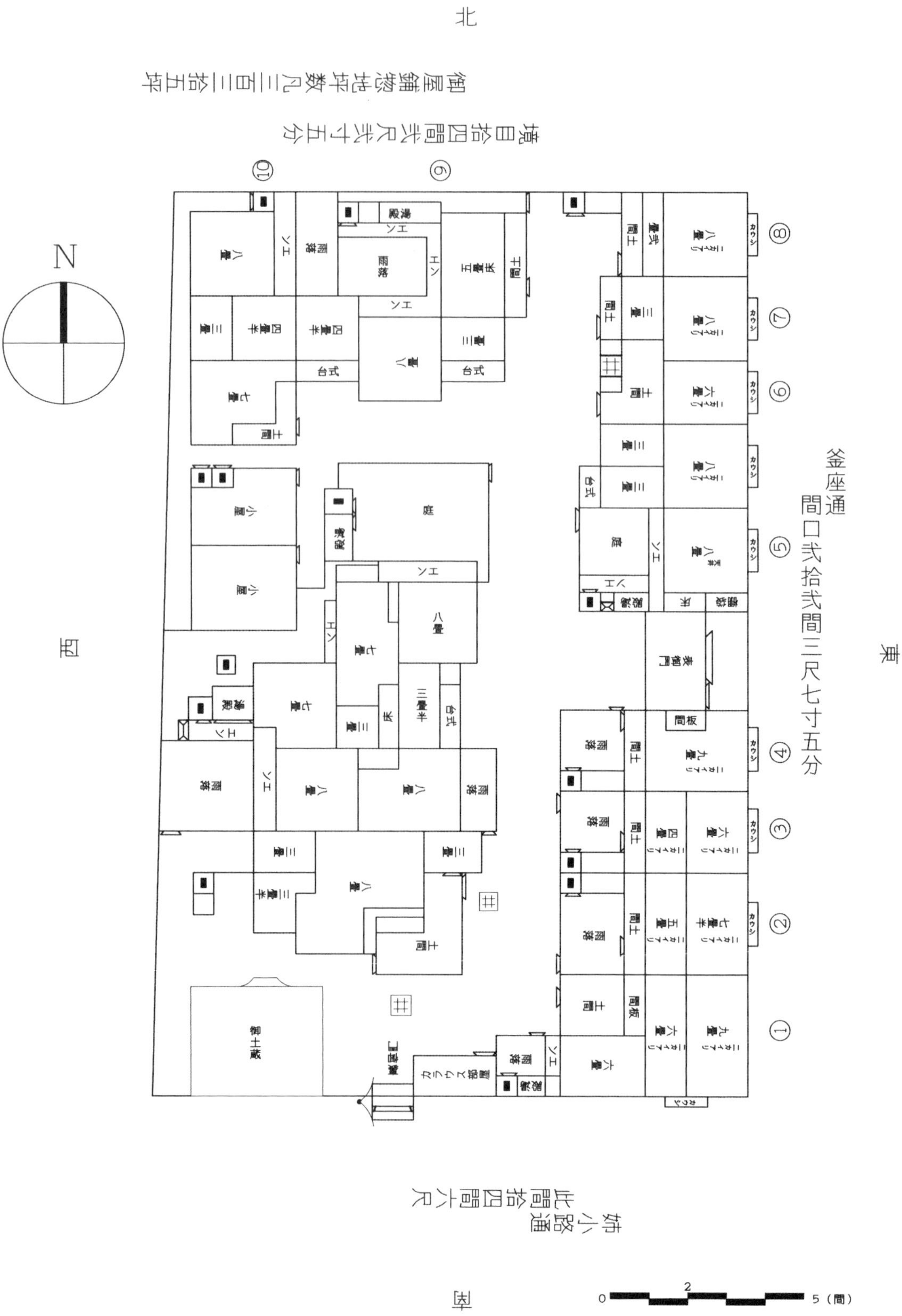

図4-7　弘前藩京都屋敷図（享保図）

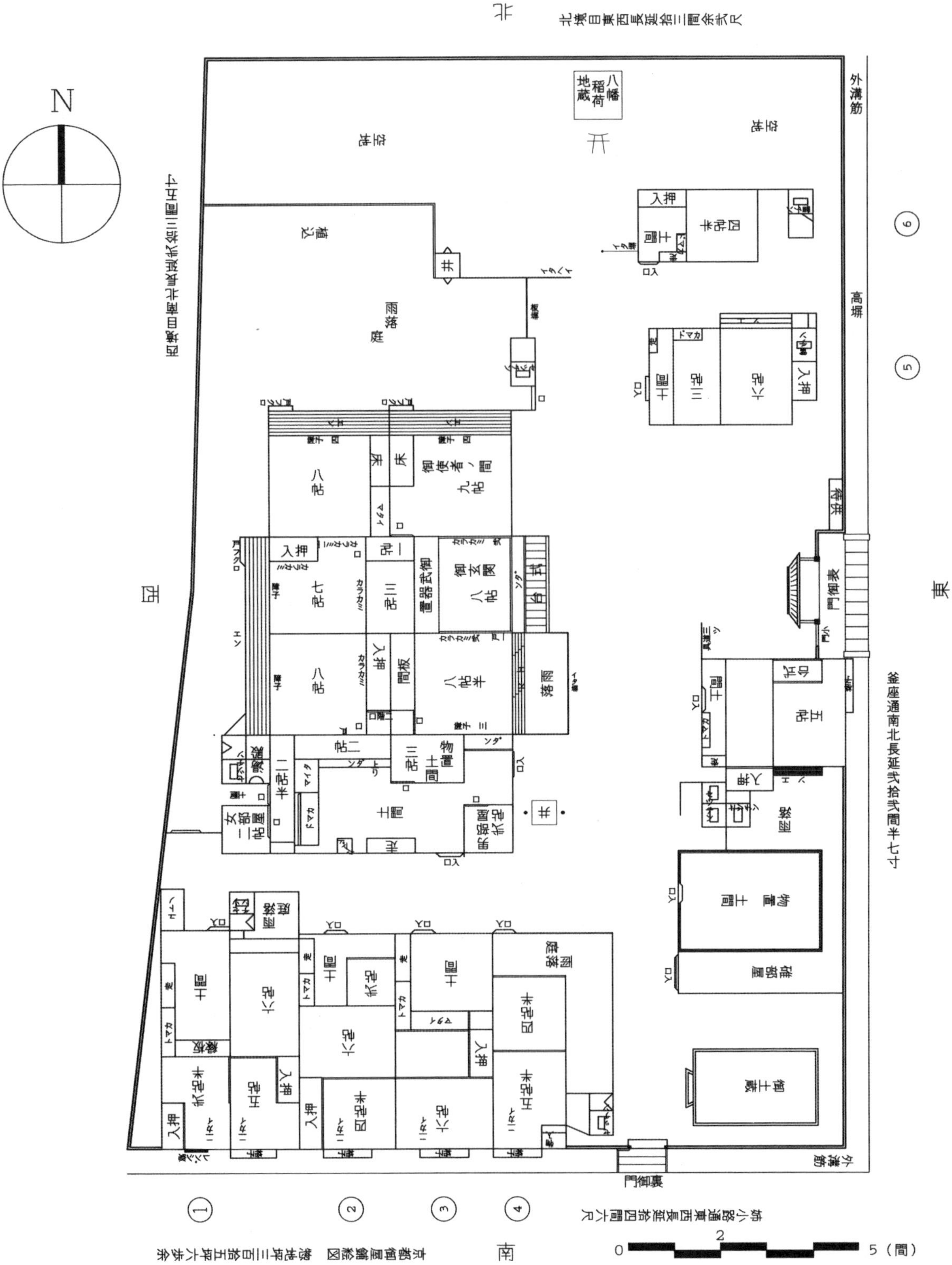

図4-8　弘前藩京都屋敷図(天明大火後再建図)

について同藩側の記録はみられないが、「京都近世大火略図」[18]によると、屋敷の位置から天明の大火では焼失し、元治の大火では焼失をまぬかれていることがわかる。

二枚の図面ついて、次の状況が想定できる。

(1)図4―8と天保図の建物配置がほぼ同一であることから、図4―8には天保年間前後の京都屋敷が描かれていると考えられる。

(2)図面を納めた袋の裏面に記された「庚申七月改」は、宝永五年以降では元文五年(一七四〇)・寛政一二年(一八〇〇)・万延元年(一八六〇)に相当することから、万延元年以降に発生した元治の大火後の屋敷が描かれている可能性は少ない。

(3)図4―7が宝永大火後の屋敷を描いたものとすれば、同図に描かれた屋敷は天明の火災で焼失し、その後の状態を描いたのが図4―8と考えられる。この場合は、享保七年に図4―7が存在し、その後に図4―8が加えられたと考えられる。

以上のことから、図4―7は宝永大火後の屋敷図(享保図とする)、図4―8は天明の大火後の屋敷図(天明大火後再建図とする[19]/以下「再建図」と略記)といえる。

京都屋敷を描いた享保図・再建図・天保図は、ともに東の釜座通りに面して「表御門」、南の姉小路通りに面して「裏御門」を開き、門の位置に大きな変化はなく、総坪数は、享保図では「凡三百三拾五坪」、再建図では「三百拾五坪六歩余」とあり、後者が約一九坪せまくなっている。

享保図・再建図の配置をみると、両者とも敷地中央部西寄りに御殿と考えられる、格式(式台・玄関・床など)のある建物があり、南面・東面に土蔵や住居を配している。享保図では北面にも住居があるが、再建図では「空地」となっている。

享保図によると、御殿中央部東側の式台の北側に庭に面する座敷が設けられていることから、この場所が接客空間、式台の南側が執務を行う役所空間と考えられる。再建図では、御殿中央部東側の「御玄関」の北側が接客空間、南側が役所空間という構成は同じであるが、玄関が大きくなるとともに、床を備えた「御使者ノ間」(九畳)、さらにその西側にも座敷(八畳)が設けられ、接客空間の規模が増加し、整備されている。

居住施設では、享保図の東面の住居(①~⑧[20])をみると、①は土間が大きく、板間や雨落に面した座敷をもち、湯殿・雪隠が備えられている。⑤は式台・玄関をもち、庭に面する座敷には床・棚が設けられていることから、最も格式の高い住居であると考えられる。②③④は類似の間取りで、入口から雨落を通って土間に入り、土間に接して居室が設けられている。④は表御門を入った左手に入口があることから、番所と推察される。⑥⑦⑧は雨落がなく、入口から直接土間に入る形式で、⑥は土間が大きいが居室は一つであるのに対し、⑦⑧は二つの居室をもつ。⑧に付属する雪隠は、⑥⑦⑧の共同便所であろう。北面に位置する⑨⑩は、式台・玄関や雨落に面する座敷をもっている。

以上の間取りや床などの格式から、享保図の住居は、⑤⑩⑨①②③④⑦⑧⑥の順に階層性がうかがえる。このうち、⑤⑩⑨①が役宅で、他は藩士の住居であったと考えられる。

再建図の住居は、絶対数が減少するとともに、小規模になっている(①~⑥[21])が、ほとんどの住居に「カマト」(竈)「走」が設けられていることから、炊事設備の充実がうかがわれる。

京都屋敷の主な仕事は、京都所司代などへの付け届け、方々への使者派遣、借銀の調達など[22]、情報の収集や諸方の折衝であるが、役所・住居の占める割合が高く、収納施設としての蔵が少ないという屋敷の構成からも、同屋敷の性格をうかがうことができる。

（4）大坂蔵屋敷

弘前藩大坂蔵屋敷は、「元禄五年佐賀藩大坂蔵屋敷指図Ⅰ」[23]によると、

> 此所石垣かんき共大道幅半分西ハ此屋敷（佐賀藩・筆者註）ヨリ仕部召置候、同半分東ハ津軽殿屋敷ヨリ仕部召被置候

とあり、元禄五年（一六九二）には佐賀藩大坂蔵屋敷の東隣りの天満一一丁目に存在している。弘前藩の大坂廻米は、延宝六年（一六七八）に本格化され、貞享四年（一六八七）にはすべてが大坂に送られており、蔵屋敷の設置と充実は同藩の重要な課題であった。

弘前藩の大坂蔵屋敷を描いた図面には、享保七年（図4―9／享保図とする）、文化・文政期[24]（図4―10／文化・文政図とする）、「京阪越藩邸故事図叢全」所収の天保年間の「大坂御屋敷之図」[25]（天保図とする）と作成時期が比較的明確なものが三点ある。大坂でも、京都と同様に江戸時代を通じて幾度かの大火があり、大きな被害を受けている。享保九年三月二一日の妙知焼けでは、弘前藩を含む三〇か所の大名屋敷が罹災した[26]。次に、寛政四年（一七九二）五月一七日の大火では、近隣の「佐賀蔵」「対州蔵」が罹災したが、弘前屋敷についての記録はみられない[27]。さらに天保五年（一八三四）七月一〇日の大火では、西隣りの佐賀藩蔵屋敷の「うら長屋・横長屋」が罹災したが、弘前屋敷への類焼についての記録はない[28]。

以上のことから、享保図には享保九年の妙知焼けにおいて焼失する以前の屋敷が描かれ、文化・文政図には罹災後に復興した屋敷が、後述する寛政九年の敷地の拡張にともなって変化した形態が描かれていると考えられる。

享保図の敷地は、浜地が付き、表口東西一九間五尺七寸、裏行南北二六間、坪数約五一七坪[29]である。敷地の南面中央部に「表御門」、北面中央部に「裏御門」を開き、それぞれに「番所」が設けられている。同屋敷の南面は堂島川に面しており、「表御門」は廻米の搬入、「裏御門」は業務や日常の出入りなどに用いられたと考えられる。「御蔵」は、東南部に一棟、南面の「表御門」の西側に二棟、西面に三棟、敷地中央部に四棟の計一〇棟があり、延べ面積は一六三坪である。「御金蔵」は中央部の北側に位置し、「御役所」（含溜の間）と近接している。なお、西国の佐賀藩や高知藩の大坂蔵屋敷では「御銀蔵」が設けられている。居住施設数は七棟で、東南隅の独立家屋以外はすべて北面に接した長屋である。

弘前藩では、寛政九年六月に東隣りの鉄屋新左衛門の掛屋敷地（表口八間五尺、裏行二五間半、浜地付き）を買得し、合計表東西二八間四尺二寸、裏行東二五間半、西二六間となり[30]、総坪数は、約二二三坪増加して約七四〇坪となった（図4―10）。文化・文政図では、享保図にみられた表門より右側の物置・住居・蔵などがなくなり板塀となっている。東面から北面にかけて蔵が七棟と「御金蔵」が設けられ、蔵は合計一三棟、延べ面積は約二一三坪である。収納機能が向上して

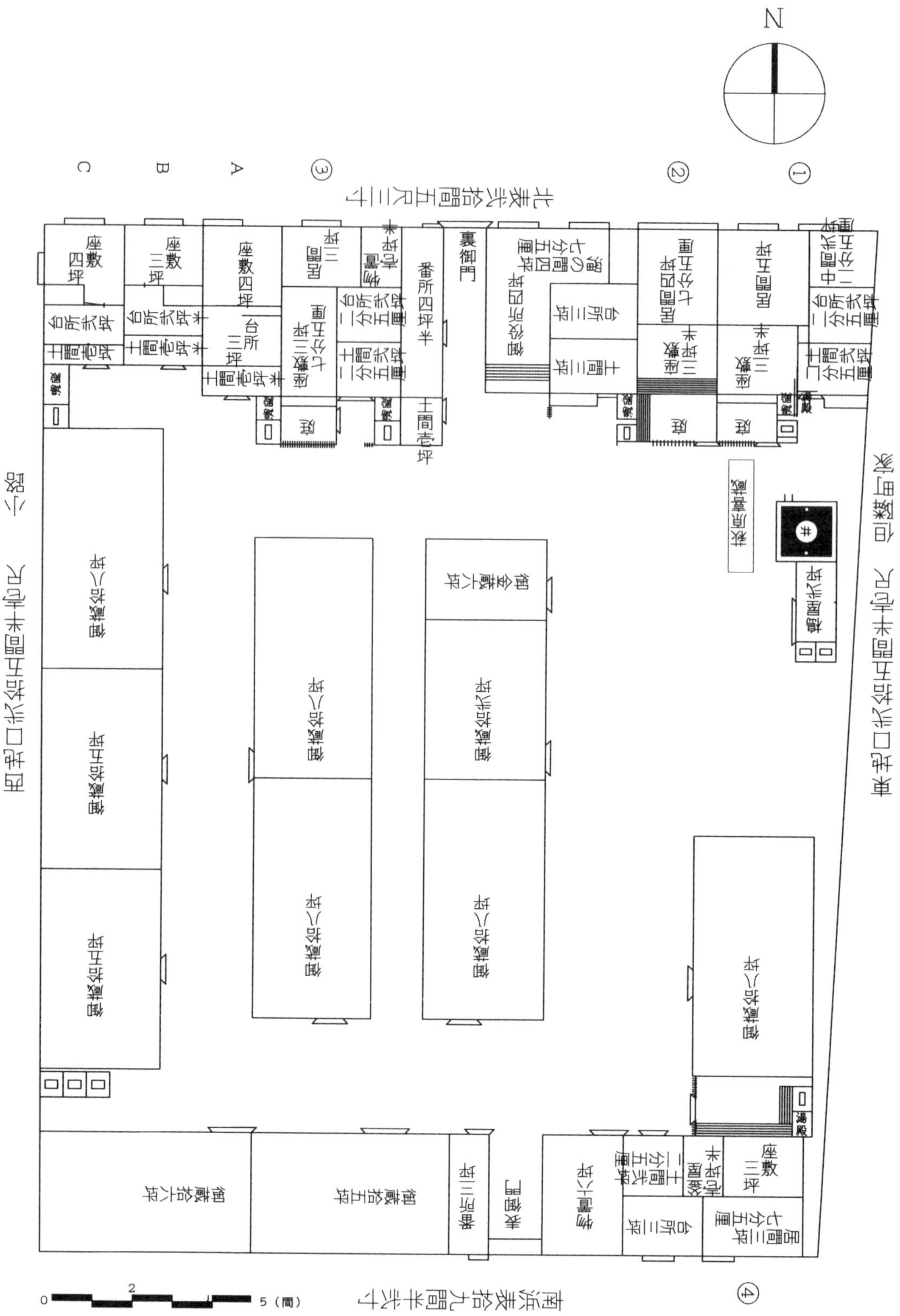

図4-9　弘前藩大坂蔵屋敷図（享保図）

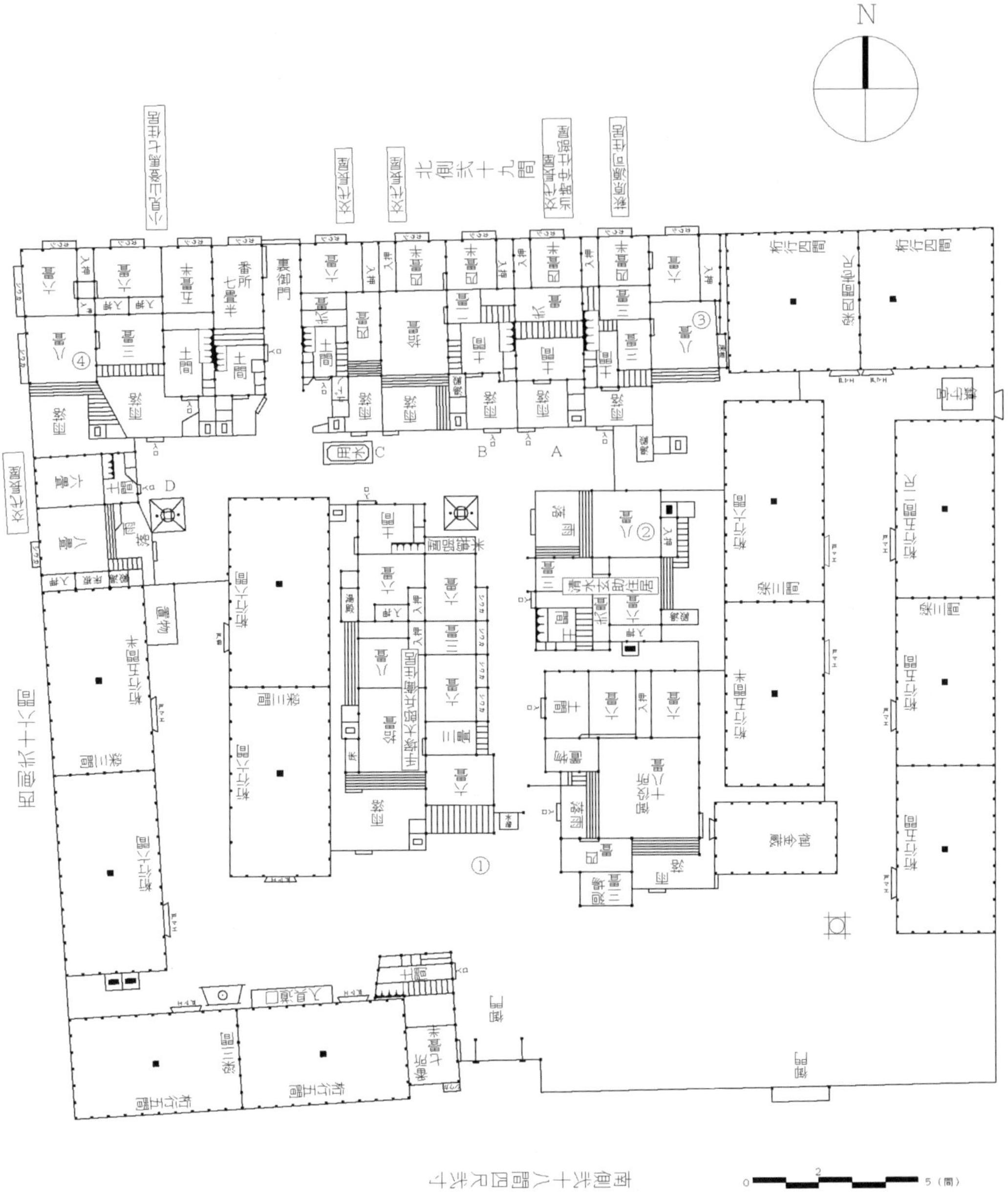

図4-10　弘前藩大坂蔵屋敷図（文化・文政図）

いるのは、延宝期から本格化した同藩の大坂廻米に起因するものであろう。

敷地中央部の東側に「御役所」が独立し、座敷も一八畳と享保図の約二・三倍となり、式台が設けられ、格式が整えられている。また、この南側には「廻場」も付属するなど、業務関連施設がここに集約されている。なお、「御役所」の北側には土間と二つの座敷、物置などをもつ居住部分が備えられているが、天保図によると一室が縁側・便所をもった座敷に改築されている。役所の西側には、独立した手塚太郎兵衛住居、北側にも清水玄助住居が設けられている。

また文化・文政図では、居住施設の柱を●印、業務施設の柱を■印で示し、中央部西側、清水玄助住居の北側二か所、東北隅の蔵の間に仕切りが設けられていることから、業務空間と生活空間、つまり、表(公的空間)と奥(居住空間)に空間が明確に区画(ゾーニング)されていることが判明する。文化・文政図と天保図の建物配置に大きな変化のないことから、享保九年以降の復興計画にさいし、敷地全体の総合的なゾーニングがなされたと推察される。

文政二年(一八一九)一一月には、表門右側の板塀の傷みがひどくなり、その対応として、板塀を取り壊した跡へ、中央部西よりの「六番七番御蔵」を「引直」すための見積書が作成された[31]。この工事によって、敷地北面の東四分の一、東・南面、西面の半分が蔵で囲繞されることになり、ここに、堂島川に面して蔵が連なる蔵屋敷の景観が確立された。また、引き直した「六番七番御蔵」の跡に、留守居役の手塚太郎兵衛家が大きく拡張されたのは、それだけ留守居役が重要視されていたためとみることができよう。

居住施設は役宅と交代長屋に、役宅はさらに戸建てと長屋に分けられる。享保図の役宅(①~④)は、四棟のうち三棟が長屋である。文化・文政図(①~④)では、戸建てと長屋は二棟ずつであるが、①の手塚太郎兵衛住居以外は、戸建てと長屋の間に大きな違いはみられず、役宅の階層性は各住居の規模や間取りによると考えられる。

役宅における居住空間の構成は、享保図では、庭に面した「座敷」「居間」が続いて縦一列となり、それに「台所」「土間」が横に並ぶ二列型で、「座敷」に付属する縁側の形態には直線型とL字型がある。L字型の縁側は「湯殿」「便所」の双方へつながるが、直線型は「湯殿」のみに接している。各役宅には、武家住宅の格式を示す式台・玄関・床などはなく、出入りには土間を用いている。規模は、①が「座敷」「居間」「中間」の三室をもち、一〇・七五坪である。③は一・五坪の「物置」をもつが、居住空間としては規模が小さいことから、①②③④の順に階層性があらわされている。

文化・文政図では、住居への入口に式台・玄関、それがない場合でも土間に小さな上がり縁が設けられている。家事などの空間をみると、享保図の役宅では「土間」「台所」の規模に大きな差はないが、「土間」は長屋と比較すると一・五~二倍の広さがある。また「台所」が独立して設けられているのも享保図の特徴で、文化・文政図では独立した台所がなくなり、土間に竃が備えられている。

交代長屋における居住空間は、享保図(A~C)では、収納設備をもつ「座敷」が北側の通りに面して設けられ、それに続く「台所」「土間」で構成されている。「座敷」の規模は役宅・長屋ともに大きな差はないが、「座敷」「居間」で比較すると長屋には「居間」がなく、

「居間」の有無が享保図の役宅と藩士住居の違いとみることができる。文化・文政図（A～D）では、一列型で二間の小規模なものがあるが、すべてに「雨落」・「湯殿」・便所が設けられるなど、享保図に比して住設備機能が向上している。また享保図の長屋の台所は、役宅と同様に独立しているが、日常の生活にも使用されていたと考えられる。文化・文政図では独立した台所はなく、役宅と同様に土間に竈が設けられている。

二節　秋田藩における大坂蔵屋敷の成立

秋田藩は、藩庁を出羽国久保田（秋田）に設けた藩で、久保田藩ともいうが、当初から秋田藩とよばれることが多かった[32]。城持ちで外様大名の佐竹氏は、慶長七年（一六〇二）に常陸五四万石から秋田・仙北地方に入部した。秋田藩の石高は二〇万五〇〇〇石であるが、新田や鉱山の開発、山林経営に力を注いだ結果、一七世紀後半には内高は三九万石となるが、延宝期頃には借財がかさみ藩の財政は不振となった。同藩の上方廻米は一七世紀後半においても大津が中心であったが[33]、同地には秋田藩の蔵屋敷は設けられていなかった。

秋田藩の大坂蔵屋敷は、「諸大名蔵屋敷一覧[34]」によると延享四年（一七四七）には「布屋町」にあったが、借家であったようで、安永六年（一七七七）には「用聞」のみとなっている[35]。以後は不明で、文化一一年（一八一四）に堂島裏町に名代「雑賀屋猪十郎」がみえる。絵図では、文化三年の「増修改正摂州大阪地図全[36]」に、南を堂島新地五丁目、北を新地裏町に面して秋田藩蔵屋敷が記されている（図4―11）。同藩の蔵屋敷指図は、文化一四年のものが残されている[37]（図4―12）。この指図には方位の記入はないが、北の新地裏町（裏側大道筋）に面して浜地があることから、同藩の廻米は、曾根崎川に面した浜地から「裏御門」を通って「御米御土蔵」に搬入されたと考えられる。

敷地は、「表御門」から中央部の水道までの南区画と、浜地を含む北区画に大きく分かれ、南区画は約一五一坪、北区画は七八三坪で、計約九三四坪である。屋敷の構成は、南区画では、「表御門」の両脇

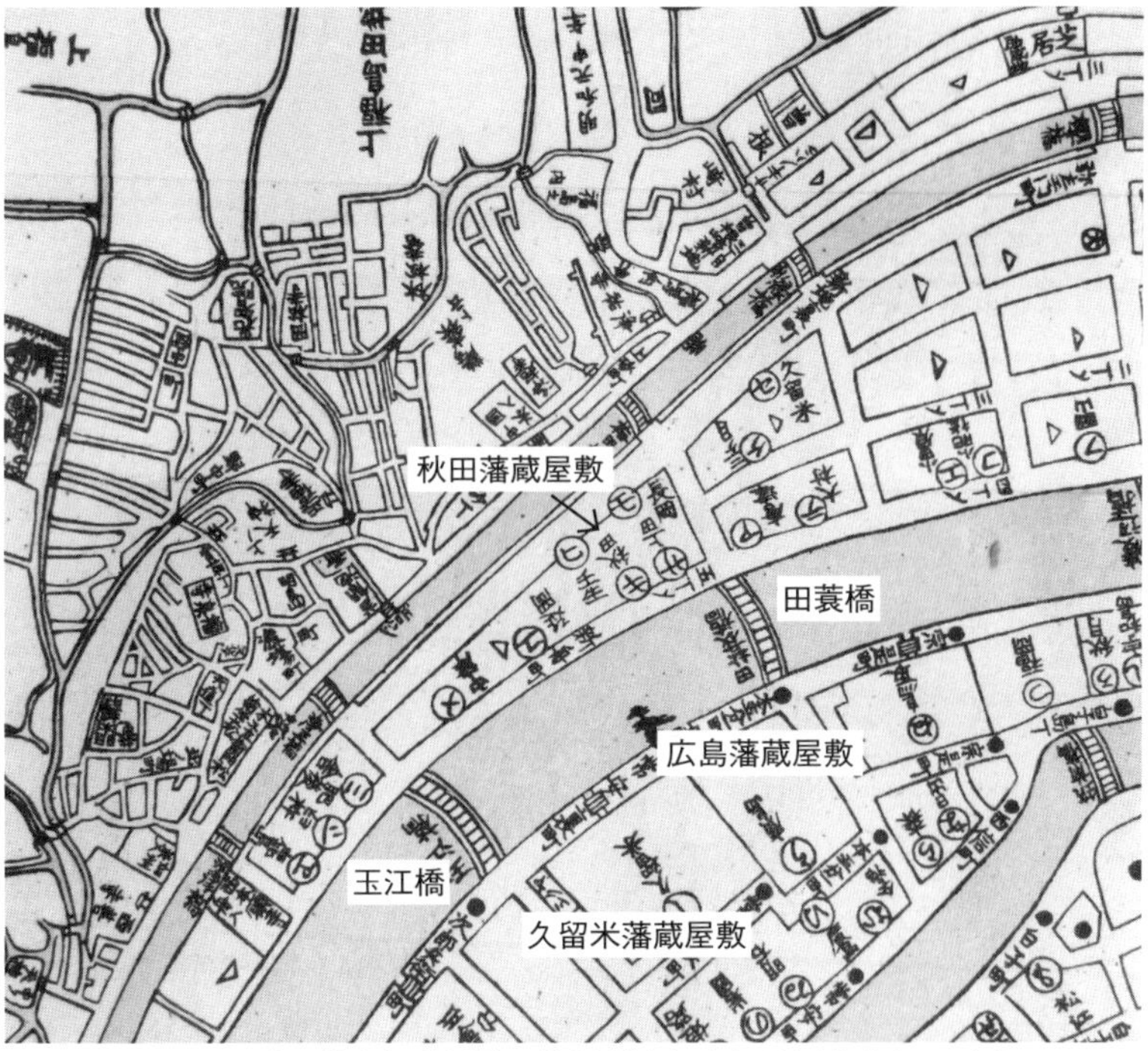

図4-11　秋田藩大坂蔵屋敷の位置（『古板大坂地図集成』1970年）

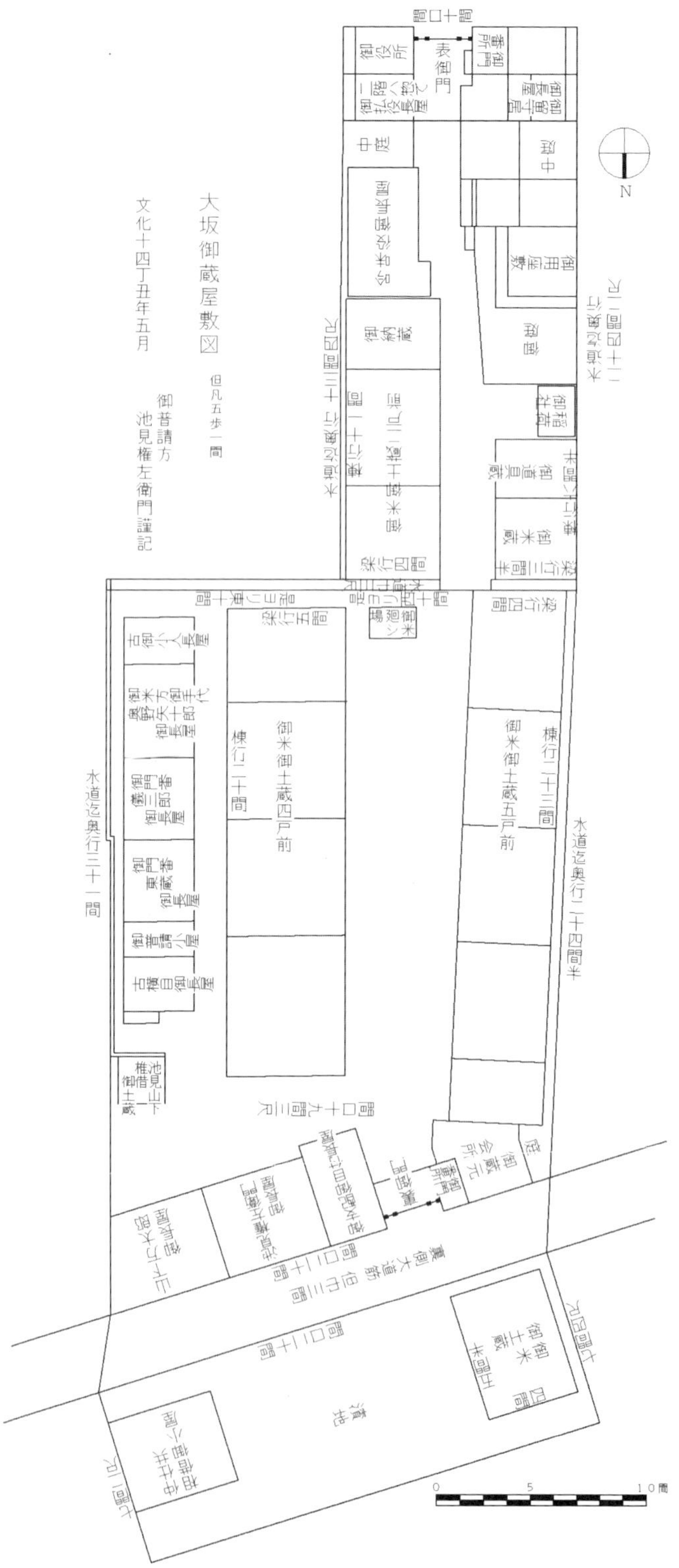

図4-12　秋田藩大坂蔵屋敷図

に「御役所」「御門番所」、その北に「御留守居御長屋」「御用座敷」「吟味役御長屋」、収納施設として「御米蔵」「御道具蔵」「御納蔵」、その他に「稲荷御社」がある。北区画には、「裏御門」の左側と東面に「御支配御目付」「古横目」「御米方御手代」などの長屋がある。これらの長屋には、役職のほかに居住者の氏名が示されている(38)。また、裏御門の右側には「御蔵元会所」があり、蔵元の執務場所として機能したと考えられる。

以上のことから、南区画の敷地が役所・業務関係の表の空間、北区画が保管・収納と生活の奥の空間と考えられる。役宅や長屋の間取りの詳細は不明であるが、「御庭」に面して縁側のある「御用座敷」が設けられるなど、格式のある空間が形成されていたと推察される。米蔵の規模は、梁間が三・五〜四間、延べで約二四二坪あり、敷地の約四分の一を占めていた。

三節　奥羽諸藩の蔵屋敷の建築構成

奥羽諸藩の蔵屋敷のうち、弘前藩と秋田藩蔵屋敷の建築構成について考察してきたが、弘前藩の屋敷は、江戸藩邸（上屋敷・中屋敷・下屋敷）のほか、板久・敦賀・大津・京都・大坂にあり、板久・敦賀・大津・大坂屋敷が蔵屋敷の機能を有していた。

敦賀蔵屋敷と大津蔵屋敷は、弘前藩の大坂廻米本格化の施策により次第に機能が低下し、享保期には、敦賀屋敷ではまだ役所空間・住居空間が整えられていたが、大津屋敷では収納・住居機能が低下し、両屋敷は天明元〜二年（一七八一〜二）に閉鎖される。一方、大坂蔵屋敷は、享保九年（一七二四）の妙知焼けによる罹災後、寛政九年（一七九七）には敷地を約一・四倍に拡大した。敷地全体は業務空間と居住空間に明確に区分され、業務空間では蔵や役所、居住空間では住居の規模が大きくなり、「雨落」などの配慮がみられることから、業務空間・居住空間双方の機能を充実させ、敦賀・大津の屋敷の機能までも大坂蔵屋敷に集中させたといえよう。さらに天保期には、敷地全体が蔵と住居で囲繞され、蔵屋敷の空間が形成されるとともに堂島川に面して蔵が連立する景観が確立された。

京都屋敷は、宝永五年（一七〇八）の大火によって再建された屋敷が、天明八年（一七八八）の大火で再び焼失し、再建された。享保期の屋敷には、多くの住居と役所が設けられ、収納機能より居住・接客機能が優っていたのに対し、再建後の屋敷は、住居面積を縮小し、役所部分の規模を増大させて情報収集や諸方との折衝などの京都屋敷の任務遂行に適するような構成となり、蔵を増やして収納機能を充実させた大坂蔵屋敷との違いが明確になった。

秋田藩と弘前藩の蔵屋敷は、門・番所・御役所・役宅・長屋・米蔵などで構成され、大きな差違はない。弘前藩と比して異なるのは、「御蔵元会所」と二階の存在であろう。弘前藩京都屋敷では二階の記述がみられるが、大坂蔵屋敷ではみられない。

弘前藩には「御金蔵」が設けられているが、西国諸藩の高知・熊本藩などでは「御銀蔵」であり、東国の金遣い、西国の銀遣いという流通貨幣の違いが、「御金蔵」「御銀蔵」というかたちであらわれている。秋田藩では「御金蔵」はみえないが、南区画東西中央部の「御納蔵」が金蔵に相当するものと推察される。

（1）『国史大辞典11』（吉川弘文館、一九九〇年）

（2）後藤久太郎「弘前藩江戸藩邸の室内意匠について」（『宮城学院女子大学生活科学研究所研究報告』第九巻、一九七五年）

（3）『藩史大事典　第一巻』（雄山閣出版社、一九八八年）

（4）弘前市立図書館所蔵。絵図の枚数と記述の違いを考えると、まず各地の五枚の屋敷図があり、その後に京都屋敷図が追加されたため、各地名の下に図面の枚数を記したのであろう。次いで、もう一枚所在地不明の屋敷が納められたため、「外ニ何連之御屋敷歟一枚」の貼紙が施されたと推察される。袋の裏面には、「庚申七月御日記方」とあり、享保七年以後の「庚申」の年に絵図改めが行われている。なお、図4―2・5・7・8・10・11は、これらの屋敷図をもとに作成したもので、これらの図面を用いて分析・考察を行った。

（5）「京阪越藩邸故事図叢全」（弘前市立図書館所蔵）。同史料は、弘前藩の京都・大坂・敦賀屋敷に関する事柄を記した冊子で、明和四年（一七六七）の京都屋敷に関する記事の後に、「右已前往古之留記者、罹大火御邸類焼之節焼失致し、発端之古記不伝云也」とあることから、同年以後のさまざまな記録を用いて編纂された史料であることがわかる。その成立は、「嘉永七甲寅年三月御国表より御用状之写」が収録されていることから、嘉永七年（安政元年＝一八五四）三月以後と推定される。同史料は二次史料であるが、京都・大坂・敦賀屋敷に関する情報が得られる貴重な史料である。

（6）印牧信明「津軽藩の敦賀蔵屋敷と廻米制について」（『海事史研究』第五一号、一九九四年）

（7）享保七年の屋敷図では、浜屋敷は裏行き「六間半」とあり、敷地全体を示していないと考えられる。

(8)『敦賀市史通史編　上巻』所収（同編纂委員会、一九八五年）
(9)『国史大辞典9』（吉川弘文館、一九八八年）
(10)『建築大辞典　第二版』（彰国社、一九九三年）によると、「す戸」には簀戸と書き、庭園の木戸に用いられる割竹や細竹を編んだ簡易な戸と、建具の上部を細かい竪連子とし、下部に腰板を張ったものがある。前者では簡易すぎるので、後者の形式のものと推察される。
(11)「天明二寅年津軽役人田井友衛与被申候仁より小浜表へ書付ヲ以被届候写」（弘前市立図書館所蔵）
(12)前掲注(6)印牧信明「津軽藩の敦賀蔵屋敷と廻米制について」（なお図4―4は同論文所収の図をもとに加筆作成した）。
(13)印牧信明「近世前期の大津米穀市場について」（『海事史研究』第五三号、一九九六年）
(14)同右
(15)前掲注(5)「京阪越藩邸故事図叢全」
(16)ただし、冊子に描かれていることから縮尺は不正確であるため、建物配置の考察の参考としたもので、掲載していない。以下、京都屋敷についても同様。
(17)『京都の歴史5』（学芸書林、一九七四年）によると、宝永五年三月八日の火災。具体的な罹災の規模は不明であるが、津軽屋敷付近の油小路三条上ル町より出火、京都中心部の大半が焼失し、大名屋敷は二一が焼失した。
(18)『災害絵図集』所収（日本損害保険協会、一九八八年）
(19)拙稿「弘前藩の蔵屋敷について」（『大阪市立大学生活科学部紀要』第四六巻、一九九八年）では、この図4―7を宝永大火以前、図4―8を以後としたが、ここで訂正する。
(20)図中には「二カイ」などと表示されているが、間取りは不明である。
(21)図中には「二カイ」などと表示されているが、間取りは不明である。
(22)山本博文『参勤交代』（講談社、一九九八年）
(23)日本生命相互保険会社所蔵
(24)国文学研究資料館所蔵。なおこの図は、享保七年の「御屋鋪之図」に納められた所在地不明の図面と同一内容であり、作成時期は、図面に張られた居住者から文化一〇年（一八一三）～文政六年（一八二三）までと推定される。
(25)ただし、冊子に描かれていることから縮尺は不正確であるため、建物配置の考察の参考としたもので、掲載していない。
(26)「米商舊記一」（『大阪編年史　第七巻』、大阪市立中央図書館、一九六九年）
(27)「米商舊記四」（『大阪編年史　第一三巻』、大阪市立中央図書館、一九七一年）
(28)「視聴草十四集」（『大阪編年史　第一八巻』、大阪市立中央図書館、一九七一年）
(29)前掲注(5)「京阪越藩邸故事図叢全」によるが、図4―9に記入された数値とは異なっている。
(30)前掲注(5)「京阪越藩邸故事図叢全」
(31)「大坂御屋敷御土蔵御取建」（弘前市立図書館所蔵）。同史料は、図面とともに袋に納められており、袋の表には「文政十一子八月十八日」とあるが、本文見積書の最後に「文政二卯年十一月大工橋本六左衛門」とあり、同人によって作成されている。
(32)『国史大辞典1』（吉川弘文館、一九八六年）
(33)前掲注(13)印牧信明「近世前期の大津米穀市場について」
(34)『大阪編年史　第二六巻』（大阪市立中央図書館、一九七八年）
(35)『大阪府誌　第一編』（思文閣出版、一九七〇年復刻）
(36)佐古慶三『古板大坂地図集成』（清文堂、一九七〇年）
(37)秋田県公文書館所蔵。同図は、三一五×一〇五二ミリメートルの大きさで、白地に一間を五分に縮尺した五分計で描かれている。なお図4―12は、同図をもとに作成したものである。
(38)弘前藩大坂蔵屋敷では室の規模のみを示し、居住者名は貼紙を施している。佐賀藩大坂蔵屋敷では元禄期の長屋には役職が示され、享保期に再建された長屋では「一番」「二番」のように通し番号が記されている。高知藩大坂蔵屋敷では役職が示されている。

第五章　大坂蔵屋敷の鎮守社と祭礼

江戸時代の大坂は、町人の町とか天下の台所といった評価が行われているが、商都に対して工都という指摘もあり、さらに最近は武家の都市としての評価も行われている(1)。大坂蔵屋敷は、商都としての側面をもつと同時に、諸藩の大坂藩邸、すなわち武家屋敷としても重要な施設である。本章では、大坂蔵屋敷に設けられた鎮守社とその祭礼に着目して、都市・大坂との関係を論じることを目的としている。

一節　大坂の年中行事と蔵屋敷祭礼

農業の収穫を祈って春・秋に行われる村の祭礼と異なり、夏祭りは都市独特の催しである。疫病退散に祈りを込めた京都の祇園会はその代表といえる。

大坂でも旧暦の六月は「祭り月」とされた。町方の祭りとしては、難波祭（一三日・一四日）、三津八幡祭（一四日・一五日）・神明祭（一六日）、御霊祭（一七日）、高津祭（一八日）、上難波宮祭（二〇日・二一日）、座摩祭（二一日・二二日）、天神祭（二四・二五日）、生玉祭（二七・二八日）、稲荷祭（二九日）、住吉祭（二九日・晦日）などがあり、月の後半は毎日どこかの神社で祭りが行われていた。

同じ六月に「蔵屋敷祭礼」と称される祭礼があった。文化一一年（一八一四）の『繁花風土記』(2)に次のような記述がある。

当月（六月）諸方御蔵屋敷祭礼　中国・出雲・阿波・肥前・筑後・薩摩立売堀下屋敷・柳川、右之他あまたあれど略す。右祭礼の日は芝居、にはか、はなし、物まね、造り物などの催しありて神慮をやすめ給ふ事也

蔵屋敷の祭礼は、いつ頃から大坂の年中行事に登場し、定着してくるのか。延宝八年（一六八〇）刊『難波鑑』や元禄九年（一六九六）刊『摂州難波丸』、延享四年（一七四七）版『改正増補難波丸綱目』には大坂蔵屋敷の祭礼に関する記事は見当たらない。その早い例は、後述する佐賀藩蔵屋敷に関する宝暦八年（一七五八）の「年中行事」(3)に登場する「稲荷御社御祭」で、この頃には盛大な稲荷祭が催されていた。続いて安永六年（一七七七）版『難波丸綱目』になると、六月一三日の「出雲蔵屋敷祭礼」、同一五日の「鍋嶋やしき祭り」、一六日の「阿波屋敷祭」、一八日の「筑後蔵屋敷祭」、七月一九日の「米子屋鋪祭り」、同二七日の「豊後屋敷」を確認することができる（表5―1）。このように、一八世紀後半に、大坂市中で蔵屋敷の祭礼が盛んになっていることが分かる(4)。

安政二年（一八五五）以降の成立になる『摂津名所図会大成』(5)によると、幕末における各藩の蔵屋敷の祭神と祭礼の日程が判明する（表5―2）。祭神は稲荷神が比較的多く、各藩の国元から勧請された神

表５−１　旧暦六月の大坂の祭礼

月	日	難波鑑 延宝八年（一六八〇）	摂州難波丸 元禄九年（一六九六）	難波丸綱目 安永六年（一七七七）	風流四季の詠 文政六年（一八二三）	さんけい見物遊山命せんだく 天保一一年（一八四〇）	浪華の日奈美 弘化四年（一八四七）	大阪年中行事扇
六	一	勝曼参	勝曼参り	住吉氷御供 天王寺あいぜん参り 大ゆうじ愛染参り	氷室　歯固め 愛染祭り 大融寺愛染祭り 住吉氷御供	天王寺愛染	勝曼院愛染祭 大融寺愛染祭	天王寺勝曼愛染詣 大融寺愛染詣 住吉氷御供
六	四			伝教大師御忌御法事				
六	六				長門屋敷祭り			中国屋敷稲荷
六	七			住吉天満宮祭礼		本庄かじま	石田保久良祭	天満宮祇祭
六	一〇			恵心院源信忌御法事		野ざき千日まいり		
六	一一					うハ嶋やしき		
六	一二		堺三村明神祭	堺三村明神祭り 吹田祭り御輿出る				
六	一三			出雲蔵屋敷祭礼作り物				
六	一四	牛頭天王祭	難波牛頭天王祭	難波牛頭天王祭り		いつもやしき なんば平の牛頭天王	住吉御湯 難波祇園祭 出雲御屋敷祭	難波村牛頭天王祭
六	一五			堺天神祭り 鍋嶋やしき祭り作り物有 八幡祭り 天王寺講堂蓮華会	出雲蔵屋敷祭り 鍋島屋敷祭り 三津八幡祭り 堺天神祭り 勝曼毘沙門祭り	嶋の内八まん あわやしき なべしまやしき	三津八幡祭 勝まん毘沙門祭 鍋島御屋敷祭 中国御屋敷祭 西宮祭 天王寺蓮花会	出雲屋敷稲荷祭 肥前屋敷稲荷祭 堺天神祭 天王寺講堂にて蓮華会 御津八幡祭
六	一六			平野丁神明祭礼 阿波屋敷祭作り物有り 天王寺地下祭り	神明祭り 阿波蔵屋敷祭り 勝曼毘沙門無言祭道楽有	天王寺びしや門	夕日神明祭 阿波御屋敷祭	神明祭 阿波屋敷稲荷祭 天王寺毘沙門祭

六	一七	新御霊夏神楽	摩耶山参り千日 新御霊夏神楽	まや千日参り 御霊まつり	御霊祭り 摩耶山千日参り	御りやう	御霊祭 摩耶山千日参り	御霊祭 摩耶山千日詣
六	一八			高津宮祭礼 北中嶋惣社まつり御輿出ル 筑後蔵屋敷祭	高津祭り 筑後屋敷祭り	高津 ちくごやしき	高津天皇祭 筑後御屋敷祭 明石御屋敷祭 箕面山法会	高津祭 筑後屋敷稲荷祭 北中島惣社祭
六	二〇					せんばいなりみこしたいこ宮入	露の天神祭	
六	二一	稲荷夏神楽	稲荷夏神楽	上難波稲荷祭り 天満宮ねり物くじ	稲荷祭り	せんばいなり	博労町稲荷祭	稲荷祭 天満だんじり籤
六	二二	座摩御祓	座摩宮御祓	座摩宮祭御輿渡り 天王寺太子堂法事 南岳大師忌御法事	座摩祭り	座摩社 渡辺たいこ見せる	西成惣社座摩宮祭	座摩祭
六	二四			天満宮ねりもの 地車宮入り		天満天神だんじり宮入		
六	二五	天満天神御祓	天満祭御祓	天満天神祭礼	天神祭り	天満天神	天満天神祭 福島上中下天神祭	天満宮祭
六	二八			生玉社祭り	生玉祭り	いく玉	東成惣社生玉祭	生玉祭
六	二九			玉造り稲荷祭り	玉造稲荷祭り	いばら住よし 玉つくりいなり さなた山	玉造稲荷祭	玉造稲荷祭
六	三〇	住吉御祓	住吉御祓	住吉祭り 森ノ宮天王祭り 茨住吉祭り 住吉海辺海松を奉備式有	住吉祭り 神明夏越祓 森宮祭り 茨住吉祭り 永代浜住吉祭り 土用の内大火祭 大川の花火	住吉 永代浜住よし 平の町神明	住吉御はらひ 茨住吉祭 永代浜住吉祭 神明夏越祓 尼ヶ崎貴布祢祭 兎原住吉祭	住吉なごしの御祓 森の宮用明天皇祭 茨住吉祭 住吉海のみちの供御儀式有り

表5-2 『摂津名所図会大成』収録の大坂蔵屋敷祭礼

月日	蔵屋敷名	神社名	『摂津名所図会大成』安政二年（一八五五）頃	霊験（『神仏霊験記図会』＊印）
三月一八日	明石藩	人麻呂祠	明石御くらやしきニあり、柿本人麻呂の神をまつる、例祭三月十八日詣人群をなせり	歌道の神
六月五日・六日	長州藩	鎮守祠	長州御くらやしきにあり、例祭六月五日六日奉納生花・造物等ありて至て賑わし、祭神六座、稲荷・春日・厳島・住吉・人丸・菅神等也	
六月一四日・一五日	松江藩	船玉神祠、鷺大明神（笠の稲荷）	土佐堀出雲の御蔵屋敷にあり、例祭六月十四日十五日出入方中より奉納の生華或ハ造物又ハ仲仕中よりかぶき狂言なと興行していと賑わし 相殿、鷺大明神、俗に笠の稲荷といふ、此祠へ参詣し、竹子笠をうけて持かへり、神棚に上て祭るときハ、極めて小児疱瘡をかろくすること奇妙なりと云	小児の疱瘡＊
六月一五日・一六日	徳島藩	二井神祠（二井大明神） 五幸神祠（くさ神）	阿波御くらやしきニあり、二井大明神と称す、六月十五日十六日神事ありてにぎわし 五幸神祠、同所ニあり、俗にくさ神と称す、胎毒の瘡に患ふる男女祈願すれバかならず平癒すといへり、故に常に詣人間断なし	小児の瘨を平癒＊
六月一七日・一八日	佐賀藩	稲荷神祠	鍋島御蔵やしきの鎮守なり、例年六月十七日十八日祭礼あり、奉納の生花・つくり物等ありてすこぶる賑わし	
六月二四日	宇和島藩	和霊社	宇和嶋御蔵屋鋪ニあり、忠臣矢部何某の霊を祀る所とぞ、例祭六月廿四日、参詣平生に間断なし	開運・災難除＊
六月二五日	秋月藩	太宰府天満宮	筑前橋北詰東、筑前秋月御蔵屋鋪にあり、神徳あらたにして祈願成就せずといふことなしとて参詣つねニ間断なし、例祭六月廿五日	学問の神
八月一五日	熊本藩	鎮守祠	祭神五座、阿蘇権現・箱崎八幡・祇園・稲荷・住吉等なり、例年八月十五日祭礼神事能あり、別当神宮寺これを守護す	
九月二二日	高知藩	稲荷神祠 玉柏明神・磐根明神	土佐御蔵屋敷の内ニあり、鎮守のいなりの神なり、近来社頭に桜を多く植つらねてより、花のころハ一しほに参詣群をなせり 土佐御蔵屋敷の鎮守なり、相殿に祭るところ玉柏明神・磐根明神といふ	
毎月五日	久留米藩	水天宮 住吉・祇園・稲荷・岩家神・豊穂神	久留米御くらやしきニあり、水難をすくわせ給ふこと世人普く知る所にして詣人常に絶ることなし、毎月五日わけて賑わし 相殿、住吉・祇園・稲荷・岩家神・豊穂神・水天宮等あわせて六座を祭祀す	海上風波の難、火災を免がる＊
毎月九日・一〇日 一〇月一〇日	高松藩	金毘羅祠	高松御くらやしきニあり、霊験いちじるしきとて晴雨を論ぜず詣人常に間断なし、殊に毎月九日十日ハ群参なすゆへ此辺より常安町どふりに夜店おびたゞしく出でて至つてにぎわし、又例年十月十日ハ神事相撲あり	航海安全・家業繁栄

毎月九日・一〇日	丸亀藩	金毘羅祠	丸亀御くらやしきニあり、毎月九日十日諸人群参してすこふる賑わし	航海安全・家業繁栄
毎月一三・一四日	鹿児島藩	秋葉祠	薩州御蔵やしきニあり秋葉権現を祭祀す、毎月十三日十四日夜店いで、いたつて賑わし。当御蔵ハ国産の黒砂糖をあまた積のぼりてこゝに蔵め、砂糖商家の望ミに任せ売渡し給ふなり、さる程に蔵入蔵出し等常にあり其夥しきこと言語に絶す	
毎月一八日	徳山藩	北辰妙見社	徳山御蔵やしきにあり、鎮守の祠にして日本最初北辰妙見尊と称す、嘉永六年子三月十八日御遷座ありし所也 此鷲頭山ハ当徳山侯の御領地なるが故に、浪華蔵院守護のためにとて本国より移させ給ふところにして、所謂日本最初の妙見尊星なり、然れバ霊験殊更に掲焉とて詣人常に間断なく且毎月十八日ハ門前に夜店あまた出て其賑きこと言語に絶す	家業繁栄、厄難病苦除け
毎月二八日	小田原藩	道了権現祠	小田原御蔵やしきの内ニあり、霊験いやちこなりとて詣人絶ることなし、毎月廿八日別て群参して賑わし	霊験いやちこ
めぐり二四日	熊本藩	清正公祠	中之島肥後御やしきにあり、神力奇瑞あらたにして詣人常に絶ることなくすこふる賑わし	神力奇瑞
	延岡藩	福満社(稲荷明神) 生目八幡	延岡御蔵やしきの鎮守、稲荷明神を祭祀す、大直利の社とも云、相殿、右の方を八天宮と称す 生目八幡、同相殿左の方ニあり、眼病の患ひをすくわせ給ふとて参詣の老若平生に断ず、社壇の荘厳、境内の結構、花麗なり、日向国宮崎より勧請する所なり	眼病の患ひ

社の存在も目に付く。日程は旧暦六月に集中しているが、月参りや巡りの一つになった神社もある。

以下、大坂蔵屋敷に勧請された神社と祭礼について、最初に佐賀藩蔵屋敷と高知藩蔵屋敷の稲荷祭の変遷を概観し、つづいて他藩の蔵屋敷祭礼の諸相を紹介し、さらに神社の建築や祭礼を飾った造り物について考え、最後に近代における蔵屋敷祭礼の行く末を見ておきたい。

二節　佐賀藩大坂蔵屋敷の稲荷祭

(1) 佐賀藩大坂蔵屋敷指図と稲荷祭

佐賀藩大坂蔵屋敷の全貌を示す二点の指図がある。(6) 一点は元禄五年(一六九二)の年紀をもったもの(以下「元禄図」。図1—2)、もう一点は、年紀はないが、種々の考証から、享保九年(一七二四)の大火(妙智焼)後に再建された姿を示した指図である(以下「享保再建図」。図1—3)。「元禄図」には敷地内に鎮守社がなく、「享保再建図」には敷地の西北方向、船入堀に面して稲荷社が描かれている。

「享保再建図」によると、稲荷社は南を正面に、鳥居と二基の灯籠が立てられ、瑞垣に囲まれた中に稲荷社が建っている。稲荷社の平面を見ると、六畳の拝殿と傍らに四畳の付属室、そして拝殿の正面に本殿があった。本殿は、拝殿と一体に造られた覆屋に収められていたようである。(7)

稲荷社の建立時期は、佐賀藩蔵屋敷の「年中行事[8]」に「稲荷社御建立之儀、寛保三年亥年御屋敷鎮守稲荷社御再興有之度段、銀方相談役牟田権左衛門方在坂之節吟味有之達　御耳相済、同年閏四月十五日遷宮有之、森民部与申社人を被居置候通相済候段、権左衛門方より被申達候事」と記されており、寛保三年（一七四三）に「再興」されたものである。再興ということは、稲荷社の勧請はそれ以前かもしれないが、その時期や勧請の経緯[9]についての資料を欠いている。また、全体を差配したのは、銀方相談役の牟田権左衛門であった[10]。銀方は蔵屋敷の中では江戸仕送りと借銀を担当する部署で、蔵屋敷の経済を握っていた[11]。

「年中行事」によると、旧暦の正月・五月・九月の年三回、「稲荷講」が行われていた。次のように記されている。

一御屋敷鎮守稲荷構（講）之儀正五九月三度参会有之、詰中侍手明鑓下目附迄幷御屋敷御出入医師銀主其外物屋共迄罷出候、尤神主渡邊和泉被罷出候、尤場所之儀者時分ニ随而於料理茶屋何方ニ而も参会有之候、尤右入具銀ハ銘々より致出銅候、神酒ハ銀方より被差出候、右心遣仕組等之儀ハ中使頭月行司より取揃廻状等差出候事

これは蔵屋敷内部の講で、蔵屋敷の役人や出入の町人が一堂に顔を合わせ、神主の渡辺和泉も参加した。しかし会場は蔵屋敷ではなく市中の料理茶屋が選ばれ、費用は各人が負担し、神酒だけは銀方[12]から出ていたことが分かる。

一方、旧暦の六月一四日と一五日には「稲荷祭」が行われた。「年中行事」がまとめられた宝暦八年（一七五八）は、稲荷社再興から一五年の歳月が経ち、祭りが賑やかになってきた様子がうかがえる。そこで、「享保再建図」を参考にしながら、「年中行事」に記された稲荷祭の様子を再現してみたい[13]。

佐賀藩蔵屋敷では、稲荷祭の当日に浜御門だけを開放していたが、近年（宝暦頃）は参詣人が増えたという理由で本御門も開いている。そこに、紋付の幔幕を張り、警護用の三つ道具（突棒・刺股・袖絡）を立て、門の横の番所には屛風を引きまわして詰合の者が控えた。本殿の周りには紋付の紫の幔幕を張り巡らせ、拝殿は手狭なので横に組立式の床几を置き、障子で囲んでいる。出入りの銀主や御用聞町人から寄進された供物を神前に供え、門から稲荷社への通り筋には「作り物」（造り物）を飾り、しつらいは蔵屋敷の修理方が担当した。

一方、米会所の東の間（十畳座敷）には屛風を立て、留守居の定紋が入った幕を張り、板縁には毛氈を敷き詰めて紋付の台提灯二挺を出し、さらに北側には差し掛け屋根を設けて詰の者が常駐できる場所にした。式台南の塀際から稲荷道の西塀まで「りん木」（杭）を打って柵を結い、その内側には顧客用の腰掛けを用意して、夜の花火に備えた。両日とも夜になると表御門と浜御門の大提灯に火を入れ、柵の周りにも台提灯を配した。とくに花火があがると大勢の見物人が屋敷内に入り込むので、中使は羽織を着用し、脇差と差棒で警固につとめた。花火が済むと、二つの門の他に裏御門も開いて見物人をさばいた。

一五日の昼間、稲荷社の北側にある役所では、銀方が詰中や神主の渡辺和泉を一汁三菜と酒肴でもてなし、蔵屋敷の名代である溝口善左衛門や肥前屋治郎兵衛も同席した。また造り物や飾り物を奉納した町方に対しても、同じく銀方が役所でもてなしている。このように稲荷祭を通して、町方との交流も図られていた。なお、中使は当日が多忙

なため、青銅二貫文が御神酒とともに渡された。なお、花火やその他の蔵屋敷の出費は、概ね差米の売米代銀で賄っているが、差米銀が不足すると銀方の経費を充てていた。

(2) 稲荷祭の花火中止の顚末

宝暦九年（一七五九）、佐賀藩蔵屋敷の稲荷祭に対して問題が提起された。その経緯を、「宝暦九年卯六月大坂毎歳六月十四日十五日稲荷祭ニ付記録」(14)を紹介しながら検討したい。同史料は、蔵屋敷役人であった牟田惣十郎の控えで(15)、その内容は「宝暦九年卯六月稲荷社御祭礼ニ付而佐嘉懸合其外覚書地取」とあるように、稲荷祭のありかたについて国元の佐賀と交渉した記録である。

牟田は、前年一一月の蔵役人交代に際して前任者から次のような申し送りを受けた。

> （前略）当御屋敷毎歳六月十四日・十五日稲荷社御祭礼之儀、近年諸仕度段々手太ク相成、当夏之儀も花火等有之候ニ付太分之人致群集、夜ニ入候而者何れ之通リニも難取鎮、萬一喧嘩其外怪我人等も有之間敷哉与至極致心遣候、尤其前辺役人中江も申談候得共難相止趣ニ而無拠右之通之由来、来年も其通有之、若御屋敷御難題ニ相懸ル儀なと致出来候而者以之外之儀ニ候、此段前辺より致了簡候様為心得申聞置候由被申候事

すなわち、稲荷祭の準備が近年増大しているうえに、その年の花火には多くの見物人が群集し、屋敷の周辺は警備もままならない状況になった。喧嘩や怪我人が危惧されるので、事前に役人に相談したが、相とどめがたいとのことであった。来年も同様の問題が起きると大変なことになることから、前もって心得ておくようにという内容である。

牟田はその年の稲荷祭を調べてみると、群衆が殺到して屋敷前の大江橋が損傷し、その修理のため通行止めとなり、替わりに渡し船を運航したこと、東隣の津軽藩蔵屋敷では花火が済むまで火事仕度で待機していたことなど、近隣に迷惑をかけていたことが判明した。さらに、花火の準備のために「和州郡山」から花火師を呼び寄せ、屋敷内の山田甚五長屋に数日滞在させるなど、出費もかさんでいた。

そこで牟田は、国元の大目付に何度か書状を送り、花火の中止に向けて交渉を重ねた。宝暦九年五月二日には大御目付の鍋島左大夫らに次のような書状を送っている。

> 一筆啓上仕候、毎歳六月十五日、当御屋敷稲荷社祭之儀、近年段々事太ク相成、去年迄ハ浮立幷花火有之、右ニ付而太分之人寄ニて殊之外騒ケ敷、御屋敷近辺大江橋なと少々落損シ申候、依之群集仕候由、第一者銀入方も有之候、仕与之段承候ニ付今般松之助方迄北原有左衛門を以内々申達候ハ当年又々右之通ニてハ万一怪我人等も有之間敷物ニても無御座、当時別而御倹約之砌旁ニ付而者被相止方可然（中略）花火之儀、当夏者相止被申候様役人中へ相達候由、安心仕候様ニと有之候、右之通ニ候得者、浮立計ニて昼之内相済可申与無拠見合セ罷有方ニて可有御座と存候処、役人中より中使頭共へ被申付候ハ、当夏花火者相止申義ニ候、然者外ニ右ニ致相応、賑イ候儀仕与候様ニと被申達候、於然者花火相止候詮も無之、新敷仕与有之候ハ、猶又人寄可有之と至極気之毒ニ相心得候ニ付、私方より申談候ハ此通諸役所被申達御免之上何事成共被致奥行方ニて者有之間敷候、人寄之義ニ候へハ万一何事

ニも出来候節者役人中迷惑第一御屋敷御難題之儀と存候、右遂内談候由役人中へ内々申達候半ニ御座候、右ニ付而者色々前後差支候様子方も有之、各様江吃度者難申上何共迷惑を参懸ニ御座候故、只今迄見合セ罷在候得共、夫方難答相心得、先以御内々申上置候、神事之儀ニ候得者應而も難差留至極気毒ニ御座候、委細之義ハ諸役之人抔江御聞被成候ハヽ、相知可申と不能細筆候、恐惶謹言

五月二日　　　牟田惣十郎

鍋島市之丞様

鍋島左大夫様

文中の「浮立」とは風流の飾りのことである。牟田は、去年までは浮立と花火によって多くの見物人が群集して騒がしかったが、今年は花火を止め、昼の内に神事を済ませば危険は回避できると考えている。そして、花火に代わる仕組みを用意するとさらに多くの見物人が集まるのではないかと心配し、事故が起これば役人と屋敷にとっても大きな問題であると述べている。

これに対して、五月二八日に国元から届いた一九日付の書状によると、花火や造り物の見物人が屋敷内に群がるのはけしからぬことで、事故でもあれば外聞にも関わる。しかし祭りの中止は考えておらず、神燈・立花などは構わない。人寄せの催しは、留守居などと相談して止めるようにと指示している。

そこで牟田は、六月六日に返書を認め、花火や造り物は中止するが、神灯や立花は継続し、立花等については「少シ念入候様有之度旨、吟味之上其段手当有之候事」と、念を入れた細工には予算を付けることを報告している。さらに追而書で「爰元土佐屋敷・久留米屋敷なとも当稲荷祭見せ物其外相止候由承候、是も余り参詣人多ク有之故と相聞へ申候」と記し、高知藩と久留米藩の蔵屋敷が参詣人の多さを理由に祭礼や見せ物等を中止したことを伝えている。佐賀藩にとどまらず他藩の蔵屋敷でも、祭礼時の見物人対策に頭を痛めていたのである。

造り物を中止した佐賀藩蔵屋敷の稲荷祭ではあるが、『難波丸綱目』(16)には「六月十五日　鍋嶋やしき祭り作り物有り」と記されているので、同書が刊行された安永六年（一七七七）頃には造り物は復活していた。さらに幕末の『摂津名所図会大成』にも「奉納の生花・つくり物等ありてすこぶる賑わし」と記されており、花火はないが、生花や造り物は幕末まで存続している。

（3）天神祭・住吉御祓と鍋島浜の夕涼み

佐賀藩大坂蔵屋敷は、天満十一丁目下半町に所在するので、天満天神社の氏地にあたる。しかし、佐賀藩蔵屋敷にとっての祭礼は稲荷祭であり、地元の祭礼である天神祭はあくまでも貰い祭りに過ぎず、天神祭との関わりは希薄であった。これは武家方と町方の違いで、佐賀藩蔵屋敷では、天神祭の日に業務は休むが、屋敷内では何の行事もない。むしろ、蔵屋敷の目付と留守居から銀方以下の関係者に対して、自身はもちろん使用人に至るまで門外に出てはいけないとの触状が出されるほどであった(17)。

ただ、蔵屋敷の外周りでは祭りの装いが凝らされた。とくに船渡御が行われる堂島川の川筋に面した浜御門の前の通りには、二四日に二五挺、二五日には五〇挺の紋付提灯を掛け、浜御門には御紋がついた紫の幔幕を張り巡らせ、二挺の台提灯に灯を入れた。そして浜御門の

前の雁木には桟敷を設けた。雁木は、堂島川に面して設けられた階段状の船着場のことである。桟敷前では、中使が羽織を着用して突棒を持って警固に当たり、舸子《かこ》が茶や煙草を差し出した。寛政一二年（一八〇〇）刊『狂歌絵本浪花のむめ』に「天満宮の祭礼には随一の拝見所なり」と記されたように、ここは天神祭一番の見物場所とされた。二五日の朝から、桟敷には蔵屋敷名代の溝口善左衛門と肥前屋治郎兵衛、そして銀主などの町方が招かれ、船渡御の還御まで滞在し、蔵屋敷から酒肴や握り飯、煮〆、水菓子などが振舞われた。桟敷前で地車衆の芸が披露されると、藩から祝儀が出された。神輿の渡御があると、名代たちは薄縁を敷いた岩岐（雁木）に正座して拝礼した。

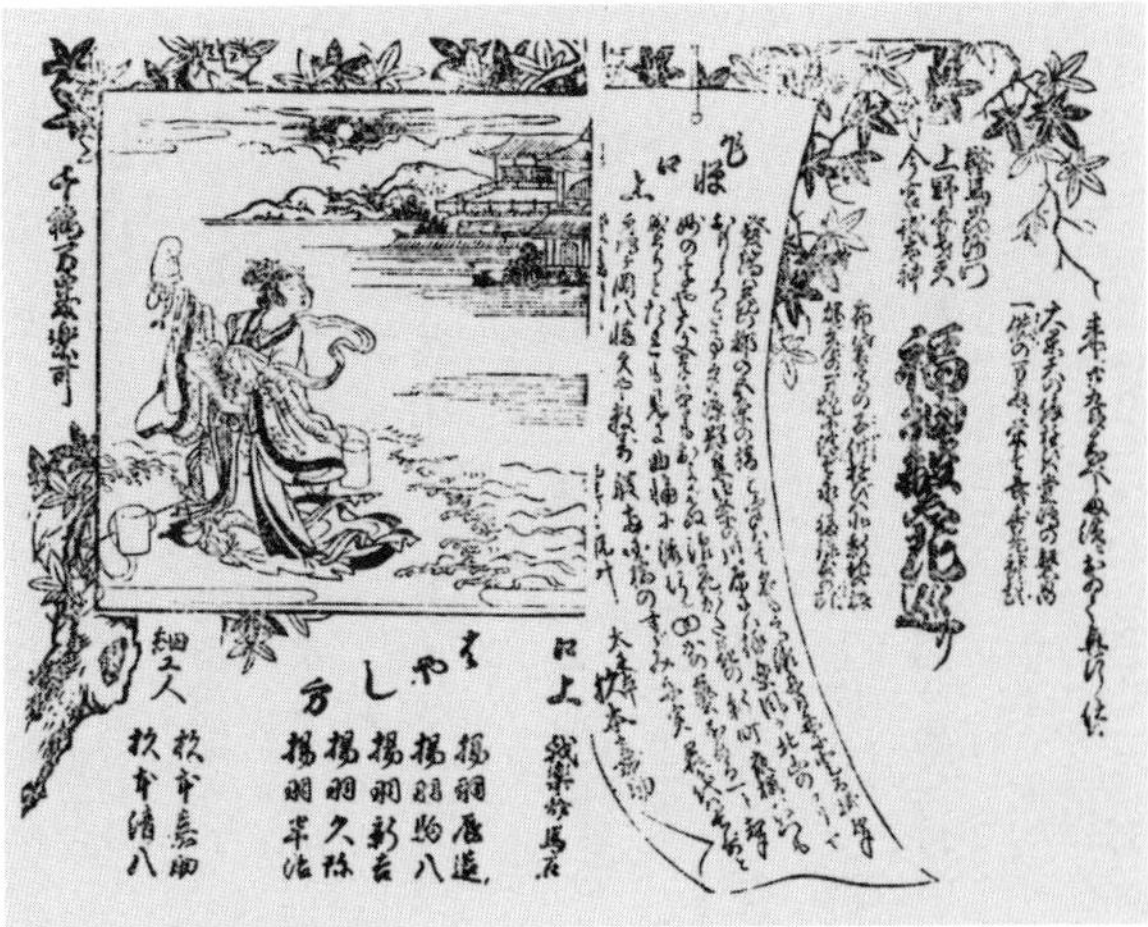

図5-1　「福神繁花巡り」の引き札（『摂陽奇観』〈浪速叢書〉所収）

このように天神祭はあくまでも町人の祭りであり、武家方の蔵屋敷が関わる行事とはみなされていなかった。したがって、蔵屋敷出入りの商人のために出費はしたが、祭礼そのものには一切関わらなかった。

これは、六月晦日に行われる摂津国一の宮である住吉社の祭礼に対しても同様であった。『繁花風土記』[18]に「住吉御祓渡御の次第」として、「諸方蔵屋敷よりは金銀珠玉をちりはめしてうちん（提灯）を出す、綺羅をかさりし幟、ふきぬき（吹貫）を曲もちし、ぎをんばやしにて住吉へ参詣す」とあるように、二九日に浜御門の前に飾った飾提灯一二挺と幟や吹貫（吹流し）を曲持ちし、住吉社まで参拝するのが習わしであった。

もう一つ、夏の行事として鍋島浜の夕涼みが知られている。『摂陽奇観』[19]の寛政五年の記事に「当夏、鍋島之浜岸木（雁木）ニ而夕涼み初ル」とあって、この年から鍋島浜の雁木を使った夕涼みが始まっている。二〇年後の『繁花風土記』になると、「当月夜涼、月頭より北浜肥前屋敷より川へむけ床を出す、近頃は寺島松ヶ鼻にも此ふうぞくをうつせり」とあって、夕涼みの期間が長くなっていること、雁木の上に床を出していること、そして中之島の西端の松が鼻でも夕涼みが始まったことなどが記されている。

さらに『摂陽奇観』文政八年（一八二五）六月にも夕涼みの記事がある（図5―1）。

鍋島浜夕涼み船入橋の東之岸木《雁木》へ小家掛いたしからくり興行
福神繁花巡り　細工人　杉本嘉助　杉本清八
右からくり評判よろし候ニ付、亦々船入橋西之岸木へも小家掛いたし候処、地方御役所御差留、東の小家廿九日より三日興行仕相止ム佐賀藩蔵屋敷の前に架けられた船入橋[20]から東側の雁木に小屋掛けして、「福神繁花巡り」と題するからくりの興行が評判を呼び、西側にも同様の小屋掛けをしたところ役所から差し留めされたことなどが分かる。鍋島浜の夕涼みは大坂の夏の風物になっていたのである。[21]

三節　高知藩蔵屋敷と土佐稲荷

高知藩蔵屋敷には、通称「土佐稲荷」の名で知られた鎮守社があった。昭和一九年に行われた調査によると、土佐稲荷は江戸時代初期の勧請と伝えられるが、享保の棟札記にその年代は不明と記され、明和七年（一七七〇）の記録に「土佐太守攝州大阪蔵屋舗之鎮守」の文字があったとされる。[22]現在は八代目藩主の山内豊敷（在任一七二五～一七六七）が寄進した、寛保元年（一七四一）五月の銘をもつ石灯籠などが往時の面影を伝えるにすぎない。[23]以上の記録から、稲荷社は享保から寛保に高知藩蔵屋敷に勧請されたのではないかと推測できる。

土佐稲荷の祭礼の日程は、『浪華の日奈美』[24]に「九月二十二日、土佐御屋敷祭」とあり、幕末の『摂津名所図会大成』では桜の名所であったことを紹介している。

稲荷神祠　あみだ池の西、土佐御蔵屋敷の内ニあり、鎮守のいなりの神なり、近来社頭に桜を多く植つらねてより、花のころハ一しほに参詣群をなせり。土佐御蔵屋敷の鎮守なり、相殿に祭るところ玉柏明神・磐根明神といふ

昭和一九年の調査資料[25]に、「神社の太鼓は欅で作られた頗る重い太鼓であるが、それを擔いで廻るのが土佐仲仕の誇りであつた」と記されており、蔵屋敷出入りの仲仕が祭礼に関与していたことが知られる。

また『近来年代記』に、嘉永二年（一八四九）の「土州屋敷稲荷社砂持」の記事が収録されている。

六月五日より十一日までニして、此度明神様御つげニをうじ地ならし為砂持有所、殊外大はづみニして、境内ハ申ニをよばす、高橋町浜より紅つり小提燈をつりならべ、いろ〱様々姿ニてをどり〱、又ハ高張ちゃうちん・二⚭加等有て其賑ふ事此辺々大はつみなり

砂持とは、神社の再建や修復に際して、氏子などが川浚えで出た砂を持ち寄り、高低のある社地を整える神事のことで、大坂では、一八世紀ごろから盛んに行われた。同じ『近来年代記』慶応二年（一八六六）の条に「土佐の稲荷社正遷宮」の記事がある。

四月八日より十三日迄有所大はやり候故、同又廿一日より廿九日迄日延有。新町・堀江・さこば辺より其はつむ事、家体を組、ねり物同様之事をいたし、いろ〱様々と成、其はつむ事云計りなし。一向米高直成ようニなし。中々大はやり〱。他所ニてハ、大坂ハ何時軍おこるべき成やとあん事居候得共、中々町中へはつみなり々々。

土佐稲荷社は、高知藩蔵屋敷の鎮守であり、その造営や修復、さらに毎年の祭礼は高知藩の費用で賄われるのが本来の姿である。しかし、土佐稲荷の砂持や正遷宮の様子を見ると、近辺の町々からの参加があり、蔵屋敷の鎮守の範囲を超えて、地域の稲荷社として崇敬されていたことがうかがえる。同社の起源は明らかでないが、蔵屋敷の鎮守の前身が地域の産土神であったことを示唆しているのかもしれない。

寛政年間に作成されたと考えられる高知藩蔵屋敷の指図（図3—

1）[26]に稲荷社の社殿や配置が示されている。それによると、東西に分かれた屋敷地のうち西屋敷の中央部分に稲荷社が鎮座している。参詣の経路は、長堀川に沿った大道に口を開く「御門」を入って米蔵の間を南に進むと鳥居がある。左折して並木の間を進むともう一つ鳥居があって前庭に出る。正面に鳥居と稲荷宮、その右手に鳥居と磐根宮が西を正面にして並び建っている。磐根宮の南には楕円形の池が画かれ、その横に舞台と楽屋が配置されている。稲荷宮と磐根宮を比較すると稲荷宮が大きく描かれている。

　幕末の慶応二年の正遷宮で整備された境内は、明治七年（一八七四）の「北堀江裏通地所家屋沽券」に添付された絵図から判明する（図5―2）。絵図は中央に大きな池があり、東に稲荷社と推定される大きな社が一棟、その左右に小規模な社が配置され、池の南に建家が二棟建っているが、いずれも名称は記されていない。この絵図に描かれた建物や配置は、寛政年間の指図と比較するとほぼ一致する。ただ、中央の稲荷社と推定される建物は寛政図より規模が一回り大きくなり、また舞殿はなくなっている。

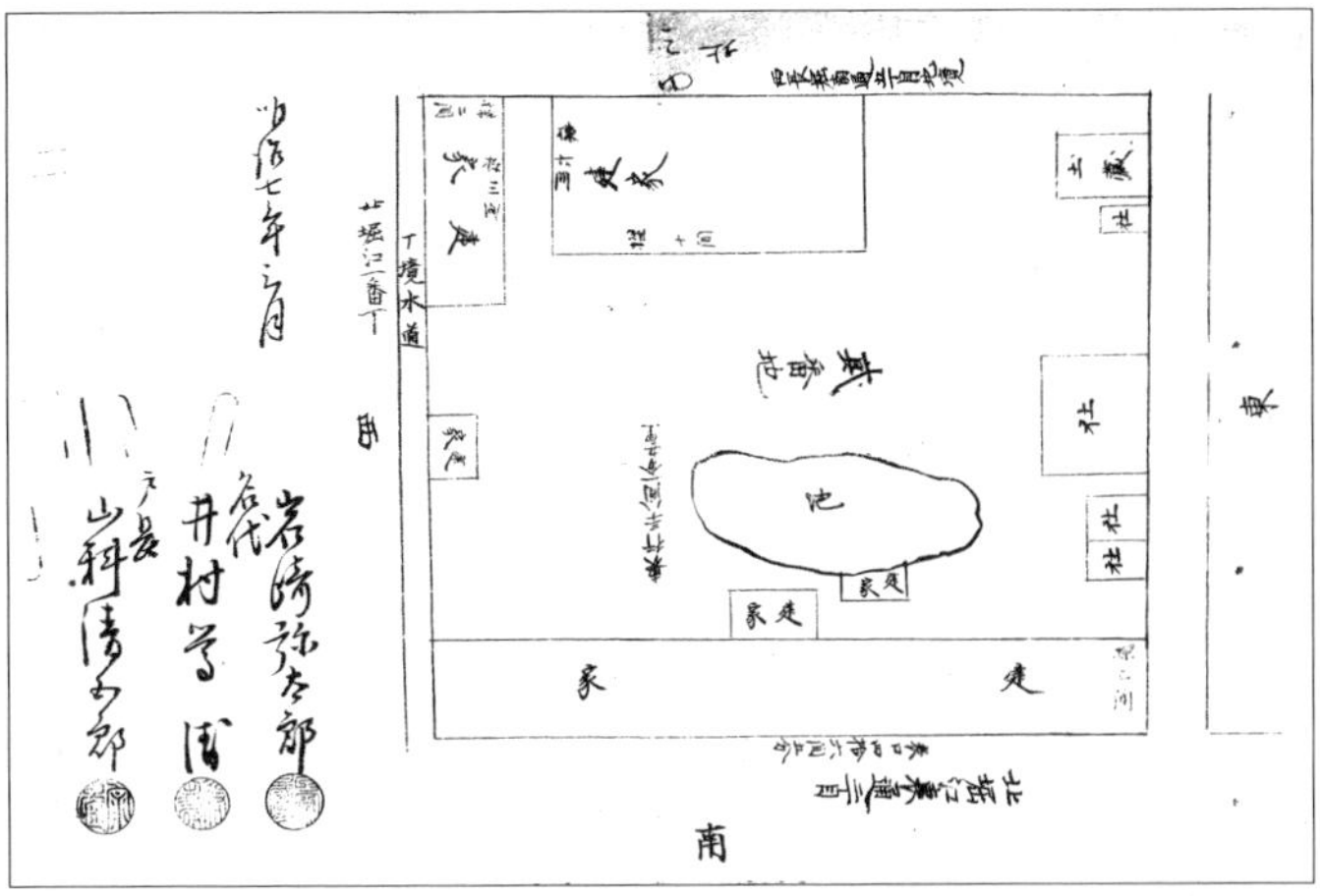

図5-2　「北堀江裏通地所家屋沽券」添付絵図（三菱史料館蔵）

　これらの建物の仕様については、「稲荷宮御本社三座、但従来檜皮葺（中略）、右三社拝殿、其外石宮様・玉松様・磐松様拝殿（後略）[27]」とある。すなわち、稲荷宮は三座あり、屋根は檜皮葺であったこと、末社として石宮、玉松、磐松の祠が配されていたこと、稲荷宮だけでなく末社まで拝殿が付属していたことが判明する。他に、寺島の御旅所[28]に神輿の渡御があったことも知られる。

四節　蔵屋敷の鎮守社と祭礼の諸相

（1）稲荷社

　これまで佐賀藩と高知藩の稲荷祭を紹介したので、他藩の蔵屋敷における稲荷祭を見ておきたい。昭和一二年（一九三七）に刊行された『中之嶋誌』[29]所収の「回顧談」に「蔵屋敷には一般に稲荷の祠と、其藩で有名な神とは屹度祭られて初午又は其祭神の縁日には賑はしく祭典を行ふのであつた」と記されている。じっさい、『繁花風土記』に、「二月　当月初午　初の午の日也、諸方御蔵屋敷賑はしく、別して御城の馬場は大群集、一面の紙鳶のぼりにて空を覆ふ」とあり、初午の日は蔵屋敷の稲荷社が賑わい、大坂城の馬場ではイカのぼり（江戸の凧揚げ）が行われていた[30]。

稲荷社は、京都の伏見稲荷社を総本社とし、各地に勧請された。その信仰は、農耕神から始まり、やがて商業神の性格をもち、屋敷神としても祀られ、全国に広まったとされる。江戸における稲荷信仰は、商業神として発展しながら、都市の拡大に伴う災難である火除けや流行病に霊験があるとされ、中でも大名屋敷の稲荷社は麻疹に効果があるとされた[31]。

大坂でも稲荷社は五穀豊饒、商売繁盛の神として崇敬を受けてきたが、一八世紀中期には狐を神格化した稲荷信仰が盛んになり、中には流行神と化するものも現れた[32]。こうした流行に伴って大坂市中には稲荷社巡りのコースが整備され、ほとんどの寺社境内に鎮守や末社として稲荷が祀られた。また、そのご利益も多様化し、「一名ぐわんかけ手引」との副題で文政七年（一八二四）に出版された『神仏霊験記図会』[33]を見ると、稲荷神は、繁昌、安産、疱瘡、瘡毒などに霊験あらたかと記されている。

稲荷社は、佐賀藩蔵屋敷や高知藩蔵屋敷のほかに、指図の記載から、津山藩蔵屋敷（稲荷宮）、津和野藩蔵屋敷（稲荷社）、対馬藩蔵屋敷（稲荷社）、秋田藩蔵屋敷（稲荷社）にも勧請されていたことが確認できる[34]。

また文献では「大坂年中行事扇」[35]六月の項の稲荷祭の記事から、中国屋敷稲荷（六日、長州藩蔵屋敷）、出雲屋敷稲荷祭（一五日、松江藩蔵屋敷）、肥前屋敷稲荷祭（一五日、佐賀藩蔵屋敷）、阿波屋敷稲荷祭（一六日、徳島藩蔵屋敷）、筑後屋敷稲荷祭（一八日、久留米藩蔵屋敷）の五か所が見出せる。

稲荷社の祭礼は初午が盛大であるが、六月には蔵屋敷の祭礼として行われていた。また『摂津名所図会大成』には、長州藩蔵屋敷（祭神六座の中に稲荷）、延岡藩蔵屋敷（福満社）、久留米藩蔵屋敷（相殿・稲荷）、熊本藩（鎮守祠祭神五座の中に稲荷）があり、『中之嶋誌』[36]には杵築藩蔵屋敷（玉壽稲荷大明神）がある。このように多くの大坂蔵屋敷内に稲荷社が勧請されていた。

先に紹介した『神仏霊験記図会』には松江藩蔵屋敷の稲荷社の霊験についてこう記している。

> 土佐ぼり白子町雲州松江侯御くら屋鋪のうち鎮守の稲荷の社、正一位鷺大明神ハ、小児の疱瘡を軽くなさしめたまふとて諸人参詣して立願を込、神前に奉納の竹の皮笠を乞うけて持かへり、随分清浄なる所に置て毎朝信心なし拝すれバ其家の小児疱瘡を軽くし、たとへ出もの多くとも身命に恙なき事疑ふべからず、疱瘡の神を祭る時、竹の皮笠も一所に祭りて神酒洗米燈明を備へ、神をくり済てのち右の笠と同じやうなる笠を求め、図のごとく名と年数を書記して奉納すべし、猶また神前に奉納の小児持遊び太鼓を請かへり、笠同やうに祭りて後、又あらたに太鼓を奉納する輩もあり、疱瘡ハ小児の大切になすべき事なれバ、かゝる立願を平常記憶して自他の為なるべし

同書は、徳島藩蔵屋敷の稲荷榎の社についても、正一位五牛大明神へ土細工の牛を捧げて、小児の瘡の平癒を願うと、いかなる瘡毒でもたちまち治るという信仰があり、御礼参りにも土の牛や絵馬を奉納すると記している。このように蔵屋敷の稲荷は、小児の疱瘡など病気の平癒を願って参詣し、瘡と音の通じる笠の奉納や、五牛大明神にちな

んだ土細工の牛の奉納など、庶民信仰に支えられたことを思わせる。その背景には、江戸の例を挙げるまでもなく、大坂でも都市独特の流行病に対する市民の不安があったことが考えられる。[37]

（2）金毘羅宮

金毘羅宮は讃岐国象頭山の中腹にあり、毎年一〇月一〇日に大祭が催された。金毘羅信仰は、ガンジス河に住む鰐が神格化されて仏教に取り入れられたもので、古くは船上生活者の守護神とされ、瀬戸内海の廻船関係者によって信仰が拡大した。江戸では、讃岐ゆかりの大名が金毘羅宮を家中の鎮守として信仰したばかりでなく、毎月一〇日の縁日には、江戸の市井の民に門戸を開いて参拝を許したこと、虎の門の金毘羅は、蠣殻町の水天宮とともに江戸の民間信仰を二分していたことなどが知られている。[38]

讃岐に近い大坂では、金毘羅講が組織され、参詣客のために大坂から金毘羅船が出港し、丸亀・多度津の間を往来した。大坂は海運関係者が多いこともあって信仰が篤かったが、水の神ということから火伏せも加わって町方の参詣が絶えなかった。[39]

大坂蔵屋敷では、高松藩と丸亀藩の邸内に金毘羅宮が勧請された。高松藩の金毘羅宮の初見は、宝暦二年（一七五二）に同藩蔵屋敷の留守居であった山室藤蔵から金毘羅大権現の別当である金光院に、「大坂御屋敷鎮守散銭（賽銭）」として銀二貫目が納められた史料があり、この時期までに大坂蔵屋敷内の鎮守として金毘羅宮が置かれていたことが分かる。[40]

しかしその後、明和四年（一七六七）に、金毘羅権現の祠を取り払い、金光院への払い下げが決まった。その経緯を記した一件書類[41]には大略次のように記されている。すなわち、高松藩蔵屋敷の金毘羅宮は、蔵役人から、大坂の諸家の蔵屋敷には大方鎮守があるので「金毘羅御札守」を入れた小祠を設置したいと願い出てきたので、金光院では札などを納め置く「箱同前」のものとして祠の設置を認めた。その後、参詣人が増加したので蔵屋敷関係者や出入りの町人以外の参拝を禁止したが、参詣人は「年増繁盛」し、「場所柄」ゆえに「外ニ障」ることが起こると大変なので、取り払うことになった。祠や付属品は全て金毘羅へ運び、手水鉢や石灯籠、柱石は大坂で処理し、手水鉢の文字も削り除くように金光院から指示された。このように祠の痕跡を徹底的になくしているのには、何か特別の事情があったと思われるが、この一件書類からは明らかでない。[42]

ところが、一九年後の天明六年（一七八六）になって「大坂蔵屋敷内え小社御建立」とあって、大坂蔵屋敷に金毘羅権現の祠が再建され、翌年に尊勝院が大坂へ出かけて勧請の作法修行を行っている。[43]その後は幕末まで金毘羅宮（社）が存続することになった。

文化一一年（一八一四）の『繁花風土記』は、大坂の金毘羅参詣を取り上げ、正月一〇日の初金毘羅から始まり、一〇月一〇日には造り物などが出された賑やかな祭礼があったことを記している。[44]

正月十日　此日初金毘羅とて、其の方角〱の金毘羅へ参詣す。
　先あらかじめは中之島高松屋敷、生玉、千日法善寺、天満西寺町、其の余所々にあり

十月十日　金毘羅祭礼、参詣所は正月こんぴらの所を見るべし、
　すべて造り物など多くして甚賑はふ事也

ところで、高松藩蔵屋敷と丸亀藩蔵屋敷の金毘羅宮に関しては、幕末の『摂津名所図会大成』に次のように記されている。

　金毘羅祠　常安裏町、高松御くらやしきニあり、霊験いちじるしきとて晴雨を論ぜず詣人常に間断なし、殊に毎月九日十日ハ群参なすゆへ此辺より常安町どふりに夜店おびたゞしく出でて至つてにぎわし、又例年十月十日ハ神事相撲あり

　金毘羅祠　（中略）丸亀御くらやしきニあり、毎月九日十日諸人群参してすこふる賑わし

　高松藩蔵屋敷は、堂島川に架かる玉江橋の西南、中之島の常安裏町に、丸亀藩蔵屋敷は、その南西、徳島藩蔵屋敷を挟んで常安町にそれぞれ所在する。文化三年（一八〇六）『増脩改正摂州大阪地図』（図5—3）によると、高松藩蔵屋敷の敷地は東側に正門を構え、北側は堂島川から引き込まれた船入堀を設け、敷地の中に社殿の略図を示し「金毘羅社」と書き込んでいる。さらに高松藩蔵屋敷の南側を走る通りの西側の突き当たりに、同じく社殿の略図があり、「金毘羅」の書き込みがある。これは丸亀藩蔵屋敷の金毘羅社と推定される。

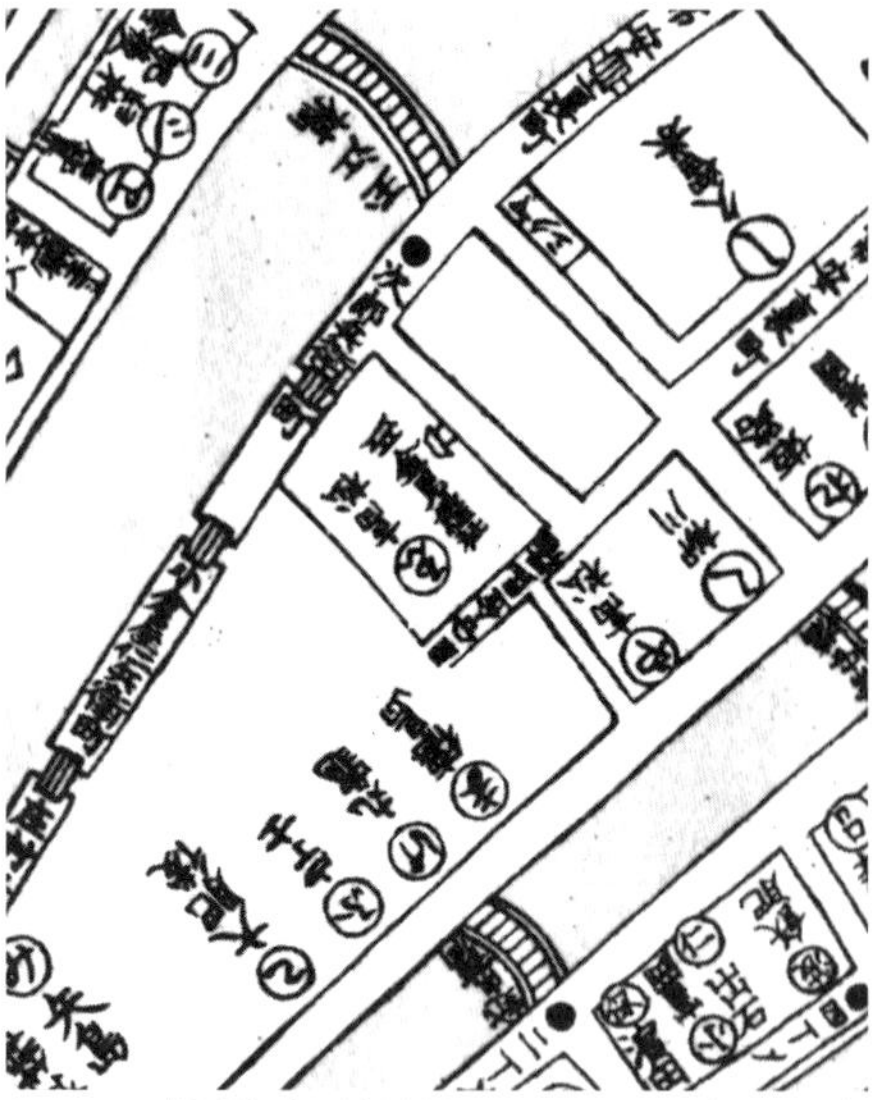
図5-3　『増脩改正摂州大阪地図』部分（上が北）

　高松藩蔵屋敷の金毘羅社については、安政二年（一八五五）の『浪華の賑ひ』に「高松金毘羅社（中の島、玉江橋の西、高松御蔵やしきに有り）、霊験いづれも勝劣は有るべからざれども、別て当社はその御国の第（やしき）なれば、殊更に新たなりとて晴雨の差別なく詣人多し」と紹介されている[45]。高松藩には金毘羅本宮が所在し、同藩の大坂蔵屋敷の祠には、特別な信仰があったことが分かる。

（3）水天宮

　久留米水天宮は、建久年間（一一九〇〜九九）の創建と伝え、慶安三年（一六五〇）に久留米藩主・有馬忠頼の代に現在地に遷座した。船人の守護神として、さらに水神、安産の神として崇拝を受けている。江戸の水天宮は、文政元年（一八一八）に九代藩主の有馬頼徳が三田の江戸藩邸に分霊を勧請し、毎月五日の縁日には、上屋敷が開放され、庶民の参拝が許された。

　大坂蔵屋敷の水天宮は、常安裏町の久留米藩蔵屋敷に勧請された。その時期は詳らかでないが、幕末の『摂津名所図会大成』には次のように紹介されている。

　水天宮　（中略）久留米御くらやしきニあり、水難をすくわせ給ふこと世人普く知る所にして詣人常に絶ることなし、毎月五日わけて賑わし、相殿、住吉・祇園・稲荷・岩家神・豊穂神・水天宮等あわせて六座を祭祀す

大坂の蔵屋敷も毎月五日に参詣人が多いことを伝えているが、江戸

とは異なり、日常的に参詣者があったことを思わせる。

　幕末における久留米藩蔵屋敷の年中行事を三六枚の図に収めた慶応三年（一八六七）の「久留米藩蔵屋敷図」がある。同図を解説した宮本又次によると、屋敷内の水天宮を描いた場面は三か所（「水天宮の祭」「ふりくじ」「廻俵」）確認できる。[46]

　「水天宮の祭」（図5―4）によると、瑞垣で囲まれ、「水天宮」の扁額がかかった鳥居を入ると、樹木がそびえ、屋根は切妻造・瓦葺で、正面に千鳥破風と唐破風を付した建物が描かれ、その前に石灯籠、左手には付属屋が描かれている。この建物は、柱間に格子をはめ込み、室内には神職が座り、巫女が舞っている様子が描かれ、拝殿のように見える。本殿はこの奥に別棟で建てられたか、あるいは建物の中に収納されていたものと推察される。鳥居の前には提灯が立てられ、参詣の町人の姿が見える。

　「ふりくじ」と「廻俵」は、ともに米の検査を行っている場面で、米会所の傍らに水天宮があったことが分かる。前者にはわずかに瑞垣が描かれ、後者では、板葺の簡易な建物の中で廻俵が行われ、その背景に水天宮が描かれている。ここでは鳥居の前に二基の石灯籠が立てられていたことが分かる。なお、この「久留米藩蔵屋敷図」と一連の図柄と考えられるものがあり、そこに水天宮の場面があるので紹介しておく。「久留米藩蔵屋敷図」の水天宮の図（図5―5）は、蔵屋敷内の社殿の様子を描いた貴重な絵画資料である。毎月五日だけでなく、日常的に参詣人を受け入れたのであれば、屋敷内に参詣ルートが設けられていたかもしれない。同蔵屋敷は、敷地内の建物配置図がないので、水天宮の位置や建物規模が判明しないのが惜しまれる。

（4）太宰府天満宮

　近代に発行された『中之嶋誌』[47]に、「福岡藩邸内菅公祠」と題して、「筑前福岡藩藩邸に本国太宰府の菅公廟を奉遷して祀られて居た菅公祠は、毎月二十五日の例祭には文事に志すもの、参拝で賑つて居たが、特に付近各藩邸の諸侍は熱心な信仰者であつた」と記しており、福岡藩蔵屋敷内の菅公祠は近辺の蔵屋敷に住む武家の崇敬を集めていた。幕末に福岡藩の蔵元奉行と勘定奉行を勤めた大岡克俊が残した日記を見ると、嘉永三年（一八五〇）七月一一日条に「御屋敷鎮守両社玉垣此度石ニ而造立」、嘉永四年二月一日条に「初午日ニ付稲荷御祭礼有之御留守居長家ニ打寄」、文久元年（一八六一）一一月八日条に「稲荷社御祭礼」、文久二年二月二四日条に「御屋敷天満宮御祭礼ニ而夕

図5-4　水天宮の祭（「久留米藩蔵屋敷図」、尾寄彰廣氏蔵）

図5-5　「久留米藩蔵屋敷図」の水天宮（個人蔵）

浄瑠理奉納有之」などの記事があり、稲荷社と天満宮（太宰府天満宮）の二社が鎮守とされたことが判明する。[48]

この稲荷社と天満宮の二社は、安政六年（一八五九）から翌年にかけて建て替えられ、その経過は「大坂御屋敷鎮守御社御普請一件」[49]に収録されている。中でも安政六年九月一〇日に福岡藩の蔵元奉行と勘定奉行を勤めた大岡克俊（舎人）の書状と関連の史料が注目される。

一筆致啓上候、此許御屋鋪鎮守御社近年殊之外破損いたし、改造無之而ハ迚も御修理ニ懸り不申候、然ルニ昨年来悪病流行之処、御屋鋪内ハ申不及、御出入之者も聊別状無之候より、偏ニ　天満宮御庇故と世辺ニも相唱、弥信仰之者多、御宮御建替ニも相成候ハヽ、相応御寄進いたし度旨、御銀主幷御出入方共頻りニ相望申候、尤寄進斗ニ而御造営有之候而ハ不相済儀ニ付、上ゟ御出財ニ相成度奉存候、右ハ今便別封ニ相伺候通、御橋懸替御手当ニ兼而示談整居候古米五百俵代之内を以、先御修理之処ニ被仰付候ハヽ、凡銀五・六貫目有余可有之、右を御宮御普請之基ニ取用、余ハ諸方神納を以御造営ニ相成如何可有御座哉、尤寄進之儀此方ゟ頼入候様ニ而ハ、曾而不相済儀ハ勿論ニ候へとも、右之通いつれも相進ミ居候折柄ニ候へハ、御取懸りと申ニ相成候ハヽ、存外速ニ相整可申与見込申候、当御時節右等之儀故、発候段如何と恐入候へとも、御社破壊ニ付而ハ是非共改造可被仰付してハ不相済折柄ニ付、只今最上之機会と相見込候、右之趣各様江及御相談候条、得と御評議之上、何れとも速ニ否御答被遣度、猶亦ハ一ッ書を以左ニ申述候、此段為可得御意早々如是御座候、恐惶謹言

九月十日　大岡舎人

生田吉左衛門様
山田東作様

一御社是迄　稲荷宮・天満宮小祠弐ッ並ひ有之候得共、此度ハ一社ニ相殿ニいたし、是迄ゟハ少し大形ニ御取建相成度候事

一今程別而御屋鋪　天満宮信仰之者多く、外々ゟ参詣相望候へとも、猥ニ出入不相成、残念がり候趣ニ相聞候ニ付、月々御祭日斗参詣御指免被出来間鋪哉、尤猥之儀無之様夫々請持相立、見ケ〆万端厳重執斗可申事

一拾弐番御蔵損所押付有之候処、近来ニ至家上北流大損洩所多、地震以後惣体痛ミ強、傾キ居候而、御修理余程御大造ニ有之候、然ニ右御蔵ハ御社地之南、升り場之北ニ有之、出シ入甚不弁利之場所ニ付、御米用之雑具のミ入置候事ニ而、已然ゟ御米詰候儀無之由、左候へハ右大損御繕ひニ余分之御入財むた事ニ付、拾二両一戸前弐拾坪丈ケ御解除ニ相成如何有之哉、右相減候共聊御指支筋ハ無之候、且御社地是迄至而手挟（狭）之処、余程相成旁都合宜可有御座候事

この史料によると、建て替えの動機は、第一に安政元年（一八五四）の大地震で鎮守社が大破したこと、第二に安政五年のコレラ流行時に、福岡藩蔵屋敷の関係者に異常がなかったので、世間では天満宮の庇護と唱えて参拝者が増加したことを挙げている。そこで福岡藩では社殿の建て替えを決意し、稲荷宮と天満宮の二つの祠を相殿にして社殿の規模を大きくすることになった。

社殿の造営は、大岡克俊が再営奉行を勤め、安政六年一二月六日に「斧初メ」、翌年二月二〇日に「地祭り」、三月二六日に「上棟」と順

調に進み、閏三月一六日に「正遷宮」が行われている。大工棟梁は伊丹屋伊右衛門、肝煎大工は市兵衛と杢兵衛、手伝棟梁は加賀屋清助、左官棟梁は荒物屋嘉平であった。財源については次のような覚書がある。

覚

一銀三拾五貫目、　此節両社御普請御入用凡積

内

拾七貫弐百八拾目、　近江屋様御拝借銀、去ル辰年ゟ未年迠四ヶ年分利息銀、当時御取用

六貫八百五拾目、　難船流失米千百俵代銀、橋御繕ニ御取用ニ相成候分有余銀、当時御普請用ニ拝借分

〆銀弐拾四貫百三拾目ハ　引

残銀拾貫八百七拾目、　不足

一銀四貫百三拾目、　拾弐両御蔵解除　其外御入目、御寄進ヲ以御普請大凡見込分

合銀拾五貫目程

右拾五貫目不足之分ハ、御寄進銀相集候迠ハ御蔵元ゟ当時引受之儀申出候事

全体の工費はおよそ三五貫目で、そのうち一五貫目は寄進でまかなおうとしている。先ほどの大岡克俊の書状にも認められたように、普請となると寄進を募ることで、完成後の参詣者が増加すると踏んでいる。じっさい、嶋屋市之助は「厄晴之ため御鎮守御造営ニ付、御本社・拝殿共棟木寄進仕度旨銀方迄名代を以申出候」とあり、それを記念して幣殿の棟木の下に「本社・拝殿棟木奉納　浅田市之助道従　安政七年庚申三月」と記した札を打ちつけている。本殿・拝殿の造営に関連して、蔵屋敷の関係者から石鳥居や石灯籠の寄進があり、そのうち、鳥居前の石灯籠一対は大岡克俊と村山正誼が寄進している。

ところで、安政再建の社殿は、その後どうなったのか。大正一三年（一九二四）発行の『大阪府西成郡玉出町誌』によると、生根神社の項に、「現今の建造物は大阪の筑前屋敷に在りしものを移したるもの」としてその規模を記している。(50)

一、本殿、木造屋根銅板葺、平家桁行五分、梁行壱間、建坪五坪

一、拝殿、木造屋根瓦葺、平家桁行三間、梁行一間五分、建坪四坪五合

また同町誌には拝殿の写真（図5―6）が掲載されていて、本瓦

図5-6　生根神社拝殿（旧福岡藩蔵屋敷鎮守社拝殿・『大阪府西成郡玉出町誌』〈1924年〉所収）

葺・切妻造の前面に千鳥破風と唐破風を設けた立派な建物で、久留米藩大坂蔵屋敷の水天宮の拝殿に良く似た外観であったことが分かる。本殿は、写真の左端に屋根だけが写っているので詳細は分からないが、流造の社殿のように見える。ただ、町誌の記述には矛盾があり、桁行が五分（半間）なら建坪は五坪ではなく半坪であったと推定される。そのように訂正すると、本殿は一間社流造（一間は柱間数のことで、実長の一間ではない）、拝殿が間口三間で本瓦葺、正面に千鳥破風と唐破風を設けた豪華な建築であったことが判明する。

（5）国元からの勧請

高松藩・丸亀藩蔵屋敷の金毘羅宮、久留米藩蔵屋敷の水天宮、そして福岡藩の太宰府天満宮は、いずれも国元の著名な神仏が大坂屋敷の中に勧請されたものであった。すでに引用した『中之嶋誌』[51]所収の「回顧談」に、蔵屋敷には稲荷の祠とともに「其藩で有名な神」が祀られ、「其祭神の縁日」には賑わうとあり、国元より勧請されたものとして、金毘羅社、水天宮、菅公祠以外に、人麿の祠（明石藩）、清正公と鎮守の祠（熊本藩）、厳島明神（広島藩）、和霊神（宇和島藩）を挙げている。

このうち広島藩蔵屋敷の厳島明神について『中之嶋誌』は、「邸内の船入に、本国厳島に擬した小島を築き、珍木奇岩を配した中に厳島明神を奉安して、年年祭祀は盛大に行はれ、参詣人で雑沓した」と記している。同藩蔵屋敷の指図である慶応二年（一八六六）の「芸州大坂御屋敷全図」[52]を見ると、船入堀を瀬戸内海に見立て、水中に厳島社の大鳥居を立てている。日本三景にもあげられる「安芸の宮島」の海中大鳥居が、大坂蔵屋敷に出現したのである。

また熊本藩蔵屋敷の祠について、幕末の『摂津名所図会大成』は次のように記している。

> 清正公祠　中之島肥後御やしきにあり、神力奇瑞あらたにして詣人常に絶ることなくすこふる賑わし
> 鎮守祠　右同所ニあり、祭神五座、阿蘇権現・箱崎八幡・祇園・稲荷・住吉等なり、例年八月十五日祭礼神事能あり、別当神宮寺これを守護す

清正公は、熊本藩の本国、本妙寺・浄池廟に祀られた加藤清正が神格化されたもので、江戸中期以降その信仰が広まった[53]。鎮守祠は、本国の阿蘇権現のほか、九州の筥崎八幡など五座が祭祀され、神宮寺が差配していた。熊本藩大坂蔵屋敷の指図[54]を見ると、屋敷地の中央付近、米蔵の間を東に進むと朱塗りの鳥居が立ち、その左手に「清正公御宮」、正面の敷地境に「五社宮」と「拝殿」、その左手に「絵馬堂」、さらに五社宮の右手には「神宮寺」と「御霊屋」が配置されている。清正公祠（清正公御宮）は摂社の扱いで、鎮守祠は五座を祀ることから「五社宮」と呼ばれ、こちらが本社で、その横に神宮寺が付属していた（本書後掲参考資料）。

他の蔵屋敷の神仏については、同じく『摂津名所図会大成』に記載があるので、勧請の経緯や祭礼、信仰について紹介したい。

まず、人麻呂祠は「明石御くらやしきニあり、柿本人麻呂の神をまつる、例祭三月十八日詣人群をなせり」とある。明石藩には、歌聖の柿本人麻呂を祭神とする人丸神社があり、歌道の神としての信仰を集め、学問文芸の神としても崇められた。この日は、大坂でも各地で

「人丸御影供[55]」が行われていた。

太宰府天満宮は、「太宰府天満宮　筑前橋北詰東、筑前秋月御蔵屋鋪にあり、神徳あらたにして祈願成就せずといふことなしとて参詣つねニ間断なし、例祭六月廿五日」とあり、福岡藩だけでなく、その支藩である秋月藩の蔵屋敷にも勧請されたことが分かる。

和霊社は、「宇和島御蔵屋鋪ニあり、忠臣矢部何某の霊を祀る所とぞ、（中略）例祭六月廿四日、参詣平生に間断なし」とある。祭神の山家（矢部）公頼は、宇和島藩主・伊達秀宗の家老として手腕を発揮したが、元和六年（一六二〇）讒言によって殺害された。その後この事件に関与した者が相次いで変死したため、藩主は和霊神社を創建してその霊を祀った。『神仏霊験記図会[56]』では「予州宇和島御蔵屋敷の内鎮守和霊神ハ開運を守りたまふゆへ平日に信心すれハ災難を除る丶」とあり、開運の神になっている。

その他、道了権現祠は「小田原御蔵やしきの内ニあり、霊験いやちこなりとて詣人絶ることなし、毎月廿八日別て群参して賑わし」とある。道了権現の道了とは、室町時代に相模小田原の大雄山最乗寺の開山である了庵慧明に従ったという僧で、怪力があって寺の伽藍建立をたすけ、師がなくなると天狗に姿をかえて寺の守護神となったとされ、道了大権現として信仰を集めた。

生目《いきめ》八幡《はちまん》は、「眼病の患ひをすくわせ給ふとて参詣の老若平生に断ず、社壇の荘厳、境内の結構、花麗なり、日向国宮崎より勧請する所なり」とあって、これも本国の延岡藩では「日向の生目様」と呼ばれ、古くから眼病に霊験あらたかとの信仰を集めていた神社を勧請したものである。

最後に、北辰妙見社は「徳山御蔵やしきにあり、鎮守の祠にして日本最初北辰妙見尊と称す、嘉永六年子[57]三月十八日御遷座ありし所也。（中略）然るに此鷲頭山ハ当徳山侯の御領地なるが故に、浪華蔵院《おくらやしき》守護のためにとて本国より移させ給ふところにして、所謂日本最初の妙見尊星なり、然れバ霊験殊更に掲焉《いちじるしき》とて詣人常に間断なく且毎月十八日ハ門前に夜店あまた出て其賑きこと言語に絶す」と記されている。

北辰（北極星）を神格化した妙見信仰は、古く平安時代にはじまり、とくに江戸時代に盛んになった。大坂では北摂能勢の妙見がその筆頭で、『神仏霊験記図会』に「世人家業の繁栄をねがひ厄難病苦を除れんと思ハヾ北辰妙見菩薩を信ずれバ応験あらたなり」と記されている。徳山藩蔵屋敷の北辰社は、同書が刊行された文政七年（一八二四）より三〇年近く後の嘉永六年（一八五三）に勧請されたもので、日本最初の北辰妙見とされる鷲頭山が徳山藩内に所在することから、特に霊験あらたかとされたのであろう。『摂津名所図会大成』がまとめられた安政二年（一八五五）頃は、嘉永六年の勧請から数年しか経っていないのに、門前に夜店が出るほど賑わったというから、大坂市中で本国から勧請された妙見に参拝できることが、大坂の庶民に熱狂的に受け入れられたことがうかがえる。

大坂蔵屋敷に勧請された様々な神仏は、このように庶民の心をとらえていた。とくに大坂の市民は、地元で日本各地の著名な神仏に加護を祈ることができた。しかも普段は簡単に出入りできない蔵屋敷に入って、寺社とは異なる屋敷空間を体験し、さらに広島藩蔵屋敷に勧請された厳島神社の大鳥居のように、本国の名所見物もできたのである。「蔵屋敷祭礼」はきわめて都市的な現象であったと言えよう。

（6）大坂蔵屋敷の鎮守社の建築

諸藩の大坂蔵屋敷内に設けられた鎮守社のうち建築の情報があるものは、すでに紹介した佐賀藩（稲荷社）、高知藩（稲荷社）、広島藩（厳島社と稲荷社）、熊本藩（清正公祠と五社宮）の指図と久留米藩（水天宮）の絵画であった。また福岡藩では移築後の古写真、それ以外に徳島藩の鎮守社、津山藩の稲荷宮、鳥取藩の下山宮、津和野藩の御霊社と稲荷社、対馬藩の稲荷社、長州藩の社、桑名藩の社、秋田藩の稲荷神社、弘前藩の鎮守宮に関する建築指図が残されており、ある程度の情報を収集することができる（本書後掲参考資料）。それらを総合すると、大坂蔵屋敷内の鎮守社の建築について大方の傾向を指摘することができる（表5―3）。

まず大坂蔵屋敷に鎮守社が勧請された時期は、佐賀藩蔵屋敷では元禄五年（一六九二）の指図にはなく寛保三年（一七四三）には稲荷社が再興され、弘前藩蔵屋敷では享保図にはなく文化・文政図には鎮守宮が画かれ、秋田藩蔵屋敷では文化一四年（一八一七）の指図に稲荷社が画かれている。ほかに高知藩蔵屋敷の稲荷社は享保から寛保年間に、高松藩の金毘羅宮は宝暦二年（一七五二）以前に勧請されたと推定される。すなわち、西国諸藩の大坂蔵屋敷は一八世紀前期、東国の諸藩は一九世紀になって鎮守社の存在が確認できる。これは蔵屋敷祭礼が一八世紀後半から文献に登場することと符合している。

敷地内での位置は、敷地が狭い蔵屋敷では敷地境界線に沿って配置される傾向があり、敷地規模が大きくなると広い境内地を確保し、船入堀を持つものでは堀に面して建てられることが多い。

社殿の構成は、小規模なものは本殿と鳥居からなり、中規模になると瑞垣や塀が加わる。さらに規模が大きくなると拝殿や付属の雑舎が設けられ、境内には石灯籠なども配置された。大規模なものとしては、広島藩では船入堀の水中に大鳥居が立てられ、熊本藩では絵馬堂や神宮寺があり、高知藩では舞台と楽屋、そして池が設けられていた。

本殿の平面が判明するものは少ないが、大半が一間社程度であったと推定される。しかし、幕末になると高知藩蔵屋敷のように大型のものが出現している。本殿の外観、すなわち屋根形式や建築様式（流造や春日造）の情報はほとんどない。勧請元の国元の社殿が独自の建築様式をもつ場合は、それを模したものかどうかなどは興味のある所であるが、資料がないので不明である。[58]

拝殿の平面はいくつか判明し、大きなものは正面三間程度の規模がある。外観は、幕末の福岡藩蔵屋敷や久留米藩蔵屋敷のように、正面が千鳥破風や唐破風を設けた立派なものもある。

五節　造り物の流行と蔵屋敷祭礼の経済効果

これまで何度も紹介してきたように、多くの蔵屋敷では祭礼時に造り物が飾られていた。造り物とは、人工的な造形物を指す言葉で、近世後期には、神仏への慶賀や慶祝の意味を込めた奉納物として江戸・大坂・名古屋などの大都市を中心に流行した。江戸では主として開帳に、大坂では諸社の遷宮や砂持に、名古屋では毎年の年中行事に奉納されたとされる。飾る場所は、寺社の境内ではなく、氏地内の町家や街路を用いることが多く、町並みを祭礼空間に演出したところに特徴がある。[59]

造り物の記録が早く登場するのは江戸である。『見世物研究』では、

表5-3　大坂蔵屋敷の鎮守社の建築一覧

蔵屋敷名称	鎮守社等の名称	祭神	屋敷の規模	敷地内の位置	鎮守社の規模	社殿の構成	本殿の形態	年号	備考
佐賀藩蔵屋敷	稲荷社	稲荷	四二〇〇坪	西北　船入の前	大規模	本殿・拝殿・鳥居・灯籠		寛保三年再興	元禄五年図には鎮守社なし
佐賀藩伊万里陶器蔵	稲荷社		一〇六七・四九坪	中央	小規模	本殿			
高知藩蔵屋敷	稲荷宮 磐根宮	稲荷 玉柏明神磐根明神	四四九五坪	西屋敷の南	大規模	本殿・摂社・鳥居・舞台・楽屋		寛政年間	
広島藩蔵屋敷	厳島神社・稲荷社	厳島明神 稲荷	約四〇〇〇坪	北端　船入の周囲	大規模	本殿・鳥居・灯籠 本殿・鳥居		慶応二年	
徳島藩蔵屋敷	稲荷堂	二井社(二井大明神)・五幸神祠(稲荷榎の社)	約五二〇〇坪(三か所)	西端中央	小規模	本殿・鳥居	正面八尺九寸五分		
津山藩蔵屋敷	稲荷宮		六一五坪	北端中央		本殿・鳥居		安政六年	
鳥取藩蔵屋敷	下山宮	玉稲荷・霜山稲荷		中央　船入を背に	大規模	本殿・鳥居・塀			
津和野藩蔵屋敷	御霊社・稲荷社		一八三六坪	北西	小規模	本殿・鳥居	一間余×二間半	天保一二年	
対馬藩蔵屋敷	稲荷社	稲荷大明神	約八〇〇坪	東南隅	小規模	本殿・鳥居			
弘前藩蔵屋敷	鎮守宮		約七五〇坪	東北	小規模	本殿		文化・文政年間	享保図には鎮守社なし
秋田藩蔵屋敷	稲荷社		九三四坪	南屋敷中央の西端				文化一四年	
熊本藩蔵屋敷	五社宮 清正公御宮 神宮寺・御霊屋	阿蘇権現・箱崎八幡・祇園・稲荷・住吉・清正公	約八二七〇坪(二か所)	中央の東北方向	大規模	本殿・拝殿・清正公御宮・絵馬堂・鳥居・神宮寺・御霊屋			
長州藩蔵屋敷	社		三四〇一坪(二か所)						
桑名藩蔵屋敷			四一六坪			本殿・鳥居・灯籠・手水	切妻造平入	万延二年	

久留米藩蔵屋敷	水天宮	水天宮・住吉・祇園・稲荷・岩家神・豊穂神			大規模	本殿・拝殿・鳥居・瑞垣・石灯籠		慶応三年
高松藩蔵屋敷		金毘羅宮	五六九・三四坪	東北（門の近く）				宝暦二年以前勧請、明和四年取払、天明六年再興
丸亀藩蔵屋敷		金毘羅宮・鎮守社	一〇四八・六六坪					
明石藩蔵屋敷		柿本人麿社						
福岡藩蔵屋敷		太宰府菅公廟・稲荷社	三五五二・一七坪		大規模	本殿・拝殿・石鳥居・石灯籠	流造	安政七年
杵築藩蔵屋敷		玉壽稲荷大明神	二〇一二・三六坪（二か所）					
宇和島藩蔵屋敷		和霊神						

祭神の出典：『摂津名所図会大成』『中之嶋誌』等。下線は本国からの勧請。

『開帳記』を引いて、寛延二年（一七四九）に不忍池弁財天の開帳に奉納された文銭で作った蛇の細工物を最古の造り物としている。また、『喜遊笑覧』は『賎の緒手巻』を引いているが、延享の頃（一七四四～四八）とする。いずれも、一八世紀中期には開帳の奉納物として造り物が盛んになったことがうかがえる。

一方、大坂では『摂陽奇観』や『近来年代記』など年代記の類に遷宮や砂持ちの造り物の評判が記されている。それによると、大坂では一八世紀後半の天明の頃に造り物の流行が始まったようである。興行としては、天明五年（一七八五）の生玉社の正遷宮や、同七年の内平野町神明社の神主宅で行われた造り物開帳、そして寛政三年（一七九一）に島之内八幡・博労町稲荷・天満天神・御霊社・座摩社・生玉上社などで立て続けに興行された造り物開帳などの記録が残されている。

天明年間の造り物の流行は、興行界にとどまらず、出版界にも波及している。天明七年には、造り物の絵に狂歌を添えるという趣向の、その名も『造物趣向種』と題した種本が大坂で出版されている。その後、天保八年、安政七年に改版が出され、大坂だけでなく、造り物の地方都市への普及に寄与した。

もちろん、造り物は、開帳で大評判となる前から、大坂の市中で飾られていた。例えば、正保四年（一六四七）の「大坂町中諸法度幷追加」に「七月灯籠作物、其外結講成儀仕間敷事」とあり、造り物は古くからあったが、後世と同じものであったかどうかは不明である。[60] 冒頭に紹介した安永六年（一七七七）版『難波丸綱目』には、造り物に関する九件の記事がある。[61] それを見ると、当時、大坂の造り物は町方と武家方で飾られていて、町方では阿波座、南久太郎町、安土町と座摩宮の四か所である。一方、武家方では五か所の飾りが確認でき、その筆頭である四月一七日の川崎東照宮の権現祭は「立花造物有」と記されており、さらに蔵屋敷祭礼では、出雲（松江）藩蔵屋敷、鍋島（佐賀）藩蔵屋敷、阿波（徳島）藩蔵屋敷、米子藩蔵屋敷の祭礼に造り物が出されている。[62] これらから、造り物は、武家方、とりわけ蔵屋敷の祭礼において盛んであったことがうかがえる。

このうち、「鍋嶋やしき祭り作り物有」は、先に紹介した佐賀藩蔵屋敷の稲荷祭のことである。宝暦八年（一七五八）の「年中行事」に、「御屋敷内稲荷社之通筋江作り物等仕差出候」とあって、屋敷内に鎮座する稲荷社に至る通り筋に造り物が飾られていた。この通り筋は、広大な蔵屋敷内に臨時に設けられた通路で、それに沿って造り物が置かれたのであろう。町方の造り物は、町角や町家の店の間に飾られたので、日常生活の場を祭礼空間に転換する手間が必要である。それに対して、広大な広場を持つ蔵屋敷では、造り物を飾る空間の確保が容易であった。ここに蔵屋敷祭礼において、造り物がさかんに飾られた理由が存するように思われる。なお、佐賀藩蔵屋敷では、宝暦九年に花火と造り物が中止されるが、その後、造り物は復活し幕末まで存続している。造り物には大きな集客効果があったことがうかがえる。

蔵屋敷の祭礼の集客効果が高まると、経済波及効果も大きくなる。市中の神社が経済的な安定を目指して流行神を勧請していたことはすでに指摘されているが、[63] 大坂蔵屋敷の場合はどうであろうか。

高松藩大坂蔵屋敷では、屋敷内の金毘羅社の賽銭を本山の金光院（金毘羅大権現別当）に上納しており、文化五年（一八〇八）には「大坂高松御屋鋪賽銭」として銀三貫九匁五分を計上している。因みに、江戸丸亀屋敷の賽銭は銀八貫四七四匁であった。[64] また、天保四年（一八三三）の「御用留」[65] には次のような記事がある。

一高松大坂御屋敷御賽銭、左之通宮武安次郎方ゟ指越申候事

請取申銀子之事

一銀札弐拾三貫六百六拾六匁二分　秤立

右者大坂御屋敷鎮守金毘羅賽銭銀御渡被成、慥ニ受取申候処実正也。仍如件。

天保四巳年　山下市左衛門　判

三月　菅　孫左衛門　判

萬　福　院　判

中村加十郎殿

この年、銀二三貫余を賽銭として受け取ったことを金光院の役者が高松藩の勘定方役人に伝えたものである。

同じ天保年間に編集されたと考えられる「浪華大紋日こがねの山」[66] と題する一枚物に、高松藩邸金毘羅社の賽銭に関する資料がある。そこには、「讃岐やしき金毘羅　一ヶ年賽銭高凡四千貫文余、十月十日参詣人ことに多し」と紹介されている。銭四〇〇〇貫文は、銀に換算すると四〇貫になり、その半分を寄進したと考えると天保四年の記事と辻褄が合う。同じ資料で、北野の鬼子母神の一年間の賽銭が銭四五〇〇貫文とあるから、真実はともかく、賽銭高においても有名社寺と肩を並べる収入があると評価されていたことが分かる。これは蔵屋敷の維持管理や本山への寄進のために大きな収入源であったにちがいな

い。

同社の祭礼は、『浪華の賑ひ』に「毎月九日十日には別て群参なすゆゑに、この辺より常安町通に夜店ありて、賑はし。門前の通りの町を俗に金毘羅町といふ」と記されたように、地元への経済波及効果も大きかったと想像できる。他にも、徳山藩蔵屋敷の北辰妙見社でも「毎月十八日ハ門前に夜店あまた出て其賑きこと言語に絶す」[67]とあって、同様の現象が起こっている。

六節　近代における蔵屋敷祭礼の行方

明治新政府は中央集権化を進め、明治二年（一八六九）六月に版籍奉還、同四年七月に廃藩置県を断行し、それまでの藩を廃止して地方統治を中央管轄下の府と県に一元化した行政改革を行った。大蔵省は蔵屋敷の官収を決定し、大坂蔵屋敷は大阪府に没収され、やがて民間に払い下げられた[68]。

蔵屋敷廃止後、邸内にあった鎮守や蔵屋敷祭礼はどのような運命をたどったのか。鎮守社の多くは廃止されたと考えられるが、中には、存続したもの、他の神社に合祀されたものがあり、蔵屋敷祭礼も形を変えて継承されていった事例がある。ここでは、近代における旧蔵屋敷の鎮守と祭礼の行方を検討したい。

（1）鎮守社の移築と合祠

明治維新後、福岡藩蔵屋敷にあった鎮守社（太宰府天満宮・稲荷社を相殿とする本殿及び拝殿）は、勝間村の生根神社に移築されている。その経過は、大正一三年（一九二四）刊行の『大阪府西成郡玉出町誌』に次のように記されている。

現今の建造物は大阪の筑前屋敷に在りしものを移したるものにして同屋敷内に奉祀せられし天満宮も廃藩と共に取払はざるべからざる事となりたるが之れを聞き伝へたる各村は其の材料を譲り受けんものと相亜いで多数懇請に及びしも余程の大村に非ざれば到底祭事を維持する能はざるべしとて容易に肯諾する所なし、然るに最後に勝間村より譲受けの交渉あるや議纏まり船積みとして之れを引取りて建築せり、菅公を奉祀すべき社殿の建築が筑前屋敷に於ける天満宮の建物を以てするに至りたるは、是れ所謂神徳の然らしむるものと謂ふべきか。

生根神社は明治五年に住吉神社から離れて独立し、郷社に列したとあることから、移築の年はこの頃と考えられる[69]。当時の勝間村は、大坂三郷に隣接する近郊農村として栄えており、福岡藩蔵屋敷からの移築先にふさわしい場所とされたのであろう。

生根神社に移築された旧福岡藩蔵屋敷の鎮守社本殿と拝殿は、昭和二〇年（一九四五）三月の空襲で焼失し、現在は、鉄筋コンクリートの建物に変わっている。しかし、境内には福岡藩蔵屋敷から移された石造物が戦災を免れて現存している。それは、安政七年（一八六〇）三月に「小仲間」が奉納した天神牛、同じく「大岡克俊」「村山正誼」の銘がある石灯籠、文久元年（一八六一）四月に「御米積廻船中」が献灯した石灯籠などである。先に述べたように、安政七年は福岡藩蔵屋敷内で鎮守社が再建された年で、大岡・村山の銘のある石灯籠は、石鳥居の前に建てられていたものである。

次に、高松藩の金毘羅宮に関する次の記事が『中之嶋誌』にある。

明治五年本国へ蔵屋敷の引上げとともに廃祀となるのを遺憾とし、岩崎卯之助、生駒権七氏等の斡旋で、北河内郡牧野村の岡田八右衛門、岡田實氏等が二千円で譲受、一ノ宮神官に託して祭祀を続けた。然るに明治三十四年同藩邸跡に住友倉庫が創立されることになり、社殿を対岸堂島中二丁目に移されて祭祀を怠らなかつたが、明治四十二年七月三十一日、所謂北焼けの大火のため御神体を奉戴して避難し、終に曽根崎の露天神と配祀されて、今日に至つている。

同社は地元の有力者[70]の斡旋によって祀られていたが、明治三四年の住友倉庫創業とともに対岸の堂島中二丁目に移転され、さらに明治四二年の北の大火後、露天神社に移された。

一方、丸亀藩邸の金毘羅の祠は、廃藩後は同所で開校した中島小学校の敷地内に移祀された。中島小学校が合併されて中之島小学校になり、さらに盈進高等小学校西分校が設置されても祠はそのまま存続していたが、明治三四年、高松藩の金毘羅宮と合祀され、堂島中二丁目に移転された。さらに北の大火後、露天神に移転された。

また、仙台藩蔵屋敷の跡地に、明治になって再興された豊國社境内に末社として祀られた白玉稲荷神社の由緒が『中之嶋誌』に収録されている。[71]それによると、「もと旧社地の付近の蔵屋敷に祭られて居たが蔵屋敷取毀ちの際その仲仕頭たる淡路町一丁目野崎喜三郎が自邸に移し奉つて居たのを、明治四十年十月十五日此花町二丁目二十番地無格社七夕稲荷神社（祭神、稚日女命、宇賀御魂神）に合祀して居たのを、こゝに移し祀られることになつた。効験あらたかとして朝夕の賽客に賑つて居る」とある。この例では、蔵屋敷出入りの仲仕頭が、蔵屋敷の取り壊し後、自邸に移して祭祀していたが、旧地の縁で豊國神社の境内に帰ってきたのである。現在は、大阪城内に移った豊國神社の境内社である白玉社になっている。

（2）蔵屋敷祭礼の伝統

蔵屋敷祭礼が形を変えて存続した事例を紹介したい。一つは大阪倉庫会社に転用された旧福岡藩蔵屋敷の事例である。『中之嶋誌』によると、大阪倉庫会社の創立は明治一六年（一八八三）五月一〇日で、日本銀行初代大阪支店長の外山脩造などが中心になり鴻池家が出資したものであった。[72]同社は大阪における倉庫会社の嚆矢で、米蔵をそのまま倉庫に転用したが、当時の荷主は問屋を利用したので、創立時、倉庫会社の実績は上がらなかった。しかし日清戦争を経て大阪の商工業が発達すると倉庫業が画期的な発展を遂げ、同業者が激増したとされる。大阪倉庫会社は大正七年（一九一八）に東神倉庫株式会社に買収され、昭和七年（一九三二）には新大阪ホテルとなった。『中之嶋誌』は大阪倉庫会社時代のこととして、次のように記している。

構内東北隅には鎮守の社祠あり、創立日を記念する為め明治年間には毎年五月九、十の両日祭典を行ひ参詣の児童には倉庫を模造せる小型の倉を笹に結び附けて與へ、構内には余興として造り物、生花、手品、角力、大阪俄（喜劇）覗眼鏡、カラクリ等があり大に賑はつてゐた。

会社内に勧請された鎮守社で、創業を記念する祭礼が行われ、そこに造り物や生花が飾られ、大阪俄など近代の見世物も加わり、賑やかな様子であったことが分かる。この鎮守は祭礼の日程から蔵屋敷時代の稲荷社ではないかと思われるが、少なくとも、蔵屋敷の祭礼と同じ発想の「祭典」が行われていたことは興味深い。

次は蔵屋敷の跡地を歓楽街にしようという計画があって、一時期であるが地域が賑わった事例である。『中之嶋誌』に「柳川豊公神社」という項があり、次のような記述がある。

> 明治維新後、常安橋の西（中之島五丁目）旧柳川藩邸跡に、当時の実業家たる講釈師燕亭といふが、こゝに一大歓楽場を計画するにあたつて、肥後屋敷の遺品であつた、蛇の目瓦を取り入れて、豊公の霊を遷し祀りこれを中心として周囲に劇場、寄席を建て、祠は歓楽場の繁栄と相俟つて大いに賑つて居た。

これは、明治一二年頃のことで、柳川藩蔵屋敷の跡地に、講釈師の燕亭という人物が豊公神社を勧請した。神社の周辺には競馬場、見世物小屋、寄席、矢場、飲食店などが軒を連ねて「一大娯楽街」に変わり、燕亭自身も寄席に立って、得意の講談で人気を集めた。世間は、藩邸の名を取って、「柳川の夜店」と呼んだと記されている。

この娯楽街の中で、興味深いのは、「燕亭湯」である。これは明治維新で廃社になった川崎東照宮の材木を使って建築されたもので、頭上から湯滝が落ちてくるという仕掛けが呼び物であった。市民は、徳川将軍家の葵の定紋を散らした装飾を、浴槽の中から間近に見ることで、四民平等の文明開化を実感したのである。しかし「柳川の夜店」の繁栄もわずか数年に過ぎず、明治一七年頃から衰微し、やがて、中之島一帯は、「物堅い商家や宏壮な会社銀行の洋館建の街衢」になってしまった。

「柳川の夜店」は過渡期の現象で、特殊な例かもしれない。江戸時代は「物堅い藩侯の邸[73]」であった中之島であったが、蔵屋敷祭礼の一時期だけは庶民に開放され、祝祭空間と化していた記憶が残っていた。講釈師の燕亭はここに目を付けたのである。豊公神社の勧請と川崎東照宮の廃材利用、それも風呂屋に転用する面白さが庶民の喝采を浴びた。その背景には、徳川の世から明治新政府に変わった時代の空気があった。それだけに時代が安定してくると流行は数年にして収まり、中之島は、再び庶民生活とは縁遠い官庁街に回帰していくのである。

(3) 土佐稲荷の近代

蔵屋敷内にあった多くの神社や仏堂が廃止された中で、現在も神社として存続しているのが土佐稲荷神社である。近代の土佐稲荷神社に関しては、三菱商会を創設した岩崎弥太郎（一八三五～一八八五）の存在が大きい。

彼は藩政時代から土佐稲荷を崇敬し、慶応三年（一八六七）一〇月二九日の日記には、「晴、與松井相伴到間邊氏、議公事、稲荷宮ヲ拝ス」と記している。また維新後の明治五年（一八七二）八月八日には、「雨、夕顔（船名）東京ニ赴ントス、余亦新宮ニ赴、（中略）午後雨甚。夕顔出航翌日ニ延べ、山上茂大夫ヲ呼、於稲荷社船祈禱ヲ行、余亦祈拝」、同年九月一二日に「晴、是日稲荷宮祭儀ナリ、（中略）午後観稲荷祠之力技」と記しており、その信仰ぶりをうかがうことができる[74]。

岩崎弥太郎は、明治三年、高知藩大坂蔵屋敷の責任者になり、藩の政務のほか蔵屋敷や開成館大阪出張所（大阪商会）の活動を取り仕切った。さらに土佐藩の汽船三隻を譲り受け、九十九商会の名で海運業を始めた。明治六年には三菱商会を名乗り、翌七年に本社を大阪から東京に移した。

これと前後して、明治七年三月一二日、弥太郎は旧蔵屋敷の大半の地所・建物を購入した。その中に含まれる白山彦五郎所持の家屋敷は土佐稲荷の場所で、建家土蔵も含めて代金一五〇〇円であった。[75]翌八年、弥太郎は、稲荷社の本殿と末社の屋根を葺き替え、神輿を修復し、高さ一丈五尺の花表（鳥居）一基（檜造青銅巻）、扁額、そして池の中に架ける欄干付き石橋を寄進している。[76]完成した日は、「大坂市中人気競立、種々造物等寄進可有之、然ニ右等之御祭ハ稀成儀ニ付、社員信仰之御面々奉依頼献仕度志望ニ御座候、御同心被下候御方々様御出金被下度奉希候」[77]とあって、造り物が出され、三菱の社員も奉仕している。

修復後の境内の様子は、明治一八年五月二八日付の譲渡証券の絵図[78]で判明する（図5—7）。それによると、「稲荷御社」は二六坪半で中が三座に分かれ、その左に八坪の社、右に一坪半の社が三棟並んでいる。ほかに六坪の絵馬堂、九坪の神輿堂、五九坪の舞殿などが配置されている。池は絵図の性格から描かれていない。舞殿はこの時に再興されたのかもしれない。

その後、明治二〇年、弥太郎の弟で二代目の総帥となる弥之助（一八五一～一九〇八）は、母美和（一八一四～一九〇〇）の強い願いで、境内を一新する大規模な改築を行った。[79]すなわち、西長堀の地所の南半分を社地とし、その中央に南面して本殿・弊殿・拝殿を配置した。建物の外観は、屋根檜皮葺、入母屋造で千鳥破風と唐破風を正面に付けた立派なものであった（図5—8）。

それ以降も境内の整備が三菱の手によって行われたが、[80]大正一〇年（一九二一）、土佐稲荷に隣接する西長堀の旧別邸の保存問題が議論されている。その一部を抜粋しておく。[81]

初代社長ニ因縁浅カラズ由緒アル建物ナレバ一部分ヲ敷地内適当ノ位置ニ移シ記念館トシテ永ク保存スルコトトシ（中略）稲荷神社境内ニハ桜樹多ク花時ノ雑沓夥シク所謂「土佐稲荷」ノ夜桜ト称シテ大阪名所ノ一ツニ数ヘラルル程ナレバ前記敷地公開ノ上境内ノ桜樹ヲ此処ニ移シテ大阪名所タルニ恥ヂザラシムル丈ケノ設備ヲ施シ神社境内ニハ新ニ適当ナル常盤樹ヲ植ウルノ考案トス（後略）

結局この計画は実行されなかったが、三菱発祥の地として会社が如何にこの地を重視していたかをうかがうことができる。

昭和二年（一九二七）三月七日、地震のため、土佐稲荷神社では、御手洗舎の倒壊、北側の塀の倒壊、石灯籠五基の倒壊などの被害が発生した。同年、稲荷神社の基本財産で大阪市電気事業公債を購入。またこの年から、桜の開花期に限って露店の使用料を徴収するなど、神社の経営基盤の安定化を進めている。

ところが、昭和九年九月、大阪地方を風水害（室戸台風）が襲った。その復旧過程で、大阪市から西長堀旧邸の地所（一八二五坪余）の譲渡に関する依頼があった。これは市立高等西華女学校の校舎が倒壊し、その移転先として選ばれたためである。[82]三菱では、これを義捐的に考慮し、旧邸の楠樹の保存を条件として、代金一三万円で譲渡するとの決定をした。この台風で稲荷神社も被害をうけ、三菱から復旧金として一万五〇〇〇円が寄付されている。[83]その後、昭和二〇年三月の空襲で、岩崎家が整備した土佐稲荷神社の建物はすべて焼失した。戦後、境内の復興は徐々に進み、現在の社殿は平成五年に竣工したものである。

高知藩大坂蔵屋敷にあった土佐稲荷は、高知藩がなくなった後、高知藩の士分であり、維新後に三菱商会を創業した岩崎弥太郎の篤い庇護を受け、明治以降も存続した稀有な例である。

江戸時代、大坂蔵屋敷の中に祀られた様々な神仏の祠は、一八世紀前期に勧請が始まり、一八世紀後半になると市中の寺社と同じように祭礼が催され、その日は市民にも開放された。とりわけ各藩の国元から勧請された著名な寺社への参詣が盛んになり、幕末には流行神と化するものもあった。それに伴い、建物の規模も大型化し、本殿だけでなく、立派な拝殿も建てられた。当時の祭礼は神仏への加護を願うだけでなく、造り物などを楽しむ物見遊山の性格も持っていた。これに加えて、蔵屋敷の祭礼は、普段は出入りできない大名屋敷に入って寺社とは異なる空間を体験するという魅力があった。「蔵屋敷祭礼」はきわめて都市的な現象であったといえる。明治維新によって大坂蔵屋敷は廃止され、大半の蔵屋敷の神仏は取り壊された。しかし、蔵屋敷の関係者によって存続された事例もある。土佐稲荷神社はその代表的なものである。

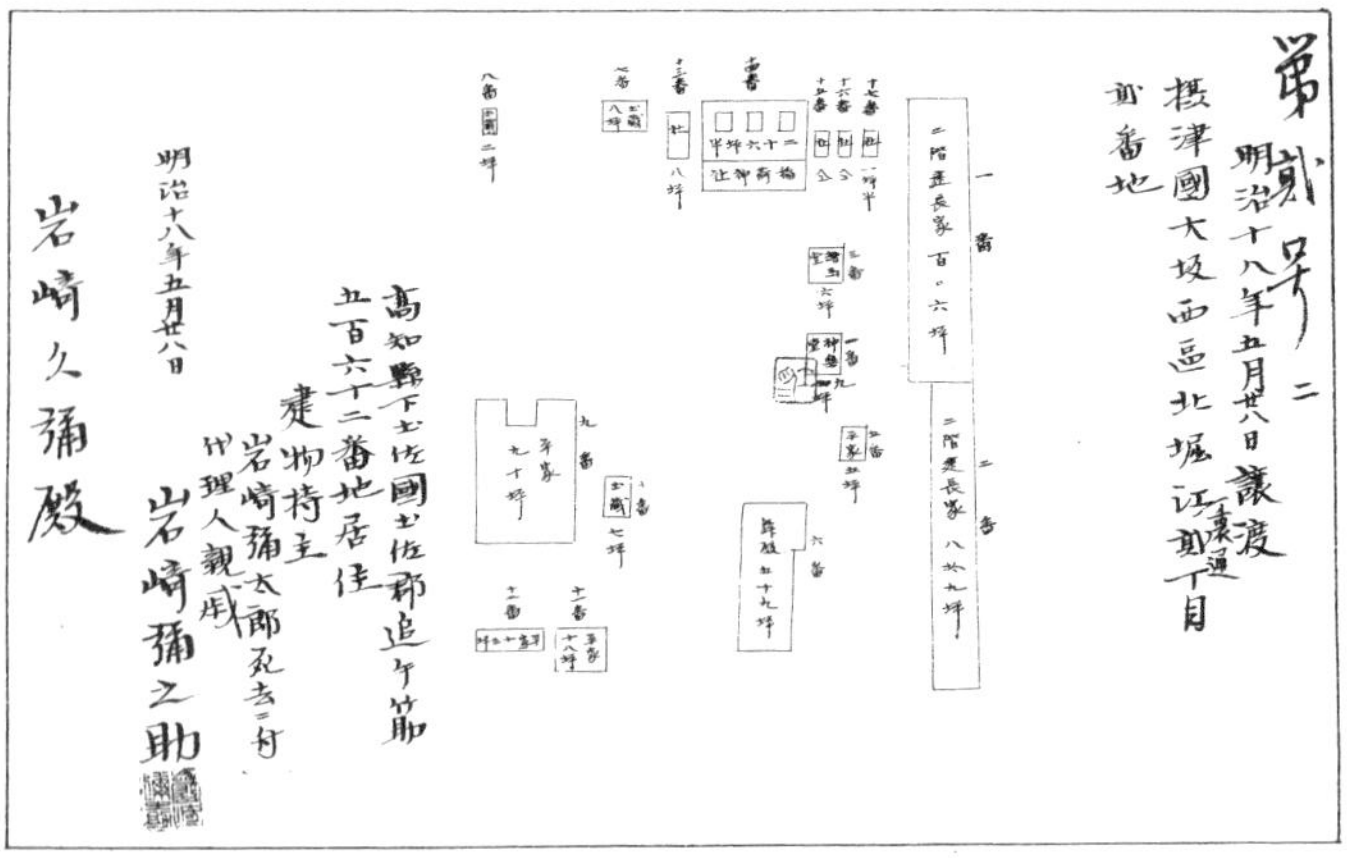

図5-7　明治18年の土佐稲荷社（三菱史料館蔵）

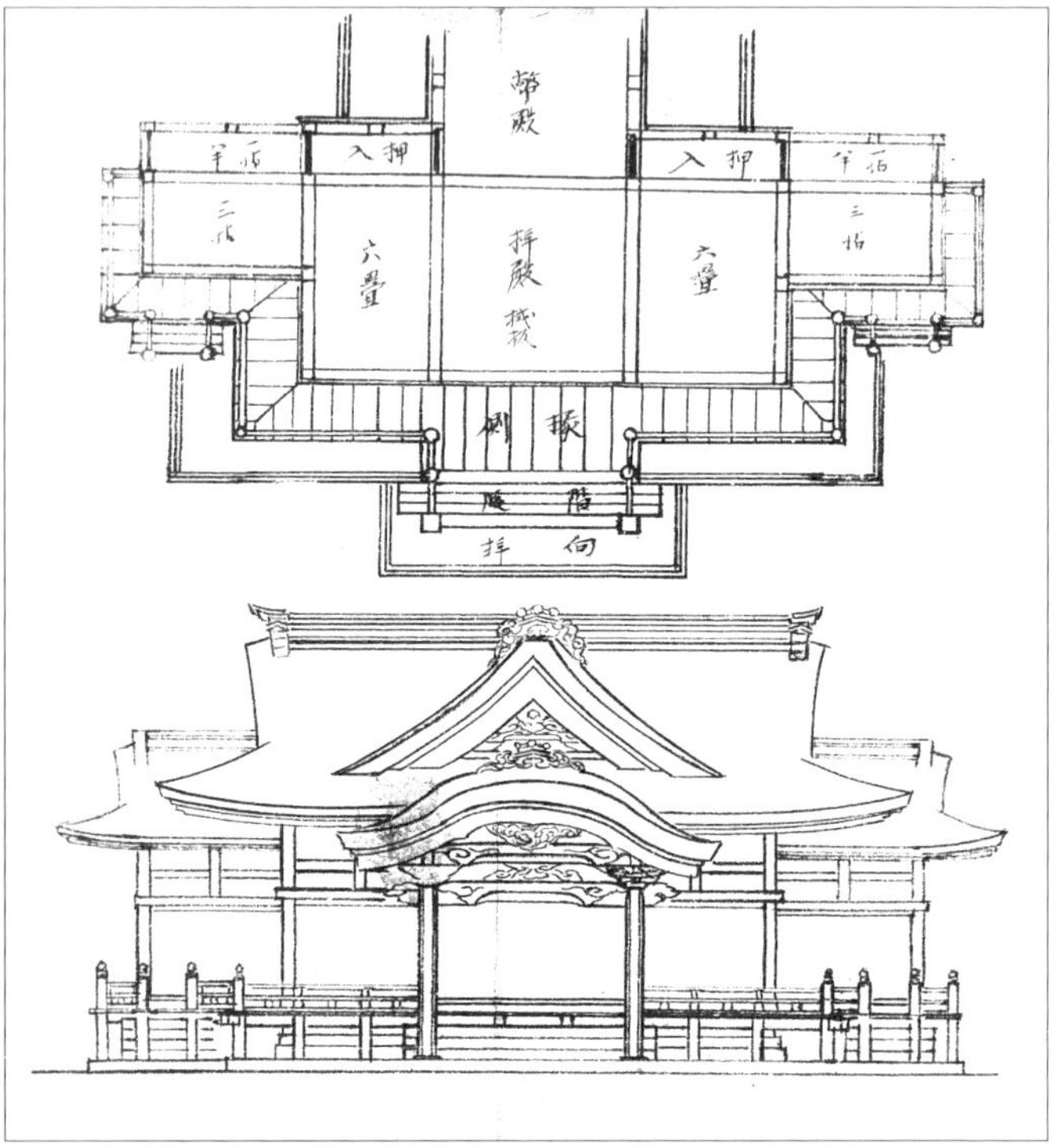

図5-8　明治20年再建の土佐稲荷神社（三菱史料館蔵）

(1)『大阪市史』（大阪市参事会編、一九一一～五年）、宮本又次『大阪商人』（弘文堂、一九五七年。同名で講談社学術文庫より再刊、二〇一一年）、同『大阪町人論』（ミネルヴァ書房、一九五九年）、岡本良一『大阪の歴史―史跡めぐり―』（岩波書店、一九八九年）、脇田修『近世大坂の町と人』（人文書院、一九八六年）、同『近世大坂の経済と文化』（人文書院、一九九四年）、渡邊忠司『町人の都　大坂物語』（中公新書、一九九三年）、藪田貫『武士の町　大坂』（中公新書、二〇一〇年）など。

(2)『大阪経済史料集成』第一一巻（大阪商工会議所発行、一九七七年）

(3) 大阪商業大学商業史博物館編『蔵屋敷Ⅰ』（大阪商業大学商業史博物館史料叢書第一巻、二〇〇〇年）

(4) 歴史学の研究によると、大坂の伝統的な産土社は江戸中期に衰退し、その対応策として朝廷などの権威を借りて由緒を作り、祭神を変化させ、出版メディアを使って宣伝をした。また庶民の現世利益に応える稲荷や金毘羅などの流行神を勧請し、境内に芝居小屋や茶店を誘致し、さらに祭礼にイベント性をもたせて賑わいを演出するなど、庶民の集客をはかっている。大坂の蔵屋敷祭礼の興隆もこの文脈でとらえることが可能である。井上智勝「寛政期における氏神・流行神と朝廷権威―大坂の氏神社における主祭神変化の理由―」（『日本史研究』三六五、一九九三年。のちに「都市氏神社における祭神改替」と題して『近世の神社と朝廷権威』〈吉川弘文館、二〇〇七年〉に収録）、中川すがね「近世大坂地域の稲荷信仰」（『近世の大坂』大阪大学出版会、二〇〇〇年）

(5)『摂津名所図会大成』（『浪速叢書』第六～八巻、浪速叢書刊行会、一九二七～九年）

(6) 日本生命保険相互会社所蔵

(7) 佐賀藩は大坂の堂島通三丁目に「伊万里とうき蔵屋敷」と呼ばれる別の蔵屋敷を所有しており、そこにも稲荷社が勧請されていた。

(8) 前掲注(3)。

(9) 稲荷社は山城伏見稲荷からの勧請と推定されるが、佐賀には鹿島に祐徳稲荷があるので、あるいはそちらから勧請されたのかもしれない。

(10) 稲荷社造営時の牟田権左衛門は、宝暦九年に赴任した蔵屋敷役人の牟田惣十郎と関係のある人物かもしれない。

(11) 森泰博「大坂蔵屋敷の成立と変貌」（大阪商業大学商業史博物館編『蔵屋敷Ⅱ』大阪商業大学商業史博物館史料叢書第2巻、二〇〇一年）

(12) 銀方は江戸仕送りと借銀を担当（森泰博「大坂蔵屋敷の成立と変貌」前掲注11）。

(13) 伊勢戸佐一郎・谷直樹「佐賀藩大坂蔵屋敷の建築と年中行事」（『大阪の歴史』第二五号、一九八八年）。

(14) 佐賀県立図書館鍋島文庫所蔵。花火中止の顚末については、以下の論文を参考のこと。植松清志・谷直樹「大坂蔵屋敷の年中行事と蔵屋敷祭礼について―島原藩・佐賀藩を中心に―」（大阪市立大学生活科学研究科『生活科学研究誌』Vol.3、二〇〇四年）。

(15) 文書の冒頭に「此一通り色々訳有之候条、他見御無用可被成候、委細口達有り」とあり、取り扱いに慎重を期した機密文書である。

(16) 延享四年（一七四七）版には蔵屋敷祭礼の記載がない。

(17) 伊勢戸佐一郎・谷直樹「佐賀藩大坂蔵屋敷の建築と年中行事」（前掲注13）。

(18) 前掲注(2)。

(19)『浪速叢書』（浪速叢書刊行会、一九二九年）六巻所収。

(20) 大名橋とも称され各藩の蔵屋敷が架橋や修理費用を負担した。

(21) 幕末の『摂津名所図会大成』にも「原来此御蔵の浜辺ハ川はゞ広く、四方のけしき勝れて美観なるがゆへに、夏にいたりてハタすゞみの茶店所せきまでに床をならべ（以下略）」と記されている。

(22)「西長堀の記―我社発祥地を訪ねて―」（『養和会誌』昭和一九年一一月）。この記事の内容は、『養和会誌』三〇年記念号の執筆に先立ち、のち岩崎家伝記の執筆にも携わった中野忠明が、昭和一九年九月に現地調査を行ったものである（三菱史料館の伊藤由美子氏のご教示による）。この報告の中で、「神社の鎮座は遠く徳川時代初期に遡るとも云はれるが其の年代は明かでない。今神社に保存されてある享保の棟札に鎮守の年代遼遠にして年月不明なる由が記してある。今明和七年の記録が神社に残つてをり、「土州大守播州大阪蔵屋舗之鎮守」なる旨が記されてゐて、当時既に土佐藩邸の鎮守として崇敬されて居ったことが判る。」と記されている。『岩崎彌太郎伝』『岩崎彌之助伝』の土佐稲荷に関する叙述はこの記事が元になっている。なお、土佐稲荷神社によると、戦災によってこれらの史料は悉く焼失して現存しない。現在、神社では、天正年間、大坂城の築城に際し、運搬された石に只ならぬ霊力があり、これを祭祀したのが始まりとしている。享保二年（一七一七）、六代目土佐藩主・山内豊隆（在任一七〇六～一七二〇）が伏見稲荷より勧請して合祀し、土佐稲荷神社と称するようになったと解説している。

(23) 他に境内には寛政八年の狛犬の台座、寛政一一年や弘化四年の石灯籠がある。

(24) 出口神暁編『大阪年中行事資料』第一輯（和泉文化研究会刊、一九六三年）所収。著者は小野原公春で板元は京都伏見の書林亀屋半兵衛と大坂の石川屋和助が弘化四年（一八四七）に板行した。日奈美は日並（日次）の意である。

(25) 「西長堀の記―我社発祥地を訪ねて―」（前掲注22）

(26) 安芸市立歴史民俗資料館蔵「五藤家文書」。寛政年間の作成とされる。

(27) 三菱史料館蔵。『三菱社誌』二（三菱社史刊行会編、東京大学出版会、一九八〇年）所収。

(28) 「稲荷宮御祭式山内家御控之節ハ御大祭之節ハ寺島御旅所エ神輿行幸（後略）」

(29) 『中之嶋誌』（中之島尋常小学校創設六十五周年／中之島幼稚園創設五十周年記念会発行、一九三七年）

(30) 『守貞謾稿』に、絵入りで「京坂にては、いかのぼりと訓じ、下略して、いかと云ふ。江戸俗は、たこと云ふ。（中略）大坂は、これを飛ばすを升（のぼ）すと云ひ、江戸にては、これを揚（あげる）と云ふ。大坂は、正月末より二月を専らとし、特に二月初午の日を盛んとし、城の馬場と云ふ城辺の郊野に群集して、小宴を設け、児輩および壮士とともに専ら凧を升す」と記されている。

(31) 宮田登「江戸町人の信仰」（西山松之助編『江戸町人の研究』第二巻、吉川弘文館、一九七三年）。大森恵子『稲荷信仰と宗教民俗』（岩田書院、一九九四年）。中村禎里『狐の日本史　近世・近代編』（日本エディタースクール出版部、二〇〇三年）。宮本袈裟雄『庶民信仰と現世利益』（東京堂出版、二〇〇三年）。吉田正高「近世江戸における流行神と伝説―江戸を駆けめぐる噂話とマスメディアの影響力―」（『国文学解釈と鑑賞』七〇―一〇号、二〇〇五年）。

(32) その背景には宝暦・明和期に行われた宅地や新田の地域開発があると指摘されている。中川すがね「近世大坂地域の稲荷信仰」（『近世の大坂』大阪大学出版会、二〇〇〇年）。

(33) 『浪速叢書』鶏助、（浪速叢書刊行会、一九三〇年）。大坂近郊の神仏を六九項目あげてその霊験を紹介している。伊藤純「近世大坂の疱瘡対策―『神仏霊験記図会』を中心に―」（『大阪歴史博物館研究紀要』第一〇号、二〇一二年）。

(34) 津山藩、津和野藩、対馬藩、秋田藩に関しては本書に図面を掲載。

(35) 出口神暁編『大阪年中行事資料』第一輯（前掲注24）所収。一枚刷の類で、浪華書林井筒屋和助とある。扇子仕立で出されたものと考えられている。

(36) 前掲注(29)。なお、同書には嘉永五年鎮座とあるが、文中に七十余年後の大火で焼失を免れたとあって、年代的に辻褄が合わない。あるいは、嘉永は宝永の誤記かもしれない。後考に俟ちたい。

(37) 吉田正高「解き放たれた大名屋敷内鎮守と地域住民」（江戸遺跡研究会編『江戸の祈り―信仰と願望―』吉川弘文館、二〇〇四年）、同「近世江戸における流行神と伝説―江戸を駆けめぐる噂話とマスメディアの影響力―」（前掲注31）。

(38) 守屋毅「金毘羅信仰と金毘羅参詣をめぐる覚書―民間信仰と庶民の旅を考えるために―」（守屋毅編『金毘羅信仰』民衆宗教史叢書・第一九巻、雄山閣、一九八七年）

(39) 文政七年（一八二四）の『神仏霊験記図会』に、「象頭山金毘羅大権現を信して海上風波の難、火災を免がる、事ハ世人よく知る所なり」とある。

(40) 「金刀比羅宮史料四〇」『町史ことひら』第三巻所引（琴平町発行、一九九八年）。以下の記述は、主に同町史の第二章第四節「金毘羅と高松藩」

（木原溥幸）を引用した。

(41)「高松大坂蔵屋敷金毘羅権現祠取払一件」（琴陵家文書）『町史ことひら』第三巻所引（前掲）

(42)『町史ことひら』第三巻によると、文政五年（一八二二）に、高松藩から、江戸上屋敷の金毘羅社参詣人へ札守を渡したいとの意向を金光院に伝えている。しかし金光院は「日本二社」になるので問題であると反論し、一方の高松藩は、讃岐の金毘羅権現から出されるものを江戸上屋敷は取り次ぐだけで、日本二社になるような心配はないと言っている。このやり取りの結末は史料的には明らかでないが、同町史は、「恐らく高松藩の意見が通って、上屋敷から札守が参詣人へ渡されることになったのではないかと思われる。」と記している。先に見た、明和四年の大坂蔵屋敷での取り壊しにも、あるいは同様の事情が介在したのかもしれない。

(43)「金刀比羅宮史料二四」『町史ことひら』第三巻所引（前掲）。同町史によると、大坂蔵屋敷における天明度の金毘羅社再建は、寛政五年（一七九三）、高松藩江戸上屋敷が小石川に置かれた時に、金毘羅社建立の前例とされている。

(44)弘化四年（一八四七）の『浪華の日奈美』（前掲注24）にも「毎月法会並に夜店　九日十日　中の島御屋敷金比羅廻り　毎月十日三里十四丁、一　讃岐御屋敷御宮、二　天満西寺町正象寺（以下略）」「十月十日　丸亀御屋敷祭　高松御屋敷祭」とある。

(45)天保一一年（一八四〇）の『さんけい見物遊山　命せんだく』（大阪府立中之島図書館蔵）に「十月十日　さぬきやしき」「毎月夜見世　九日十日　さぬきやしき」とある。

(46)尾嵜彰廣氏蔵。本来は画帖であったが、現状は屏風仕立になっている。大阪市指定文化財。『久留米藩大阪蔵屋敷図』（宮本又次編、尾崎雅一発行、一九八三年）に全図が紹介されている。同絵図の解題に当たった宮本又次が「水天宮祭祀」としている図は、社殿の特徴から、住吉大社の社頭を描いたものである。これは廻米皆着の頃、留守居や蔵元の関係者が住吉社に参拝する場面で、蔵屋敷内の水天宮とは関係がない。

(47)『中之嶋誌』（前掲）

(48)「浪速話方日記」（大阪商業大学商業史博物館編『蔵屋敷Ⅲ』大阪商業大学商業史博物館史料叢書第三巻、二〇〇二年）。他に嘉永三年七月二十五日条「例月之通天神待会座拙者御長家ニ而催」、文久二年二月二十五日「右同段にわか奉納、例月之天神待　御殿へ持出」などの記事があって、毎月二十五日には「天神待会座」を催していたことが分かる。本書第六章「よと川の図」と福岡藩蔵屋敷」を参照のこと。

(49)九州大学附属図書館蔵『新修大阪市史　資料編　第七巻　近世Ⅱ政治2』（大阪市発行、二〇一三年）

(50)『大阪府西成郡玉出町誌』（大阪府西成郡玉出町役場発行、一九二四年）。本殿の規模（五坪）の間違いについては、玉出神社名誉宮司の尾崎正臣氏の記憶とも矛盾しない。

(51)前掲注(29)。

(52)大阪商業大学商業史博物館蔵

(53)福西大輔『加藤清正公信仰』（岩田書院、二〇一二年）

(54)永青文庫蔵

(55)安永六年版『難波丸綱目』

(56)前掲注(33)。

(57)嘉永六年の干支は癸丑である。

(58)例えば、厳島神社は両流造。

(59)西岡陽子「大坂におけるツクリモノの展開」（『大阪市立住まいのミュージアム研究紀要・館報』第一号、二〇〇三年）、相蘇一弘「近世大坂の「つくりもの」―砂持・遷宮を中心に―」（『国立歴史民俗博物館研究報告』第一一四集、二〇〇四年）、西岡陽子「造り物の諸相―大坂を中心に―」（岩間香・西岡陽子編『祭りのしつらい』思文閣出版、二〇〇八年）、福原敏男・笹原亮二編『造り物の文化史』（勉誠出版、二〇一四年）。

(60)相蘇一弘前掲論文注(59)による。西岡陽子「造り物概観」（『造り物の文化史』所収、前掲注59）によると、これは盆の細工燈籠に関わるものとしている。

(61)四月十七日　天満九昌院権現宮御祭立花造物有
六月十三日　出雲蔵屋敷祭礼作り物

六月十五日　鍋嶋やしき祭り作り物有
六月十六日　阿波屋敷祭作り物有リ
七月十九日　米子屋鋪祭り踊作り物
七月二十四日　あわざニ作リ物多く有リ、南久太郎町作り物
八月十五日　安土町獅々祭り作り物あまたあり、座摩宮同断

(62) 他に六月一八日に「筑後蔵屋敷祭」、七月二七日に「豊後屋敷おどり有リ」と記されているが、造り物の記載はない。
(63) 井上智勝『近世の神社と朝廷権威』（前掲注4）
(64) 文化五年一二月「御収納高控」「金刀比羅宮史料四七」『町史ことひら』第三巻所引（前掲）。同町史によると、文化一〇年の頃には、毎年五〇両の初穂料を送っている（「日帳」）。
(65) 『町史ことひら』第三巻（前掲）に史料の写真が掲載されている。
(66) 「浪花みやげ」（大阪城天守閣蔵）所収。年紀はないが、この中に天保山の記事がある。谷直樹「歴史にみる都市のたくらみ、都市の愉しみ」（サントリー不易流行研究所編『都市のたくらみ・都市の愉しみ』日本放送協会出版、一九九六年）
(67) 『摂津名所図会大成』（前掲注5）
(68) 森泰博「大坂蔵屋敷の成立と変貌」（前掲注11）
(69) 井上正雄『大阪府全志』、一九二二年
(70) 岩崎卯之助は堀江立花通五丁目の住人。生駒権七は生駒時計店の初代で明治五年に高麗橋五丁目で時計店を開業。
(71) 大阪の豊國神社は、京都の豊國神社の別社として明治一二年に中之島字山崎の鼻（現在の中央公会堂の地点）に創立され、大正元年（一九一二）中央公会堂建設のため府立図書館の西方の公園内に移転し、さらに昭和三六年に大阪城内に遷座した。白玉社は現在も豊國神社の境内社として鎮座しており、その由緒では山崎の鼻の蔵屋敷とする。
(72) 福岡藩の蔵元は鴻池家である。
(73) 『中之嶋誌』（前掲注29）
(74) 『岩崎彌太郎日記』（岩崎弥太郎岩崎弥之助伝記編纂会、一九七五年）
(75) 三菱史料館蔵「北堀江裏通地所家屋沽券」、三菱社史刊行会編『三菱社誌』一（東京大学出版会、一九七九年）所収。『三菱社誌』によると、この土地は、明治五年に土佐屋善左衛門が旧藩の用達商人から銀一五〇〇貫目で買い戻した記録がある。土佐屋善左衛門は、大阪・東京・高知三店の名代などを勤めた人物で、明治八年に死去。三菱では土地購入の際に、まず社員や近しい人物の名義で行い、のち社長の名義に書き換えるのが良く見られる。この項は、三菱史料館の伊藤由美子氏のご教示による。
(76) 三菱社史刊行会編『三菱社誌』二（東京大学出版会、一九八〇年）所収。「梅園店扱願伺届」。なお、本殿等の屋根は、檜皮葺から小枌葺（柿葺）に改めることが検討されたが、最終は従来通りとなった。
(77) 三菱史料館蔵史料。『三菱社誌』二（前掲注76）所収。「梅園店扱願伺届」。なお、『岩崎弥太郎伝』『岩崎弥之助伝』の筆者は、明治一三年に修復されたと書いているので、あるいは、完成はその年まで延引したのかもしれない。
(78) 三菱史料館蔵史料。これは弥太郎の死去に伴い、子息の久弥が相続した証券に含まれる絵図である。
(79) 「西長堀の記─我社発祥地を訪ねて─」（前掲注22）に、「二代社長彌之助男爵の母堂が社殿改築を發企され、二代社長は宅地及び倉庫を除き西長堀南側地所の大部を社地公園となし、その中央を卜して本殿弊殿拝殿を新築せられ明治二十年三月に落成した。」とある。また、岩崎家伝記刊行会編『岩崎弥之助伝』（東京大学出版会、一九七九年）にも同様の記事がある。
(80) その後、明治四三年一二月二四日、大阪西長堀の稲荷神社を独立会計にする。同四四年、境内に桜樹、庭木、芝生などの植栽を施す。大正六年（一九一七）、社務所を新築。
(81) 三菱社史刊行会編『三菱社誌』二八（東京大学出版会、一九八一年）
(82) 市立高等西華女学校は、一九二一年四月に大阪市西区高等実修女学校として創立され、一九二四年四月に大阪市立高等西華女学校と改称。校舎は、江戸堀仮校舎（大阪市西区江戸堀南通三丁目・当時）を経て、一九二二年に立売堀校舎（大阪市西区立売堀南通六丁目・当時。旧鹿児島藩蔵屋敷跡）に移転し、ここで被災した。西長堀校舎（大阪市西区立売堀南通五

丁目・当時）は一九三七年四月に開校し、白髪橋校舎とも呼ばれた。一九四一年三月、学区制廃止に伴い大阪市に移管、大阪市立西華高等女学校と改称。一九四七年三月、大阪市立女子専門学校の設置とともに専攻科在学生を編入したが、一九五一年三月、大阪市立女子専門学校廃止。一九四九年四月に発足した大阪市立大学家政学部の前身となった。

（83）「西長堀の記―我社発祥地を訪ねて―」（前掲注22）に、「昭和九年無格社より郷社に昇格の際、茅町岩崎家は境内一切を同神社に寄附されたのであるが、さらに岩崎御両家を始め本社、分系各社よりも貲財を寄進し、社務所、婚儀殿を新築した。尚境内には末社として石宮神社、磐居神社、玉根神社、若宮神社の四社が祀られてあり、境内約三千坪、大阪市内の神社としては住吉神社、天満天神、生玉神社に次ぐ有數なる神社として知られてゐる」と記されている。

第六章　「よと川の図」と福岡藩蔵屋敷

大阪市立住まいのミュージアム（大阪くらしの今昔館）が所蔵する「よと川の図」は、帙入りの折本で、外題に「よと川の図」と墨書される。仕様は紙本著色、法量は縦三六・〇センチメートル、長さ八八二・〇センチメートルの長大な絵図である。表紙を開くと金地の見開きに続いて、大坂から伏見に至る淀川沿岸の風景が、金霞を交えた精緻な筆致で描かれている。[1]その巻頭に中之島の蔵屋敷の内部の様子が取り上げられている。

江戸時代の大坂蔵屋敷は、しばしば浮世絵や名所絵の画題とされたが、多くは外から見た景色で、本図のように内部を詳しく描いたものは少ない。本論では、その内容を詳しく検討し、本図の制作背景を考えてみたい。

一節　「よと川の図」と中之島の蔵屋敷

折本の表紙を開くと土佐堀川に面した中之島の風景が、南を上にして描かれている（口絵「よと川の図」参照）。巻頭の橋は貼札に「肥後橋」と記されるが、近世の大坂図と比較すると、この橋は筑前橋の間違いであることが分かる。[2]その筑前橋の正面に長屋門を構え、四周を米蔵で囲まれた武家屋敷がある。江戸時代、筑前橋の北には筑前・福岡藩（黒田家）の大坂屋敷が所在したので、この武家屋敷は福岡藩大坂蔵屋敷と思われる。[3]屋敷前の土佐堀川に繋留されている川御座船の旗印が、黒田家の黒餅紋であることも、この推測と符合する（図6―1）。

ちなみに、福岡藩蔵屋敷の外観については、明治三五年（一九〇二）に撮影された古写真が残っている（図6―2）。これは『中之島誌』[4]に掲載されたもので、撮影当時は大阪倉庫会社であった。土佐堀川に面して長大な白壁の蔵があり、中央付近に小庇を付けた大きな門が開けられている。現在この門は天王寺公園に移築され、「旧黒田藩蔵屋敷長屋門」の名称で大阪府有形文化財に指定されている[5]（図6―3）。本瓦葺の切妻屋根で白壁の腰下はなまこ壁仕上げになり、開口部は間口三間と広く、上に梁をかけ渡し、内外とも本瓦の小庇が付いている。古写真と比較すると、米蔵の一部、すなわち門の辺りを切り取って移築したことが分かる。

福岡藩蔵屋敷の前の筑前橋（本図は「肥後橋」と誤記する）について『摂陽見聞筆拍子』[6]は次のように紹介している。

土佐堀表門と、いふ筑前殿橋は、筑前黒田官兵衛殿御蔵屋敷の前に懸りたる橋にて、則筑前侯よりかけ渡さる、ゆへに、筑前殿橋といふ、此橋に限りていづれの大名方にもせよ、参勤交代の御通行の節、橋上往来を留める事堅固なり、元来蔵屋敷の諸用、通路を自

由にせん為に懸られし橋なれば、斯のごとく礼儀を厚くせらるよしを聞およぶ

すなわち、この橋は蔵屋敷用に架けられた私設の橋で、参勤交代の船が下を通る時には礼儀を重んじて通行止めにしたのである。橋詰に描かれた木戸門は、通行止めに設けられたものである。[7]

諸藩の蔵屋敷は国元の年貢米や産物を販売するための施設で、天保年間の大坂には一二四もの蔵屋敷がおかれていた。とくに福岡藩の筑前米は、肥後米・中国米・広島米とともに相場の基準を決める四蔵物《よつくらもの》のひとつで、同藩蔵屋敷は大坂を代表する蔵屋敷であった。

江戸時代の中之島には、福岡藩蔵屋敷の東に秋月藩、宇和島藩、大洲藩など九州や四国を本国とする諸藩の蔵屋敷が所在した。「よと川の図」は、それらの蔵屋敷を描いている。土佐堀川には西（右）から「ひごはし（肥後橋）」、「淀や橋」、「栴檀木橋」の貼札がある。一方、北側（下方）には堂島川と「大江橋」が描かれ、その東側（左）には唐津藩や福井藩、そして仙台藩の蔵屋敷がある（図6―4）。仙台藩蔵屋敷は足駄を立て、川に屋敷がはみ出している。さらに中之島の東端は成羽藩山崎家の蔵屋敷があることから俗に「山崎の鼻」と称された。本図では東端の「中の嶌」の貼札の下に南北に長い一棟の蔵が描かれている。さらに川中には三角形に杭が打たれ、その中には草が生い茂っている。

中之島の蔵屋敷は、「浪花百景」など幕末の錦絵の画題にもしばしば取り上げられた。市中の町家と異なり、白漆喰の長大な蔵や塀が続く景観は、まさに「天下の台所」を象徴するものであり、岸辺の松や高塀越しにのぞく松の緑がその美しさをいっそう際立たせていたと思

図6-1　川御座船
（「よと川の図」部分・大阪市立住まいのミュージアム蔵）

図6-2　福岡藩蔵屋敷古写真（『中之嶋誌』所収）

図6-3　旧黒田藩蔵屋敷長屋門

図6-4　山崎の鼻
（「よと川の図」部分・大阪市立住まいのミュージアム蔵）

われる。本図を見ても、蔵屋敷が軒を連ねる風景は、中之島独特のものであったことがうかがえる。

二節　「よと川の図」の景観年代

ここで「よと川の図」の景観年代を絞り込むために、当時の地形や目印とされた建物の存在に注目して検討を加えた。

大坂は、享保九年（一七二四）に町の三分の二を焼き尽くした大火（妙智焼）があり、市中の景観はその前後で変わる。東西の町奉行所は大火以前は大坂城の西側に隣接して建てられていたが、大火後は二か所に分けられ、西町奉行所は東町奉行所と離して本町橋の北東側に移された。本図は西町奉行所（貼札は「西御番所」）の位置から、享保の大火後の景観であることが分かる（図6―5）。両奉行所には大きな火の見櫓が描かれており、幕末の指図や鳥瞰図とも一致する[8]（図6―6）。

船場の西側に大屋根を構えた北御堂（本願寺津村別院）に注目すると、大火後の享保一九年（一七三四）に再建された御堂（本堂）と宝暦一二年（一七六二）に再建された対面所が並んでいて、宝暦末年以降の姿が描かれている[9]。

図6-5　西御番所
（西町奉行所、「よと川の図」部分・大阪市立住まいのミュージアム蔵）

図6-6　八軒家と大坂東町奉行所
（「よと川の図」部分・大阪市立住まいのミュージアム蔵）

図6-7　大坂御城（「よと川の図」部分・大阪市立住まいのミュージアム蔵）

淀川に架かる天満橋に目をやると、橋の下まで細長く延びた中洲が描かれている。これは将棊島《しょうぎしま》と呼ばれた堤防で、鯰江川と古大和川の悪水を排除するため、明和七年（一七七〇）に計画され、安永三年（一七七四）に完成した隔流堤である。(10)

大坂城は、寛文五年（一六六五）の落雷で天守が焼失し、その後、再建されなかった。本図には天守が描かれておらず、天守の石垣の上に塀が周っている（図6―7）。この塀は、寛政五年（一七九三）成立の「大坂城絵図」の天守台に塀を示す赤線が確認できるのが最も古い資料で、その後、幕末まで様々な絵図に描かれている。(11)

さらに、中之島東端、山崎の鼻の風景は、寛政一二年（一八〇〇）に刊行された『狂歌絵本浪花のむめ』の挿図（図6―8）ときわめてよく似ており、(12)「よと川の図」の景観年代を推定する上で有力な手がかりとなる。

一方、巻末近くの淀城を見ると、宝暦六年（一七五六）に落雷で焼失した五層の天守は描かれていない。また有名な淀の水車は、本図では一基しか描かれていないが、古くは二基あった（図6―9）。絵画資料によると、延享二年（一七四五）の「浪花及澱川沿岸名勝図巻」や、寛延三年（一七五〇）の「山城淀御府内之図」(13)には二基の水車が

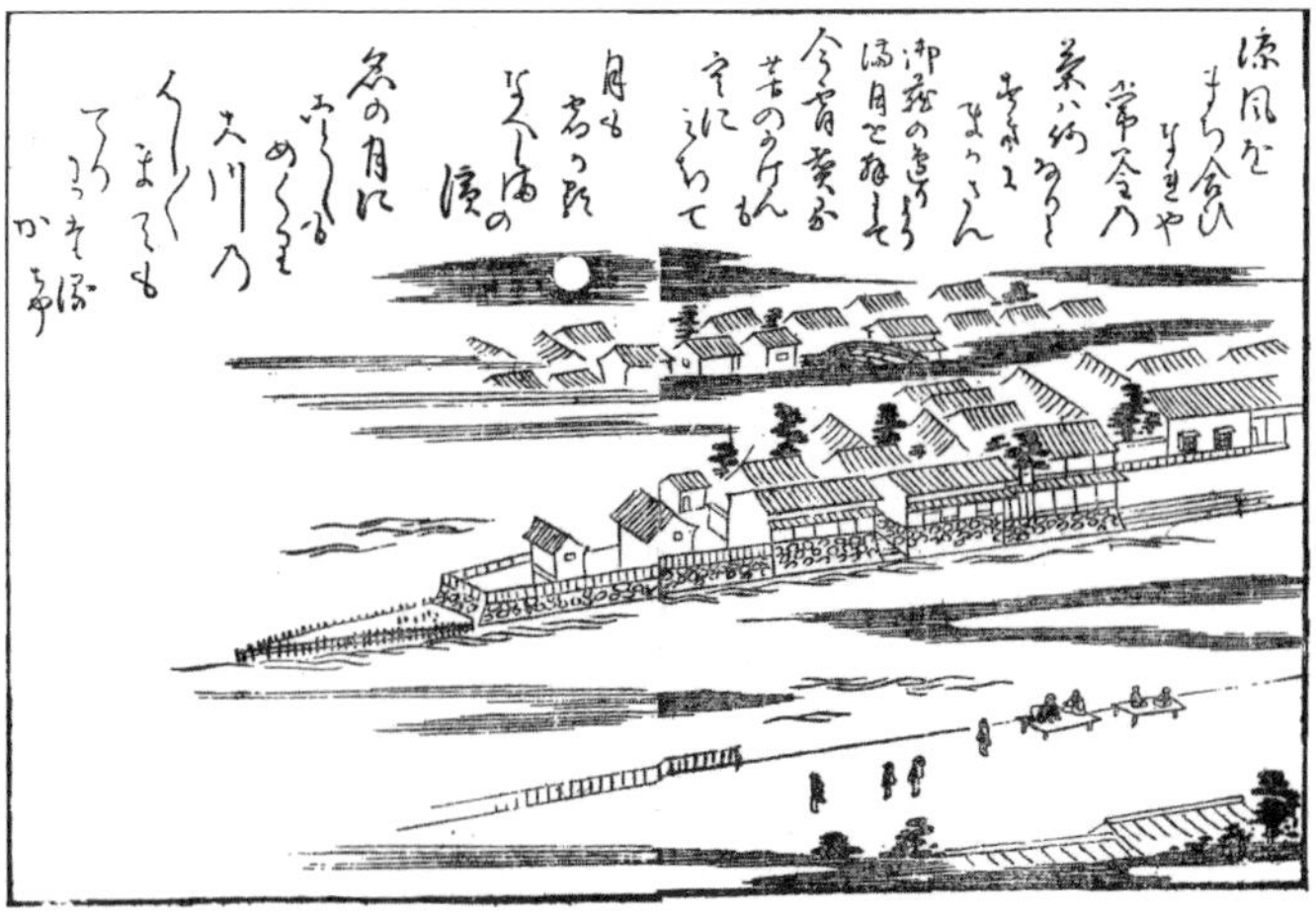
図6-8　山崎の鼻（『狂歌絵本浪花のむめ』〈『浪速叢書』〉所収）

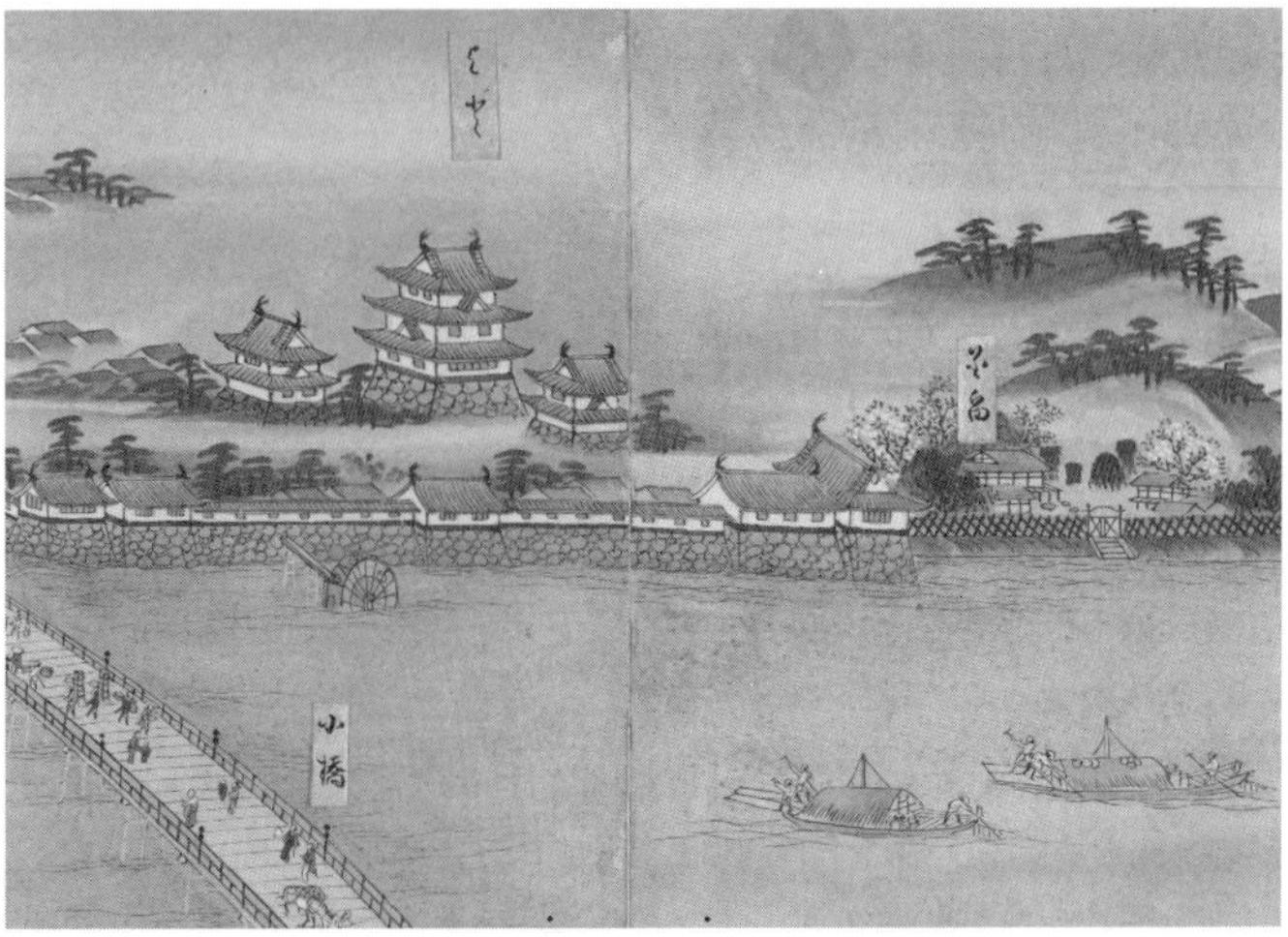

図6-9　淀城と淀小橋（「よと川の図」部分・大阪市立住まいのミュージアム蔵）

図6-10　枚方宿（「よと川の図」部分・大阪市立住まいのミュージアム蔵）

描かれ、明和二年（一七六五）の「淀川両岸図巻」以降は一基になっていて、天守焼失を契機に景観が変化したことを思わせる。[14]

次に、民家の外観から景観年代を検討したい。「よと川の図」に描かれた民家を見ると、大坂、淀、伏見の町家はすべて瓦葺に描かれている。上方の町家の屋根は一七世紀後半に瓦葺が普及しているので、その後の変化を確認することは難しい。

一方、途中の街道筋は、大半が草葺であるが、守口、佐太天満宮門前、橋本では瓦葺の建物が部分的に登場し、枚方宿では中心部は軒なみ瓦葺で、「御本陣」の建物は他の町家より立派に描かれている（図6―10）。街道筋の民家が草葺から瓦葺に変化するのは一八世紀以降とされるので、屋根の葺材に着目して景観年代を絞り込んだ。

まず、枚方宿は、享保一五年（一七三〇）の「領地出入立会絵図」では、草葺の屋根が並んでおり、[15]延享二年（一七四五）の「浪花及澱川沿岸名勝図巻」でもすべて草葺に描かれているので、一八世紀前期は草葺が一般的であったと考えられる。[16]

しかし、一八世紀後半になると様相が変わり、明和二年（一七六五）の「淀川両岸図巻」に描かれた枚方は、宿場の端は草葺であるが、中心部は瓦葺に描かれている。橋本は、草葺が大半を占め、瓦葺は一部に止まっている。享和元年（一八〇一）の『河内名所図会』に掲載された枚方宿も、中心部は瓦葺の家並みに描かれている。[17]さらに文久元年（一八六一）の『澱川両岸一覧』では、枚方宿だけでなく、守口、佐太、伊加賀（一部）、橋本の家並みも瓦葺で描かれていて、幕末には軒なみ瓦葺に変化している。このように、民家の屋根材料に注目すると、「よと川の図」は、「淀川両岸図巻」や『河内名所図会』の描写と重なっていることが分かる。

以上、当時の地形や目印とされた建物の存在、街道筋の民家の特徴などを踏まえると、「よと川の図」の景観年代は、およそ一八世紀末、寛政頃と考えて大過ないものと考えられる。

三節　福岡藩大坂蔵屋敷と参勤交代

（1）福岡藩大坂蔵屋敷の規模と構造

「よと川の図」は、淀川両岸の風景を描くと同時に、福岡藩大坂蔵屋敷を巻頭で大きく取り上げ、参勤交代で江戸に上る大名行列も描いている（図6―11）。そこで次に、福岡藩蔵屋敷と黒田家の参勤交代を軸に「よと川の図」を読み解いてみたい。

福岡藩黒田家は、藩祖を黒田長政とし、幕末の長知まで一二代を数えた。領地は筑前国のほぼ全域で当初は五二万三〇〇〇石あったが、二代忠之の時代に秋月藩五万石と直方藩四万石を分知し、その後、享保五年（一七二〇）に直方藩の廃藩とともに、四七万三〇〇〇石となり、幕末に及んだ。藩庁は福岡に置かれた。

福岡藩の大坂蔵屋敷に関する指図類は残っていない。そこで、一八世紀中期の寛保・元文期と推定されている同藩関係の「大坂御役所勤仕方聞書覚」[18]から敷地や建物関係の史料を以下に抽出した。

まず、敷地規模は、表が東西五六間六尺、[19]裏が東西五八間六尺、南北は西側が四六間四尺、東側が四五間で、坪数は三五五二坪一合七勺であった。

敷地内の建物や道具については、寛保三年（一七四三）の「定」[20]に「御家、蔵、長屋、川舟」「御銀方長屋、座敷、玄関」などの名称があり、火事の際の持ち場として「三ヶ所御門」「御殿」「惣御蔵御長屋」「川御座」が、門松の飾り場所に「御玄関　表御門　裏御門　御台所口　一番御蔵」「川御座」が、そして宿料（借家の賃貸料）に関して「扇子長屋御借家」「東御借家」の名称が挙がっている。また、「大坂御屋敷内御蔵詰之覚」[21]によると、「表御門より東」に一番から四番まで、「奉行長屋ノ東側」に五番から八番まで、「東長屋之北側」に九番から一一番まで、「留守居長屋之南側」には一二番と一三番、「御殿之西側」に一四番から一七番まで、「同所南側」に一八番から二〇番まで、「御台所ノ西」に二一番、「表御門西」に二二番から二五番まで計二五棟の米蔵が建ち並び、合計一三万一八六三俵の米を収納できたことが判明する。

さらに、幕末に福岡藩の勘定奉行[22]であった大岡克俊が残した「浪速詰方日記」[23]に、「御屋敷鎮守両社」「初午日ニ付稲荷御祭礼有之御留守居長家ニ打寄」「御屋敷天満宮御祭礼ニ而夕浄瑠理奉納有之」などの記事があり、[24]同藩大坂蔵屋敷内に鎮守社が二社あって、稲荷社と天満宮（太宰府天満宮）であったことが分かる。[25]

これらを総合すると、福岡藩蔵屋敷に存在した建物は、一番から二五番までの米蔵、表御門、裏御門など三つの門、御殿（御家）、留守

図6-11　大名行列（「よと川の図」部分・大阪市立住まいのミュージアム蔵）

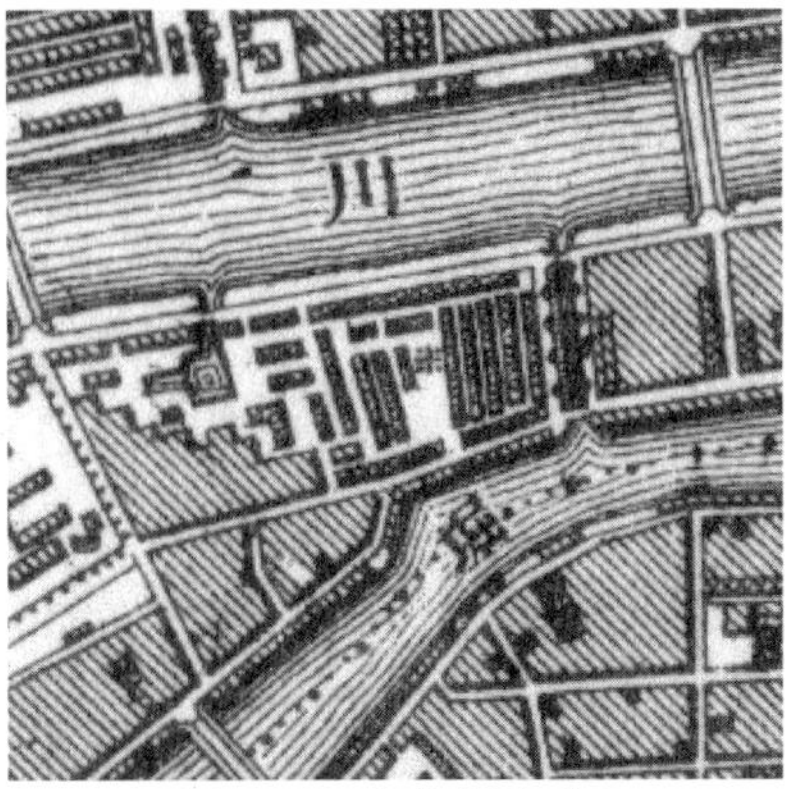

図6-12　中之島周辺図
（「仮製二万分の一地図」中央の街区の東半分が旧福岡藩蔵屋敷、西半分が旧鳥取藩蔵屋敷である）

図6-13　淀川をさかのぼる川御座船
（「よと川の図」部分・大阪市立住まいのミュージアム蔵）

居長屋、奉行長屋、銀方長屋、台所、扇子長屋、東長屋、川御座（船）、鎮守社二社（稲荷社と天満宮。幕末の安政七年には相殿となり一社になる）などが確認でき、部屋の名称として、座敷、玄関、台所口の存在が分かる。なお、寛保三年に極められた「大工左官家上葺平日用賃銭定」によると、大工、左官に続いて「板家上葺」とあり、この時期、御殿の屋根は柿葺《こけら》であったと推定できる。

精密な図面ではないが、陸軍陸地測量部が作成した明治一八年測量・同一九年製版の仮製二万分の一地図を見ると、中之島の旧蔵屋敷の建物の形状がある程度判明する。旧福岡藩蔵屋敷の敷地では周囲と内部に細長い建物が何棟も連なっている様子が見て取れる（図６―12）。これが一番から二五番までの米蔵であろう。ちなみに、敷地中央の米印は米倉の地図記号である。(26)

(2) 福岡藩の参勤交代と変遷

次に黒田家の参勤交代の様子を見ておきたい。江戸時代前期・中期の旅程は、福岡・大坂間は海船、大坂・伏見間は川船を利用し、その後は東海道を陸路で江戸に向かった。その後、陸路の利用区間が次第に延び、江戸後期には瀬戸内海を使わず陸路で中国路を使い、大坂と伏見の間も陸路に変化したとされる。(27) 江戸中期の享保八年（一七二三）の参勤交代では、

十月十四日　今朝六時過、川御座船被為召、川口御出船、五ツ半時大坂御着岸、御屋敷表御門前より被為揚
十月十六日　今日四ツ時過、大坂御屋敷御立、表御門前より川御座ニ被為召、伏見江御登被遊

とあって、江戸前期以来の旅程を踏襲している。(28) 翌、享保九年に江戸から本国に帰国する時も、三月一七日に伏見を川御座船で出発して大坂蔵屋敷に入り、一九日の朝に蔵屋敷を出発し、川御座船で川口へ向かい、そこで御座船に乗り換え、二〇日に川口を出港して兵庫に向かっている。これは参府と逆のルートであるが、同様の旅程を組んでいる。(29) ちょうどその翌日、大坂は前代未聞の大火（妙知焼）に見舞われた。福岡藩一行は二三日にこの知らせを受け、江戸惣中に書状を送っている。この中で「大坂過半ハ焼失」したが、さいわい福岡藩の蔵屋敷は類焼を免れたこと、(30) 蔵元の鴻池や榎並屋が類焼したことなどを報告している。(31)

翌、享保一〇年一〇月の参府途上に大坂を通過した時の記事は、大火から一年半しか経っていないのに、それまでと同じコースをたどり、大坂の町人の拝謁をうけている。(32) 翌々年、享保一二年の江戸参府も同じ旅程であった。(33)

ところが、享保一三年、江戸から本国に帰国の際は、伏見と大坂の間は川御座船を利用しているが、大坂の蔵屋敷からは、陸路で西宮に入り、ここで休息を取った後、兵庫で宿泊し、播州の坂越《さこし》から若松まで御座船に乗り、その後は陸路で帰城している。「是迄は帰国の時、大坂より乗船せられしか、此度は播磨灘をさけて、此所より乗船したまふ。以後も又かくしたまふ」(34) とあって、大坂の川口まで入っていた御座船が坂越までに変更される先例になっている。続いて、享保一六年の参府の旅程は、坂越で上陸し、陸路を取って大坂蔵屋敷に入り、その後は陸路で枚方を通って、伏見に入っていて、淀川の川御座船から京街道を通る陸路が選択されている。(35)

その後、延享二年（一七四五）の参府では、大里（門司）から山陽道を通る陸路が用いられ、「此節はしめて中国路を通駕せらる」、「此以後ハすへて、山陽道を往来したまふ事となりける」[36]と記されている。淀川の上下については、享保一六年のように陸路を取ったこともあったが、明和五年（一七六八）の帰国の時は「三月五日伏見に着給ひしに、（中略）六日川船にて大阪に下り給ふ。船中にて松平薩摩守に行あひ、彼方の船に行給ふに、吸物菓子等出て、しはし対話あり」[37]という記事もあり、下りには川御座船を使い、途中で行きあった松平薩摩守（島津家）の船に乗り移って交流する場面もあった。一方で、安永三年（一七七四）には陸路で枚方を経由して伏見に向かっている[38]。この時期は、上りは陸路、下りは水路を利用していたのかもしれない。

　福岡藩の参勤交代の旅程は、一九世紀前期になると、例えば文政一三年（一八三〇）は、大里・下関間は船を用いるが、基本的には中国路と東海道を利用している。また大坂蔵屋敷には立寄って滞在しているが、淀川の川御座船を使うことはなく、陸路の行列になっている。以後、幕末まで、その旅程が踏襲されている[39]。

　「よと川の図」の景観年代である一八世紀末頃における福岡藩の参勤交代は、大坂蔵屋敷に滞在しているが、海路ではなく陸路を取り、淀川を上下する川御座船を利用する場合と、枚方宿を通る京街道を利用する場合があったが、次第に陸路に移っていったものと思われる[40]。

（3）参勤交代時の大坂蔵屋敷

　福岡藩では参勤交代の往還に大坂蔵屋敷で宿泊した。藩主の大坂蔵屋敷滞在時の様子は、同じ九州の大藩である佐賀藩の記録が具体的に伝えてくれる。藩主来坂の予定が通報されると、蔵屋敷では様々な準備が行われた。まず、御留守居役を筆頭に屋敷の内外を巡見している。その中に修理方や大工頭が加わっていることから建物の維持管理が主目的であることが分かる。

　その内容は、屋敷の掃除、損傷箇所の点検と修理、仮設建物の設置などである。建物や庭園の掃除はもちろんのこと、台所の「へつい」（竈）の塗直し、門や塀の腰板の洗い、障子や行燈の張替、藩主が使う風呂の試し焚き、御屋形の床下の点検など広範囲に及んでいる。さらに、馬屋や番所は組立式の仮設建物が用意されていた。馬屋仮屋は船入の東脇に組み立てられ、仮設の辻番所は居間となる御屋形の西側に二か所設けられた。さらに三か所の門と式台の前には大提灯が用意された[41]。

　藩主の到着直前になると蔵屋敷の外回りに塚砂を盛り、二か所の門には突棒・刺股などの三つ道具を立てて番人が詰めた。御屋形の式台の前の大提灯と所々に行燈が用意され、御居間の床の間には三方の上に大熨斗一把と大奉書二枚が置かれ、刀掛けもしつらえられた。行列の荷物などを収容するため、米蔵の一棟を空にして台所役に引き渡し、その他、蔵二棟ほどを空けておき、荷物などの収容に備えた。さらに普段は使わない会所の米廻場を臨時の住居に模様替えするために畳を敷いている[42]。

　佐賀藩の大坂蔵屋敷では、参勤交代の前に御殿を中心に破損箇所の点検や修理、掃除や障子の張り替えなどを行っていた。これが蔵屋敷の建物の維持管理につながっていた。また、藩主滞在中は、外に提灯を吊り、組立式の建物を出し、床の間を飾るなど、大幅な模様替えを行っていたことが分かる。

四節　「よと川の図」の制作意図と価値

あらためて「よと川の図」の冒頭に描かれた福岡藩大坂蔵屋敷の様子を詳しく見ておきたい。まず屋敷の内部を見ると、なまこ壁を付けた米蔵が建ち並び、長屋門をはいった所には番所がある。敷地の中央に「御屋敷」と貼札が付けられた建物が御殿である。瓦葺・入母屋屋根の立派な建物で、室内には畳を敷き、周りに縁を巡らせている[43]。前庭は塀で囲まれ、その周辺には桜や松が描かれている。桜が満開なので季節は春である。塀の横に建っている瓦葺の細長い建物は、柱が朱色で表現されており、五間社の見世棚造りの祠のように見える。そうであれば、稲荷社と天満宮を勧請した鎮守社であろう。

土佐堀川に川御座船と供船が繋留されていることから、参勤交代途上の藩主が滞在している可能性が高い。屋敷の外廻りには大提灯が出され、普段は閉じられている長屋門の扉が開かれている。屋敷内の様子を見ると、要所に提灯が立てられ、瓦葺の番所には畳が敷かれ、幔幕が張られ、横には警固道具が立てられている。さらに米蔵の扉が開かれているように見えるのは、参勤交代用の諸道具を収容したのかもしれない。

屋敷の内外を見ると、大勢の人が立ち働いている。中間《ちゅうげん》に進物と思われる荷を持たせた侍がしきりに出入りし、番所などで挨拶をしている。さらに川御座船の周辺には何組もの見物人がいて、普段は見ることができない珍しい風景であったことが推察できる[44]。

大坂の名所図などでこれまで紹介されてきた蔵屋敷の図は外観や門前が多く、内部を描いたものは少ない。唯一内部を描いた「久留米藩蔵屋敷図」は屋敷の年中行事を描いたものである[45]。それに対して本図は、参勤交代時に藩主の宿所として使用されている蔵屋敷を、内部から描いており貴重である。

「よと川の図」を読み込んでみると、参勤交代の旅程が描かれているように思われる。ただ、福岡藩が参勤交代の途上、川御座船を使ったのは江戸前期から中期にかけてのことで、本図の景観年代である一八世紀末には陸路を使っていた。すなわち、枚方付近の京街道を通行する大名行列が現実の姿で（図6―11）、蔵屋敷の前に停泊している、あるいは中津川との合流点をさかのぼっている川御座船は、過去の姿である（図6―13）。さらに、福岡藩の在府期間は一一月から翌年の二月なので[46]、桜の季節は帰路に当たり、行列の方向は反対である。これらの点で本図は事実を正確に描いたとは言えない。

とはいえ、本図の特徴は淀川両岸の景観や風物をテーマとし、そこに福岡藩の参勤交代を組み合わせたところにある。景観や風物はできるだけ詳細かつ明瞭に描き、参勤交代は過去と現在を重ねて表現したのがこの絵図の趣向であろう。美術作品として見ても、彩色は精妙で、金泥による「すやり霞」を用いるなど、丁寧に仕上げられており、おそらく然るべき家の愛蔵品であろうと推察される。制作の注文には福岡藩関係の武家あるいは藩出入りの商人が関与したのではないかと想像できる。

（1）淀川沿岸を連続的に描いたものとして、大岡春卜筆「浪花及澱川沿岸名勝図巻」（関西大学図書館蔵、一七四五年）、円山応挙筆「淀川両岸図巻」

（アルカンシェール財団蔵、一七六五年、下図は一七六三年）、伊藤若冲筆「乗興舟」（三井記念美術館蔵、一七六七年頃）などがある。また『大川便覧　乗陸必携』（一八四三年）などの刷り物、松川半山画『澱川両岸一覧』（一八六一年）などの地誌も作られた。また蔵屋敷の内部を描いた作に眉山玉震筆「久留米藩蔵屋敷図」（尾嵜彰廣氏蔵、大阪市指定文化財、一八六七年）がある。連続構図ではない冊子として、他に『摂津名所図会』（一七九六～九八年）や『河内名所図会』（一八〇一年）などがある。なお、幕府により制作された『五街道分間延絵図』（東京国立博物館蔵、一八〇六年）の東海道の巻もあるが、一般の目に触れる機会はなかった。

（2）筑前橋は明治以降に江戸時代よりも西の現在地に架け替えられた。貼札は書体から二つに分類でき、仮名文字併用のものが当初の貼札と推定される。本来の肥後橋には「ひごはし」との貼札がある。一方、「肥後橋」の貼札は異筆で、書体から判断して明治以降の筆と考えられる。

（3）延宝六年（一六七七）頃の様子を画いた「大坂中之島図」（大阪歴史博物館蔵）によると、筑前橋の正面に表口五七間二尺の「松平右衛門佐様」（黒田家三代当主・光之）の屋敷があった（八木滋「〈大坂中之島図〉―蔵屋敷関係資料―」『大阪歴史博物館研究紀要』第三号、二〇〇四年）。

（4）『中之嶋誌』（中之島尋常小学校創設六五周年／中之島幼稚園創設五〇周年記念会発行、一九三七年）

（5）この建物は、昭和八年、三井ビルの建設に際して大阪市に寄贈され、現在地に移築されたもので、現存唯一の蔵屋敷の遺構として大阪府有形文化財に指定されている。『中之嶋誌』（前掲注4）には「大阪倉庫会社　大阪に於ける最初の倉庫会社であつて明治十六年五月十日資本金二十萬円を以て中之島二丁目旧筑前福岡藩蔵屋舗（現今三井物産支店及新大阪ホテル）に於いて開業した、外山脩造外八名が主として鴻池一家の出資を得て創立したもので（中略）当時の正門は後藤又兵衛に関係ありとの伝説があつたので大正の晩年道路修築の際は軒先を切縮めた儘であつたが三井物産会社の手に移りコンクリート造りに改築の際同門は一式大阪市に寄附せられ現今は天王寺公園美術館南手に現状の儘移築保存せられてゐる。」と記されている。なお、現存する武家屋敷の長屋門の中で、小庇を付けたものは珍しい。

（6）『摂陽見聞筆拍子』巻三「筑前殿橋の事」（『新燕石十種』所収）。編者の浜松歌国は文政一〇年（一八二七）没。同じ作者の『摂陽落穂集』（一八〇八年）、『神社仏閣願懸重宝記』（一八一六年）がある。

（7）土佐堀川に架けられた肥後橋、淀屋橋、栴檀木橋の橋詰にも木戸門が描かれている。なお、筑前橋の北詰めにある雁木の石は町民が砥石として利用したとも伝わる。

（8）「大坂西町奉行所図」（神戸市立博物館蔵）は、旧蔵者の川村修就が嘉永七年（一八五四）に西町奉行に就任しており、その頃に作成・入手されたものとされる。図では、正門を入った正面にある玄関の建物の上に「火の見」が設けられていたことが分かる。「大坂東町奉行所図」（『大阪市史』第二、一九一四年）は、一色直温（在職は一八五八～六一年）旧蔵の鳥瞰図。別に付図として平面図もある（『大阪市史』付図、一九一二年）。両図を対照すると、東町奉行所でも玄関の上に火の見櫓が載っていたことが分かる。ただ、鳥瞰図では屋根がすべて瓦葺に表現されている。「よと川の図」では町奉行所の屋根が柿葺に表現されているので、幕末よりさかのぼることを思わせる。

（9）「大谷本願寺通紀」「本願寺津村別院記録抜粋」（『大阪編年史』第七巻、一九六九年）。後者には次のような記事がある。「享保九年甲辰三月廿一日、大坂大火、罹災、堂塔全部類焼。（中略）同十九年十月五日上棟式ヲ行ヒ、同廿二日慶讃ノ式ヲ挙ク。前例ニ依リテ住如上人（本願寺第十五世）嗣法主ト共ニ之レカ法式ヲ親修ス。現今ノ仏殿即チ是レ也。宝暦十三年三月、対面所落成シ、安永七年ニ至リ、書院・台所成リ、輪奐美ヲ尽クス」とある。

（10）大川と旧大和川、鯰江川の合流点には備前島があったが、明和七年（一七七〇）に治水のために八軒家浜前まで水分堤が延長された（「御触及口達」明和七年『大阪編年史』第一〇巻、一九七〇年）。これが将棊島である。ただ、古地図によると、将棊島の存在は一八世紀中期までさかのぼる。

（11）大阪城天守閣図録『描かれた大坂城・写された大阪城』（二〇〇八年）。大阪城天守閣・宮本裕次氏の御教示によると、「大坂城絵図」は公的色彩の強いものとされる。その他、天明三年（一七八三）から嘉永元年（一八四八）の景観とされる「浪華城全図」（大阪城天守閣蔵）、文化三年（一八〇六）完成の「東海道分間延絵図」、文化年間成立の『錦城聞見録』、嘉永元年（一八四八）『浪華勝槩帖』「川崎塘夕陽」（玉手棠洲筆）などに天守台の周りの塀が確認できる。

(12)『摂津名所図会』（一七九六～八年）には、山崎の鼻に料亭が描かれており、『狂歌絵本浪花のむめ』（一八〇〇年）と齟齬がある。後考に俟ちたい。

(13)京都府立総合資料館蔵

(14)『東海道分間延絵図』（一八〇六年）、『大川便覧』（一八四三年・一八五八年）、『澱川両岸一覧』（一八六一年）も一基である。淀城天守の焼失は『徳川実紀』、本居宣長『在京日記』に依る。

(15)『旧枚方宿の町家と町並』（枚方市教育委員会、一九八九年）

(16)川向かいの西国街道（山崎道）の宿駅である芥川宿でも、享保一九年（一七三四）の「芥川宿絵図」（個人蔵）に画かれた家並みは、本陣を除くとすべて草葺屋根に表現されている。民家調査によると、瓦葺の町家で古いものは、文化一一年（一八一四）の田渕家住宅であった。（谷直樹・川上貢ほか「旧城下町高槻および旧芥川宿とその町屋について」『日本建築学会大会学術講演梗概集』一九七三年）

(17)『東海道分間延絵図』（一八〇六年）でも、枚方宿や橋本の家並みは、瓦葺と草葺が混在し、中心部は瓦葺に変わっているように見える。しかしこの絵図は全国の街道を短期間で描いており、目印になる建物以外は画一化されている恐れがあるので、どこまで忠実かは分からない。

(18)「大坂御役所勤仕方聞書覚」（宮本又次編『大阪の研究2』清文堂、一九六八年）

(19)延宝六年（一六七八）頃とされる「大坂中之島図」（大阪歴史博物館蔵）には表口五七間二尺とあり、数値に若干の誤差がある。（八木滋「〈大坂中之島図〉―蔵屋敷関係資料―」前掲注3）

(20)「大坂御役所勤仕方聞書覚」（前掲注18）

(21)「大坂御役所勤仕方聞書覚」（前掲注18）

(22)一般に大坂では蔵屋敷詰方役の代表者は留守居と称したが、福岡藩では大坂蔵元奉行がその地位にあった。これとは別に勘定奉行の一人が大坂蔵屋敷に常駐し、事実上の最高責任者の役割を果たしていた。しかし、天保一一年、財政難から大坂蔵元奉行を廃止し、勘定奉行がこれを兼ねることになった（森泰博「大坂蔵屋敷在勤勘定奉行の生活」『福岡県史　通史編福岡藩（一）』福岡県刊、一九九八年）。

(23)「初度目浪速詰方日記」「弐度目浪速詰方日記」「四度目浪速詰方日記」（大阪商業大学商業史博物館編『蔵屋敷Ⅲ』大阪商業大学商業史博物館史料叢書第三巻、二〇〇二年）。「浪速詰方日記」は三冊現存しており、第一冊は天保一一年二月から翌年五月まで、第二冊は嘉永三年正月から翌年五月まで、第四冊は文久元年七月から翌年七月までの日記で、第三冊を欠いている。

(24)嘉永三年七月二五日「例月之通天神待会座拙者御長家ニ而催」、同七月二一日「御屋敷鎮守両社玉垣此度石ニ而造立」、嘉永四年二月朔日「初午ニ付稲荷御祭礼有之御留守居長家ニ打寄」、文久元年一一月八日「稲荷社御祭礼」、文久二年二月二四日「御屋敷天満宮御祭礼ニ而夕浄瑠理奉納有之」同二五日「右同段にわか奉納、例月之天神待　御殿へ持出」などの記事がある。とくに、毎月二五日には「天神待会座」を催していたことが分かる。

(25)第五章参照

(26)『日本図誌大系』（朝倉書店、二〇一一年に復刻普及版刊行）に、当時の図式が掲載されており、「米印」は「米倉」とされている。大場茂明氏のご教示による。

(27)『福岡県史』（前掲注22）

(28)「江戸御往来海陸日記抜書」九州大学記録資料館九州文化史資料部門（九州文化史研究所所蔵写本）。

(29)「江戸御往来海陸日記抜書」

享保九年三月十七日　今朝五ツ時、伏見御出船、八ツ半時大坂御着座被遊、川御座乗。三月十九日　今朝五半時、大坂御立、川御座船江被為召、御下り、四時前、川口御着、御座船江御移被成。三月廿日　今朝五時、川口御出船、漕船ニ而八時過兵庫御着、御泊船被遊。

(30)「米商旧記」(『大阪編年史』第七巻）などにあげられている焼失蔵屋敷の中にも、福岡藩蔵屋敷はない。

(31)「江戸御往来海陸日記抜書」

一筆令啓達候大坂表一昨廿一日昼九ツ時過北堀江より出火南風強及大火　御城近辺迄町数夥敷焼失候此方御蔵屋敷も程近ニて危在之候得共無別条、大坂過半ハ焼失ニて可有之由来火鎮り不申候（中略）

一鴻池善右衛門同新七榎並屋五右衛門なとも致類焼万端差支ニ相成可申気毒成儀無故候、恐々謹言

三月廿三日　助右衛門・万右衛門・太郎兵衛

江戸惣中

(32)「御参勤海陸日記」

享保十年十月二十一日　四時、瑞軒嶋より川御座船被為召、四半時大坂御蔵屋敷御着座。十月二十三日　朝四時、大坂御屋敷御立、御門前より川御座船。十月二十四日　朝六時、伏見着岸。

(33)「江戸御往来海陸日記　乾」

享保十二年十月十四日　朝五つ半頃、大坂御着岸、御屋敷江被為入（中略）川御座船江被為召移候時分、今度新造之御座船江被為召候付、左之面々仕切幕之内ニテ御目見被仰付。十月十六日　昼四時、大坂御屋敷御立、御門前より川御座被為召、伏見江御登被遊。

(34)『新訂黒田家譜』第四巻（文献出版、一九八二年）

(35)「江戸御往来海陸日記　坤」

享保十三年三月二十八日　今朝五時、伏見御乗船御通ニ而八時比大坂御着被遊。三月晦日　今朝六半時前、大坂御蔵元御発駕、四半時比西ノ宮御休江被為入、追付御立、兵庫御着御止宿被遊。

「江戸御往来海陸日記抜書」

享保十六年十月十一日　五ツ過坂越御着船四半時御上陸。△京大坂江飛脚被指越御用。一筆令啓達候（中略）十四日其元御着被遊翌日御滞座十六日御立枚方通伏見御越被成筈候（中略）十月十一日　高浜十兵衛殿（以下略）。

(36)『新訂黒田家譜』第四巻（前掲注34）。

（延享二年）十二月十五日、参勤の為福岡を発駕し、十九日大里に渡海し、夫より陸行し、此節はしめて中国路を通駕せらる。閏十二月廿二日江戸の藩邸に着給ふ。

（延享三年二月）十九日江戸を発し、三月二日大阪に着、四日同所を立、中国路を経て、同十七日下関より大里に渡海し、廿一日帰城したまふ。継高参勤し給ふに、是まてハ若松より乗船し、海路を経て大坂、或ハ坂越に至り、夫より陸行したまひしか、去年冬月に参勤の節、船路をやめ、はしめて中国路を経過せられしに、宿駅のさしつかへなく、日数もさたまり退屈なく宜しかりき。然れは此春下国の節も、海上いまた波あらく、殊更羊頭風の時分なれハとて、又中国路を経て下り給ひぬ。此以後ハすへて、山陽道を往来したまふ事となりける。

(37)『新訂黒田家譜』第四巻（前掲注34）。

(38)『新訂黒田家譜』第五巻（文献出版、一九八三年）。

（安永三年）継高当十月中出府せらるへきよしの奉書を渡されける。是に依て此日発駕し給ふ。九月廿二日大坂に着き、廿五日枚方通り伏見に至り、廿七日同所を発せらる。

(39)「御参勤御往来御用記　一」文政六～一三年、「御参勤御往来御用記　二」天保二～一三年、「御参勤御往来御用記　三」天保一二～弘化四年、「御参勤御往来御用記　四」弘化四～嘉永六年、「御参勤御往来御用記　五」文政五～安政四年。

(40)特定の藩では蔵屋敷の御殿を宿泊に使うのは参勤交代だけでなかった。朝鮮通信使は対馬藩、琉球使節は鹿児島藩の大坂蔵屋敷にそれぞれ滞在している。

(41)「年中行事」（大阪商業大学商業史博物館編『蔵屋敷Ⅰ』大阪商業大学商業史博物館史料叢書第一巻、二〇〇〇年）

(42)「年中行事」（前掲注41）

(43)『中之嶋誌』（前掲注4）の「回顧談」に「蔵屋敷の内には御殿が設けられてある。御殿とは藩侯が参勤交代の際などに大阪に立寄つて二三日逗留する場処で、其構造は余り立派でない。大阪に立寄らずに直に上下する例になつてゐる諸侯の屋敷には御殿は設けてない」とあるが、西国大藩の大

坂蔵屋敷の御殿は、相当の規模があり、「余り立派でない」とは言い難い。

(44)『摂津名所図会』には「関西諸侯乗船・琉球人難波津着参」と題した挿図があり、朝鮮通信使の御座船の発着に多くの見物人が押し寄せ、屋敷と浜の間に柵が設けられていたことが分かる。本図は行列の発着の様子ではないので、そこまでの人出と警固はない。

(45)「久留米藩蔵屋敷図」(前掲注1)には、主にうず高く積み上げられた米俵の山、米の検査や入札、米蔵への搬入などの風景が描かれている。伊勢戸佐一郎・谷直樹「佐賀藩大坂蔵屋敷の建築と年中行事」(『大阪の歴史』第二五号、一九八八年)

(46)『福岡県史』通史編四、二二五頁。

第七章　畿内小藩の大坂蔵屋敷――小室藩大坂蔵屋敷の成立と解体――

一節　小室藩大坂蔵屋敷

小室藩は、近江国浅井郡小室周辺を領した外様の小藩である。藩主の小堀氏は、近江国坂田郡小堀村（滋賀県長浜市小堀町）を本拠とした一族で、正次は当初浅井氏に、次いで豊臣秀吉に仕えたが、関ヶ原合戦では徳川方に与し、その功により備中国で一四、四六〇石余を領した。正次の嫡子政一は、慶長九年（一六〇四）一〇月、正次の遺領のうち一二、四六〇石余を継ぎ、残りは弟が継いだ。同一三年には遠江守に任ぜられ、造園・建築・茶道に造詣の深い芸術家小堀遠州の名前で知られている。元和五年（一六一九）には、備中国から浅井郡に所領を移され、浅井郡小室に陣屋を置いた。[1]

小堀政一は、元和三年に伏見城本丸書院の普請奉行とともに河内国奉行も仰せ付けられた。そこで、伏見城の作事と河内国の支配を兼務するため、同年、大坂天満に屋敷を拝領した。[2]

（1）既存史料による蔵屋敷の確認

小室藩大坂蔵屋敷の所在地を絵図史料でみると、明暦元年（一六五五）と推定される「大坂三郷町絵図」[3]では、天満の南木幡町に「小堀大膳屋敷」[4]が示されている（図7―1）。次いで、同三年の「新板大坂之図」には「小堀遠江」とあるが、政一は正保四年（一六四七）二月六日に伏見奉行屋敷で死去し[5]、正之は備中守であることから、この記載は誤記と判断される。延宝九年（天和元年＝一六八一）の「辰歳増補大坂図」には屋敷の記載はなく、町名のみがみられる。貞享四年（一六八七）の「新撰増補大坂大絵図」では、「小堀大膳、酉ノ年より町屋ニナル」と記されており、この「酉ノ年」は天和元年と比定されている。[6]元禄年中の「新板摂津大坂東西南北町嶋之図」では、屋敷・町名ともに記載がない。

次に、文献史料をみると、延宝七年の「難波雀」に記載はないが、「御大名衆蔵屋敷並留守居」「諸大名蔵屋敷一覧」[7]には、元禄年間と延享四年（一七四七）の状況が記されている。すなわち、元禄年間には「天満南木幡町、小堀大膳亮殿、名代支配和泉屋七兵衛」、延享四年には「蔵屋敷南木幡町、留守居万屋六左衛門」とあり、さらに延享五年の「難波丸綱目」には、「小堀和泉守政峯、一万六百三十石、大坂屋敷南木幡町、留守居無之、名代南木幡町万屋六左衛門」とあり、蔵屋敷の存在がうかがわれるが、安永六年（一七七七）には用聞きのみとなった。[8]

以上のように、既存の史料から屋敷変遷の概要をうかがうことができるが、これらの経緯の詳細については不明な点が多い。そこで本章

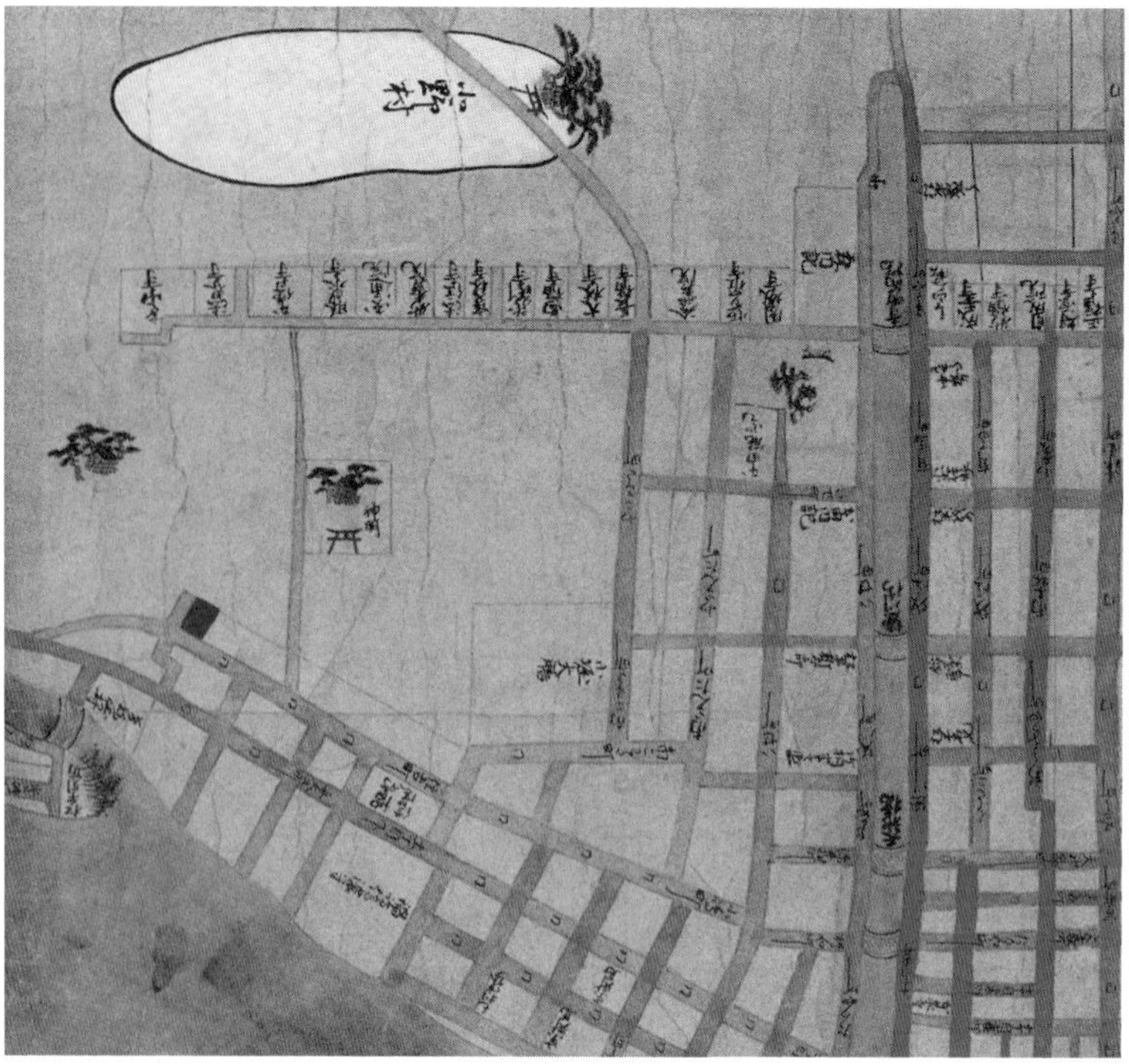

図7-1　小室藩大坂蔵屋敷の位置（「大坂三郷町絵図」大阪歴史博物館蔵）

では、「佐治重賢氏所蔵文書」(9)によって小室藩大坂蔵屋敷の変遷をたどり、同藩蔵屋敷の特質を論じたい。なお屋敷の名称は、既述の「御大名衆蔵屋敷並留守居」にも記載があることから、小室藩大坂蔵屋敷と統一して用いる。

（2）初期の様子

小堀政一が元和三年に拝領した天満屋敷の位置は不明であるが、図7―1に記載された南木幡町に、その所在が確認される。また後述するように、拝領屋敷は売却することができないことを考慮すると、同屋敷は拝領当時から南木幡町に存在したと考えられる。寛永二年（一六二五）には、同屋敷で三男政尹《まさただ》が生まれている。また、松花堂から中沼左京に宛てた書状(10)によると、

（前略）

一、小遠州すき去十三日に出申候由候、権太輔、道志、徳庵嵩志、勝二郎、五人にて候由候、此頃河内ニ国廻ニ御出候よし候、御帰之時分承合坊主同道仕ふと大坂へ可罷下と存候、貴公様今程宮様御加行入らせられ候ハバ御ひま御座あるまじく候間、遠州御身廻ニ被成候哉、成申ましくと存候、二三日中に権太輔大坂より可為帰宅之由左候ハバ遠州御すきの様子可被聞召届候

（中略）

一、去十四日にかさりや徳庵大坂よりのぼり申候ニ御ことつてにて遠州より茶杓給候、一段見事成竹にて気ニ入申候、秘蔵此中御めにかけ申たく候

（中略）

十一月十六日　式部（花押）

左京殿

とあり、この屋敷に遠州好みの数寄屋があり、年紀は不明であるが一一月一三日に茶会が催されている。

また、小堀政一が、寛永一九年（一六四二）一〇月二六日に江戸(11)から家老の小堀権左衛門に宛てた書状(12)の中で、

尚々、大坂より米廻し候事、由断仕ましく候、（中略）

一㒵元八木事外高直ニ成候間、大坂より米廻し候様ニ可仕候（後略）

と、江戸での米価が高いことから、大坂からの廻米を指示している。

さらに、同二一年三月二一日付の小堀権左衛門宛の書状⑬では、

（前略）大坂ニ而米や共入札申付、唯今之相場ニ払申候様ニとの儀ニ候、守屋与三兵へ方より理申候ハヽ、壱人遣候而大坂之米屋共ニ札を入させ、其札之内、高直段ニ払ハセ可申候、以上（後略）

と、大坂における米の入札の指示を出している。

以上のことから、天満の屋敷には、拝領の当初から居住機能とともに米の収納販売を行う蔵屋敷の機能が備わっていたことがうかがわれる。

（3）小室藩大坂蔵屋敷の解体

小室藩大坂蔵屋敷は、小堀政一の仕事や茶会などでよく使用されていたが、政一が晩年の生活の中心を伏見においたことや正之が江戸に居住したこともあり、後には余り使用されなくなる。

「延宝五年丁巳九月天満御屋敷之儀覚書之帳」⑭に収録された「半入覚之口上書」⑮には、同屋敷のその後の経緯が記されている。すなわち、同屋敷には以前から留守居として近藤理右衛門が住んでいたが、正保四年（一六四七）の政一の死後は、さしあたり入り用がないので、小堀権左衛門は理右衛門に扶持切米を給し、「其まゝ長屋ニ罷有、御屋敷中之地をも作り、それニ而御用之刻ハ相達候様ニも仕候へ」と申し付けたので、理右衛門は、「酉ノ年御屋敷地子ニ御借シ被成候迄」、悴の茂太夫とともに屋敷を守っていた。

この「酉ノ年」について検討する。政一が死去した正保四年から、この史料が記された延宝五年までの酉年は、明暦三年（一六五七）と寛文九年（一六六九）である。後述するように、明暦三年の大火に罹災した江戸屋敷復興のために、大坂蔵屋敷が解体されて江戸に運ばれたこと、跡地を「御借シ被成」れたことを考慮すると、この「酉ノ年」は、通説の天和元年（一六八一）ではなく、明暦三年と考えられる。

小堀家では、これ以前から大坂蔵屋敷を処分したい意向で、二七～八年以前、すなわち慶安二年（一六四九）頃、江戸から正之が小堀権左衛門に対し、大坂蔵屋敷は不要であるし希望する人もいるようなので処分するように申し付けた⑯。これを受けて権左衛門は、天満のあぼしや又右衛門⑰に屋敷の処分について周旋を依頼したが、又右衛門から、

（前略）右より之様子権左衛門殿ニも能御承知候事が、売屋鋪ニ可被遊との義いな事之様ニ存候、惣州公儀より拝領被成候屋鋪ハ売屋敷に不罷成事候、又買申ものも無之候（後略）

と、拝領屋敷は売り屋敷にならないし、買う者もいないことを確認している。

小室藩大坂蔵屋敷は、明暦三年の江戸の火事にさいし、「天満御屋敷長屋以下不残江戸へ廻り申候」と、屋敷・長屋の建物すべてが解体されて江戸に送られた。この火事は、「明暦の江戸大火」と言い、明暦三年正月一八日から一九日にかけて江戸で相次いで発生した三つの大火の総称で、俗に「振り袖火事」と呼ばれる。被災範囲は、現在の千代田・中央区に相当する当時の江戸市街の大半におよび、江戸城をはじめ大名屋敷一六〇、旗本屋敷七七〇、町屋敷約四〇〇町を焼き尽くした⑱。この火事を契機として、それまでの豪壮華麗ないわゆる桃山

建築が姿を消し、江戸城天守も再建されないなど、江戸の都市史・建築史上一つの画期となった大事件であった。

この復興にかかわる資材の高騰や職人不足など、建設業界の混乱は容易に推察されるが、小堀家では江戸屋敷復興のため、不要であった大坂蔵屋敷を解体して江戸に運んだのであろう。

その後の屋敷の様子は、元禄一四年（一七〇一）の絵図（図7―2）[19]によると、東西六七間二尺、南六四間半、北六六間のほぼ正方形、西北部に堀があり、規模は約四二〇〇坪であった。敷地の東南部に長さ八七間程の瓦葺きの長屋、南の瓦葺きの長屋に接して長さ一〇間の柿葺きの長屋があった[20]。蔵屋敷の周囲に長屋を建て、町人への貸家にする例が佐賀藩・高知藩などの大坂蔵屋敷でもみられることから、小室藩大坂蔵屋敷は、屋敷・数寄屋・藩士の長屋・蔵・貸家などで構成されていたと考えられる。

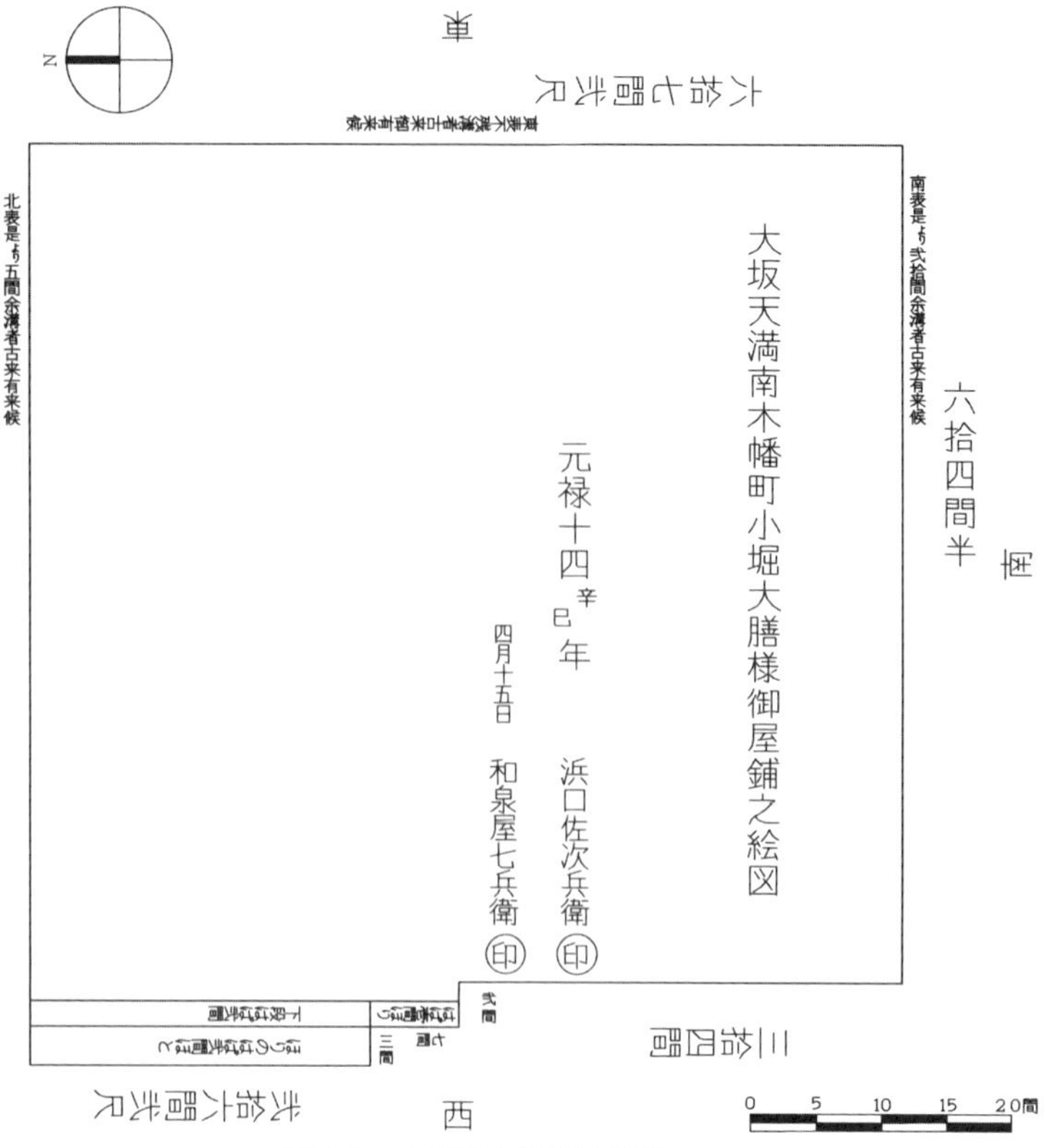

図7-2　小室藩大坂蔵屋敷図

二節　小室藩大坂蔵屋敷の変貌

(1) 明暦三年以後の小室藩大坂蔵屋敷

小室藩大坂蔵屋敷が解体され、江戸に運ばれた後の木幡町はさびれた。「天満屋敷之儀半入覚申口上書」によると、家や町並みをにぎやかにしたいとの思いから、同町の年寄が明暦三年六月頃[21]に小室に赴き、家老の小堀五右衛門に、

（前略）御屋敷御用ニも無御座候ハヽ、御屋敷町中江御預ケ被成可被下候、左候ハヽ、少々地子代をも差上ケ可申候、何時ニても御用之刻ハ指上ケ可申由訴訟申候（後略）

と、屋敷を使用しないのなら、地代を納め、必要な時には何時でも返却するから町へ預けて欲しいと願い出た。これに対して、五右衛門は、江戸に申し上げるとして年寄を帰したが、正之の意向は屋敷を手放すことに変わりはなかった。

そこで、五右衛門は、同年九月に正之の書状を携え、町奉行曾我丹波守古祐・松平隼人正重継を訪ねた。重継は、小堀側で拝領屋敷が不要であるならば公儀へ返すように指示したが、古祐は、

（前略）拝領地払屋敷之儀者並も無之候ヘハ御払之儀も不入事候、左候とて右之屋敷儀ヘ御上ケ候てもさして御用ニ立候儀ニ而も無之候、又大膳殿御用之刻拝領被成度の儀ハ不成事ニ候間、何とそ町人共ニ預置候様ニ仕可然候（後略）

と、拝領屋敷は売れないし、公儀へ返しても役に立たない、それに小堀家が必要な時には再び拝領することはできないので、町人へ預けてはどうかと町人への賃借を提案し、家来の今村五兵衛にその段取りをさせた。

今村は、九月一二日に天満惣年寄を呼び、小室藩大坂蔵屋敷の近所の屋敷売買の相場などを調べさせたところ、翌一三日に天満惣年寄の一人大和屋喜左衛門が、屋敷を小堀家の下屋敷にするのでなければ、惣年寄中で預かりたいと願い出た。翌日には、他の年寄も銀子五貫目で預かり、南東を町屋に、内は畠にしたい旨を明らかにした。[22] この額は、当時の周辺の相場が三・五貫目[23]であるから、かなりの高額であることがわかる。これに対し両奉行も、「天満惣年寄四人御屋敷預り状[24]」によると、

（前略）木幡町之もの共も年寄のそミ候直段を承り、其程ニて茂ほしきと存候ハて預り可申候、とかく銀高之方へ可遣候間、五右衛門相対次第ニいたし可申候、此方よりハ御かまい不被成候由可申候、亦南東の方ハ家を立、町屋なミに致候筈ニて預り候義尤ニ思召候（後略）

と、高額を出しても預かりたいという天満惣年寄の強い希望と、家を建てたいという意向を知り、高額者へ預ける方針を示しただけで干渉をしていない。

こうして、小室藩大坂蔵屋敷は、明暦三年九月二四日に天満惣年寄へ預けられることになった。留守居の近藤理右衛門は、年を取り、近江にも帰らないというので、政一時代の長屋にそのまま居住することが決まった。[25]

天満惣年寄側が預かる条件は、銀子五貫目のほかに、「大膳様御用の義ハ不及申、末々御子様達之御用ニ茂入申義御座候ハヽ」返却するとしているが、小堀側は、正之の用で屋敷を取り戻すときは二〇年以内なら銀子を返却するが、過ぎていれば返却しないとしている。[26]

小室藩大坂蔵屋敷は、明暦三年九月二四日から二〇年間天満惣年寄の預かりになったが、その間に小堀家では、当主の正之と家老の小堀五右衛門が死去し、三代政恒[27]に代替わりした。延宝五年（一六七七）六月、当年九月の賃借期限切れに関することで新たな問題が生じた。ここでは「口上之覚[28]」によって、その顛末をみていくことにしたい。

延宝五年六月二七日に上坂した長井弥次右衛門は、大坂蔵屋敷の返却について、縁者でもある彦坂壱岐守重紹配下の与力安藤甚右衛門・伊藤半兵衛に証文の写しをみせて相談したところ、両与力は、「慥成証文ニ御座候而、御返シ被成候ニ定而町人共異議ハ申間敷候」との見解を示した。そこで、屋敷預かり主の惣年寄四人（うち二人は死去したため代替わりしている）を呼び、屋敷の賃借期限が当年九月二四日に切れるので、返却の旨を申し渡したところ、年寄側は、先年屋敷を預かるさいに、御奉行からもそのようにいわれたし、家老の五右衛門からは、

（前略）いつまでも御取返シ被成儀ハ少も在之間敷候ヘ共、若公儀江御上ケ候歟、又者大膳様御居住之御屋敷ニ被成候義候者、其

節ハ返シ候様ニと被仰聞候[29]（後略）

と、返却の条件は、公儀へ御上げの時、正之の居住の時のみで、しかも地子銀は二〇年以内ならば返すが、それを過ぎれば返却しないとのことであった。年寄としては、いつまでも預かれるものと、かなりの借銀をして家を建てたので、このたび返却せよといわれても困ると反論した。

両者の間に入った安藤甚右衛門・伊藤半兵衛は、屋敷を取り戻したあとは、

（前略）五年ニても拾年ニても御極被成御預ケ被成候者、一年切ニ地代御究御取被成候様ニ可然候、預り申町人共も地代上ケ申勝手もよく[30]（後略）

と、賃借期間を明確にすること、地代は一年ごとに納めることなどの解決方法を提案した。さらに年寄側は、契約が継続されれば地代も一年に銀子二〇枚は多く差し出せるし、それ以上出すことも可能であると、値上げに応ずる姿勢を示している。両役人は、二〇年預けて取り上げ、また同人へ貸すのであれば、少しは便宜を計ってやると預かる者も忝《かたじけ》なく感じるであろうと弥次右衛門に進言している。

当時の南木幡町の様子は、

（前略）借家都合四拾八軒ほと御座候、借家ニ居申候もの共ハ、大坂中之あかゝね細工候もの共ニて御座候、借家ノ外ハ不残畠ニ仕、百姓ニあてて作らセ申由ニ御座候（後略）

と、前述したように、屋敷の東南部に長さ八七間程の長屋、南の長屋に接して長さ一〇間の長屋があり、住居数は四八軒ほどであった。さらに、借屋のほかは畠にしていることから、明暦三年の惣年寄の意向が反映した町の経営がうかがわれる。長屋の居住者の多くは銅細工職人であった。

近世日本における銅の生産は非常に盛んで、その大半が輸出され、鎖国下の貿易を維持する最大の商品であった。その流通の中心が大坂で、同地には銅吹屋・銅屋・銅仲買・銅職人などの関連業者が集中し、例えば、銅吹屋は道頓堀ぞいに集中していた[31]。時代が下がるが、宝暦年間に木幡町は「薬罐屋町」[32]とも呼ばれ銅細工職人が集住していたが、このような職人町が、延宝五年すなわち江戸時代の前期にすでに形成されていたことは注目される。なお、この長屋に銅細工職人が集住した直接の理由が判明する史料は見いだせないが、銅吹屋の泉屋が、元和九年（一六二三）から元禄三年（一六九〇）に長堀に移転するまで内淡路町に銅吹所を設けており[33]、天満堀川を介して両町の水運がよいことがその要因の一つと考えられよう。

「覚」[34]によると、屋敷の賃借期限について詳しく知る当事者もいない。また、残された証文通りに話を進めれば、奉行の裁定は屋敷の返還になるだろうと両役人も長井も考えている。両役人は、他の者へ預ければ地子代は少しは高値になるかも知れないが、解決は難しくなる。ことに預かり主が天満惣年寄共であるから、返還させればいろいろと問題が起こる可能性があることを指摘し、そのため、

（前略）御奉行へ被仰遣候様ニ被遊、年寄共相対ニ而只今迄之もの共ニ其まゝ御預置被成候様ニ被遊候て、早速埒明可申様ニ奉存候（後略）

と契約を更新することを小堀側に提案した。また、屋敷を他へ預ければ年寄の得分がなくなり、その上長屋も取り壊さなければならない事

情も考慮して、

（前略）内証申事候間、五年十年ニても年季を極、一ケ年ニ地子代何程上ケ可申との内意ニ候ハヽ承候而、使者へ申談内証ニ而預り候段、首尾好相済申様ニ仕可遣候（後略）

と、小堀側が期限と地子代値上げの提案をすれば、年寄共は承知するだろうと進言した。

これには政恒も納得したようである。そこで、長井弥次右衛門は、八月一一日付けで安藤甚右衛門・伊藤半兵衛に対し、九月に小堀久左衛門が上坂し、契約の継続を石丸石見守定次に申し入れることを知らせるとともに、惣年寄の意向の確認と期限、地子の支払方法の調整などを合わせて依頼した[35]。

八月一六日には、惣年寄四人が連名で[36]、毎年地子銀二〇枚を納め、長屋の修理も毎年行うが、これには費用もかかるので、一五年間預けて欲しいと願い出るが、結局は一〇年期限で九月二〇日に決着した。その内容は、「天満年寄共御屋敷改預り状之写[37]」によると、

（前略）和泉守様天満木幡町之御屋敷、当巳ノ九月より来ル卯ノ九月迄一ケ年ニ地子銀二拾枚宛ニ相定、拾ケ年を切拙者共預り支配仕候処実正ニ而御座候、来午ノ九月より毎年九月ニ和泉守様京都御屋敷へ地子銀無滞指上可申事

一御屋鋪御入用之刻ハ年季之内ニて茂無異議急度返上可仕候、御屋敷被召返候時分ハ九月より内ニて御座候故、地子銀月割ニ仕指上可申候、長屋以下此方より建置申候分ハ勿論此方之進退ニ可仕候事

一御屋鋪御預ケ置被成候内ハ、何事ニよらす御公儀御役儀等無滞私共相努可申候（後略）

とあり、期間は延宝五年から貞享四年（一六八七）までの一〇年間、地子銀の額、支払いの方法、返却の条件とそのさいの地子銀の支払い方法、長屋の扱い、さらに公役の負担まで詳細に決められている。とくに長屋は預かり主が修理を行い、さらに預かり主が替わるたびに建て替えられる可能性もある。大坂蔵屋敷を維持する気がない小堀にとって、修理などの維持・管理を行う必要はないわけで、この紛争を通じ、小堀側は賃借に対するノウハウを身に付けたと考えられる。一方、そこまでして町人が屋敷を預かるのは、やはりそこに大きな得分があったことを思わせる。

貞享四年九月以降、元禄九年（一六九六）三月までの九年間の預かり主、その他については、史料上の制約で不明である。

元禄九年四月から、宝永三年（一七〇六）の一〇年間は、「乍憚以書付御願申上候[38]」によると、江戸の湊屋庄兵衛が預かり、井筒屋茂兵衛と和泉屋七兵衛が請人として地子金を請け負っている。ところが、

（前略）本人・請人共ニ諸事不埒依有之、今月十四日ニ御取上ケ被遊候、就夫右御屋敷長屋建申銀子悉ク私方より出置申候ニ付、私一人迷惑仕候（後略）

とあり、元禄一四年三月一四日に屋敷が取り上げになった。「不埒」の内容は不明であるが、請人の和泉屋七兵衛が長屋の建設資金は私が出し、私一人が迷惑しているというから、非は湊屋と井筒屋にあったようである。そこで、七兵衛は地代金四五両は毎年六月に京都屋敷へ納め、請人として親の浜口佐次兵衛をたてることを条件に、私一人に任せて欲しいと同年三月二二日に小堀久左衛門に願い出た。

小堀側は、湊屋庄兵衛との契約を破棄し、改めて元禄一四年四月から正徳元年（一七一一）の四月までの一〇年間を、和泉屋七兵衛と浜口佐次兵衛に預けた。当年の地子は四〇両、翌一五年からは四五両とし、支払い期限は六月一〇日で、前回と同様、期限内に屋敷を返すときには、預かり主側は地子金を月割りにして支払うとしている。長屋については「前々より有来候板葺拾間之御長屋并惣溝所之外、此方より建置候長屋以下者勿論手前進退ニ可仕事」(39)と、延宝五年における建物の条項が継続されているが、六月の支払期限に遅れた時には屋敷建家残らず召し上げられても文句をいわないことなどが新たに付加されている。

正徳元年（一七一一）四月に契約期限が切れたはずの和泉屋が、正徳二年四月一日に地子支払いについて小堀側に願い状を出していること(40)から、正徳元年四月の時点で享保六年（一七二一）四月までの一〇年間の契約が継続されたと推察される。そして、同五年五月には享保一三年四月まで契約が続行された(41)。その間、享保八年に請人の一人であった浜口正従(42)が死去したため、悴の利左衛門を立てたが、同九年三月の大火で長屋とともに七兵衛自身の居宅まで焼失した(43)。

この火事は、享保九年三月二一日に南堀江橘通りの金屋妙知の家から出火したもので、俗に「妙知焼け」と呼ばれ、全市の三分の二に相当する約四三〇町が焼失し、死傷者約一五万人を出した未曾有の大火災になった(44)。天満では、家数二四六九軒、土蔵七九軒を焼き、天満橋が焼け落ちている(45)。

（2）妙知焼け後の小室藩大坂蔵屋敷

妙知焼け以後の、名代（預かり主）ならびに地子の変遷などを表7―1にまとめた。同表をもとに、以後の事情をみていくことにしたい。七兵衛の罹災は不慮の事故とは言いながら、小堀側では地代収入の減少に対し、毎年の地子徴収に危険を感じたのか、期限後の享保一三年（一七二八）五月には名代を尾張屋理兵衛・万屋六左衛門に申し付け(46)、先納銀による支払方法を復活させた。七兵衛は、この大火によって逼塞したと推察される。

「覚」(47)によると、万屋六左衛門は、享保二〇年七月五日に、元文元年（一七三六）六月から延享三年（一七四六）八月までの一〇年間に三六貫目の地子での契約更新を行っている。内金の四〇〇両は、享保二〇年一一月二〇日に納め、残金は元文元年一一月二五日に納めるとしたが、実際には元文元年五月より契約が更新されている(48)。この契約から、名代が万屋六左衛門・万屋万助となった(49)。小堀側の証文での名代支配の初見は、享保一三年五月の更新時であるが、今回も名代支配は同様で、「仕上候一札之事」(50)によると、契約条件において、

右年数之内公役・町役、其外御屋敷之入用不残私共より差出申候、（中略）猶又名代私江被仰付候得共、御屋敷之儀全我侭之致方仕間敷候、（中略）御屋敷書入金銀借用之存念無御座候、其外木幡町之町内并借屋之もの、地かり之面々如何様之出入御座候共、私共埒明少茂御苦労ニ罷成申間敷候、尤願かましき儀聊申上間敷候

と、名代支配の内容がより具体的に示されるとともに、小堀側は出入りに関与しないことから、屋敷の支配にかかわらない姿勢がうかがわれる。

元文四年正月に地賃銀をめぐる問題が発生した。発端は、借地賃の

表7-1　妙知焼け以後の名代・地子の変遷

契約期間	名代(預かり主)	金額[1]	備考
享保6年5月(1721) ↓ 享保13年4月(1728)	和泉屋七兵衛 浜田正従	50	・年間支払い(50両×8年間=400両) ・享保9年3月の妙知焼に罹災のため，同年15両，10年35両，11年45両，12・13年50両を支払う(55両の減額)
享保13年5月 ↓ 元文元年5月(1736)	尾張屋理兵衛 万屋六左衛門	42.5	・先納(8年間で20貫目，年2貫目500匁) ・1両=60匁[2]で換算して42.5両
元文元年6月 ↓ 延享3年8月(1746)	万屋六左衛門 万屋万助	60	・先納(10年間で36貫目=600両，内400両を享保20年11月20日に納入)
契約不成立　延享元年1月(1744)	4名	100	・木幡町3人，天満11丁目1人 ・先納(10年間で60貫目=1000両)
契約不成立　延享3年4月(1746)	苧屋三右衛門	204	・年間支払い(1年分先納，無利息)，12貫目229匁6分=約204両
延享4年9月(1747) ↓ 宝暦2年8月(1752)	万屋六左衛門 今津屋与右衛門	200	・先納(1000両，延享3年11月に納入)
宝暦2年9月 ↓ 宝暦8年11月(1758)	万屋六左衛門 大和屋利兵衛	167	・先納(1000両，宝暦元年11月に内金700両納入) ・宝暦3年に小堀側より屋敷返還要求 ・契約解除時期不明
宝暦7年正月(1757) ↓ 宝暦11年12月(1761)	万屋六左衛門	330 218	・先納(宝暦6年11月9日に5年分72貫目納入) 初年分19貫目800匁=330両，2年目以降13貫目50匁=約218両

注1：金額の単位は両
　2：物価が安定していた元禄13年頃の換算値(宮本又次『近世大坂の物価と利子』，創元社，昭和38年)で算出した(以下同じ)

値上げに対し、借地人の惣代阿波屋市左衛門が小堀側へ訴え出たことによる。小堀側は値上げには関与していないが、阿波屋を取り調べるために役人を派遣した。しかしその役人は、万屋が留守の間に阿波屋を取り調べず、逆に「表裏借地之銘々呼付、表借屋三拾九軒之者共」(51)から無断で印形を取ったのである。これは明らかに小堀側の越権行為で、立腹した万屋に対し小堀側は深謝している。このことから、当町の住人には表借地人・裏借地人がおり、表借屋が三九軒存在したことが判明する。裏借屋の数は不明であるが、家数が四八軒であった延宝五年よりさらに住人が増加していると考えられる。

延享元年（一七四四）に、新たな預かり願いが出された。願主は四名連名（南木幡町三人・天満一一丁目一人）で、地代銀は一〇年間で六〇貫目で、初年に納入するとしている。この額については願主たちも、「右之銀高過分之儀ニ御座候得共、町内之儀ニ御座候故、目算相違御座有間敷候」(52)と、高額であるが計算違いでないことを明言している。さらに万屋が建てた貸屋などは引き払い、早速普請を行うとした。

また延享三年四月にも、万屋のあとを請けたいと高麗橋三丁目の苧屋三右衛門が願い出ている。苧屋は、屋敷地をおおむね六〇間四方で三六〇〇坪とし、道路分三六〇坪を除いた三二四〇坪に対し、これまでの月当たり一坪四分二厘から年間一六貫目三二九匁六分を算出し、これから名代給二貫目五〇〇匁、家守給一貫目、昼夜番人給（二人）六〇〇匁の計四貫目一〇〇匁を差し引き、一二貫目二二九匁六分を上納できるとし、地子の先納は引請人の徳用が多く、小堀の利益が少ないことを詳細な見積もりによって示した。さらに、小堀が入用の時には、「一ケ年分為御奉公利銀不申請先納可仕候御事」(53)として、小堀に損をさせないことを強調したが、両者ともに契約にはいたっていない。

延享四年九月に万屋は、宝暦二年（一七五二）八月晦日までの五年間の契約の更新をした。さらに、宝暦元年一一月には同二年九月から同八年一一月までの六年間の更新を行った。この時点では万屋と大和屋利兵衛が連名しており、万屋にもしもの時は大和屋が名代を勤めることを小堀側は認めている(54)。この大和屋は先納金の請人である(55)。

宝暦三年（一七五三）に小堀側から屋敷の返還を求められるが、一一月付けの書状で、先納金は大和屋が出し、万屋は集めた地代から大和屋へ元利を支払いその残りで生活していること、また借金をしていて手元不如意を理由に来年の八月までの延長を願い出た。

同四年一〇月に、木幡町の町人共が小堀に願い出た「乍恐書附ヲ以奉申上候(56)」によると、明暦三年に屋敷を江戸に運んだ後は、「御地面計ニ御座候処、先年和泉屋七兵衛御名代相勤候節より表通町並建家ニ被致」と、まず和泉屋が貸屋を建設したことを評価し、六左衛門の代には、「亦々御屋敷内裏方も建家ニ借附被申候処ニ、段々繁昌に随ひ御地代銀値上ケ被致候ニ付」と、貸屋を増やして繁昌したが反面地代が上がり、借屋が二三〇〜四〇軒、居住者も八四一人と多くなりトラブルも発生するが、六左衛門の気配りなどにより「町人共皆々納得」していると、六左衛門の留任を希望している。

この間、万屋との契約は一旦解除されるが、宝暦六年一一月九日には、小堀から五年分の先納銀七二貫目を要求され(57)、これにより宝暦七年正月より同一一年一二月まで継続となった(58)。

これ以降については、史料上の制約で不明であるが、小室藩大坂蔵屋敷は、既述のように安永六年に用聞きのみとなり蔵屋敷がなくなっていることを考慮すると、小堀家は、宝暦一一年以後大坂から撤退する準備を始め、安永期に撤退したと推察される。

三節　小室藩大坂蔵屋敷の特質

小室藩大坂蔵屋敷の特質を、元和三年（一六一七）から宝暦一一年（一七六一）まで、すなわち一七世紀初期から一八世紀中期までの変遷をたどりながらみてきたが、その最も大きな点は、小室藩大坂蔵屋敷が拝領屋敷であったことである。同屋敷は、小堀政一が仕事で利用するほか茶会も催され、寛永二年（一六二五）には三男政尹が生まれている。寛永末年に江戸に滞在した政一は、大坂蔵屋敷の米を江戸へ廻送させたり米の入札を指示するなど、同屋敷が居住機能とともに蔵屋敷として機能し、よく使用されている様子がうかがわれる。しかし、正保四年（一六四七）の政一の死後、屋敷は用いられず、明暦の大火にさいし、解体されて江戸に運ばれてしまう。

大坂における最古の絵図（明暦元年＝一六五五）には、小室藩大坂蔵屋敷の位置が示されているが、以後の絵図や文献に明確な記載がみられないのは、蔵屋敷と言いながらも建物が存在しなかったことによるものと考えられる。

小堀側は、早期から不要な大坂蔵屋敷を処分したい意向であったが、拝領屋敷であるために売り払うこともできず、天満惣年寄に預けている。処分を望んだ理由として、単に不要ということではなく、小室藩は大津にも蔵屋敷を有しており、同藩の廻米の多くは大津市場で販売され、大坂蔵屋敷の必要性は低かったものと推察される。大津は、近世初頭には畿内の市場としておおいに繁栄するが、弘前藩が廻米を大坂へ集中させ、大坂蔵屋敷の充実を図るとともに、敦賀と大津の蔵屋敷を閉鎖[59]したように、寛文期の西廻り航路の整備により衰退する。しかし、敦賀からの廻米は激減するものの、大津は湖上輸送を軸とした地域経済の拠点として近世を通じてその機能を保持し続けている。

天満惣年寄は、江戸へ運ばれた小室藩大坂蔵屋敷の跡地に長屋を建て、延宝期には多くの銅細工職人が住む職人町が形成された。元禄期には和泉屋七兵衛が町の経営を担当し、長屋を設けて町の発展に[illegible]した。享保一三年（一七二八）に預かり主が[illegible]たって初めて名代支配の体制が[illegible]持・管理や出入りなど万事[illegible]用聞きのみとなった。[illegible]米がなくなっ[illegible]質的に[illegible]な[illegible]々ニ小借[illegible]居住者の多くは銅細工職[illegible]ノ軒であったが、一〇〇余年後に[illegible]軒の家が建ち、居住者も八四一人に達した。[illegible]帳町は大名の拝領屋敷から明暦三年に町家が建ち始め、[illegible]〇年後には小規模な借屋が多数建ち、多くの銅細工職人が居住する町に変貌したのである。

近世の大坂では、元禄一六年（一七〇三）にはすでに九五[62]もの藩が蔵屋敷を設けていた。各藩の立地・規模・蔵物などにより、蔵屋敷は多様な展開をみせたと考えられる。その中でも、拝領屋敷であった小室藩大坂蔵屋敷の建物が、明暦三年という江戸初期の段階ですでになくなり、その跡地が職人町として発展するという様相は、幕末まで蔵屋敷を維持した藩が多い中で特異な事例ということができよう。

[illegible]藩史大事典　第五巻』（雄山閣出版、一九八九年）

[illegible]森蘊『小堀遠州の作事』（文化財保護委員会、一九六六年）

[illegible]大阪歴史博物館所蔵

[illegible]掲注（1）『藩史大事典　第五巻』によると、この大膳は、政一の嫡子（元和六～延宝二＝一六二〇～一六七四）で、受領名は備中守である。

[illegible]注（2）森蘊『小堀遠州の作事』

[illegible]の地名』（平凡社、一九八八年）によると、この酉年は天和元年で、この時期に町家が建ち始めたものであろうとしている。

[illegible]大阪編年史　第二六巻』所収（大阪市立中央図書館、一九七八年）

（8）『大阪府誌　第一編』（思文閣出版、一九七〇年複刻）によると、「延享以後新たに蔵屋敷を設けしもの（安永六年調査）」の一覧に続く、「同上（延享以後：植松注）用聞のみを定めしもの」の一覧に、近江小室藩として、「小堀備中守政方、一万六百三十石、奈良や庄兵衛、延享の頃蔵屋敷ありき」とあり、安永期には蔵屋敷がなかったことがうかがわれる。

（9）本章で用いる史料は、主に「佐治重賢氏所蔵文書」である。佐治家文書研究会編『小堀政一関係文書』（思文閣出版、一九九六年）によると、佐治家は、近江国浅井郡木尾村に中世以来の土豪の系譜をひく家で、小堀政一が近江に移り小室藩を成立させた後は木尾村の庄屋などを勤めたことから、天明八年（一七八八）の小堀氏改易にさいし、陣屋にあった多くの藩政文書などを引き継いだものと考えられている。なお同家文書は、滋賀県立図書館において写真帳の閲覧が可能である。

（10）前掲注（2）森蘊『小堀遠州の作事』において、森蘊氏は、小室藩大坂蔵屋敷に遠州好みの数寄屋があった根拠として、この書状を掲げている。

(11) 前掲注(2)森蘊『小堀遠州の作事』所収の年表によると、政一は寛永一九年一〇月二日に江戸に出府し、四年間滞在している。

(12) 前掲注(9)『小堀政一関係文書』所収「七三小堀政一書状」

(13) 前掲注(9)『小堀政一関係文書』所収「一〇七小堀政一書状(折紙)」

(14) 「佐治重賢氏所蔵文書目録」(私家版、以下「目録」と略記)所収「いーイ25」。同史料は、小室藩大坂蔵屋敷に関する事柄の覚書で、文末に「右之帳大橋金兵衛留帳也、享保三冬年十月従金左衛門借之写置也」とある。同史料は二次史料ではあるが、同藩大坂蔵屋敷の変遷がうかがえる貴重な史料である。同史料の目録には、以下に示す一七項目が掲げられている(実際には一五と一七は収録されていない)。

一 天満木幡町年寄共願之状(明暦三年)
二 天満惣年寄四人御屋敷預り状(明暦三年)
三 小堀五右衛門銀子請取手形之写(明暦三年)
四 長井弥次右衛門大坂へ罷越帰候時分口上(延宝五年)
五 同時分天満年寄共願之口上書(延宝五年)
六 同断伊藤半兵衛内証ニ而弥二右衛門写被参候大坂御奉行所留帳之写
七 金兵衛・久左衛門江戸へ上ル口上書(同七月)
八 半入覚之口上書(同七月)
九 長井弥次右衛門より安藤甚右衛門・伊藤半兵衛江之状之留(同八月)
一〇 右両人より弥次右衛門へ返答書之写(同八月)
一一 伊藤半兵衛より弥次右衛門へ回状之写(同八月)
一二 天満年寄共年季願之口上書(同八月)
一三 弥二右衛門より両天満年寄共へ状之留(同八月)
一四 右年寄共より弥二右衛門へ返事之写(同八月)
一五 天満御屋敷先年より之絵帳之外ニ有之(同八月)
一六 天満年寄共御屋敷改預り状之写(延宝五年九月廿日)
一七 天満御屋敷巳ノ年改絵図一枚、但此絵図ハ最前絵図と同前ニ付写無之

(15) 前掲注(14)「いーイ25」所収「八 半入覚之口上書」。同史料は、天満屋敷の初期の事情を知る半入という人物の口上書である。

(16) 前掲注(14)「いーイ25」所収「八 半入覚之口上書」に、

一、小堀権左衛門存生之内廿七八ケ年以前 宗慶様(正之:植松注)江戸より権左衛門方へ被仰遣候ハ、天満御屋敷御抱置被成候義も不入事ニ被思召候、方々望申ものも有之候様ニ被聞召候間、永立候而屋敷払候様ニと被仰下候由、権左衛門物語仕候

とあり、同史料の年紀が延宝五年(一六七七)であることから慶安二年(一六四九)頃とした。つまり、正保四年(一六四七)の政一の死の直後に屋敷の処分が検討されていることがうかがわれる。

(17) あぼしや又右衛門については不明であるが、小堀側が屋敷処分の周旋を依頼するということは、天満の年寄などの実力者と推察される。

(18) 『国史大辞典13』(吉川弘文館、一九九二年)

(19) 図7—2は、「目録」所収「ほーロ35 御屋鋪預り証状」に添付された図をもとに作成した。

(20) 「目録」所収「ほーロ66 口上之覚」

(21) 「目録」所収「ほーロ67 天満御屋敷之義半入覚申口上書」(七月一五日付)の記載内容から木幡町年寄が小室に来たことがわかる。これらを考慮して六月頃と推定した。

(22) 前掲注(14)「いーイ25」所収「六 同断伊藤半兵衛内証ニ而弥二右衛門写被参候大坂御奉行所留帳之写」

(23) 「目録」所収「ほーロ65 口上書」に、「銀子三貫五百目之書付ニ而御座候、町内之者も銀子四貫目ニ申請度と内証ニ而五右衛門殿江申由承候」とあり、木幡町では相場より高い四貫目で交渉している。

(24) 前掲注(14)「いーイ25」所収「二 天満惣年寄四人御屋敷預り状」

(25) 前掲注(14)「いーイ25」所収「六 同断伊藤半兵衛内証ニ而弥二右衛門写被参候大坂御奉行所留帳之写」

(26) 「目録」所収「ほーロ32 一札之事」

(27) 前掲注(1)『藩史大事典 第五巻』によると、政恒(慶安二~元禄七年)は正之の嫡子。受領名は和泉守、通称は正之と同様大膳である。

(28) 前掲注(20)「ほーロ66 口上之覚」

(29) 前掲注(23)「ほ—ロ65　口上書」
(30) 前掲注(20)「ほ—ロ66　口上之覚」
(31) 今井典子「近世大坂の銅関連業者」(『大阪市文化財協会研究紀要』第二号、一九九九年)
(32) 前掲注(6)『大阪府の地名』
(33) 今井典子「住友長堀銅吹所略史」(『住友銅吹所発掘調査報告書』、大阪市文化財協会、一九九八年)
(34) 「目録」所収「ほ—ロ68　覚」
(35) 前掲注(14)「い—イ25」所収「七　金兵衛・久左衛門江戸へ上ル口上書」
(36) 「目録」所収「ほ—ロ69　口上之覚」
(37) 前掲注(14)「い—イ25」所収「一六　天満年寄共御屋敷改預り状之写」
(38) 「目録」所収「ほ—ロ34　乍憚以書付御願申上候」
(39) 前掲注(19)「ほ—ロ35　御屋鋪預り証状」
(40) 「目録」所収「ほ—ロ37　乍恐以書付奉願上候」
(41) 「目録」所収「ほ—ロ41　御屋鋪預り証状」
(42) 前掲注(41)「ほ—ロ41　御屋鋪預り証状」より、佐次兵衛と同一人物であると考えられる。
(43) 七兵衛は、前掲注(19)「ほ—ロ35　御屋鋪預り証状」によると、元禄一四年四月には高麗橋一丁目に居住しているが、「目録」所収「ほ—ロ39　覚」では、享保六年には南木幡町に居住していることから、預かり主となって転居したと考えられる。
(44) 『災害絵図集』(日本損害保険協会、一九八八年)
(45) 「米商旧記二」(『大阪編年史　第七巻』所収、大阪市立中央図書館、一九六九年)
(46) 「目録」所収「ほ—ロ42　証文之事」。なお、この契約にさいし、万屋・尾張屋に対し、「此度其方両人江名代申付、則御番所江茂右之御断申達候」と、小堀側の証文に初めて名代支配の記載がみられる。
(47) 「目録」所収「ほ—ロ43　覚」
(48) 「目録」所収「ほ—ロ46　仕上候一札之事」
(49) この万助は、「目録」所収「ほ—ロ45　証文之事」では「吉田右京」、前掲注(48)「ほ—ロ46　仕上候一札之事」では「万屋右京」となっていて、同一人物と推察される。
(50) 前掲注(48)「ほ—ロ46　仕上候一札之事」
(51) 前掲注(49)「ほ—ロ45　証文之事」
(52) 「目録」所収「ほ—ロ56　乍恐奉願上口上書」
(53) 「目録」所収「ほ—ロ57　乍恐書付を以奉願上候」
(54) 「目録」所収「ほ—ロ58　証文之事」
(55) 「目録」所収「ほ—ロ59　奉願上候覚」
(56) 「目録」所収「ほ—ロ61　乍恐書附ヲ以奉申上候天満南木幡町町人共」
(57) 「目録」所収「ほ—ロ63　一札之事」
(58) 「目録」所収「ほ—ロ64　証文之事」
(59) 第四章第一節参照
(60) 前掲注(1)『藩史大事典　第五巻』
(61) 前掲注(56)「ほ—ロ61　乍恐書附ヲ以奉申上候天満南木幡町町人共」
(62) 『新修大阪市史　第三巻』(同編纂委員会、一九八九年)

第八章　幕末における大坂蔵屋敷の新傾向——松代藩大坂蔵屋敷——

本章では、甲信地域に位置した松代藩が、幕末に大坂市場に参入し、蔵屋敷を設ける経緯をたどりながら[1]、同藩蔵屋敷の特質を考察する。

一節　松代藩大坂蔵屋敷

松代藩は、藩庁を信濃国松代に設けた城持ちの外様大名で、元和二年（一六一六）松平忠昌が常陸国下妻から入封したことで成立した。同四年に松平忠昌が越後高田に転封され、酒井忠勝が入封、同八年出羽国鶴岡へと移り、上田より真田信之が一〇万石で入封した。その後、一〇代約二五〇年間にわたり同地を領有した。歴代藩主のうち、七代幸専・八代幸貫をそれぞれ彦根藩井伊家・白河藩松平家から迎えたことで、真田氏は譜代大名に準ぜられている。

松代藩の財政は三代幸道の初めまでは比較的裕福であったが、明暦の大火で焼失した江戸城や日光山の手伝い普請、善光寺本堂再建などの課役で、初代信之の二七万両という莫大な遺金を使い果たしたといわれる。さらに、享保二年（一七一七）の松代大火、寛保二年（一七四二）の千曲川水害、弘化四年（一八四七）の善光寺大地震などで、藩債は一〇万両に達し、藩財政は破産の危機に瀕した[2]。

（1）大坂市場への参入

松代藩の大坂市場への参入は、

一嘉永二酉年正月七日　大坂白山彦五郎・炭屋孫七・塩津嘉門・金屋善兵衛御出入幷御扶持被下之書付、京都御使者之者江相渡御用済之節江取計候様申渡之[3]（後略）

と、白山彦五郎以下の三名に、出入りと扶持を下賜する書付けを京都の使者へ取り計らうようにと申し渡した嘉永二年（一八四九）頃と考えられる。しかし大坂には、一八世紀中期から一九世紀前半には一二八もの蔵屋敷があり、さらにほぼ同数の用聞き商人がいた[4]ことを考慮すると、市場の参入、蔵屋敷の確保の双方に困難さがうかがわれる。

同藩は、まず安政元年（一八五四）に大坂内平野町二丁目の懸屋敷（貸家、瓦町二丁目在住の炭屋孝七所持、津国屋友七支配）に御用場を設けた。続いて文久三年（一八六三）に網島町の懸屋敷（白山彦五郎所持、重兵衛支配）に御用場を開設した（図8—1）。これら二か所[5]の御用場に松代藩の役人が詰めていることから、ここが大坂における同藩の拠点であり、蔵屋敷と同様の機能を備えていたことがうかがえる。蔵屋敷に相当する「御用場」という名称はないが、五万石以下の大名の倉庫が「用所」[6]と称されていることを考慮すると、松代藩は五万石以上の大名であるが、自藩の蔵屋敷ではなく借家であったことから「御用場」と称したと推察される。

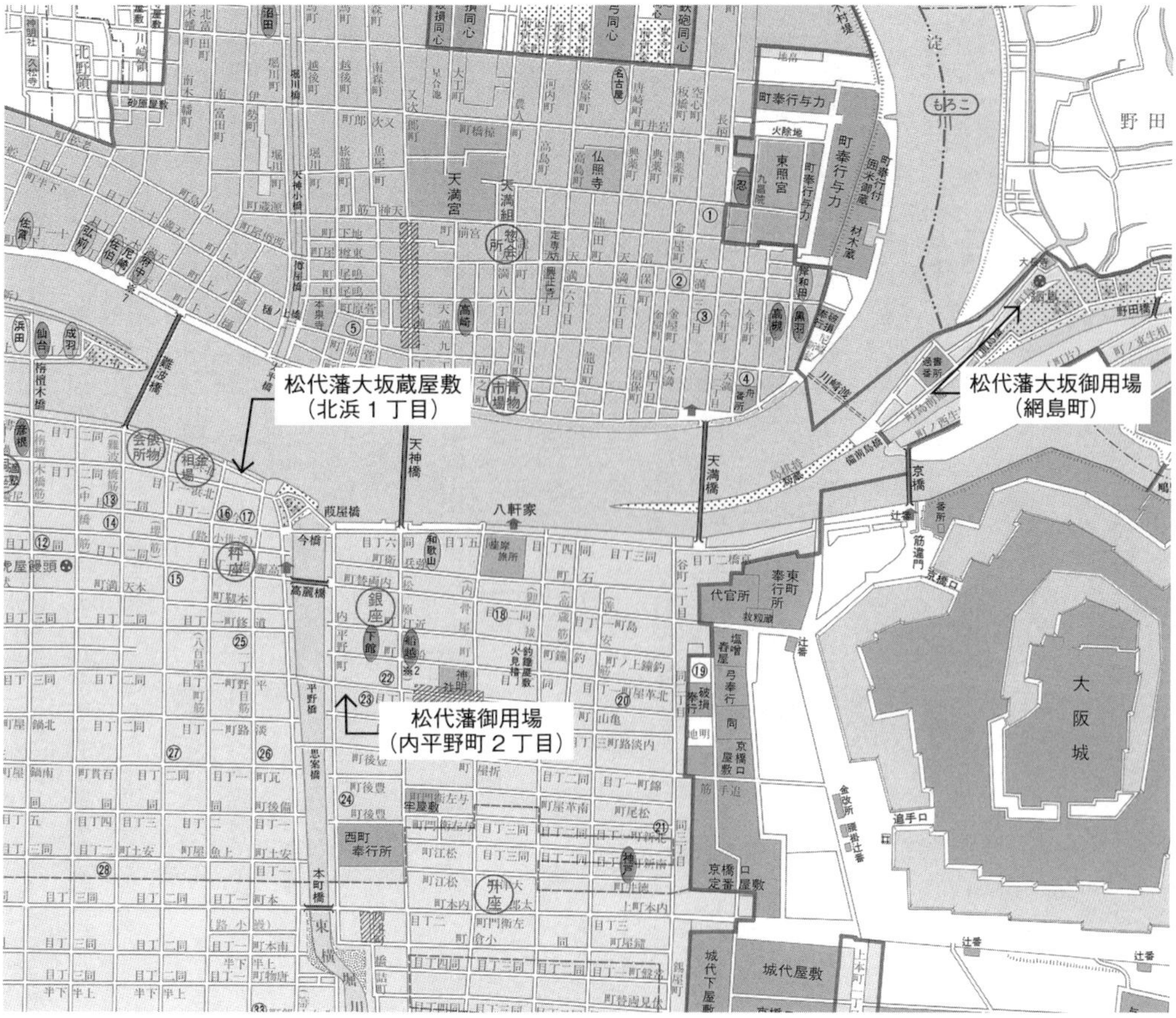

図8-1　松代藩御用場・蔵屋敷の位置（御用場は具体的な位置が不明のため町名を示した、『新修大阪市史』第10巻〈1996年〉）

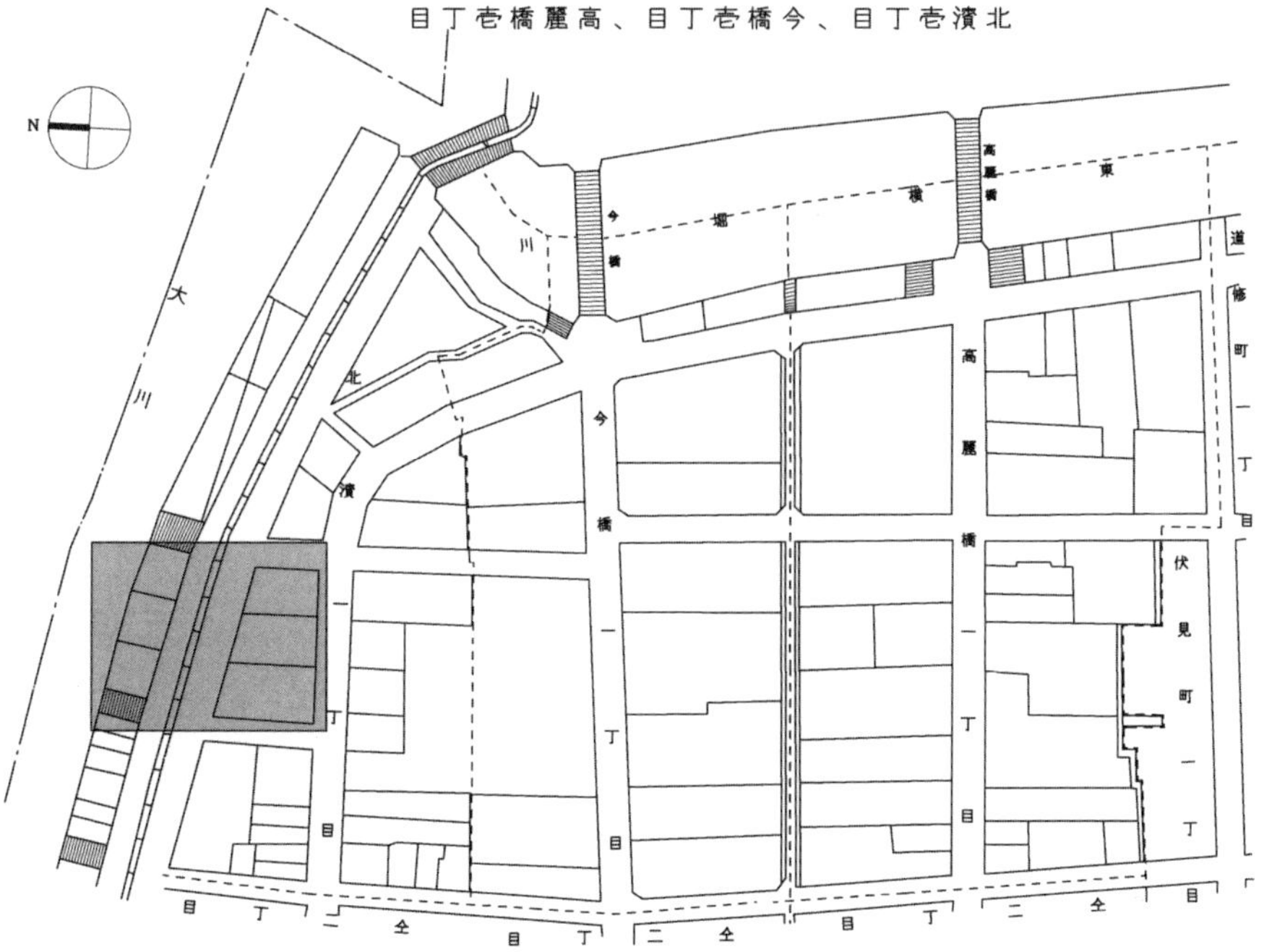

図8-2　松代藩大坂蔵屋敷の位置（アミかけ部分、『大坂地籍地図』〈1911年〉）

また、御用場の出入り商人として「炭屋・山家屋等始而御館入調談之節(7)」とあることから、炭屋と山家屋が同藩の館入であったことがわかる。館入とは、「金主」「銀方」「銀主」とも言い、広義には蔵屋敷に出入りする町人の総称で、蔵元・掛屋・名代・用達を含む場合もあるが、一般には蔵屋敷に出入りし、「普請、婚家、飢饉」などのような臨時の金談に応ずるもので(8)、彼らも、「是迄追々多分之調達金差出置候(9)」と、同藩の御用場の設置と運営に多大な貢献をしている。同藩の蔵元・掛屋などは不明であるが、嘉永二年に出入りを許され扶持米を下された町人のうち、炭屋・山家屋以外の塩津嘉門・金屋善兵衛が、蔵元・掛屋などの蔵屋敷における御用を担当する商人であったと推察される。

(2) 蔵屋敷地の購入

松代藩は、御用場を開設しながらも、蔵屋敷の設置をあきらめていなかった。慶応三年(一八六七)一一月、北浜一丁目に所在する屋敷地が建物付きで売りに出された。売り主は「他国持江洲八幡新町大文字屋徳蔵」であるが、実務は「当地代判瓦町壱丁目近江屋八左衛門」が担当したと推察される。敷地は、東隣りは中筋、西隣りは八百屋町筋に面した「掛屋敷三ケ所」(四役)で、以下のような規模であった(10)。

(前略)

壱役
一表口五間半壱尺
裏行東ニ而拾弐間壱尺
七寸五分
西ニ而拾三間
外ニ浜納屋地
間口五間七寸五分
浜行弐間半弐尺七寸

壱役
一表口五間半壱尺
裏行東ニ而拾三間
西ニ而拾三間半壱尺五寸
外ニ浜納屋地
間口五間七寸五分
浜行弐間半弐尺七寸

弐役
一表口六間半
裏行拾三間半壱尺五寸
裏幅五間半
外ニ浜納屋地
間口六間半、浜行弐間半弐尺七寸
外ニ地尻ニ而
東西五間半、南北東ニ而壱間半三寸
西ニ而三間壱尺　御預ヶ地

(後略)

屋敷地は、東横堀川と淀川の合流点の西側に位置している。この土地は、地籍図によると、南北方向に三つに分筆されていることから、「掛屋敷三ケ所」は分筆状況を示していると考えられる(図8―2)(11)。

この土地を購入するのに、松代藩では本来なら「大坂御内用向之義者惣而御上坂之御奉行江万事御委任ニも罷成居候義」[12]とあるように、すべて上坂の奉行へ委任することになっているが、売り主が急いでいたので、普段の手続きをとっているうちに「北浜辺ハ船着之弁利も宜敷場所柄故、望人多分有之」と、北浜の立地の有利さから他者の購入も十分考えられるため、長谷川三郎兵衛[13]の決断で留守居関田荘助が購入した。代銀は「御蔵屋敷地」が一〇〇貫目、「在来建家」が四〇貫目の計一四〇貫目である。

屋敷購入後、名代江川庄左衛門は、北浜一丁目年寄の紙屋金兵衛、組合・町人に対し、町内の定めに従って町役・公役などの負担を遵守することを約束し、水帳絵図の張紙を依頼する書状を提出している。同時に、留守居関田荘助からも同趣旨の書状が年寄と町中宛に出され、代印家守穂積屋与市からは詳細な役務を遵守する書状が出された。なお、名代の江川庄左衛門は天満菅原町に居住しているため、北浜一丁目在住の穂積屋与市が家守に就任している。図8―3によると、「大文字屋利右衛門所持家屋敷、大塩乱妨之節再建、此時ヨリ家守相成穂積屋与市」とあり、与市は、大塩焼け[14]に罹災した屋敷が再建されたときに家守に就任し、約三〇年にわたり勤めてきた。町中への手続きをすませた後、同年一一月六日に東町奉行所へ、屋敷の購入、名代を江川庄左衛門に申し付けたこと、町中も承知の旨の届けを提出している。

正規の手続きをとらずに屋敷地を購入したのは、それだけ松代藩が蔵屋敷を求めていたこともあるが、屋敷地以外の町掛かりの費用なども、

（前略）御在所表より御金出ニ罷成候義ニ者無御座、大坂表御返済金口々、其時之金相場ニ奇、御出方罷成候分を以御買上ニ罷成義ニ御座候（後略）

とあり、国元の出金ではなく大坂表において調達したもので、このことが事後承諾でも購入にむかわせたものと考えられる。

屋敷地購入ついて、

（前略）追而御伺可有之御積之処、其砌より御上御上京可被遊旨被仰出候ニ付、三郎兵衛殿ニも御上京有之、彼是御伺之義取調も行届兼罷在候内、不図昨早春伏見鳥羽之事変差□、引続天下騒擾之際、右御伺等之義も彼是御延引罷成居候義ニ御座候（後略）

と、長谷川三郎兵衛は事後承諾を得ようと「御上」の上京にあわせて上京するが、得られぬまま翌明治元年一月三日に鳥羽・伏見の戦いが始まった。「御上」の上京はこうした京都の情勢によるものと考えられるが、同藩は新政府方として戊辰戦争に参加し、蔵屋敷の設置は一時中断を余儀なくされる。

（3）蔵屋敷の設置

戊辰戦争は明治二年（一八六九）五月の箱館戦争で終結するが、松代藩蔵屋敷設置の動きはそれ以前に再開した。すなわち、慶応三年一一月六日に東町奉行所に出した届けと同様のものを、明治元年一二月二日に大阪府に提出し、さらに同年五月二八日に「普請手始仕度ニ付、四方江標杭相立」[15]たことを大阪府に届けているが、順調にはいかなかった。

ⓐ館入　松代藩館入の炭屋・山家屋が幕末の動乱により明治元年来閉店しているため、両者に蔵屋敷普請の資金調達を頼むことができず、

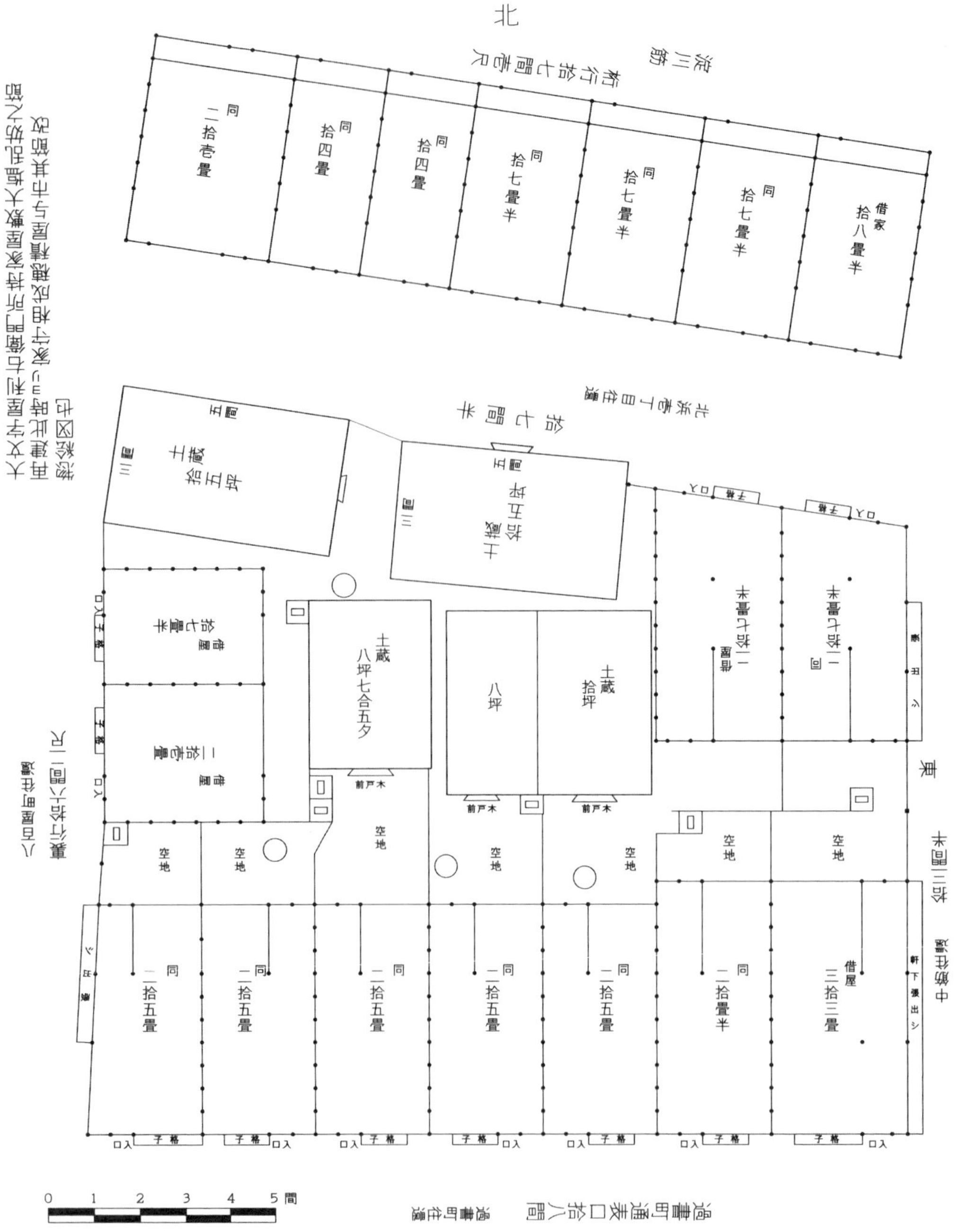

図8-3　北浜一丁目屋敷図

河内国御厨《みくりや》村[16]の豪農大東象五郎に新たな館入を依頼すべく、明治二年四月一一日、関田荘助は、内平野町御用場家守の津国屋友七と象五郎家出入りの者を同道して同人宅を訪問した。御用場の家守が同道するということは、友七は象五郎と顔見知りであることを思わせるし、また象五郎が商人仲間で知られるほどの資産家であったと推察される。それは、

（前略）頃年会津侯京都守護職御役知を賜り候節、右御厨村等御役知之内ニ相成、御領主之義ニ付無拠会津候御館入丈者御請仕、既ニ象五郎宅江一橋公会津候等御立寄も御座候（後略）[17]

と、会津の館入を勤め、会津侯や一橋侯が訪れていることからもうかがえる。また同家は、明治元年には、「天朝御料与相成、当節御館入屋敷ハ一軒も無御座候」と、現在はどこの館入も勤めていない状況であった。関田は、象五郎が御用場を訪れた四月二八日に、館入の依頼とともに、横浜同様に大坂において外国人相手に物産の販売などを行いたいので、この件についても種々相談にのって欲しいと申し出ている。

象五郎は、五月一日に再び別家権右衛門・弟などを同道して御用場を訪れている。そのさいに松代藩のことは、

（前略）何分未た御家風をも篤と承知不仕義ニ付、聊ニ而も手放し御用達候儀ふあんニ存し候哉之趣ニ而、詰り当地ニ而御蔵屋敷御取建ニも相成候ハヽ、右御屋敷を目的ニ仕、御普請御入料之内調達可仕旨申聞（後略）

と、館入を請けるにあたっての不安を訴え、蔵屋敷でもあれば、それを目的に普請費用を調達できると申し出た。関田はこれを幸いに、慶応三年に購入した北浜一丁目の敷地を友七に案内させた。現地をみた象五郎は、

（前略）右場所者船陸共至而弁利宜敷場所柄之義ニ付、差向表御門壱ヶ所、御長屋浜手ニ壱棟新規御普請、其外土蔵三棟、御長屋壱棟、商人等御領分より荷物持参仕候節逗留為仕御長屋壱棟共、在来之借家を御模様替御修復等ニ而御用立可申旨、右御普請御入料一式象五郎御引受調達可仕候間、早々御屋敷内借屋人共立退之義被仰渡御座候様仕度（後略）

と、館入承知の内諾をするとともに、普請料調達の確約を行い、屋敷普請にあたり新築と修復の段取りを示し、早速普請にかかるため借家人の立ち退きの要求までしている。このことから、象五郎は豪農でありながら、普請などの土木・建築工事に精通していることがうかがわれる。

そして普請にあたり、

（前略）同人方（植松注：象五郎家）江出入之大工江申渡、絵図面・仕様帳相仕立差出可申間、御家江出入之大工江茂積立之義被仰渡被成下、両様御見競之上御取極御座候様仕度（後略）

と、象五郎出入りの大工に図面と仕様書を作成させるから、松代藩出入りの大工にも見積もらせ、競争入札を提案している。その後、図面・仕様帳を作成している時期に象五郎の妹が病死するという不幸に見舞われ作業が遅れるが、六月には象五郎・権右衛門の連名で館入の請け書が関田荘助宛に出され、図面・仕様書の完成を待つばかりとなる。

ⓑ設置の目的　なぜ松代藩は蔵屋敷の設置にこだわるのであろうか。

明治二年六月に、関田荘助は蔵屋敷があると都合がよい事柄一〇か条を掲げている。[18] それらは大きく、①在所商人の大坂における物産の販売などに関する事柄（二か条）、②蔵屋敷の有無に対する藩の体裁などに関する事柄（五か条）、③館入の調達金に関する事柄（一か条）、④御用場の維持費・館入への返済などに関する事柄（二か条）にまとめることができる。

　条文の最も多い②には、蔵屋敷を設けることで藩が受ける利益や名誉などについて記されている。ここでは、蔵屋敷の建築と特に関係が深い①についてみておく。例えば、在所の商人が生糸などを大坂に出荷し、

（前略）荷主・手代共両人当巳正月中上坂仕、夫々相片付候上、四月中出立罷帰義ニ御座候処、右逗留中旅籠屋ニ罷在候故、諸入費も多分ニ相懸り、其上大金高之品取扱等万事不都合之義而已ニ御座候（後略）

と、商人の長期滞在による経費の多さと大きな金額に対する不用心さに、「当人共者勿論、於私茂始終心痛而已仕候義ニ御座候」と、留守居の関田も多いに心配している。

　そこで、蔵屋敷があれば、

（前略）荷物入置候蔵敷入料を始、商人逗留旅籠料等諸入夥敷相成、其上売捌方駆引ニ至候而者、市中ニ旅宿仕居候与ハ弁利格別宜敷、万端ニ而者不容易御都合筋与奉存候（後略）

と、北浜の立地のよさ、商人から宿泊料・物産を保管する蔵敷料が入ることもアピールしている。勿論、蔵屋敷に宿泊させることで、商人の安全性を確保したいとの気持ちが強いことはいうまでもないであろう。また類似の例として、在所の商人が取引物産の紬《つむぎ》・生糸や杏仁《きょうにん》などを持参したが相場が合わず、その上長期の逗留で諸費用がかかり、安い値段で売りさばいて帰国した。このような場合には、「金主御蔵本ニ御座候得者、右様之節荷品売捌不申、為替金而已借用仕帰国罷成義ニ付、御領民救助者勿論、御領分商法御引立ニも罷成」と、蔵屋敷があれば無理して安い相場で売らずとも、為替金を用立ててやれば領民の救いになるし、商法の引き立てにもなるとし、宿泊施設のほかに金融業的な性格も考えていることがわかる。

　蔵屋敷普請の具体的な開始時期は不明であるが、大工による入札書の提出が七～八月であることから早くとも九月以降であろう。同藩が購入した建物は、既述のように天保八年の大塩焼けに遭い再建されたもので、購入した時点で三〇年が経過しており相応の傷みがあったと考えられる。

ⓒ建設の方針　蔵屋敷の建設にあたり松代藩は、象五郎による入札の提案に従っているが、そのさいの「御蔵屋敷普請仕様帳」[19]が三冊残されている。それぞれの表紙に朱書で、

「壱　表門并門番所新規　門内供待腰掛并左右塀新規　役所壱棟在来之建家一旦取崩古木を以取建并玄関新規　門外表通り左右駒除垣新規」

「二　浜手客座敷一棟新規　同所続キ物揚場石段新規」

「三　土蔵三棟修復　長屋弐棟修復　土蔵壱棟取崩　長屋弐棟取崩　普請中外囲并足代一式　屋敷内総体軒口懸樋一式」

と記されていて、新築・修復の工事の概要が判明する。それによると、新規に建築されるのは、表門・門番所・供待腰掛などで、そのために

土蔵一棟が取り壊される。役所は在来の建物を一旦取り壊し、古木を利用して再建するが、玄関のみは新築である。淀川に面して浜手客座敷と荷揚場の石段を新築するために、七軒続きの長屋が取り壊され、三棟の土蔵と二棟の長屋が修復される。

以上のことから、まず表門を含む役宅などを新築し、表通りにあたる「北浜壱丁目筋」に面する景観を整えることを目論んだのであろう（図8―4）。「浜手客座敷」「荷揚場」も、在所商人の滞在と着荷に対応するために新築される。蔵については修復し、長期滞在者のために長屋を修復する。

図8―5によると、敷地の東北隅にある建物のうち、「式台」「玄関」「次之間」「座鋪」が一列にならび、「玄関」には床、「座鋪」には床・棚が設えられているこの場所が役所空間、この右側の、土間・四畳・六畳・台所・風呂などで構成される場所が留守居の生活空間であろう。

浜手客座敷は二階建てで、河道をはさんで東西に分かれている。その間取りは、東側の座敷は、入口を入った中庭に面して「式台」「玄関」を備えており、最東奥の「大座敷」には床・棚が設えられている。二階は、階段の東に面して、「次之間」「座敷」が続き、「座敷」には床・棚が備えられている。対面にも床・棚がある座敷が配され、これらには天井の仕上材が記されている。

西側は、入口を入ると「板間」をもつ七畳の座敷が二つ並び、西側の「土間」には竈・走り・風呂・便所などが設けられている。その竈数の多さから、宿泊客の食事を用意したと思われる。なお、西側の二階の間取りは不明である。東側一階の座敷が西側と明らかに異なるのは、「御使者之間」が配されていること、天井の仕上材が明記されていること、三つの座敷が一列にならび、「大座敷」には床・棚が設けられていることで、これらのことから、東側座敷は藩やその他の重要な客の接待所や宿泊所であったと推察される。また、西側は短期の商人の滞在所で、長期の滞在者には前記の長屋が用意された。

入札にかかわった大工は、天満六丁目珠数屋元七（象五郎家出入り）、錦町二丁目今井屋清兵衛[20]（象五郎家出入り）、天満小嶋町八幡屋治右衛門、古屋喜平次[21]（長州抱之棟梁）の四名で、元七・清兵衛が象五郎家出入りの大工である。蔵屋敷の普請にかかわった大工については不明な点が多いが、古屋喜平次が「長州抱之棟梁」であることから、各藩では棟梁クラスの大工を抱えていたと推察される。また天満在住の大工が河内国御厨村の出入り大工となっていることから、天満大工の活動の広さが判明するとともに、江戸時代末期において入り込み細工を自由に行っている様子がうかがえて興味深い[22]。

ⓓ家中の動き　幕末から明治初期の動乱期を経て、家中の混乱が続くこの時期に、蔵屋敷を普請することに疑問をもつ意見もあり、家中でも結論が出せずに東京詰めの者に意見を聞いている。

その一人、高野広馬は、関田荘助の書面の通りならば、事前に伺いもしないで購入したのはふつつかであるが、今更いっても仕方がない。しかし、

（前略）今般御領地人民共御返上、改而御藩知事被蒙仰、是迄御領地ハ御支配ニ相成、産物之義者御取調御伺ニ可相成御ケ条之品ニ在之、此末御取扱方等如何様之訳ニ可被仰出哉、方今朝廷之御模様も聢与御分リ被成兼候場ニ而（後略）[23]

と、明治二年六月から版籍奉還が始まり、旧藩主は藩知事に任命され、物産についても藩の自由にならず、さらには朝廷の様子もわからないこの時期に蔵屋敷を設けるのは都合が悪いとしている。また、かつて物産取り扱いに携わった玉川一学は、

（前略）別段申上方無御座奉存候、何レニも当今之御時勢ニ候ハ、御断然と売払、又其模様ニ寄御蔵屋敷有之方御都合と申次第ニも押移リ候ハヽ、尚改而御買上ケ可然哉（後略）[24]

と、現状においては蔵屋敷不要論を唱えているが、家中の評議の結論は出ていない。

高野広馬に再度蔵屋敷の普請について意見の具申があり、一〇月二八日に

（前略）関田荘助再申立之次第ニ付、御勝手元下御答申上之趣熟考仕候ニ、産物取扱方ニ付（中略）私体其道不案内之者ニ而如何共申上様無御座（中略）御勘定吟味御答申上候趣同意（後略）[25]

と、物産については不案内であるから、勘定吟味の意見に同意をしている。これによると、蔵屋敷建設の推進者は関田荘助であったことがうかがえる。

ⓔ**建設の状況**　蔵屋敷の建設状況について、明治三年一一月二五日付けの書状で、関田恭蔵[26]は水野清右衛門・酒井市治[27]に宛てて、

（前略）未た半分程之御出来ニ者御座候得共、御用場之方与弐ヶ所ニ相成居候而者何辺御入料ニも拘リ、其上炭屋之方御不義理至極之場合ニ付、売而御用場引払相戻候得者、先方都合ニも罷成候義ニ付、此度御用場引払之義幷御蔵屋敷家守引替之義ニ付（後略）[28]

と、蔵屋敷が半分ほどできたので、御用場と二か所を維持するには費用もかかるため、炭屋へ御用場を返すことや家守の交代についての伺いを出している。このことから、未完成部分は業務には差し障りがない場所であったと考えられる。さらに、炭屋の御用場はこの時点でも維持していたが、網島町の御用場はこれ以前に引き払っていることがうかがわれる。

以下、関田が伺った事柄を整理しておく。

四月から、象五郎分家の権右衛門は普請場に詰めきりで見回りや諸職人の監督などをしている。津国屋友七が権右衛門の手伝いを兼ねていたが、去年の冬以来病気のため、権右衛門一人ではとても対応しきれない状況であった。そこで友七の代理を御用場出入りの大和屋藤七に勤めさせたところ、四月以来今日までよく勤め、普請の進捗もよくなり、その褒賞として蔵屋敷の長屋に住まわせ蔵屋敷家守と御門番を申し付けたい。

五月一〇日には、慶応三年に蔵屋敷地を購入以来家守を勤めてきた穂積屋与市から、病気と多用を理由に退役願いが出され、後任を友七に任せたいので与市への二両二分は友七に支払って欲しい。御用場を炭屋に戻すと、御用場に居住している友七は住居を失ない気の毒なので、蔵屋敷の明き長屋へ住まわせたい。これまでの御用場の家賃や町内への掛かりなどは、同所を引き払えば軽減されるので聞きすまして欲しい。

こうして蔵屋敷の長屋に大和屋藤七と津国屋友七の二人が住むことになるが、これについて関田は、両人のみでなく蔵屋敷にも都合がよいとしている。友七は、老齢と昨年に大病を煩い、以前のように仕事

御屋鋪表通り五拾分一図

表通り拾八間

西角土蔵ヨリ
東建家角柱迄　拾七間五分

東西ニ二分五厘宛解水道余地有

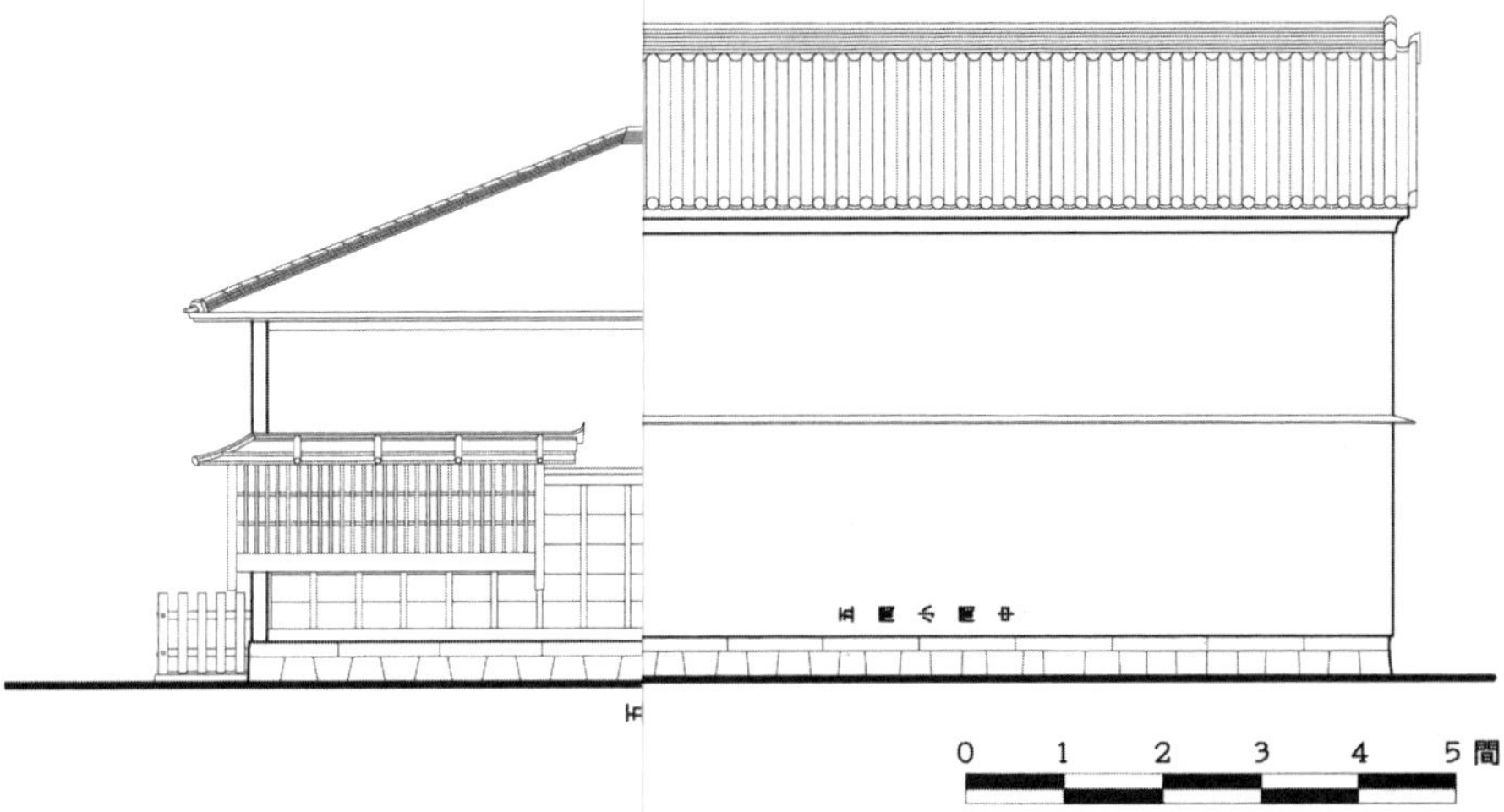

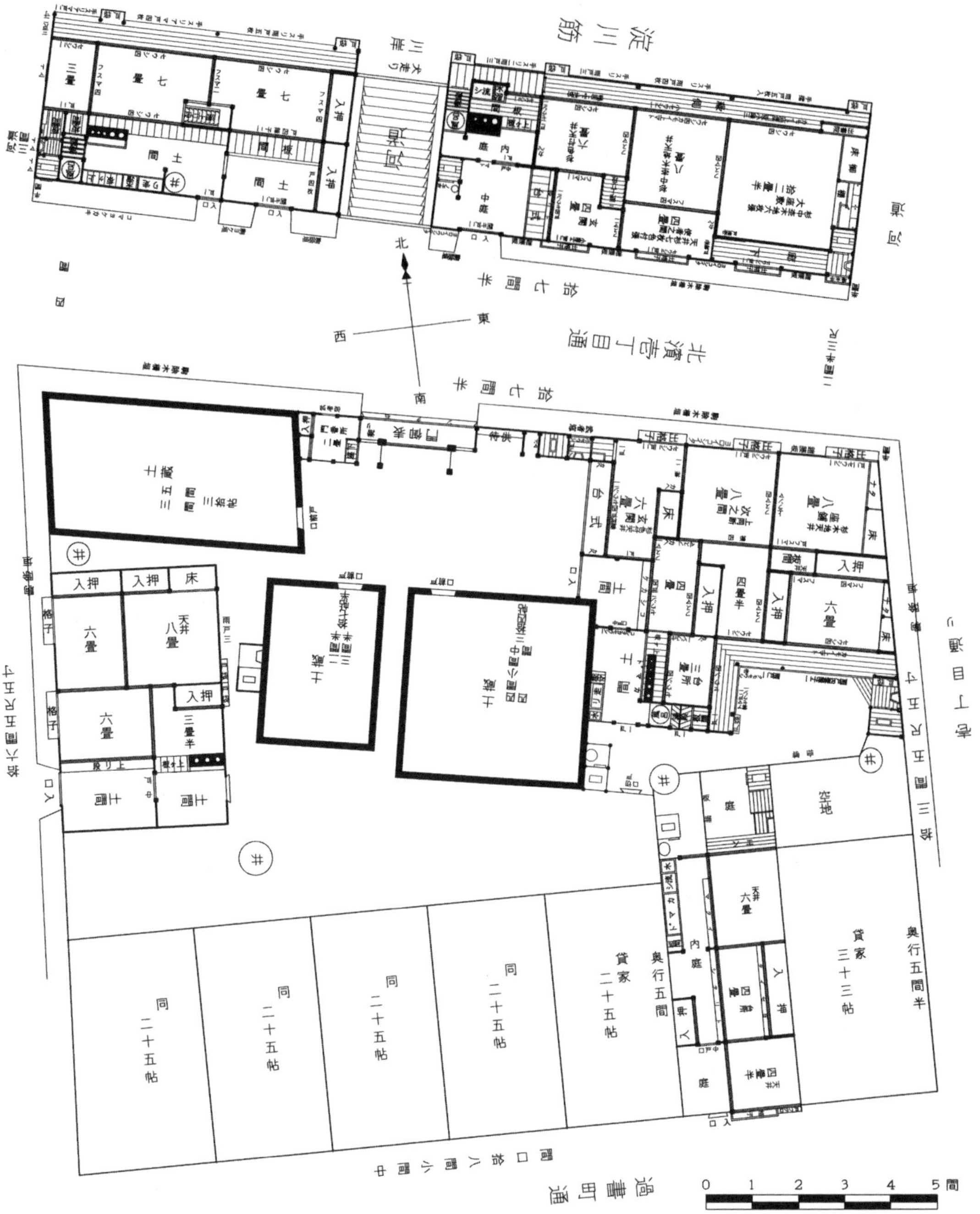

図8-5　松代藩大坂蔵屋敷

ができないが、加役と長屋の家賃免除が検討されていることから、長年の勤務に対する褒賞であったと考えられる。なお友七・藤七の蔵屋敷における長屋は、図8—5の東南隅に位置する間取りが示された長屋であろうと推察される。

　また病気の友七にかわり、大阪府への御用などは御用場出入りの津国屋平三が勤めてきた。同人は、昨年出入りを仰せつけられた河内屋常吉の甥で、常吉からの借入金は平三が周旋している。このような実績を評価され、友七は病気が全快したとはいえ老齢で仕事もできないので、用達の加役は平三にまかせたいとしている

二節　松代藩大坂蔵屋敷の特徴

　以上、松代藩の大坂蔵屋敷の設置の状況をみてきた。幕末に大坂市場に参入した同藩は、他藩のように大坂を蔵米の販売地とは考えず、横浜と同様に外国との貿易地と捉えていた。同藩は、御用場を開設して物産の販売活動を始めるが、自前の蔵屋敷の設置を強く望んでいた。その中心となったのが留守居役関田荘助である。関田は蔵屋敷建設を豪農大東象五郎に依頼し、象五郎は蔵屋敷建設を条件に館入を引き受けるが、蔵屋敷を担保と考えていたことは十分に予想される。関田は、同藩蔵屋敷に在所商人のための宿泊施設（浜手客座敷・貸家）を設け、商品を蔵で預かり、その宿泊料や蔵敷料さらには、為替金の用立てなど、他藩の蔵屋敷とは全く異なる蔵屋敷運営の方向性を模索している。他藩の蔵屋敷の設置の目的が藩主の江戸住まいの生活費の捻出や藩の経済活動であるとするなら、松代藩の蔵屋敷は、旅館業・貸倉庫業・金融業のような近代産業の先駆ととらえることができよう。

東国の他藩の蔵屋敷の例として、秋田藩の蔵屋敷を文化一四年（一八一七）の絵図（第四章二節図4—12参照——六八頁）でみてみたい。秋田藩蔵屋敷の敷地は約九三四坪で、敷地内には、留守居長屋・御用座敷・吟味長屋・米蔵・藩士の住居などがある。米蔵は一二棟約二四二坪の規模である。それに対し、松代藩蔵屋敷の敷地は約二八一坪（浜地約四八坪を含む）で敷地内には役所が一棟あるが、これに留守居住居も含まれている。また蔵は三棟あるが、その規模は約四一坪である。蔵の規模が小さいのは、収納する物産が米ではなく、紬・生糸・杏仁などのため、この程度で対応できたのかも知れない。しかし、座敷と貸家は敷地の約半分に相当する約一四〇坪にもおよび、他藩の蔵屋敷との違いが明瞭である。

　明治四年（一八七一）一二月、大蔵省は大阪府に対し蔵屋敷の官収の通達を出す。その後、多くの蔵屋敷が倉庫会社に転用されたことを考えると、松代藩蔵屋敷の先見性は高く評価される。なお、松代藩蔵屋敷の普請終焉から没収までの経緯は不明である。同藩蔵屋敷の建設にかかわった人物の追求、仕様帳の分析とともに今後の検討課題としたい。

（1）本章で用いる史料は、『信濃国松代真田家文書目録（その五）』（以下『真田家文書目録』と略記／国文学研究資料館所蔵）に収録されている「真田家文書」中の、「大坂御蔵屋敷買入幷普請評議書類」で、証文や書状（写）、評議書類（原本）、図面（原本）、仕様帳（原本）などで構成されている。書状には写しが多いが、図面類とともに同藩蔵屋敷建設の経緯がうかがえる貴重な史料である。

（2）『藩史大事典　第三巻』（雄山閣出版、一九八九年）および『国史大辞典

3』（吉川弘文館、一九九二年）
（3）『松代藩庁と記録』（国文学研究資料館、一九九八年）
（4）『大阪府誌　第一編』（思文閣出版、一九七〇年複刻）
（5）第九章注（1）『新修大阪市史　第一〇巻・歴史地図』「図五　天保期の大阪三郷」によると、内平野町二丁目は現中央区、網島町は現都島区に位置し、図8―1に示すように、前者は東横堀川、後者は淀川に近く、ともに水運の便のよい場所である。
（6）竹越与三郎『日本経済史　第九巻』（平凡社、一九三五年）には、「五万石以下の大名の有せし倉庫は、之を『用所』と称して、蔵屋敷とは呼ばず。然れどもその組織に於ては、蔵屋敷と異なる所なかりき」とある。
（7）前掲注（1）『真田家文書目録』所収「け320―戌大坂御蔵屋鋪標杭相建候義申上　関田荘助」
（8）宮本又次「大阪の蔵屋敷と蔵役人」（宮本又次編『大阪の研究　第三巻』、清文堂、一九六九年）
（9）前掲注（1）『真田家文書目録』所収「け320―巳御蔵屋敷御取建之義ニ付申上　関田荘助」
（10）前掲注（1）『真田家文書目録』所収「け319―1大坂御蔵屋鋪之義ニ付申上　関田荘助」
（11）『大阪地籍地図』（吉江集画堂、一九一一年）
（12）前掲注（1）『真田家文書目録』所収「け321―1大坂御蔵屋敷地御買之義ニ付申上　関田荘助」
（13）この人物の詳細は不明である。
（14）天保八年二月一九日に天満の大塩平八郎宅から出火した火事。「米商舊記六」（『大阪編年史　第一九巻』所収、大阪市立中央図書館、一九七五年）によると、町数一一二・家数三三八九軒が焼失した。
（15）前掲注（1）『真田家文書目録』所収「け320―丙口上覚」
（16）現大阪府東大阪市御厨（みくりや）。『大阪府の地名』（平凡社、一九八八年）によると、慶応元年から京都守護職領となっている。
（17）前掲注（1）『真田家文書目録』所収「け320―戌大坂御蔵屋鋪標杭相建候義申上　関田荘助」
（18）前掲注（1）『真田家文書目録』所収「け320―巳御蔵屋敷御取建之義ニ付申上　関田荘助」
（19）前掲注（1）『真田家文書目録』所収「け322―1～3」
（20）前掲注（16）『大阪府の地名』によると、錦町二丁目は大阪市東区（現中央区）大手通り一丁目に該当する。
（21）古屋喜平次の居住地の記載はない。
（22）江戸時代の河内国における大工の入り込みについては、拙稿「河州古橋組における入り込みについて」（『大阪市立大学生活科学部紀要』第四〇巻、一九九二年）を参照。
（23）前掲注（1）『真田家文書目録』所収「け321―4大坂表御蔵屋敷普請之義ニ付申上　高野広馬」
（24）前掲注（1）『真田家文書目録』所収「け321―6大坂表御蔵屋敷普請之義ニ付申上　玉川一学」
（25）前掲注（1）『真田家文書目録』所収「け321―13大坂表御蔵屋敷普請之義ニ付申上　高野広馬」
（26）前掲注（1）『真田家文書目録』によると、関田庄助が明治二年九月二八日に「恭蔵」に改名しているが、前後の経緯から「関田荘助」と「関田恭蔵」が同一人物の可能性がある。
（27）両者の詳細は不明である。
（28）前掲注（1）『真田家文書目録』所収「け379―酒井市治様　水野清右衛門様　関田恭蔵」

第九章　幕末における大坂蔵屋敷の新傾向――御三卿清水家の大坂蔵屋敷――

御三卿の一家である清水家の大坂蔵屋敷は、文政七年（一八二四）以降、大坂の川口において普請された。また、天保一五年（一八四四）には、図9―1に示すように御三卿の蔵屋敷が確認されるが(1)、不明な点が多い。本章では、清水家大坂蔵屋敷の普請にいたる経緯をたどりつつ、御三卿の蔵屋敷の特性について考察を行うものである。

一節　御三卿清水家と史料

(1) 清水家の概要

御三卿とは、徳川将軍家の一門のうち、田安・一橋・清水の三家をいうが、御三家（尾張・紀伊・水戸徳川家）のような分家独立した大名ではなく、将軍家の家族の一員として位置づけられ、一家を形成するものではなかった。そのため、御三卿には原則として家督相続はなく、嗣子がない場合などには当主を欠いて家のみが残る明屋形《あきやかた》がしばしばみられた。

御三卿のうち、田安家は八代将軍吉宗の次男宗武を祖とし、一橋家は同じく四男宗尹《むねただ》を祖として創立され、当初は「御両卿」と称した。その後、九代将軍家重の次男重好を祖とする清水家が創立され、「御三卿」の呼称が成立した。

清水家は、御三卿のなかでも頻繁に明屋形がみられた（表9―1）(2)。同表によると、初代当主の重好は、宝暦三年（一七五三）に賄料三万俵を賜り、同八年に江戸城清水門内に宅地を拝領している。同九年に元服し、賄料一五、〇〇〇俵が増加され、屋形に移徙し、清水家が創立された。宝暦一二年には、新たに賄料領知一〇万石を武蔵・上総・下総・甲斐・大和・播磨・和泉の七か国において賜った(3)。寛政七年（一七九五）七月に重好が没したが継嗣がなく明屋形となり、領知などは公儀へ召し返され、清水勤番支配が設けられた。

寛政一〇年（一七九八）七月、一一代将軍家斉の五男敦之助が入嗣して第二代を相続したが、翌一一年五月に敦之助が没し、再び明屋形となった。文化二年（一八〇五）八月、家斉の七男斉順が第三代を相続し、同七年一一月清水勤番が廃止となり賄料三万俵を賜る。同一三年六月、斉順が紀伊徳川家を相続したため、同年一二月に家斉の一三男斉明が第四代を相続し、文政六年（一八二三）一〇月に賄料領知一〇万石を賜った。同一〇年六月、斉明が没して三度目の明屋形となったが領知は存続した。同年一〇月、家斉の二三男斉彊《なりかつ》が第五代を相続したが、同人は弘化三年（一八四六）閏五月に紀伊徳川家を相続した。この後、四度目の明屋形となり、安政元年（一八五四）一二月に領知は召し返された。

図9-1　御三卿大坂蔵屋敷の位置（『新修大阪市史』第10巻、1996年）

表9-1　清水家当主一覧

和暦	西暦	関連事項	備考
宝暦3	1753	初代重好，賄料3万俵賜る	9代将軍徳川家重次男
7	1757	家老(御守)両名が付く	
8	1758	江戸城清水門内に宅地を拝領	
9	1759	元服，賄料1万5千俵増	清水家創立
12	1762	賄料領知10万石(7か国)を賜る	武蔵・上総・下総・甲斐・大和・播磨・和泉
寛政7	1795	7月，重好没，明屋形となる 清水勤番支配設置	領知・諸士ともに公儀へ召し返し，家老廃止
10	1798	7月，敦之助2代目相続	11代将軍家斉5男
11	1799	5月，敦之助没，明屋形となる	
文化2	1805	8月，斉順3代目相続	11代将軍家斉7男
7	1810	11月，家老(御守)両名が付く 清水勤番支配廃止，賄料3万俵を賜る	
13	1816	6月，斉順紀伊徳川家を相続	
		12月，斉明4代目相続	11代将軍家斉13男
文政6	1823	10月，賄料領知10万石を賜る	
10	1827	6月，斉明没、明屋形となる	領知・家老・諸士は屋形付きのまま存続
		10月，斉彊5代目相続	11代将軍家斉23男
弘化3	1846	5月，斉彊紀伊徳川家を相続	明屋形となる，領知・諸士は屋形付きのまま存続
安政元	1854	12月，領知召し返し	

（2）史料

本稿で用いる史料は、和泉国泉郡福瀬村（現大阪府和泉市福瀬町）の小川忠二家に伝わる文書群（以下、「小川家文書」と略記）からみいだされたものである。[4] 同村は近世初頭から幕領であったが、宝暦一三年に清水家の領知となった。[5] 寛政七年には明屋形のため幕領となるが、文政七年八月、大和・播磨・和泉の「三ヶ国村々」の庄屋・年寄・百姓代に対し「其村々今度　清水御領知ニ相成」と、村々が清水家領知に復したことを通知するとともに、公儀よりの条目・定書や法度を守ること、五人組帳の前書を毎年小前の者へ読み聞かせ、印形を差し出すことなどが申し渡され、領知の各村では同年九月に惣百姓・百姓代・庄屋の連名で、「清水御役所」へ請書を提出した。[6]

「小川家文書」中、清水家大坂蔵屋敷に関する文書は文政七年（一八二四）八月から一〇月にかけてのもので、復活した清水家の蔵屋敷建設に関して、領村との交渉の過程で控えとして残されたものと推察されるが、御三卿の蔵屋敷に関する史料がこれまで紹介されていないことを考慮すると貴重である。なお史料では、当屋敷を「御殿」「蔵屋敷」「川口屋敷」などと表記されているが、本章では「蔵屋敷」として統一して用いることとする。

二節　清水家大坂蔵屋敷

（1）敷地の状況

文政七年八月、清水家領知復活と同時に蔵屋敷普請の要請が「御領知三ヶ国郡々惣代共」（以下、「惣代共」と略記）にあった。その様子は以下の通りである。[7]

一、此度、当　御殿被為遊御開御本知被為蒙仰、依御旧例大坂川口ニて御蔵屋敷地被為遊御拝領候段、御領知村々小前ニ至迄恐悦奉存候、当時泉州上石津村ニ而仮御役所被為立候上、御蔵屋敷御普請早々取掛り、急速成就仕候様、郡々惣代共へ被仰渡、則御絵図御下渡被為遊、一同拝見之上逐一承知仕、職人共掛合罷在候、
（後略）

すなわち、このたび旧知に復したので、御殿を設けるため昔からの仕来り通り大坂の川口に蔵屋敷地を拝領した。そこで、領知の泉州上石津村に仮役所を設け、早急に蔵屋敷を普請するよう絵図を示して指示した。

それに対し、惣代共は敷地の見分を行った。

（前略）此節大雨ニ付出水之折柄ニ付、御屋敷地余程水浸ニ相成罷在候、就中一昼夜之大雨ニ而中分以上之出水ニ付、堤方御支配御代官様御出張御座候へ共、大川筋少々破損も無御座候、まれ成洪水と申ニ而も無御座所、此上打続候大雨等有之は如何難出入可仕も難斗、御屋敷三尺斗地上不仕候而ハ甚不案心、（中略）壱坪三拾匁掛り之積ニ而、此入用拾貫五百匁、四面之石垣五拾五坪六拾匁ツ、之積ニ而、此入用三貫三百匁、合銀拾三貫八百匁御高五万七千石ニ割、[8] 壱石ニ付弐分四五厘とも相当り候、右御屋敷地ハ大坂西はつれニ而川之前後左右近廻り橋数すくなく、大水之砌少々非常之義有之候ハヽ、通行難相成、御城内ハ勿論両御奉行所并御代官屋敷、或ハ江戸飛脚問屋ニ至迄各一里余相隔り、極々御不便利之土地ニ御座候（後略）

すなわち、見分の節は大雨のため、屋敷地は水浸しの状態であった。

とりわけ、「中分以上」の洪水で関係役人の出動もあったが、大川筋の破損はなかった。しかし、これ以上大雨が長引けば出入りなどはできなくなるので、屋敷を三尺ばかり地上げしなくては安心できない。これらの費用は、坪当たり三〇匁として一〇貫五〇〇匁、周囲に石垣を施すのに五五坪六〇匁として三貫三〇〇匁、合計銀一三貫八〇〇匁を概算し、さらに高割の負担額も概算している。屋敷地がある川口は大坂市中の西端に位置し、周辺には橋が少なく、大水のさいには通行が難しく、城内や奉行所・代官屋敷・飛脚問屋からも遠く不便な土地であった。

そこで惣代共は、拝領地の重要性を認めつつも、

（前略）既ニ田安様御蔵屋敷地其侭被差置、長柄表之御普請被遊如何之当御陣家御賢慮之上、第一ニ而御拝領地之外、大坂地内ニ而御便利宜土地御買上ニ相成候歟、又ハ乍恐御借地ニ相成候而右入用相懸り候共、格別之義も無御座候上ハ、御上様御便利下方勝手筋ニ相成候得ハ、聊御奉公しかひも可有御座哉（中略）尤惣代共土地不案内之義ニ付相応之地所有無之訳、大坂屋善助へ相談候所、是以能而之留候義ニハ無御座候得共、心当□数ヶ所有之趣ニ聞候（後略）

としている。すなわち、田安家が川口の蔵屋敷を放置し長柄において普請をしている例を掲げ、大坂市中で土地を購入するか借地をすれば、上様は便利になり、下方の勝手もよくなるので奉公のしがいもあると提案するとともに、川口周辺の水流が悪い状況も加味して「呉々御賢慮之程」を願っている。さらに、土地については大坂屋善助に相談し、斡旋を依頼したことがわかる。

惣代共がさがした大坂市中の土地は「大坂追而筋御弓町角屋敷」にあり、清水家蔵屋敷を設けるのにふさわしい場所だとしている。(9)これを郡中へ借り受けて仮役所を設け、川口の土地はまず地上げを行い、その後に屋敷を建てたいとしたが却下されている。(10)清水家は、従来の土地に屋敷を設けることを望んだのである。しかし領知各村は、川口での蔵屋敷普請に関し、地上げにかかる臨時の入用は大洪水の対処に要するもので、川口という立地に対する不便さは解消されず、少しも便利にならない。不必要な入用は「小前共ニ至迄重々相歎罷在候」(11)と訴えている。

以上のように、川口は、惣代共が指摘するように市中からの交通などには不便であるが、反面、参勤交代時に船を利用する長州藩などでは、藩主が大坂へ着船した折りに役人が川口で出迎え、ここでの御目見えの後に、藩主は乗り換えた船で大坂蔵屋敷へ入っている。また、西国から来る諸船を見張る幕府の番所が設けられており、大名・幕府双方にとって重要な意味を持つ場所であった。(12)そのため、ここに御三卿の蔵屋敷が設けられたものと推測される。

御三卿の蔵屋敷は、天保一五年（弘化元＝一八四四）の時点において川口で確認されるが、それぞれの設置時期は明らかではない。清水家の蔵屋敷が、賄料領知一〇万石を下賜された宝暦一二年（一七六二）に設けられたとすると、同様に、田安・一橋家は、延享三年（一七四六）の設置と推察される。(13)ことに清水家蔵屋敷は、寛政七年（一七九五）に明屋敷となるまで三六年間使用され、文政六年（一八二三）に復活するまで二八年間放置されていたことになる。

清水家の屋敷地は、後述するように七〇〇坪であるが、先に惣代共

が地上げ費用として坪当たり三〇匁で算出した一〇貫五〇〇匁では、その対象面積は三五〇坪と敷地の半分にしかならない。このことから、同地には明屋敷の期間中も屋敷が残されており、今回の普請ではこれには手をつけず、新たに普請するものと考えられる。清水家が川口にこだわる理由の一つに、当初の蔵屋敷が何らかのかたちで残されていた可能性も掲げられよう。

一方、当時の領知各村の状況は、例えば文政期の福瀬村では、文化年間当初の村民数は二二二人であったが文政三年（一八二〇）には一八五人と激減している。ことに、同一〇年の拝借銀の嘆願書によると、家数が大きく減少し、「多くの潰れ百姓が発生するような困窮状態に直面」していた[14]。そのため、領知各村においては不要な入用を避けるとともに、地理的に便利な場所に蔵屋敷を設けて欲しいというのが本音であった。

（2）蔵屋敷普請

川口での普請にこだわる清水家は、惣代共に「直積入札」の指示をした。惣代共は、仕様帳通りに入念に仕事を行うとともに「可成丈ヶ代銀減少可仕様」と、大工達に図面をみせて節約して入札するように依頼する一方で、以下の点に危惧を抱いた[15]。

（前略）一式銀高下直之分落札ニ可相究義御座候処、銘々羅り合、余り下直ニ積立候分は何れ格別之手抜等も可有之（後略）

すなわち、最安値に落札する決まりであるが、余りに下値では手抜きなどの可能性もある。そこで惣代共は、相談のうえ防止策として最低価格の次の二番札に落札する旨を大工に伝えた。さらに敷地について、土地が低く浸水しやすい状況を示し、地上げについては「凡壱尺四五寸位地上ヶ御普請仕候積」と、一尺四〜五寸の地上げで積算させ、落札も屋敷同様に二番札としている。

とくに地上げの方法は、船板による土留めでは七〜八年しかもたず、朽損のたびに入用を要することから、東面・西面・南面を石垣にて行うように指示し、清水役所には、「此儀、御賢慮之上御差図を受、早々取極候様可仕候」と、慣例を変えるように進言している。

敷地の地上げは当初の見分では全面三尺としたが、それが「凡壱尺四五寸」となった。「地上ヶ仕用帳」[16]でも蔵屋敷地（七〇〇坪）前面に平均一尺五寸宛砂を入れる仕様としたが、それでも役所から入用が多くかかることを理由に、

（前略）惣建坪敷地斗り壱尺五寸之築上ヶニ致し可申様、被仰渡候、其外御玄関前より御門迄之間ハ、右同様壱尺五寸築上、猶又東西南三方板塀之所、巾弐尺通り地面壱尺五寸築上ヶ之積り
一、御屋敷地東西南三方巾壱尺五寸之船板土留
（中略）
右仕様　御役所へ差上候扣ハ、委細ニ認候、則控帳ハ大坂屋善助方ニ留置有之也

とされた。すなわち、建物がある場所と玄関から門までを一尺五寸の築き上げとし、東面・西面・南面の板塀の部分は二尺幅のみを一尺五寸の地上げとする方針となった。さらに、敷地の東・西・南の三面を石垣とする惣代共の案も、幅一尺五寸の船板による土留めとなった。なお、これらの詳細な控えを保管している大坂屋善助は、大坂市中での蔵屋敷の候補地を惣代共に斡旋した人物である。

入札は九月一日、開札は同三日に上石津村の清水役所で行われ、そのさいには大工・手伝・惣代共が出頭している。入札の時点では「入札落札之儀ハ、惣札数之内安直札壱枚除之、其次之安札を落札に相定候事」、すなわち、惣代共の主張通り二番札を落札とする方針であったが、開札時には最低価格に落札している。[17]これについては、同史料に異筆で「御役所表御聞済無之ニ付、壱番之安札ニ落し申候定ニ相成候」との記入があり、役所において却下されたことがわかる。

入札に参加した大工と金額を表9―2にまとめた。七人の大工のうち、役所が二人、播州惣代が一人、和州惣代が一人、泉州惣代が三人を指名し、伏見両替町大工喜左衛門が二七貫六三二匁で落札した。二番札は二七貫六五〇目と僅差で、最高は四五貫九二〇匁、平均は約三一貫八六四匁であった。

役所が指名した大工は役所に出入りしていたと推測されるが、惣代共が指名した大工は、前記の大坂屋善助の口利きによる可能性も否定できない。また、手伝請負の入札には三人が参加し、清水役所に出入りをしていた戎島町手伝久兵衛が二貫三〇〇目で落札した。この額は、惣代共の当初の概算一〇貫五五〇匁と大きな差があるが、これは仕様の大幅な変更によるものであろう。なお、「手伝」は京坂では鳶職を意味することから、[18]地上げを担当したと考えられる。

賃金の支払い方法は、大工請負は最初に二割を支払い、以後、「柱建相済候節」、「屋祢廻り一式葺上ヶ片かべ相済候節」、「内廻り造作相済候節」、「請負通一式、無滞出来建請取方皆済之上」、すなわち、①工事の最初、②柱が立ち終わった時期、（棟上げ時期）、③屋根が完成し、外壁が仕上がった時期、④内部の造作が出来上がった時期、⑤全工事が完成し、建物の引き取りを行った時期の五回に分けて、二割ずつ支払われる定めになっている。このうち「一右新建ニ付、絵図并仕用帳等諸入用、落札人より金壱両請負銀高之内より差出可申事」と、絵図・仕様帳の作成などに関する費用の一両は落札者が負担することを明示している。また地上げ手伝方は、最初に二分、中間に四分、工事完成時に四分の支払いとしている。[19]

表9-2　入札価格一覧

入札金額	住　所	職名	名　前	備　考
29貫500目	大坂戎島町	大工	嘉兵衛	役所より名指し
27貫632匁	**大坂伏見両替町**	**大工**	**喜左衛門**	**役所より名指し、落札**
31貫500目	大坂道修町５丁目	大工	清兵衛	播州惣代より名指し
29貫850目	大坂堂嶋新地裏町	大工	八郎兵衛	和州惣代より名指し
31貫目８分	大坂伏見両替町２丁目	大工	勘兵衛	泉州惣代より名指し
27貫650目	大坂徳井町	大工	善兵衛	泉州惣代より名指し
45貫920匁	大坂追手町	大工	弥兵衛	泉州惣代より名指し
２貫895匁	大坂鈴木町	手伝	善兵衛	
２貫900目	大坂上本町２丁目	手伝	半兵衛	
２貫300目	**大坂戎島町**	**手伝**	**久兵衛**	**元清水役所出入り、落札**

落札者の決定の後、この仕事を泉州大鳥郡毛穴村（現大阪府堺市毛穴町）の大工徳右衛門・安兵衛が銀二三貫八〇〇目で請け負っている。[20]こうして入札が済み、請負業者が決まって普請の準備が整ったが、翌一〇月一一日に和州・泉州の惣代より、屋敷の「新建入用并ニ地上賃金」二五貫八〇〇目について、村々にて取り集め差し遣わすところであるが、「近年困窮之百姓共ニ候得は、此節取立仕候而は、大ニ難渋仕候間」[21]と、この時期に取り立てられては百姓が大いに難渋するので、役所よりの拝借を願い出ている。前記の福瀬村の状況からすると、あながち誇張とも考えられず、百姓の負担の重さがうかがわれる。また、この嘆願には播磨の惣代が加わっていないことから、蔵屋敷普請は主に和州・泉州の領知各村の負担で行われたこともわかる。

以上のように、普請に関して惣代共の提案はことごとく却下された。また、役所へ提出した控えが大坂屋善助方にあることから、同人は土地捜しや普請などを行う業者、すなわち現代でいう不動産業者と建築請負業者的な存在で、同人は惣代共の相談を受けて、土地さがしから見積りまでを行ったと考えられる。

請負の賃金は、屋敷については工期を五分割し、その期の工事が完成するたびに二割が支払われる出来高払いであった。

落札者の大工喜左衛門は泉州大工に一括下請負を行わせ、落札価格の二七貫六三二匁との差額三貫八三二匁（絵図・仕様帳作成を含む）を儲けている。また、領知各村の負担額は請負金額よりも二貫多い。これを地上げ費用とすると、落札価格より三〇〇目少なくなるが詳細は不明である。

（3）屋敷の構成

清水家大坂蔵屋敷の絵図・指図の類は、現時点では見いだされていない。そのため各施設の具体的な位置関係や間取りなどは不明であるが、普請の仕様帳[22]からその断片をうかがうことができる。それらの概要をまとめたのが表9―3である。同表より、屋敷が門・住居・保管・その他の施設で構成されていることがわかる。ここでは、同表や仕様帳によりながら、清水家大坂蔵屋敷の施設についてみていくことにしたい。

既述のように清水家蔵屋敷は川口に位置し、東を田安家、西を一橋家に隣接している。敷地は「東西南手九拾間」、広さは七〇〇坪で、高さ一間の焼き板の塀で囲繞され、南側に裏門が一か所設けられている。この門の屋根は瓦葺きで、四尺五寸の門扉にはくぐり戸が備えられていた。

敷地の北側には表門を有する門長屋が配されている。門長屋の規模は、桁行一九間、梁間四間、表門の東側には、低い床に縁の無い畳が敷かれた門番詰め所と考えられる「たまり」がある。表門の幅は三間、一・五間の両開き戸の門扉には金物が施され、両小脇の西側にくぐり戸が設けられていた。

門長屋の表通り面は、

（前略）

一、表通り五尺之江戸ばた腰板杉六分墨ニ而ぬり

一、右腰板より上エ白土ニ而上ヶぬり、屋祢裏けらバとも上ヶぬり

　　但、出こうしまど絵図之通り（後略）

とある。「江戸ばた」の意味が明らかではないが、要は最下部から五

表9-3　清水家大坂蔵屋敷の構成

施設		規模など	仕上げなど	備考
門	門長屋	19×４間 建坪60坪２合５勺	高さ５尺江戸ばた腰板杉６分墨塗 腰より上，屋根裏，螻羽共白土	出格子窓付き
	表　門	３間（1.5間両開き）	門扉：金物付き	両小脇の西にくぐり戸付き 東にたまり，落床無縁畳入
	裏　門	高さ８尺，幅９尺	門扉：４尺５寸，屋根瓦葺き	くぐり戸付き
住　居	代　官 役　所	建坪72坪２合５勺	玄関：両脇白土 式台：左右腰羽目鋲打ち，天井張り 座敷：すすにて色付け 屋根：入母屋造り，勘略葺き，軒唐草瓦，竹樋	横繁栈戸４，障子２ 床，床脇，書院，縁側，台所，湯殿，雪隠 役所に２間格子付き 代官住居入口，役所入口，白州入口
	長　屋	建坪49坪２合５勺		台所，湯殿，雪隠
	長　屋	建坪21坪半		台所，湯殿，雪隠
保　管	土　蔵	建坪４坪	屋根：本瓦葺き	２階付き
その他	雪　隠	５か所，２棟		
	井　戸	２か所		新掘り，屋形付き
	塀	東西南90間	焼き板	高さ１間

尺までは墨を塗った杉の腰板張り、その上から屋根裏までを白土で仕上げ、出格子窓を設けているのであろう。

屋敷の主要な施設は、「壱番御代官様住居并御役所壱棟」（以下、「一番屋敷」と略記）「弐番御長屋壱棟」「三番御長屋壱棟」で、一番屋敷は二・三番の長屋二棟よりも規模が大きく、その機能からも当蔵屋敷の最重要施設であることがわかる。

一番屋敷の屋根は、勘略（桟瓦）葺きの入母屋造り、軒先には唐草瓦が用いられ、竹樋が設けられている。玄関には式台が設けられ、玄関の両脇は白土仕上げ、式台の左右は腰羽目鋲打ち仕上げで、天井が張られていた。建具は、横桟が密に配された横繁桟戸（四枚）と障子（二枚）が用いられ、座敷には床・床脇・障子付きの書院が設けられるとともに、「すゝ二而色付」[23]が施されていた。また同屋敷は、「御代官様入口并御役所入口・御白州入口」に分かれ、役所と代官住居には縁側が、役所には二間格子が設けられ、それぞれは「巾四尺之くゝり戸」で仕切られていた。この他、一番屋敷、二番・三番長屋ともに台所・湯殿・雪隠が設けられている。

保管施設としては土蔵（二階付き）があり、規模は四坪、屋根は本瓦葺きであった。その他の施設としては、外部に雪隠が五か所（二棟）、新しく掘られた井戸が二か所（屋形付き）設けられていた。

以上のように、清水家大坂蔵屋敷には、代官住居と役所・白州を兼用した一番屋敷が設けられていた。一番屋敷の玄関には式台、座敷には床・床脇・書院などが備えられ、「すす」で色付けが行われるなど、格式を整えながらも、座敷は数寄屋風であったことがうかがわれる。[24]

また、一番屋敷の代官住居・役所・白州は、くぐり戸で仕切られていることから、居住機能と役所機能が空間的にも明確に分離されていたことがうかがわれる。

長屋の間取りなどは一切不明であるが、他藩でみられるような階層性を考慮すると、規模の大きい長屋に上位の者が居住していた可能性がある。

蔵屋敷としての保管機能は、二階付きの蔵が一棟である。清水家への年貢は、天明期にはすべて銀納とされていたが、寛政一〇年以降の小堀代官支配のもとでは銀納と米納が併用されている。(25) これらのことを考慮すると、この蔵は銀蔵としての機能も有していたと推察される。

仕上げなどをみると、門長屋の外壁が黒い腰板張りで、その上部が白土となっている。これは、佐賀藩蔵屋敷の蔵にみられるような、腰は「なまこ壁」、その上が白壁の土蔵造りと様相が異なり、どちらかといえば、松代藩蔵屋敷の外観（第八章図8―4参照――折り込み）意匠に近く、さまざまな意匠の蔵屋敷があったことがうかがえる。

三節　清水家大坂蔵屋敷の特徴

御三卿清水家の大坂蔵屋敷について、領知復活から屋敷の普請にいたるまで、三か国惣代共の思惑や提案を含めてみてきた。そのなかで、以下に示すように、諸藩の蔵屋敷と異なる点が種々明らかになった。

最も大きく異なる点は土地の取得である。清水家では蔵屋敷地を拝領している。大名でも小室藩のように蔵屋敷地を拝領した例はあるが、江戸初期に限られている。(26) 一般には、佐賀藩大坂蔵屋敷にみられるように、土地持ちの町人を名代として土地を取得して蔵屋敷を設けているが、弘前藩のように周辺の土地を買得し、敷地の拡張に成功した例もある。

蔵屋敷が設けられる場所は、初期には水運に便利な中之島周辺に集中した。材木を主要な取引物産とした高知藩のように、早い段階で材木の取引きに有利な市中南部の長堀周辺に移転する場合もあるが、大坂市場への参入が遅れた藩ではおおむね交通に至便な場所に蔵屋敷を設けることは困難であった。

清水家蔵屋敷が設けられた川口は、領知村民からすると大坂市中の西端で不便な土地であったが、参勤交代時に船を利用する大名には大きな意味を持つ場所であった。また、この場所に御三卿の蔵屋敷地を下賜した幕府の意向のなかには、同場所の監視の意味も含まれていた。

清水家蔵屋敷では、領知各村からの廻米量が決まっているため大規模な蔵は設けられていない。また屋敷は、代官住居と役所をかね白州をもつなど、役所としての機能に重点がおかれていた。そして、これらの空間はくぐり戸で仕切られ、明確に分離されていた。屋敷の式台や座敷には天井が張られ、床や床脇・書院が設けられるなど、格式が整えられているのは大名家と大差はないが、清水家蔵屋敷の座敷は「す、ニ而色付」が施された数寄屋風書院であった。

外観の意匠は、門長屋は墨を施した腰板を張り、上部は白土壁仕上げで、佐賀藩蔵屋敷のように重厚なものではなく、軽快に仕上げられている。このことからも、大坂蔵屋敷にもさまざまな外観意匠のあったことがうかがわれる。

さて清水家は、弘化三年（一八四六）に明屋敷となり、安政元年（一八五四）に領知は召し返しとなった。川口の蔵屋敷はそのまま放置されたと推測されるが、慶応四年（一八六八）九月、同地に居留地が設けられ[27]、清水家蔵屋敷の跡地はイギリス領事館となった[28]。

(1)『新修大阪市史　第一〇巻・歴史地図』「図五　天保期の大阪三郷」（同編纂委員会編、一九九六年）。また『大阪市史　附図（解説）』（清文堂出版、一九七九年）所収の蔵屋敷表（天保一四年）にも、「安治川木津川間　清水、田安、一橋家　御船手屋敷南」と掲げられている。なお「増修改正摂州大阪地図全」（文化三年）では、川口に「一橋殿　御三卿蔵地」とあるが、田安・清水家の記載はなく、南長柄村に「田安殿」が確認される。

(2)『国史大辞典10』（吉川弘文館、一九九一年）より作成。御三卿に関する記述も同じ。

(3) 一〇万石の内訳は明らかではないが、前掲注(2)『国史大辞典10』では、文久二年（一八六二）における甲斐国の清水家領知「高一万四千百八拾五石九斗一升六合、三十ヶ村」を示している。

(4) 一九九九年七月に実施された、大阪市立大学文学部と和泉市教育委員会の合同の調査による。小川家は同村の庄屋を勤めた家柄であった。なお同調査の結果は、和泉市史編纂委員会編『和泉市史紀要・第七集　近世福瀬村の歴史』（二〇〇二年三月、以下『和泉市史紀要・第七集』と略記）として刊行されている。

(5) 前掲注(4)『和泉市史紀要・第七集』

(6)「小川家文書」箱1―10「被仰渡書請印帳控」所収「申渡」。同史料は冊子で、表紙には「一村限　惣百姓、百姓代、年寄、庄屋、連判ニ而奉指上候也、泉州泉郡坪井村」と記されており、領知の村々が一村ごとに請書を提出したことがうかがわれる。同史料には以下の三点が収められている。①清水家領知に復したことを通知する「申渡」（文政七年八月）で、九月に請書が提出されている。②三か国の惣代共が蔵屋敷地を見分し、普請などについて提言した「乍恐以書付内分奉窺口上之覚」（月日不明）で、敷地状況などの詳細な分析が行われているが、「右願書ハ差上不申」とあり、提出されていない。その理由は不明である。③同年八月二八日に提出された「乍恐以書付御願奉申上候」で、②の提言のうち、主に敷地状況などの記載を簡略化した内容となっている。蔵屋敷の普請に関してはとくに②の史料が貴重である。月日は不明であるが、冊子に記載されていることから、①と③の間、すなわち、八月初旬以降二八日の間に作成されたと推定される。なお本章で引用した翻刻文は、すべて前掲注(4)『和泉市史紀要・第七集』による。

(7) 前掲注(6)「小川家文書」箱1―10「被仰渡書請印帳控」所収「乍恐以書付内分奉窺口上之覚」

(8) これより、清水家領知の一〇万石のうち、三か国で五七、〇〇〇石を有していたことがわかる。

(9) 前掲注(6)「小川家文書」箱1―10「被仰渡書請印帳控」所収「乍恐以書付御願奉申上候」。『大阪府の地名』（平凡社、一九八八年）によると、弓町は東横堀川東部の高麗橋と本町筋の間に位置し、町奉行屋敷などがあった。

(10) 前掲注(6)「小川家文書」箱1―10「被仰渡書請印帳控」所収「乍恐以書付御願奉申上候」の末尾に、「右願書差上候所、御聞済無之、願書御下ヶ也」とある。

(11) 前掲注(6)「小川家文書」箱1―10「被仰渡書請印帳控」所収「乍恐以書付内分奉窺口上之覚」

(12)『毛利家文書』「元禄四年　御参勤御船中御道中扣二」（山口県文書館所蔵）、川口居留地研究会『川口居留地　二』（一九八八年五月）

(13) 前掲注(1)「図五　天保期の大阪三郷」では、南長柄村に記載された田安家を「元禄一六年より継続のもの」の凡例で示しているが、同家の創立が享保一六年（一七三一）であることを考慮するとこの分類には疑問が残る。

(14)「小川家文書」箱1―2―15所収「乍恐以書付御嘆願奉願上候」（前掲注4『和泉市史紀要・第七集』）

(15)「小川家文書」箱1―18―52所収「乍恐以口上」

(16)「小川家文書」箱1―124所収「川口御屋敷御地面　地上ヶ仕用帳」

(17)「小川家文書」箱1―136―28所収「定之事」

(18)『建築大辞典　第二版』（彰国社、一九九三年）

(19) 前掲注(17)「定之事」
(20) 「小川家文書」箱1―136―68所収「差入申一札之事」
(21) 「小川家文書」箱1―136―29所収「乍恐御願申上候」
(22) 「小川家文書」箱1―124所収「川口御屋敷新建御普請仕用帳」
(23) 前掲注(18)『建築大辞典 第二版』によると、数寄屋風書院の意匠の手法で、水に溶いたすすを柱や天井などに塗って古色付けをした仕上げ。
(24) 『新建築学大系二 日本建築史』(彰国社、一九九九年)
(25) 前掲注(4)『和泉市史紀要・第七集』
(26) 第六章一節参照
(27) 前掲注(12)『川口居留地 一』
(28) 堀田暁生編『大阪川口居留地の研究』(思文閣出版、一九九五年)

結　章　大坂蔵屋敷の成立と展開

本書では、近世大坂における蔵屋敷について、建築史的立場からその成立と変遷、建築構成、接客・居住・役所などの空間構成、建築計画、さらには京都屋敷・伏見屋敷との比較など、多面的に検討を行った。本章では、本研究で得られた知見をもとに、大坂蔵屋敷の変遷、蔵屋敷の設置藩と地域、設置施設による蔵屋敷の類型化などについて総括しておきたい。

一節　大坂蔵屋敷の変遷

大坂蔵屋敷の変遷を概観してみると、(1)江戸時代前期、(2)江戸時代中・後期、(3)幕末期に区分することができる。各期における蔵屋敷の形態などをみると、(1)は成立期、(2)は展開期、(3)は変容期と位置づけることができる。各期の特徴をまとめておく。

(1) 江戸時代前期の大坂蔵屋敷

江戸時代の大坂に蔵屋敷が多く立地した要因として、慶長期にすでに西国大名の屋敷が設けられ、それにともなう廻米が行われていたこと、元和六年（一六二〇）から始まる大坂城普請助役や元和期（一六一五～一六二四）の大坂市街地の整備などが掲げられる。とくに水運環境の整備により、天満堀川以西、中之島・土佐堀川・江戸堀川などの沿岸に蔵屋敷が集中して設けられるようになる。

元和末年から寛永年間（一七世紀前期）には、高知藩の上方（大坂・京都・伏見）屋敷の購入と移動がみられる。同藩の大坂屋敷は、元和七年（一六二一）以前は中之島付近の江戸堀にあり、蔵屋敷であったと推察される。その後、元和七年に江戸堀から長堀白髪町に移り、寛永五年（一六二八）と同一三年に同所で屋敷地を拡大している。さらに一七世紀中期の明暦三年（一六五七）、白髪町に隣接する高橋町で屋敷地を購入して敷地を拡大した。

佐賀藩大坂蔵屋敷は、遅くとも明暦元年には天満一一丁目下半町に存在した。明暦期の敷地は、上屋敷と下屋敷が隣接して一つの屋敷を構成していることから、同藩蔵屋敷は上屋敷と下屋敷の機能を併せもっていたことがわかる。

一七世紀前期には大坂における都市的な条件が整い、西国諸藩を中心に蔵屋敷が設けられるが、この時期、西国大名の年貢米のすべてが大坂で販売されるとは限らなかった。しかし中期になると、西国諸藩は大量の年貢米を大坂へ送り、その代金によって参勤交代と江戸での生活費などの藩財政を支える体制をとるようになり、蔵米販売機関としての蔵屋敷が整備された。また、後期の寛文期には西廻り航路が整備され、西国のみならず奥羽諸藩などからも大坂へ廻米されるようになる。延宝七年（一六七九）には八九もの蔵屋敷が設けられ、廻米の急増により、蔵米の販売も寛文期以降、町人請負制から米仲買による入札制にかわった。

貞享三年（一六八六）の公儀川普請で堂島川の川岸が整備されるが、そのさい、佐賀藩大坂蔵屋敷では、上屋敷の西側の屋敷地を同一敷地内に取り込むとともに、下屋敷の浜側を川中に築き出し、九〇〇坪におよぶ敷地の拡張工事を行い、米蔵・長屋・船入りなどを整備した。この川普請における幕府の整備は石垣のみであったため、岡山藩においても佐賀藩同様に川中へ築き出し、約二五〇坪の敷地を拡張している。こうした各藩の努力により堂島川岸の整備がなされた。

これは、西国はもとより奥羽諸藩などからの廻米が増えたための水運対策と考えられ、大坂の水運環境がさらに向上することで、各藩の蔵屋敷も機能を充実させ、任務も蔵米の収納・保管、販売のほかに、領国で自給できない物品の買い入れ、借銀（金）など多様性を帯び、諸藩の大坂出張所としての役割も果たすようになった。

蔵屋敷の規模や施設などは在藩地や廻米量などによって異なるが、大坂が全国市場として発展することで、物産の大坂への廻漕量がさらに増し、諸藩の蔵屋敷も各藩の経済活動に対応した建築構成をもつようになる。

元禄五年（一六九二）段階の佐賀藩大坂蔵屋敷は、米蔵・長屋・馬屋で周囲を囲繞され、北側に御屋形（御殿）、南側に米売場が設けられていた。長屋は小屋とも呼ばれ、役職上の上下関係にある者が互いに隣接して配置され、規模や設備によって階層差が付けられていた。御屋形は、接客・居住・台所・役所空間で構成されていた。接客空間は狭小で、居住空間は独立性に乏しかったが、数度の増改築を経て各空間が充実し、ゾーニングも明確になった。

徳島藩は、江戸時代前期の寛文年間に大坂に屋敷を設けたが、売却や移転を経て、元禄四年（一六九一）に土佐堀に設置された。その後、屋敷を買得し寛保二年（一七四二）には船入りを持つ屋敷となった。この屋敷は、享保九年（一七二四）・寛政四年（一七九二）の大火にも罹災していないことから、享保九年以前に建築された可能性がある。敷地は大小の二区画に分かれる変則的な形態で、大区画は、御殿・留守居部屋などの居住施設と船入り・米蔵・米会所などの取引上の業務施設などで構成され、小区画には主に長屋が配されていた。御殿は西国諸藩と同様、接客・居住・台所・役所空間で構成されていた。留守居部屋は御殿と接続して設けられ、接客空間が確保されていた。役人長屋は間口によって規模が異なり、住人の階層性がうかがわれる。

奥羽諸藩のうち、弘前藩の上方への廻米先は寛文期までは主に敦賀・大津であったが、延宝六年（一六七八）に大坂への廻米が本格化し、貞享四年（一六八七）には上方廻米のすべてを大坂へ集中させるとともに、天明元〜二年（一七八一〜八二）には敦賀・大津の蔵屋敷を閉鎖した。奥羽諸藩などが大坂廻米を目指した理由として、敦賀から大津への物資の輸送にさいし、湖北へいたる陸路輸送にかかる費用の多さ、積み替えによる物資の傷みや着荷の遅滞、さらに大坂の発展にともなう人口の増加による米価の高値などが掲げられる。廻着地が敦賀・大津から大坂へと移行する過程において、大坂蔵屋敷は次第に重要な機能を担うようになった。

弘前藩大坂蔵屋敷は、元禄五年（一六九二）に天満一一丁目、すなわち佐賀藩大坂蔵屋敷の東隣りに位置し、門・米蔵・役所・金蔵・長屋などで構成されていた。藩士住居には、武家住宅の格式を示す式台・玄関・床などはなく、出入りは土間からであった。住居はすべて長屋形式であるが、家屋の規模、居間の有無などから、役宅と藩士住居の違いが明瞭で階層性がうかがわれる。

以上のように、一七世紀前期における都市基盤の整備により、大坂での蔵屋敷設置の条件が整い、中期の西廻り航路の整備や、後期の公儀による川普請などで水運環境がさらに向上され、中之島を中心に水運のよい場所に諸藩の蔵屋敷が多数設置されるようになったことから、江戸時代前期(一七世紀)は諸藩の蔵屋敷が設置される条件が整った成立期とみることができる。

(2) 江戸時代中・後期の大坂蔵屋敷

近世における都市の大火は、江戸における明暦三年(一六五七)の「振り袖火事」を筆頭に枚挙にいとまがない。元禄末期から寛政期(一八世紀)にかけての大坂では、享保九年(一七二四)の「妙知焼け」、寛政四年(一七九二)の大火などにより、市中の多くが焼失したが、それは同時に大坂の建築ストックが更新された時期でもあった。

佐賀藩では、妙知焼け後の屋敷の再建にあたり、屋敷を米蔵と長屋で囲繞し、米会所・御屋形などのほか、新たに役所・稲荷社・貸家を設けている。独立した役所・米会所を設けることで、業務空間と御屋形を明確に分離した。そして御屋形の接客空間・居住空間の機能を向上させ、独立性を確保するとともに、採光・通風を考慮した居住性の高い空間を作り出した。長屋には役職名はみられないが、各戸の規模などから階層性がうかがわれる。

佐賀藩同様、妙知焼けで罹災した弘前藩も屋敷の復興にさいし、大坂廻米の集中策と相まって蔵屋敷の機能の充実を図っている。寛政九年(一七九七)には敷地を約一・四倍に拡大し、敷地全体を業務空間と生活空間に明確に区分し、役所を独立させて拡張し、蔵を増築した。留守居住居に接客機能を付随させ、藩士住居は、規模を拡大するとともに、式台・玄関を備え、庭・湯殿・便所を設けて居住性を向上させるなど、業務空間・生活空間双方を充実させている。弘前藩大坂蔵屋敷では、天保期(一九世紀前半)に敷地全体が蔵と長屋で囲繞され、堂島川に面して蔵が連立する景観が確立された。なお、弘前藩は奥羽在藩であるため、参勤交代時に藩主が滞在する御屋形は設けられていない。

高知藩の寛政期(一八世紀末)の大坂蔵屋敷は、東屋敷と西屋敷に分かれていた。先に成立した東屋敷は、御殿・米蔵・長屋・貸家などで構成され、御殿は藩主の滞在、米蔵は蔵物の売り捌き、長屋は役宅として機能した。西屋敷には、役所・銀蔵・武具蔵・扶持米蔵・役宅の長屋・貸家などが設けられていた。同藩は、明暦期に蔵物を年貢米から材木へと転換したため、蔵屋敷を大坂市中南部の長堀に移転し、同屋敷の前で材木の競り売りが行われるようになった。

一九世紀には奥羽在藩の蔵屋敷の設置が増加する。これは、西廻り航路と東廻り航路の安全性の確保と航海技術の蓄積などによるものと推察される。秋田藩では、慶長一五年(一六一〇)から寛永八年(一六三一)にかけての上方廻米は大津が中心であったが、文化年間(一九世紀前半)に大坂に蔵屋敷を設けている。同藩の大坂蔵屋敷は、門・番所・御役所・役宅・長屋・米蔵・御蔵元会所などで構成され、弘前藩と大きな差異はないが、設置時期が遅いため水運に便利な位置を確保することができなかった。

大名が大坂に蔵屋敷を設置するさい、土地を所有する町人を蔵屋敷の名代として登用して屋敷を入手したが、小室藩主小堀政一は元和三年（一六一七）に天満南木幡町にて大坂蔵屋敷を拝領している[1]。同屋敷は、主屋・数寄屋・蔵・藩士の長屋・貸家などで構成されていたが、明暦三年（一六五七）の大火に罹災した江戸屋敷復興のために解体されて江戸に運ばれた。屋敷は拝領屋敷であるため売却できず、跡地は天満惣年寄に預けられた。惣年寄は跡地に長屋を建てたが、延宝五年（一六七七）には四八軒の長屋に多くの銅細工職人が住む職人町が形成された。元禄期にはさらに長屋が建てられ、宝暦四年（一七五四）には家数二三〇～二四〇、居住者八四〇余人と、多数の銅細工職人が居住する町に変貌した。

諸藩の蔵屋敷では、勧請された神社の祭礼が催された。この祭礼は、自藩においては重要な神事であるが、庶民にとっては参詣のついでに芝居や飾り物などが楽しめる一石二鳥の娯楽であった。とくに六月の諸藩の祭礼は、大坂市中に定着した行事で、その最たるものが佐賀藩の稲荷祭りであった。宝暦八年が最盛期で、翌年には準備費用の増大や火事や事故などの危険性から花火が中止された。そのため事前に銀主や町方などに根回しを行い、花火に代わる立花や飾り物などを充実させている。このことから、祭りの準備段階から出入りの町人や中使など、町方の協力がなくては祭りが執り行えない様子がうかがわれる。こうして、参詣人が群集する時間帯を花火が行われる夜間から昼間へ移すことで事故などの危険性を回避し、さらに屋敷を開放して無秩序な群衆の一時的な集合を避けることで、騒然とした祭りから整然とした祭りへと質の転換を図った。参詣人が群集することを理由に祭りを中止する蔵屋敷がある中で、佐賀藩では、外的には祭りの盛大さを継続させて多くの参詣人を呼び寄せ、内的には花火に代わる神前のお祓いで神事の性格を維持するとともに、大げさな寄進や出し物は断り、実質的な規模の縮小化に成功している。

中之島周辺の蔵屋敷が集中する地域では、近隣相互の日常的な接触はほとんどなかったと考えられるが、それが六月には佐賀藩蔵屋敷前に川床が設けられ、屋敷までが開放されるなど、諸藩の蔵屋敷祭礼が単なる自藩の祭礼でなくなり、都市大坂の主要な年中行事の一環を形成するようになった。

以上のように、江戸時代中・後期（一八世紀）は、江戸時代前期（一七世紀）に設置・整備された蔵屋敷が大火を経て復興され、施設・設備などが充実される展開期とみることができる。一方、江戸初期に設けられた拝領屋敷の跡地に職人町が形成されたり、蔵屋敷の祭礼が市民の重要な娯楽の場となるとともに、都市大坂の主要な年中行事となるなど、都市の開発・発展、市民の生活の向上などがうかがえる時期でもある。

（3）幕末期の大坂蔵屋敷

幕末期には大名の上洛の機会が増し、上方に拠点を設けるようになる。大坂は水運がよく京都にも近いことから、単なる廻米の集散地・販売地としてではなく、横浜と同様、外国との貿易地としての機能を担ったことは、川口に居留地が設けられたことからも推察される。

幕末に大坂市場に参入した松代藩は、大坂を蔵物の販売地ととらえるだけでなく、外国との貿易地と把握し、自前の蔵屋敷の設置を強く望んでいた。同藩は、近在の豪農大東象五郎に蔵屋敷の建設を依頼し、象五郎は蔵屋敷の建設を条件に館入を引き受けていることから、蔵屋敷を担保と考えていたこと、蔵屋敷が投資の対象となっていたことがうかがわれる。

松代藩蔵屋敷の敷地内には、留守居住居をかねた役所と住居が各一棟と蔵が三棟あるのみで、他は貸家である。蔵の規模が小さいのは、収納する物産が紬・生糸・杏仁などのためであろうが、道路をはさんだ浜地側に建つ浜手客座敷は在所の商人や武士の宿泊所、敷地内の貸家は長期滞在者用として用いられ、双方合わせると敷地の約半分を占めている。同藩では、蔵屋敷を在地商人のための宿泊施設（座敷・貸家）や商品の保管施設とし、宿泊料や蔵敷料、為替金の用立など、他藩の蔵屋敷の運営方針と大きく異なっている。すなわち、他藩の蔵屋敷設置の主な目的は、藩主の江戸住まいの生活費の捻出や藩の経済活動などであるが、松代藩蔵屋敷は、在所の商人を対象とした旅館業・貸倉庫業・金融業とみることができ、近代産業の先駆ととらえることができる。

御三卿清水家は、川口に蔵屋敷地を拝領している。大名でも小室藩のように拝領した例はあるが、江戸初期に限られている。清水家蔵屋敷が立地する川口は大坂市中の西端の不便な土地であったが、参勤交代時に船を利用する大名には大きな意味を持つ場所であった。また、この場所に御三卿の蔵屋敷地を下賜した幕府の意向のなかには、同場所の監視の意味も含まれていた。

清水家蔵屋敷では、領知各村からの廻米量が決まっているため大規模な蔵は設けられず、代官住居と役所をかねるなど、役所としての機能に重点がおかれていた。そして、これらの空間はくぐり戸で仕切られ明確に分離されていた。屋敷の式台や座敷には天井が張られ、床や床脇・書院が設けられるなど格式が整えられているが、座敷は「すゝ二而色付」が施された数寄屋風書院であった。

外観は、門長屋は墨を施した腰板を張り、上部は白土壁で仕上げられていることからも、大坂蔵屋敷にはさまざまな外観意匠のあったことがうかがわれる。

以上のように、幕末期（一九世紀後期）は、社会の動揺と相まって、新しい機能を有した蔵屋敷が出現し、これまでの運営方針と大きく異なることから、この時期を蔵屋敷の変容期とみることができる。

二節　蔵屋敷設置藩と地域、類型化

（1）蔵屋敷の設置藩と地域

蔵屋敷を設置した藩は、表結―1に示すように、近畿以西では九州地方が圧倒的に多く、これに中国・四国地方を加えると、天保六年（一八三五）に存在した一〇四の大名家の蔵屋敷のうち六〇、つまり約五八％が西国諸藩の蔵屋敷であった。近畿以東では、関東・中部・東海地方の諸藩が初期から蔵屋敷を設け、関東・東海地方では一八世紀半ば以降、設置する藩が増加している。奥羽地方では、元禄五年（一六九二）にその存在が確認される弘前藩の蔵屋敷が最も早い。

大坂における蔵屋敷の立地場所は、天保六年の総蔵屋敷数一一一の

表結－1　大名家の蔵屋敷の分布

	奥　羽	関　東	中　部	東　海	近　畿	中　国	四　国	九　州	不　明	計
延宝7 (1679)	0	1	4	1	13	21	13	30	6	89
元禄末	1	4	4	1	10	17	11	33		81
延享4 (1747)	3	6	3	5	13	15	12	32		89
安永6 (1777)	2	8	4	4	12	13	11	29		86
享和元 (1801)	2	9	4	4	12	13	11	30		85
文化11 (1814)	6	8	5	3	14	16	14	30		96
天保6 (1835)	7	10	5	5	17	15	13	32		104

出典：「諸大名御屋敷付」「諸大名蔵屋敷一覧」(『大阪編年史第26巻』所収)，森泰博「元禄末大坂大名屋敷・名代・蔵元・銀掛屋」(宮本又次編『大阪の研究・第5巻』所収，清文堂，昭和45年)
地域の内訳
奥羽=陸奥・出羽
関東＝上野・下野・常陸・下総・武蔵・相模
中部＝越前・越中・越後・加賀・甲斐
東海＝駿河・遠江・三河・尾張・美濃・伊勢
近畿＝近江・大和・山城・摂津・河州・和泉・和歌山・丹後・但馬・播磨・淡路
中国＝備前・備中・備後・安芸・周防・長門・因幡・出雲・石見
四国＝阿波・讃岐・土佐・伊予
九州＝豊前・豊後・日向・筑前・筑後・肥前・肥後・薩摩・対馬

表結－2　諸藩大坂蔵屋敷の主要施設一覧

蔵屋敷		米　蔵	役　所	銀　蔵	御　殿	長　屋	貸　家	神　社	備　考
西国型	岡山藩（1648）	○	○	△	○		○		約1156坪
	佐賀藩（1692）	○	○	○	○	○			＊約4200坪
	佐賀藩（18c前）	○	○	△	○	○	○	○	＊約4200坪
	長州藩（1793）	○	○	○	○	○	○		約2920坪
	高知藩（18c末）	○	○	○	○	○	○	○	約4495坪
	広島藩（1866）	○	○	鉄蔵	○	○		○	＊約4000坪
	鳥取藩（不明）	○	○	△銀	△		○	○	＊約5611坪
	熊本藩（不明）	○	○	○	△	○		○	＊約8270坪
東国型	弘前藩（1722）	○	○	金蔵		○			約517坪
	弘前藩（19c前）	○	○	金蔵		○		○	約740坪
	秋田藩（1817）	○	○	△金		○		○	約934坪

△：推定　＊：船入りをもつ蔵屋敷
出典：岡山藩「池田家文庫」(岡山大学図書館所蔵)
佐賀藩「佐賀藩大坂関係史料」(日本生命相互保険会社所蔵)
長州藩「毛利家文庫」(山口県文書館所蔵)
高知藩「五藤家文書」(安芸市立歴史民俗資料館所蔵)
広島藩「浅野文庫」(広島市立中央図書館所蔵)
鳥取藩「鳥取藩政資料」(鳥取県立博物館所蔵)
熊本藩「永青文庫」(熊本大学図書館所蔵所蔵)
弘前藩「津軽家文書」(弘前市立図書館・国文学研究資料館)
秋田藩「秋田藩史料」(秋田県公文書館所蔵)

うち、中之島四三、堂島二一、天満一六、土佐堀川一四、江戸堀川五、その他一二で、水運の便がよい地域に集中していた。とくに中之島は、蔵屋敷で埋め尽くされているといっても過言ではなく、中之島周辺や土佐堀川などにそって諸藩の蔵屋敷が軒をつらねる風景は、水の都大坂のなかで独自の都市景観を構成していた。

（2）蔵屋敷の類型化

蔵屋敷の建築施設に関する研究は未だ事例が少なく、今後の進展が望まれる分野であるが、本研究の成果およびこれまで収集した史料から、主要な施設の一覧を表結―2に示す。表の上段が西国諸藩、下段が東国諸藩である。

西国諸藩では、米蔵・役所・米会所・銀蔵・御屋形・長屋・神社・貸家などでほぼ共通している。これに対し、東国の弘前藩や秋田藩では、米蔵・役所・会所・長屋・神社などは西国諸藩と共通するが、蔵については、西国諸藩ではおおむね銀蔵、東国では金蔵を設けている。御屋形（御殿）が西国諸藩に設けられているのは、参勤交代の際に藩主が滞在するためのもので、東国の蔵屋敷では設けられていない。また貸家は、西国諸藩では一八世紀頃から設けられる傾向にあるが東国ではみられない。

以上の建築構成の違いから、これまで一律に論じられてきた大坂蔵屋敷について、御殿・銀蔵・貸家などを有する蔵屋敷を「西国型」、御殿がなく、金蔵を有し、小規模な蔵屋敷を「東国型」と類型化することができる。

大坂に廻漕された蔵米や物産は各藩の蔵屋敷に収納・保管されるが、積み荷を積んだ船が屋敷内に直接入ることができるように船入りを設けたのは、熊本・広島・佐賀・鳥取・久留米・徳島・高松藩の七藩で、いずれも西国諸藩の一〇万石以上、最大の熊本藩にいたっては五四万石余の大藩である。このほか具体的な数は不明であるが、高知藩蔵屋敷のように川岸に設けた凹部に船を接岸させる形式、津山藩蔵屋敷のように川中に杭塀で囲いをつくる形式や、川岸に石の階段を設けた岩《がん》岐《ぎ》形式のものがある。これらはいずれも、「西国型」蔵屋敷にみられる。

以上のように、本研究では大坂蔵屋敷を、屋敷の変遷、建築構成・空間構成、御殿の機能や住居の階層性などについて考察し、大坂蔵屋敷および近世武家住宅の建築史的研究に新たな知見を加えることができた。今後さらに研究を進めるため、収集した史料の分析・考察の継続と新史料の発掘を行い、研究成果の蓄積に努めたいと考える。

（1）『南北堀江誌』（南北堀江誌刊行会、一九二九年）には松山藩と津藩が拝領屋敷と記されているが、森泰博氏が「大阪蔵屋敷の成立」（序章注5）において、拝領屋敷は小室藩のみであることを指摘されている。

参考資料

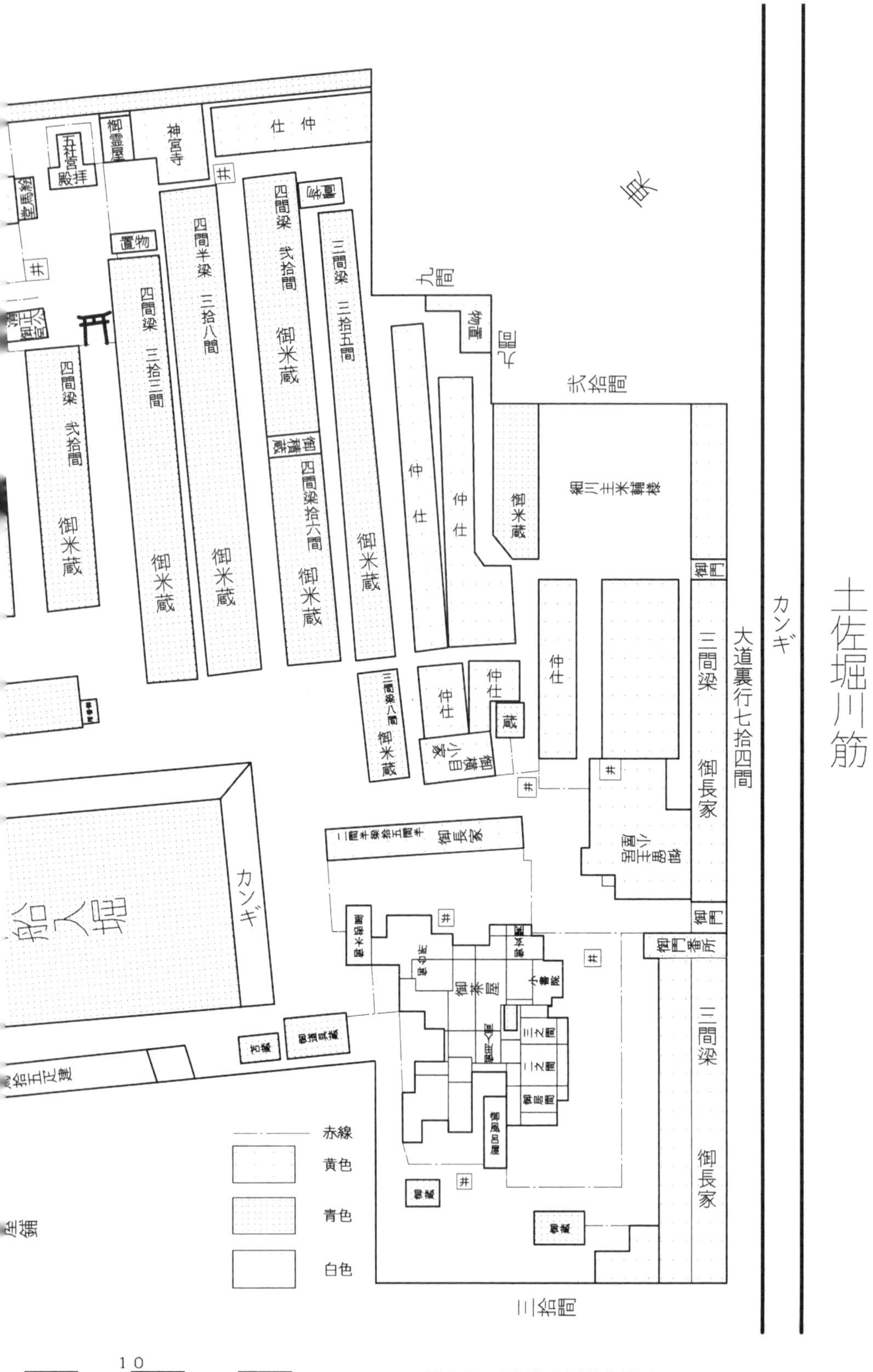

0　10　25（間）

熊本藩　大坂御蔵屋敷惣絵図

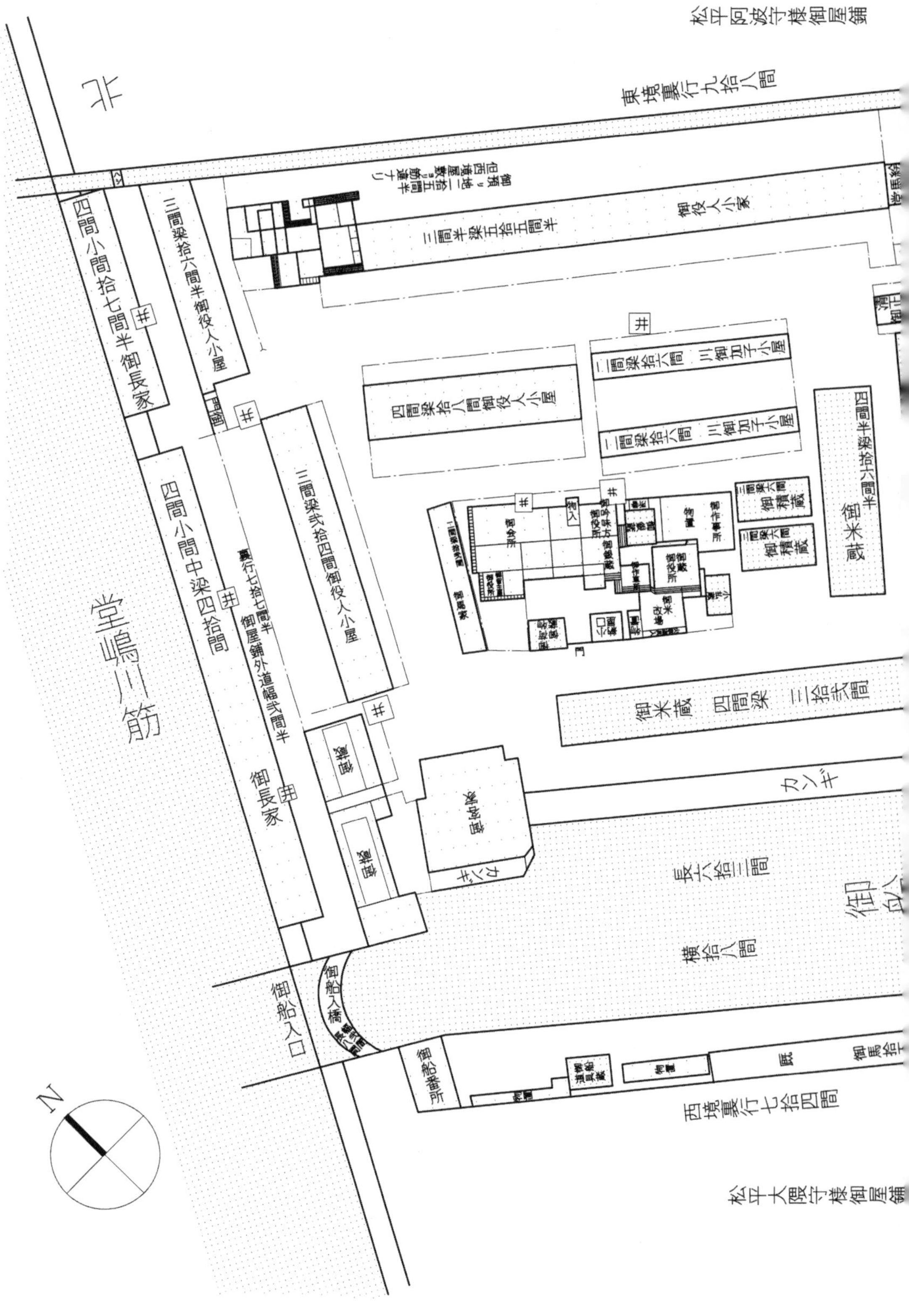
松平阿波守様御屋鋪
東境裏行九拾八間
御役人小家
三間半梁五拾五間半
四間小間七拾間半御長家
三間梁拾六間半御役人小屋
四間梁拾八間御役人小屋
二間梁拾六間　川御加子小屋
二間梁拾六間　川御加子小屋
四間小間中梁四拾四間
御長家
行七拾七間半
御屋鋪外通道弐拾間半
三間梁弐拾四間御役人小屋
堂嶋三筋
御米蔵　四間梁　三拾弐間
カンギ
長六拾三間
横拾八間
御口入部
御橋入部
西境裏行七拾四間
松平大隈守様御屋鋪
N

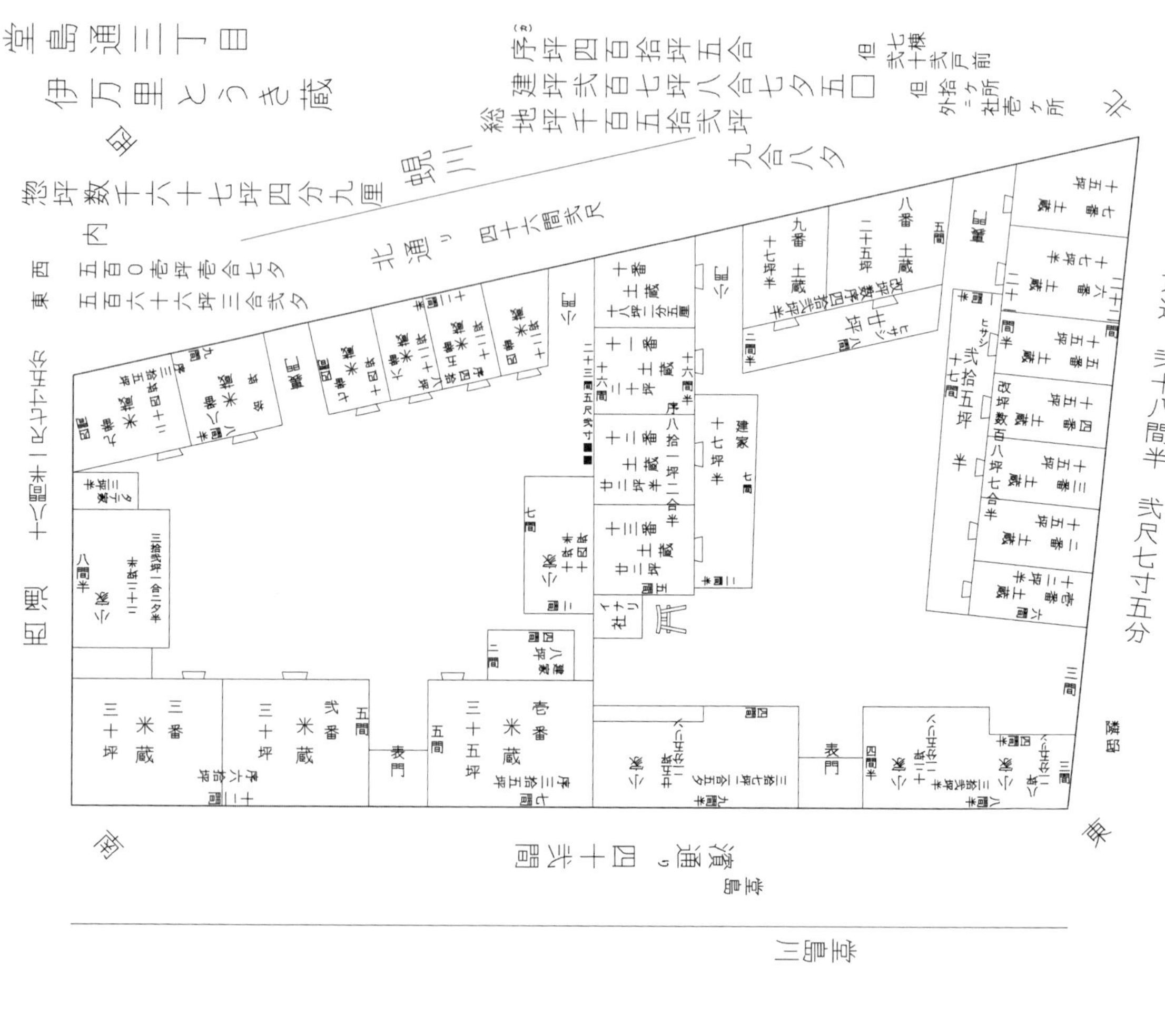
堂島通三丁目
伊万里とうき蔵
絵図
惣坪数千六十七坪四分九厘
内
西　五百0壱坪壱合七タ
東　五百六十六坪三合弐タ
建坪弐百七坪八合七タ五口
総地坪千百五拾弐坪九合八タ
蜆川
北通り　四十六間弐尺
東通　弐十八間半　弐尺七寸五分
浜通り　四十弐間
堂島川

佐賀藩　伊万里陶器蔵

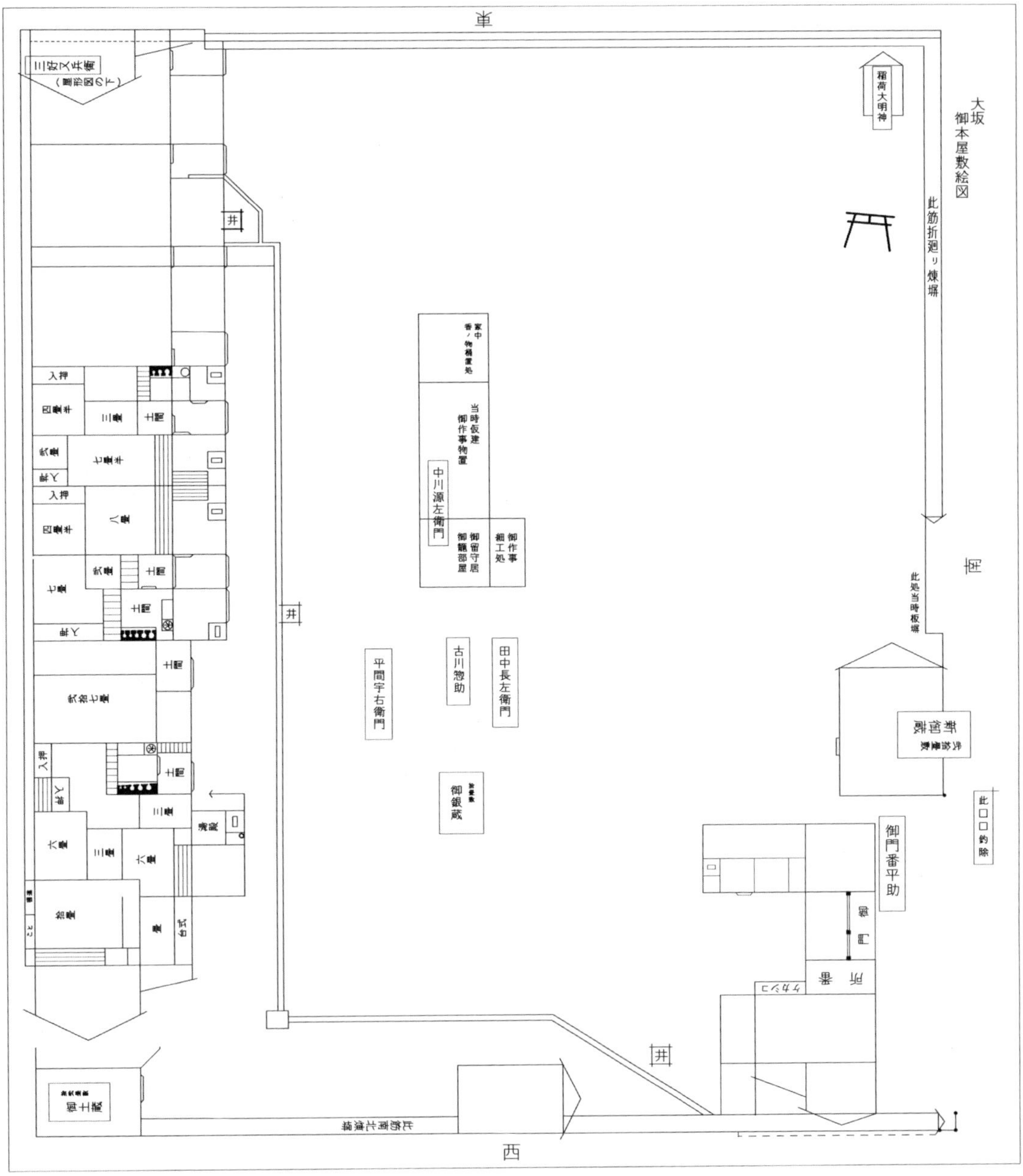

対馬藩　大坂本御屋鋪絵図

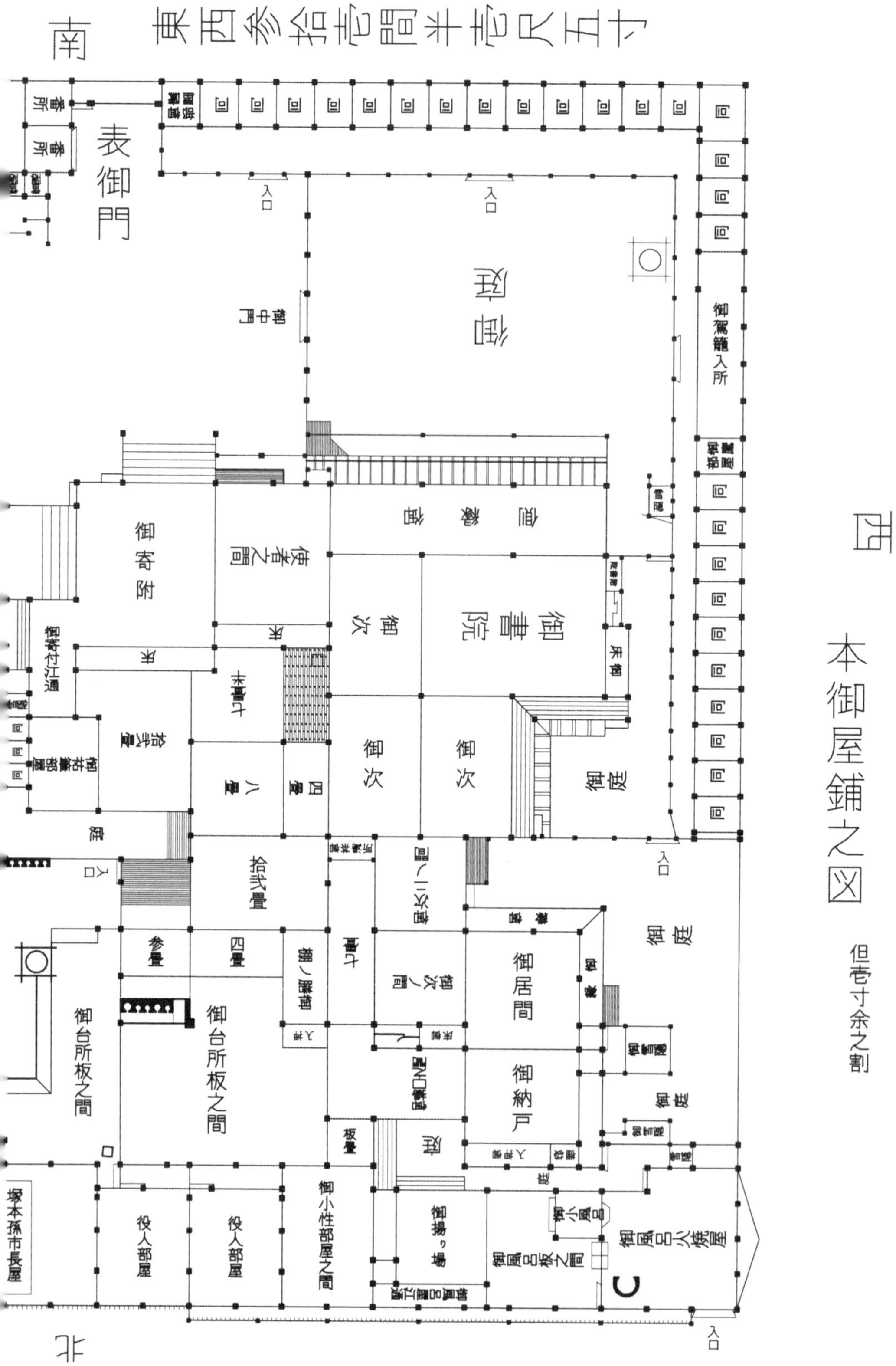

対馬藩　大坂本御屋鋪絵図

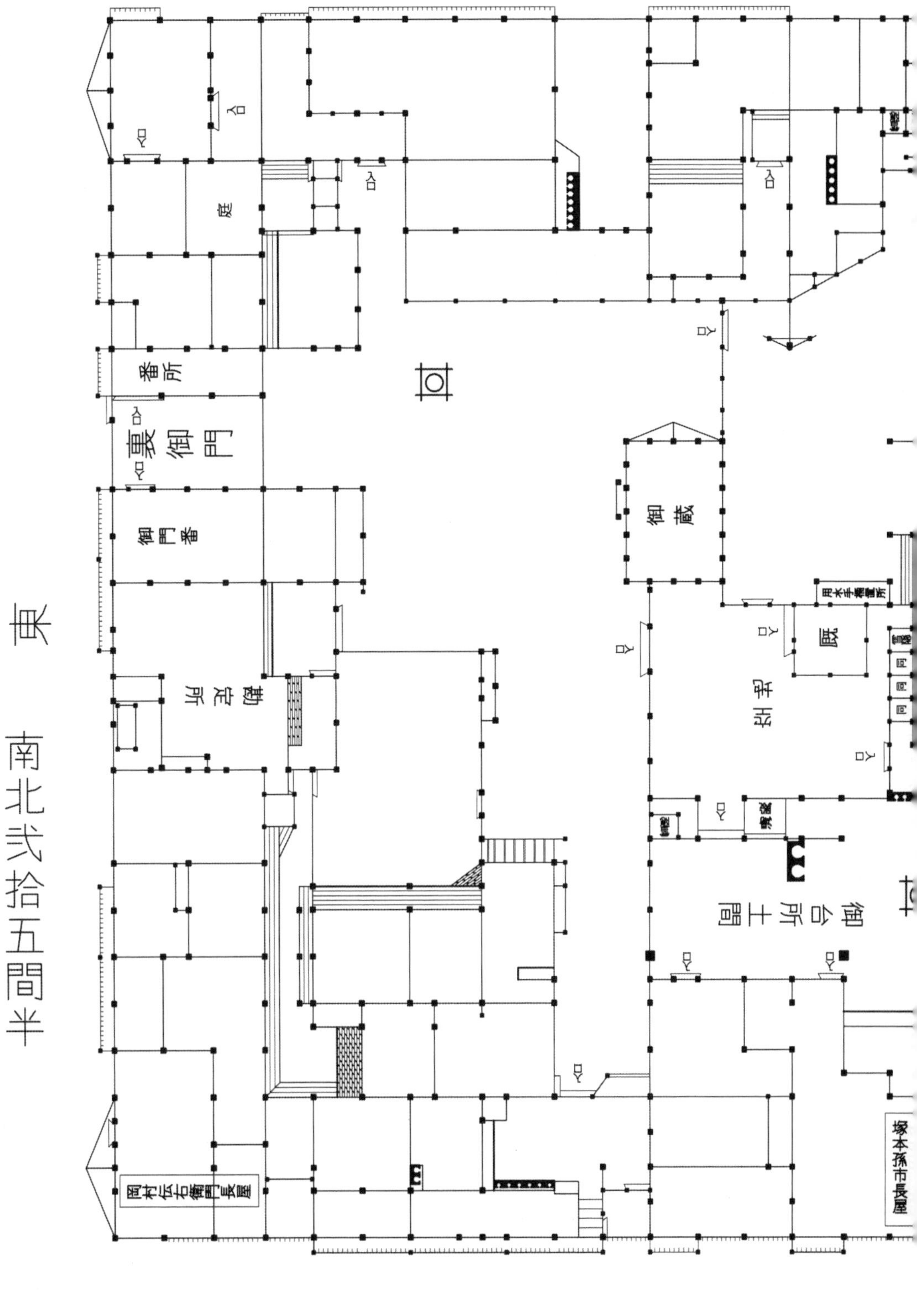

東
南北弐拾五間半
番所
裏御門
御門番
勘定所
庭
御蔵
御台所土間
塚本孫市長屋
岡村伝右衛門長屋

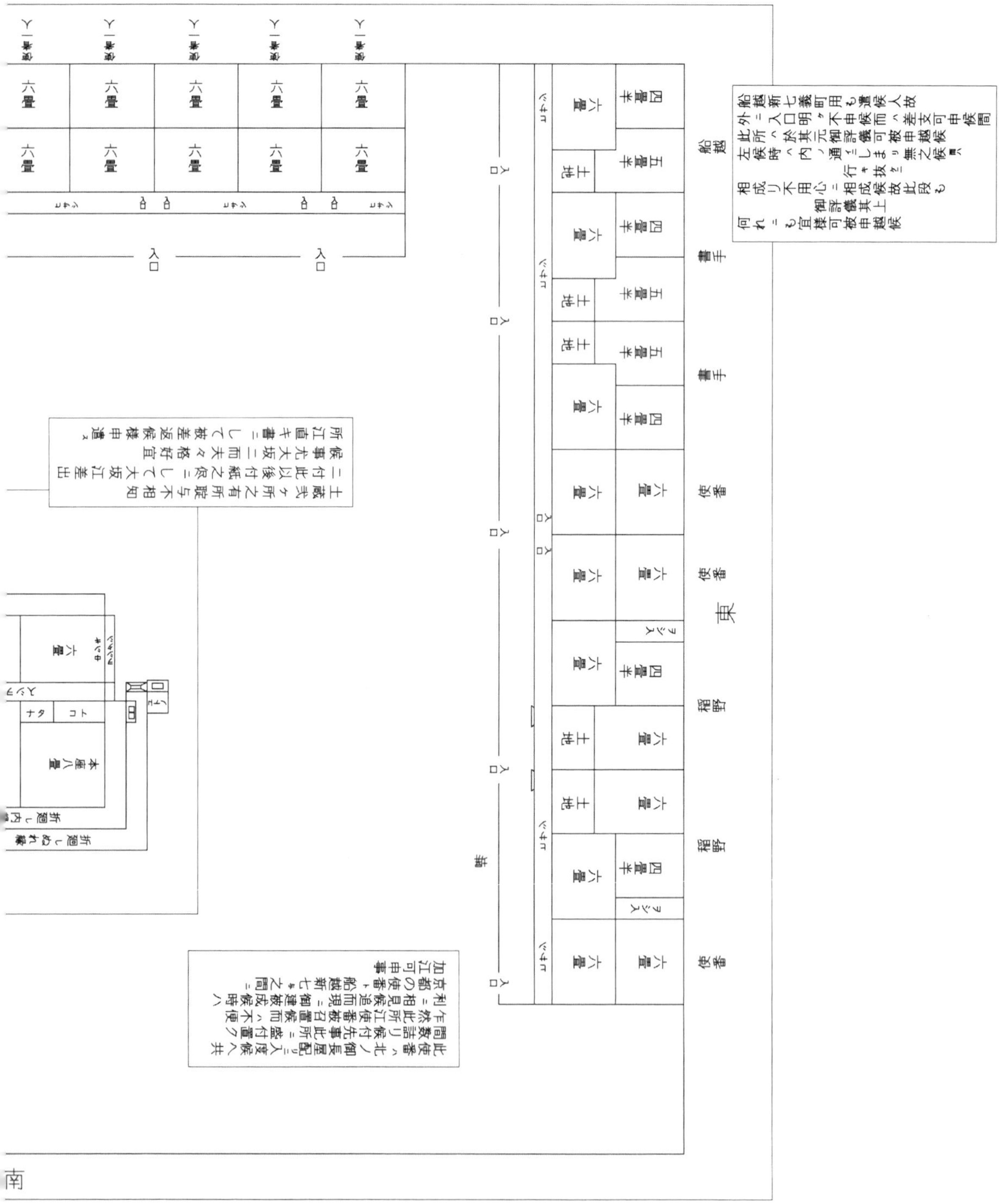

対馬藩　大坂御屋敷長屋新規建絵図控

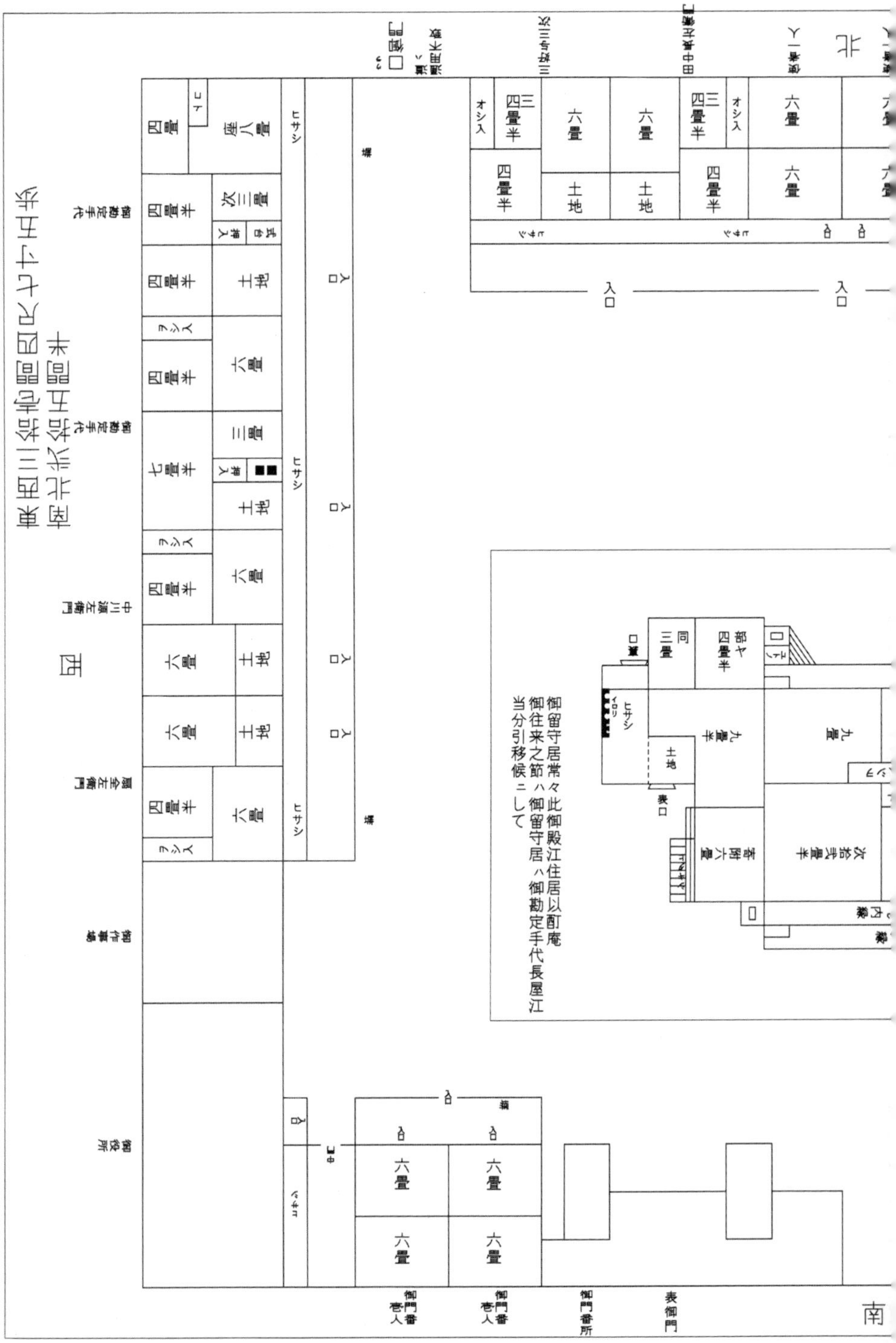

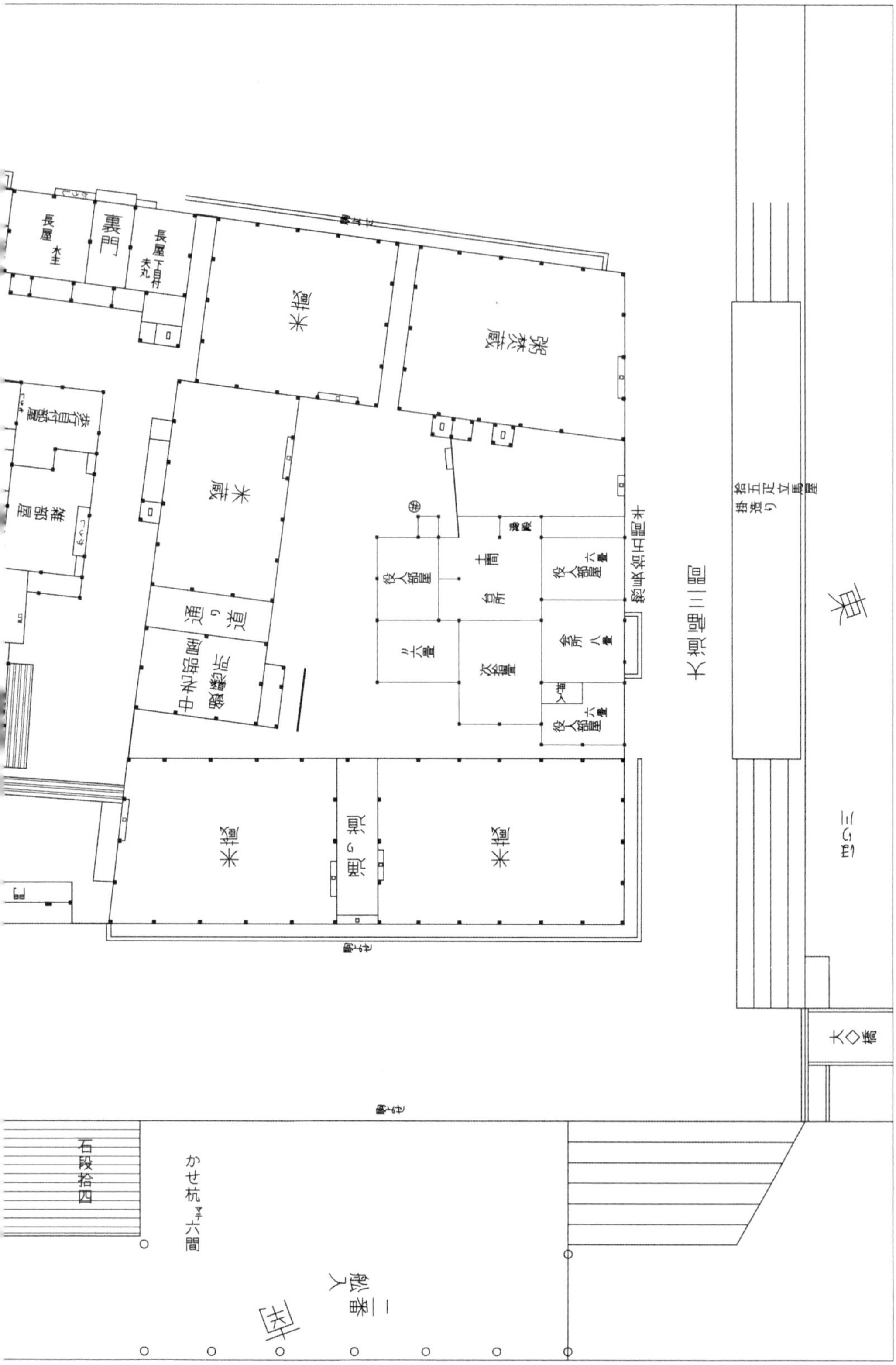

島原藩　大坂屋敷絵図

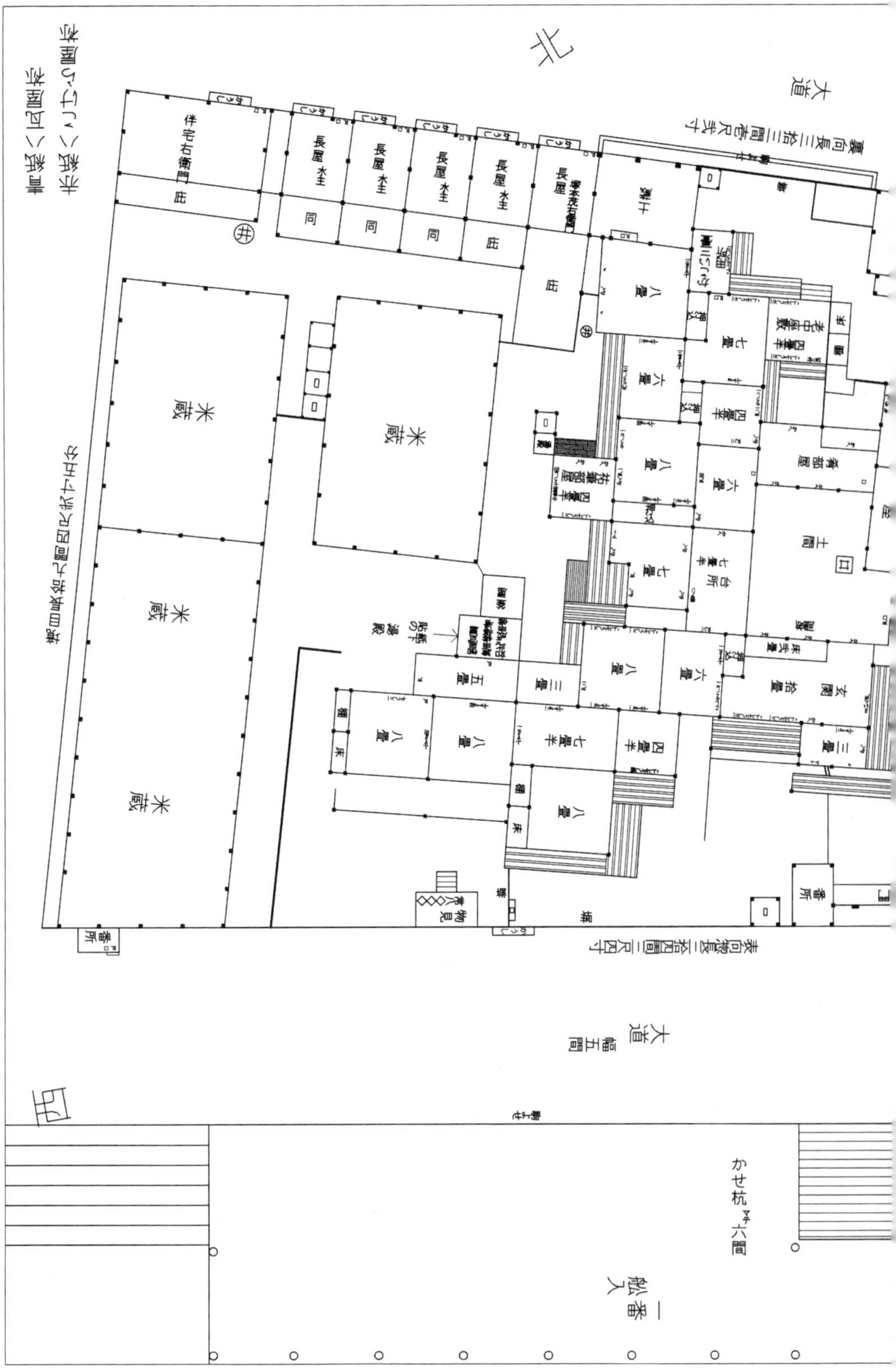

（裏書）
「大坂屋敷絵図」

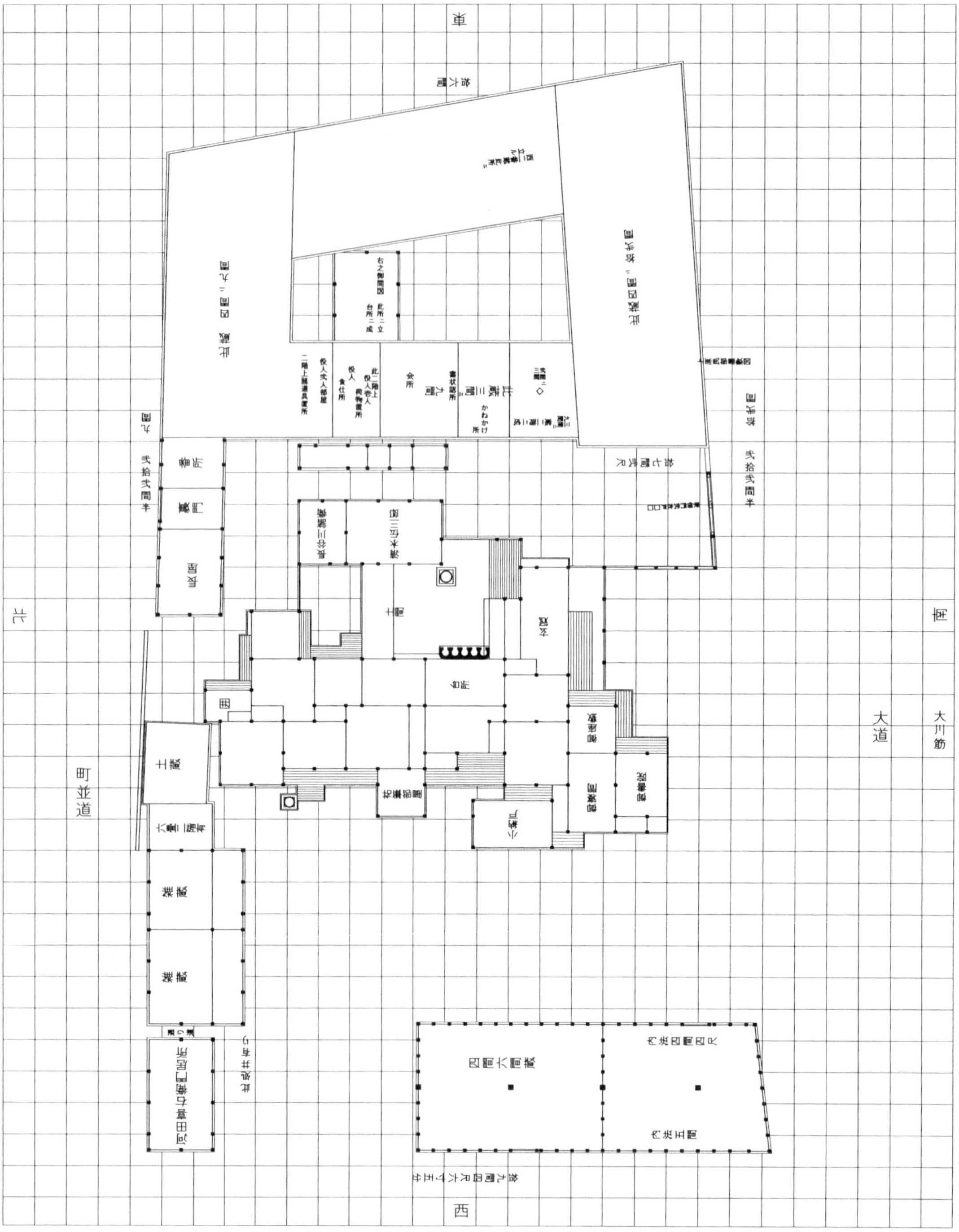

島原藩　大坂蔵屋敷新絵図ひかへ

大坂蔵屋敷御普請図面
嘉永酉年閏四月御成就

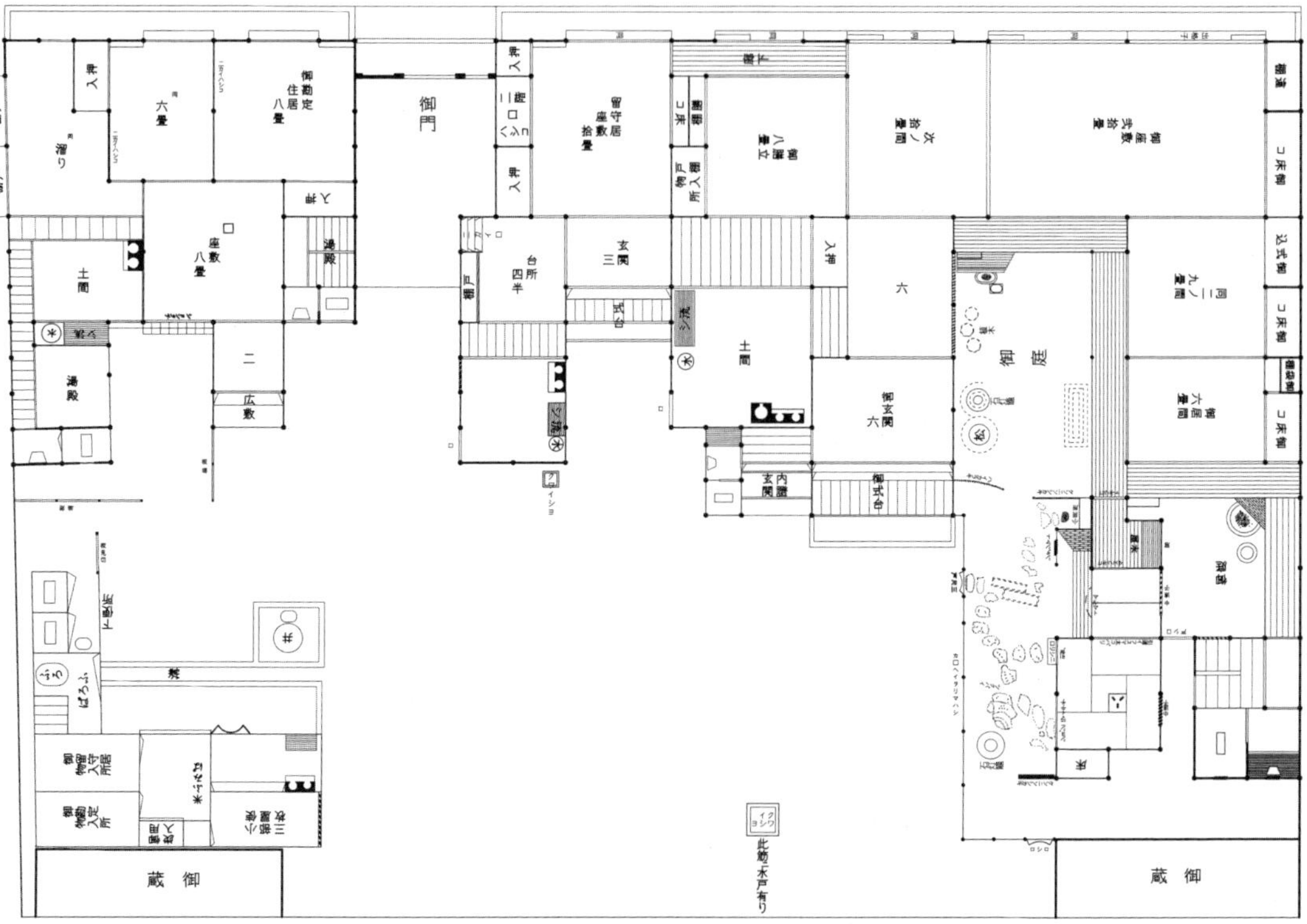

秋月藩　大坂蔵屋敷御普請図面

0　1　3　5間

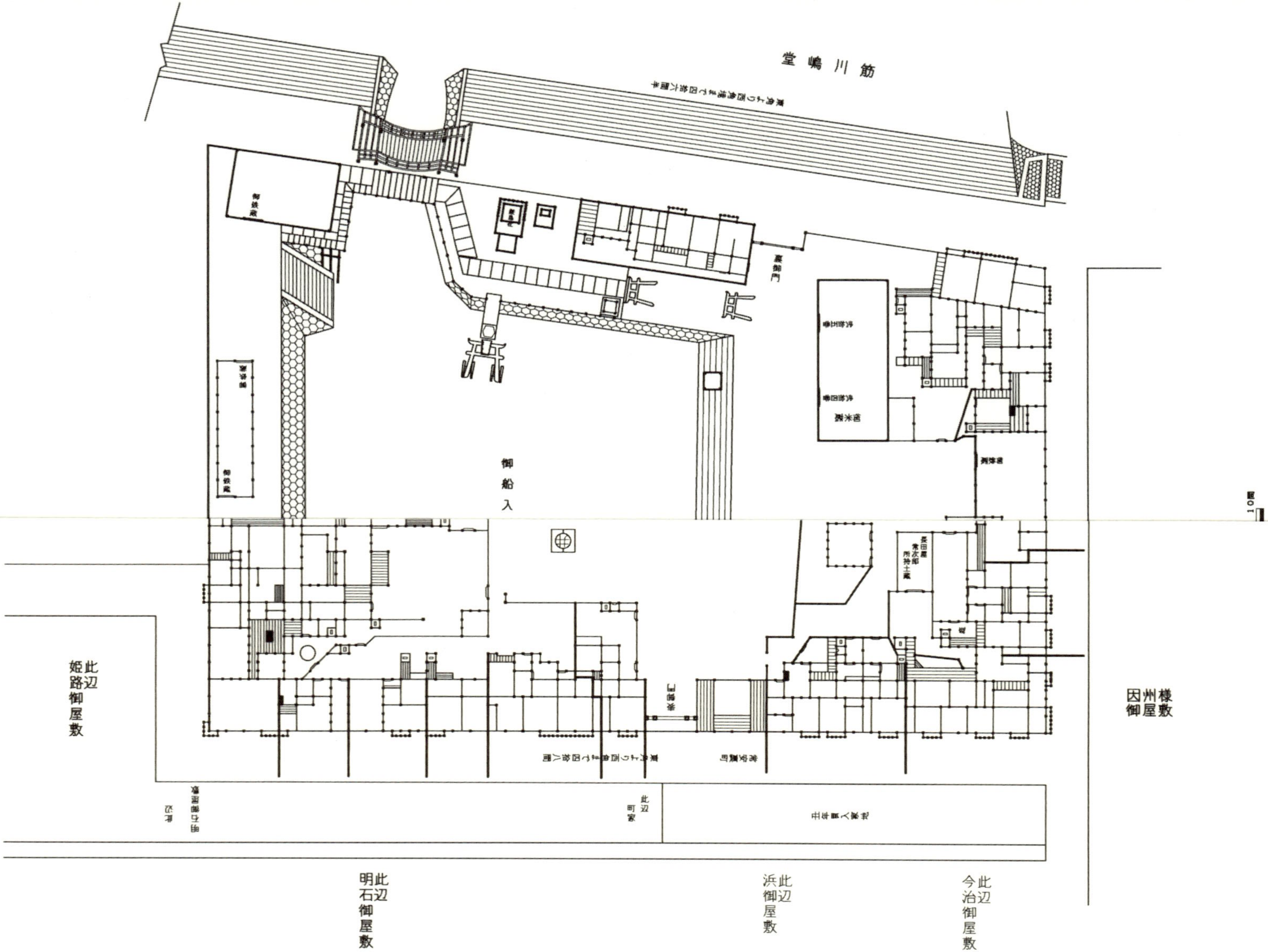

堂嶋川筋
御船入
此辺姫路御屋敷
此辺明石御屋敷
此辺浜御屋敷
此辺今治御屋敷
因州様御屋敷
長田屋常次郎所持土蔵
10間

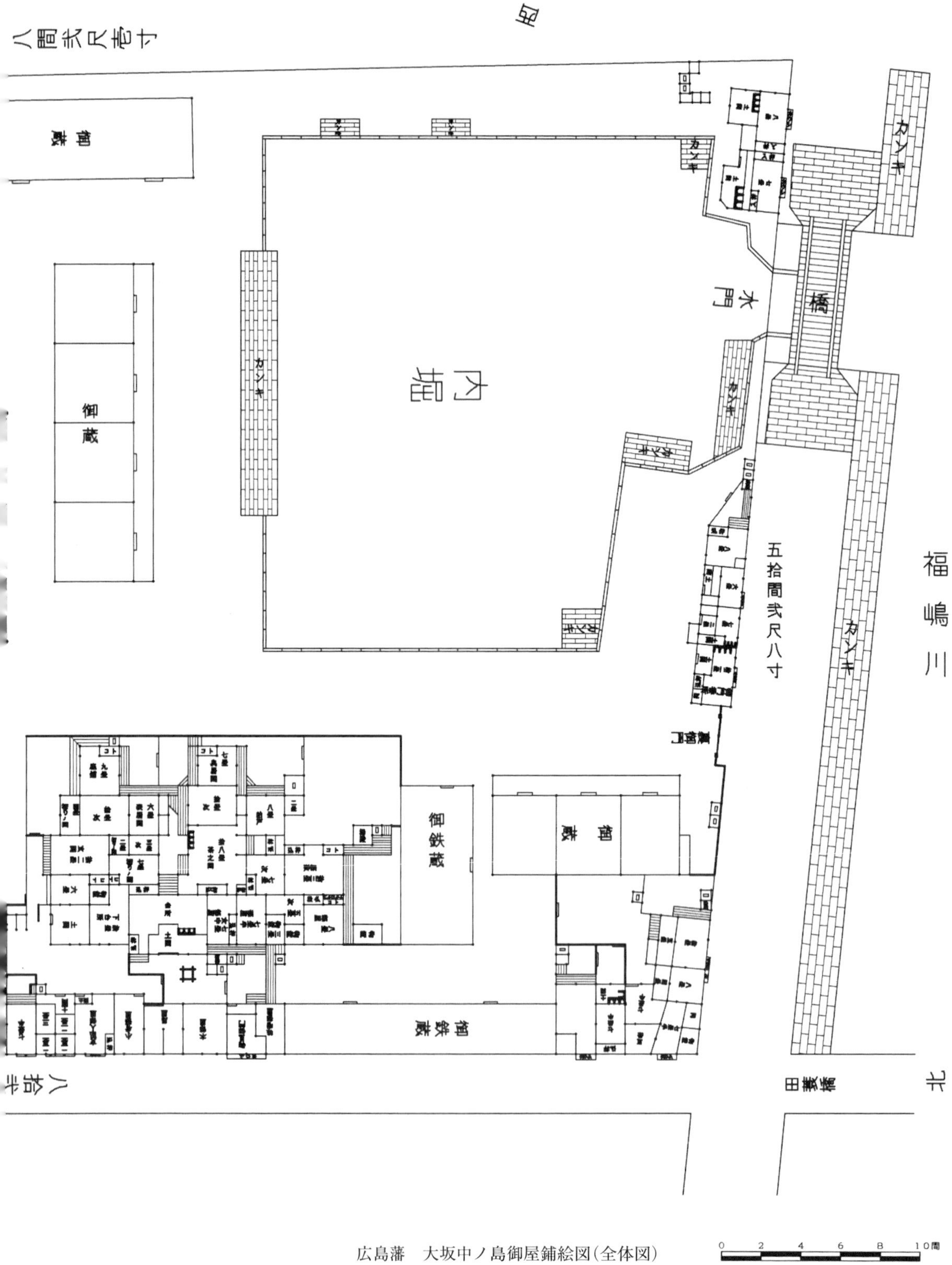

広島藩　大坂中ノ島御屋鋪絵図(全体図)

0 2 4 6 8 10間

有馬中務大輔様御屋舗

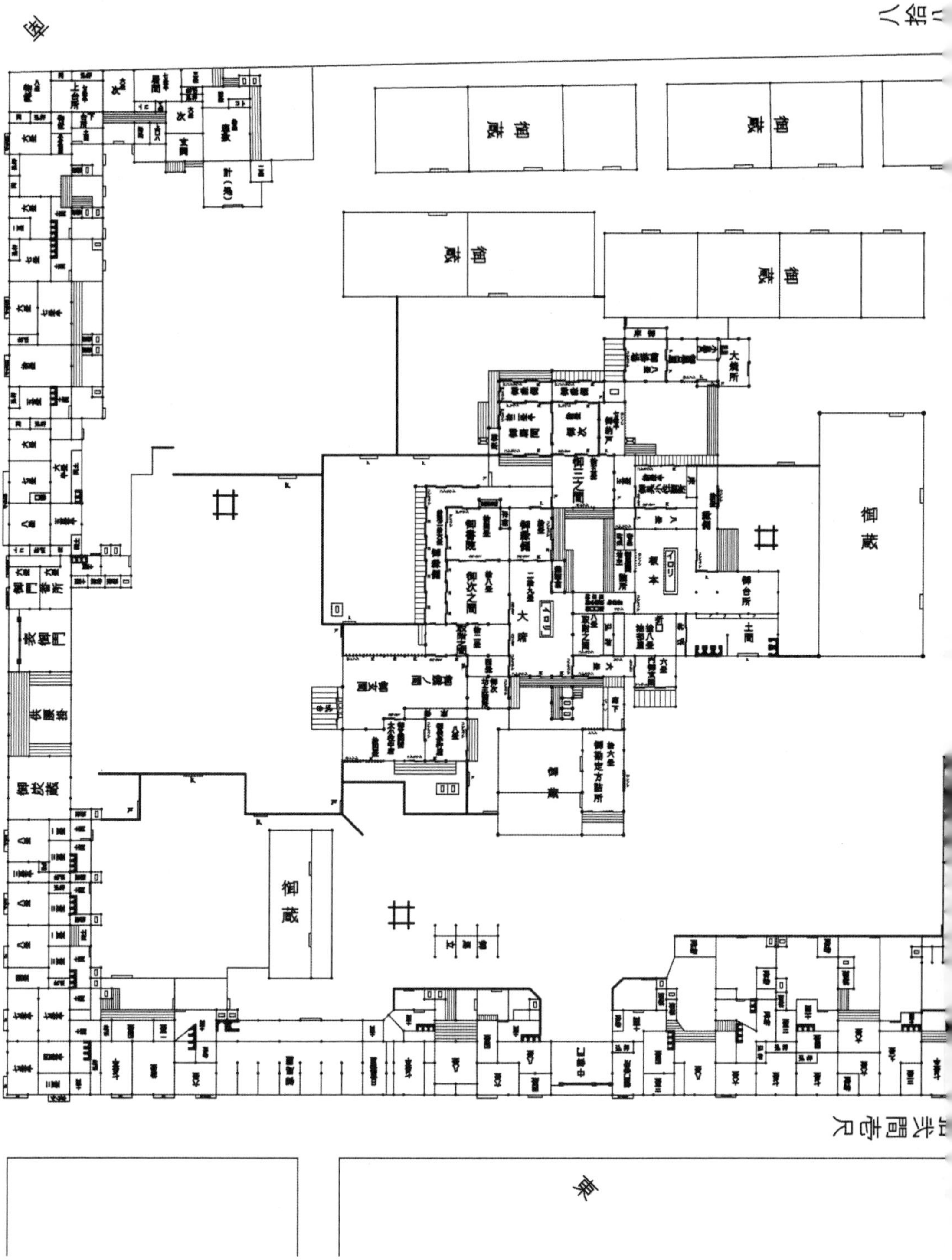

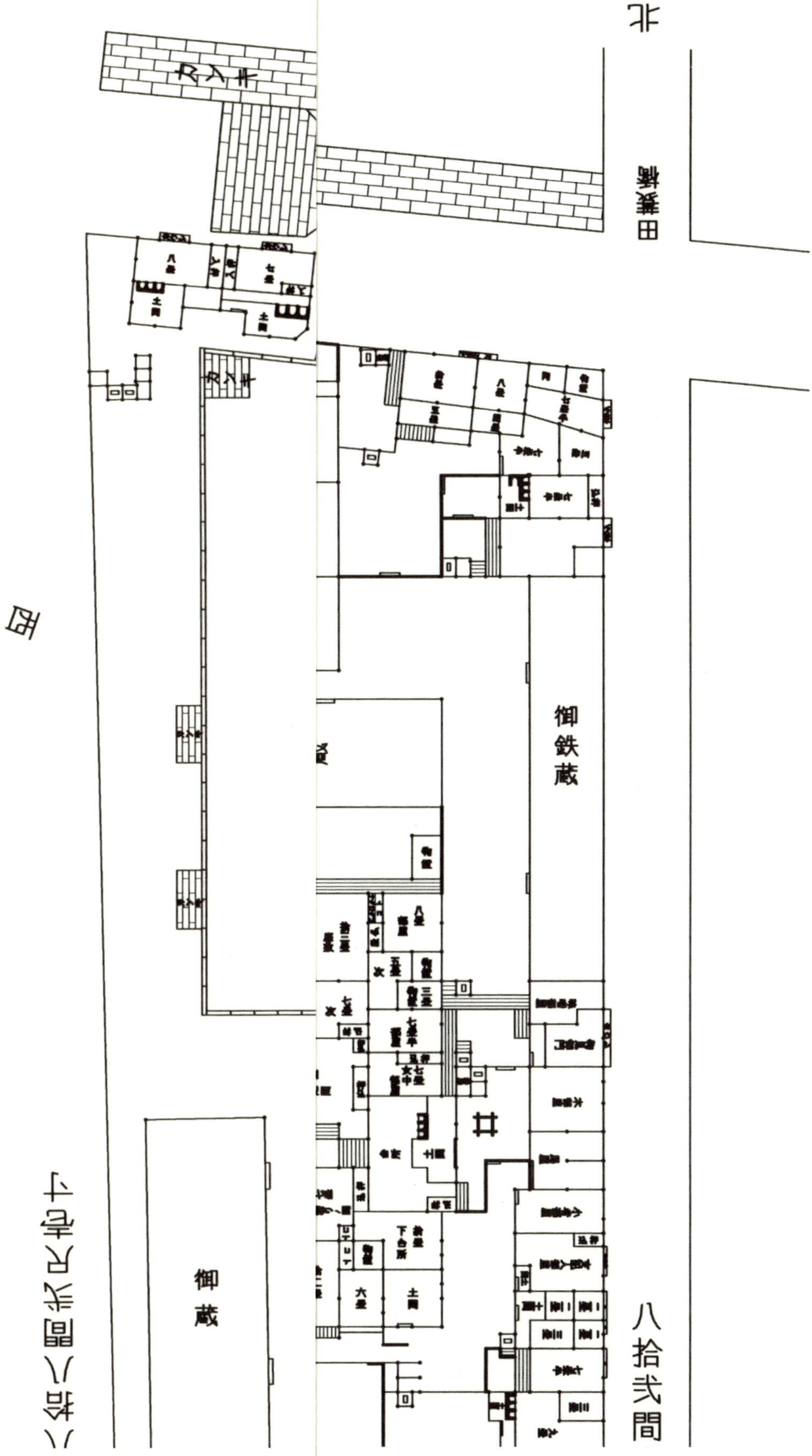
北
田蓑橋
御鉄蔵
御蔵
西
八拾弐間
八拾八間弐尺壱寸

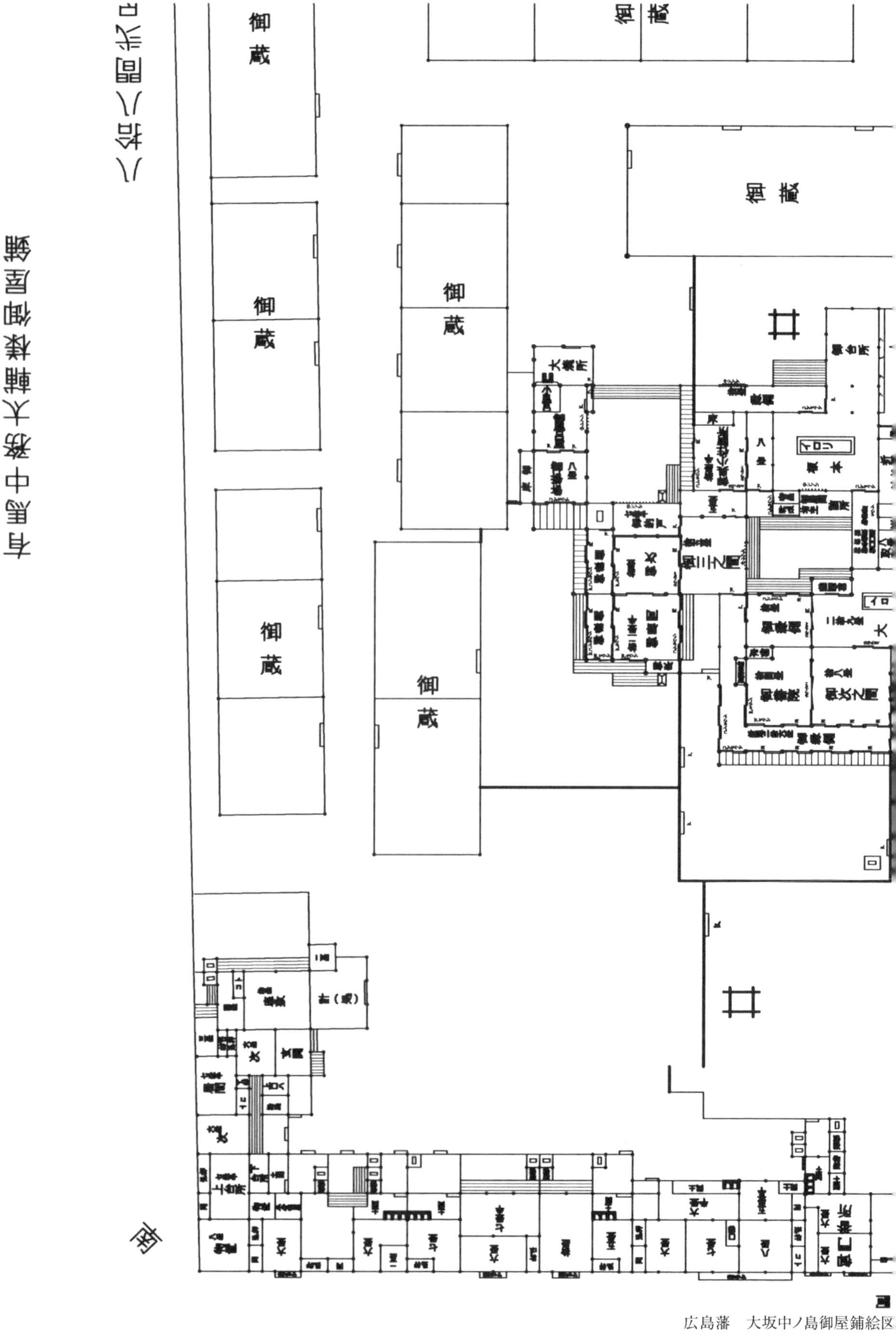

広島藩　大坂中ノ島御屋鋪絵図

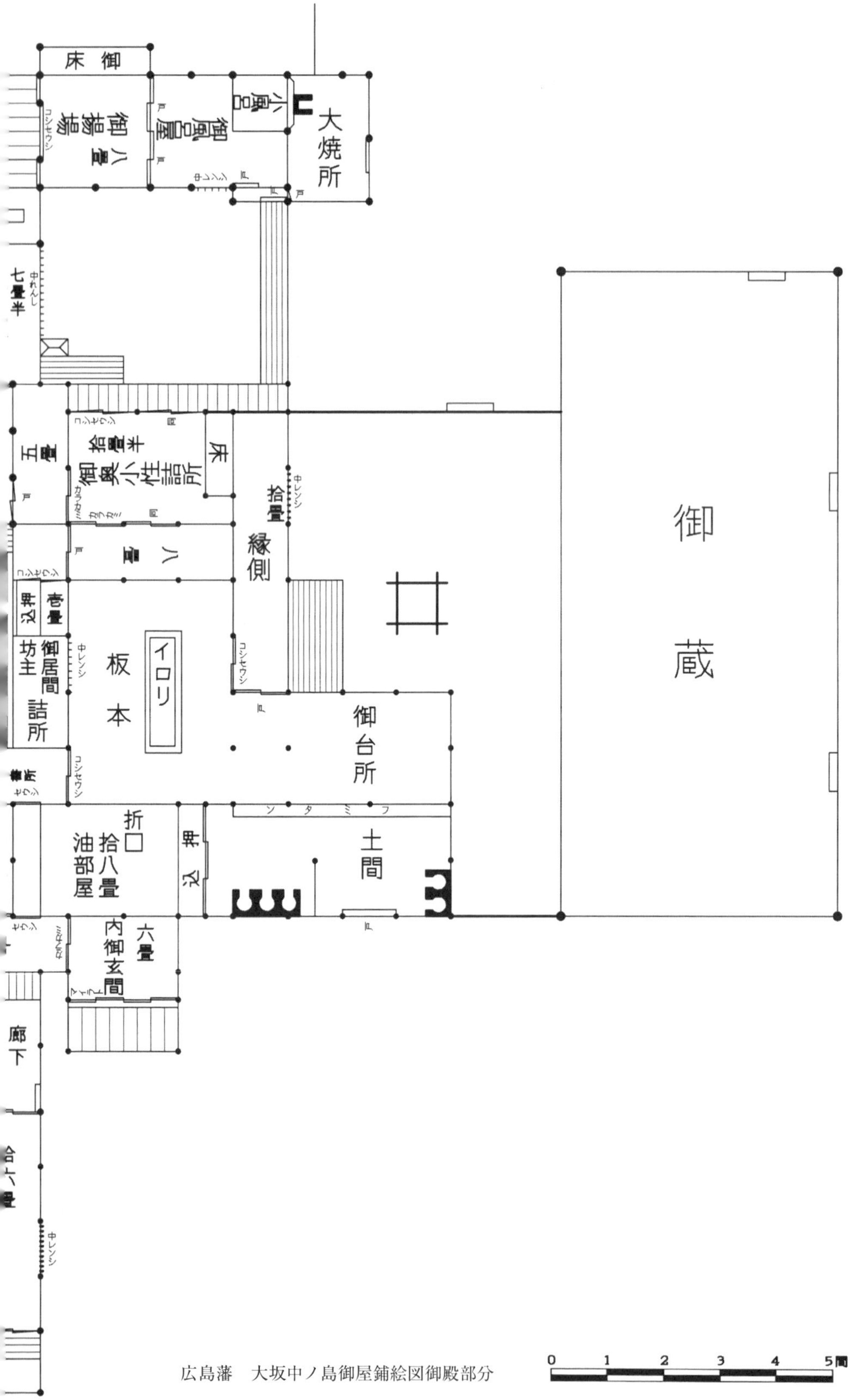

広島藩　大坂中ノ島御屋鋪絵図御殿部分

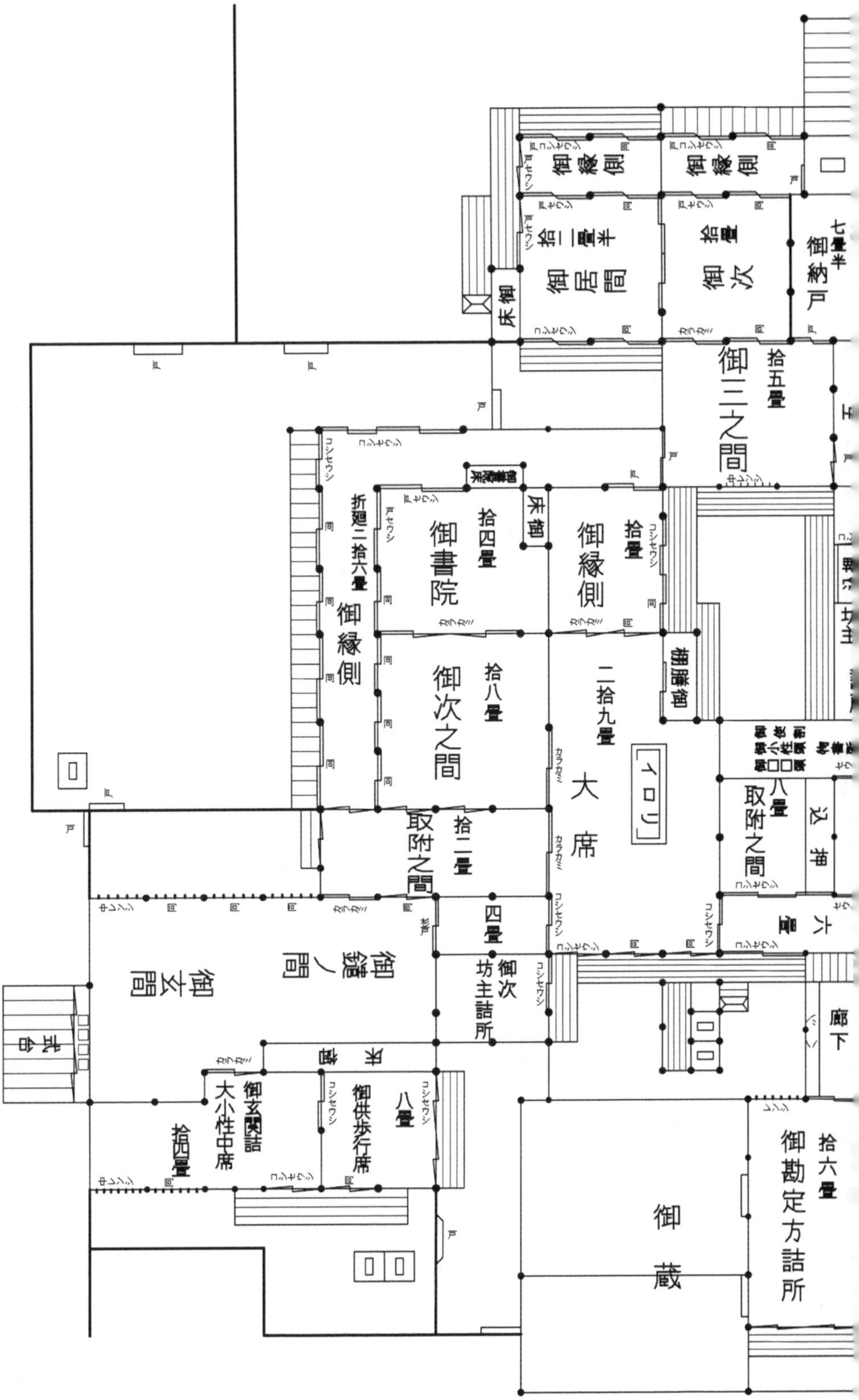
御縁側
御縁側
拾二畳半
御居間
拾畳
御次
七畳半
御納戸
御床
拾五畳
御三之間
拾四畳
御書院
御床
拾畳
御縁側
折廻二拾六畳
御縁側
拾八畳
御次之間
二拾九畳
大席
イロリ
拾二畳
取附之間
八畳
取附之間
押込
六畳
四畳
御次
坊主詰所
御鑓ノ間
御玄関
式台
御玄関詰
大小性中席
拾四畳
八畳
御供歩行席
御蔵
拾六畳
御勘定方詰所
廊下

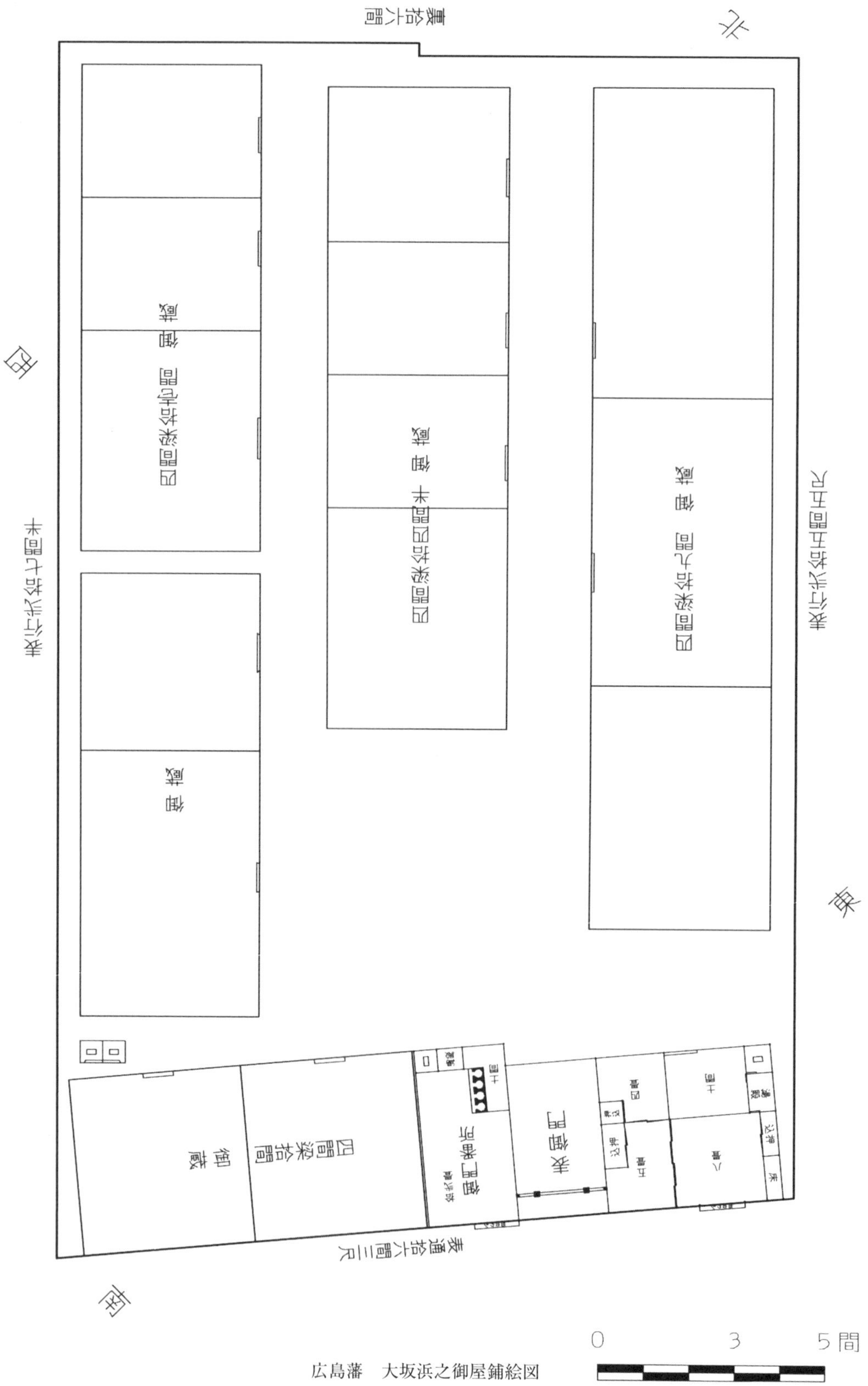

広島藩　大坂浜之御屋鋪絵図

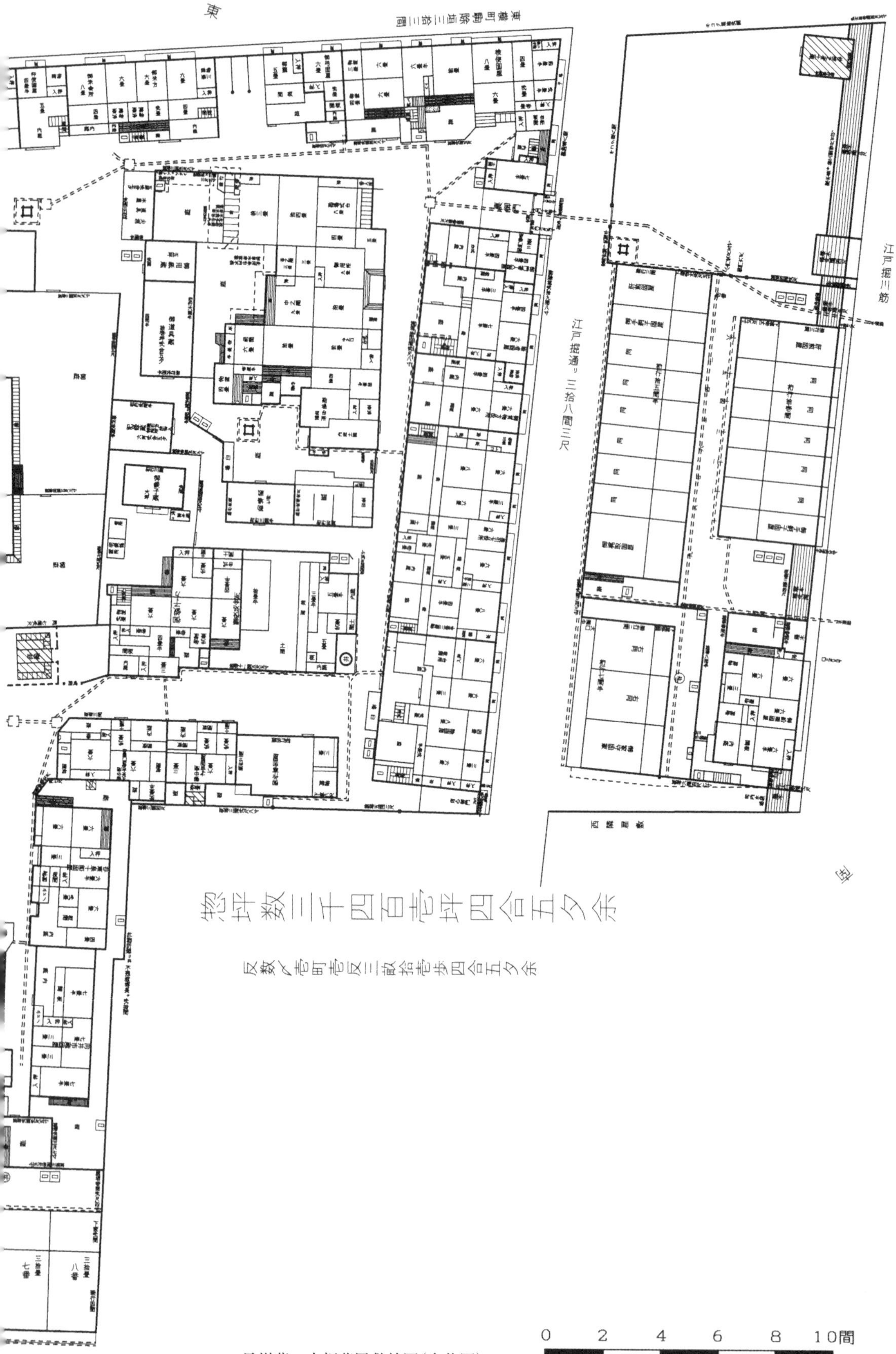

長州藩　大坂蔵屋敷絵図(全体図)

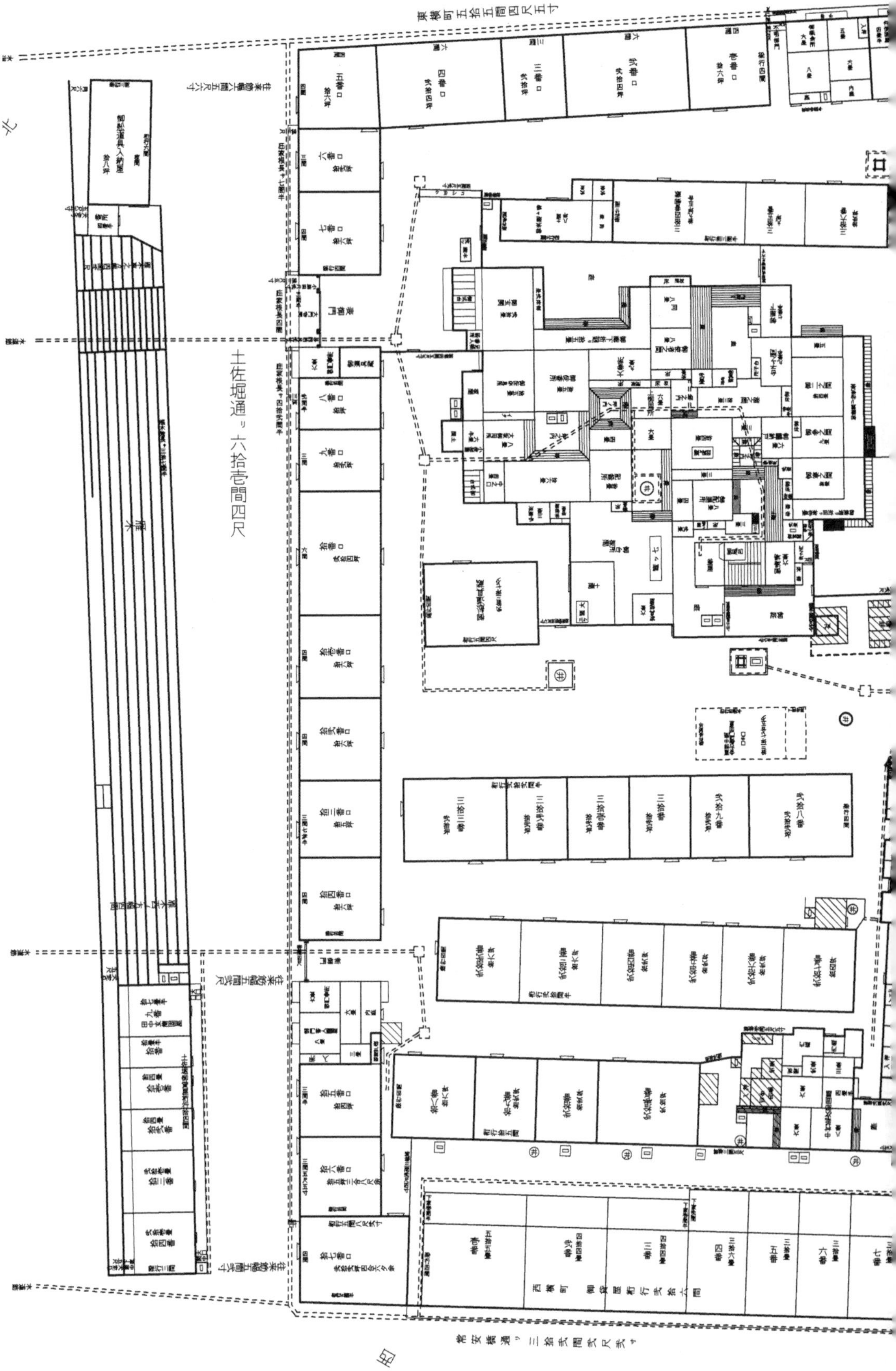
土佐堀通リ六拾壱間四尺
東横町五拾五間四尺五寸

東
江戸堀
江戸堀川筋

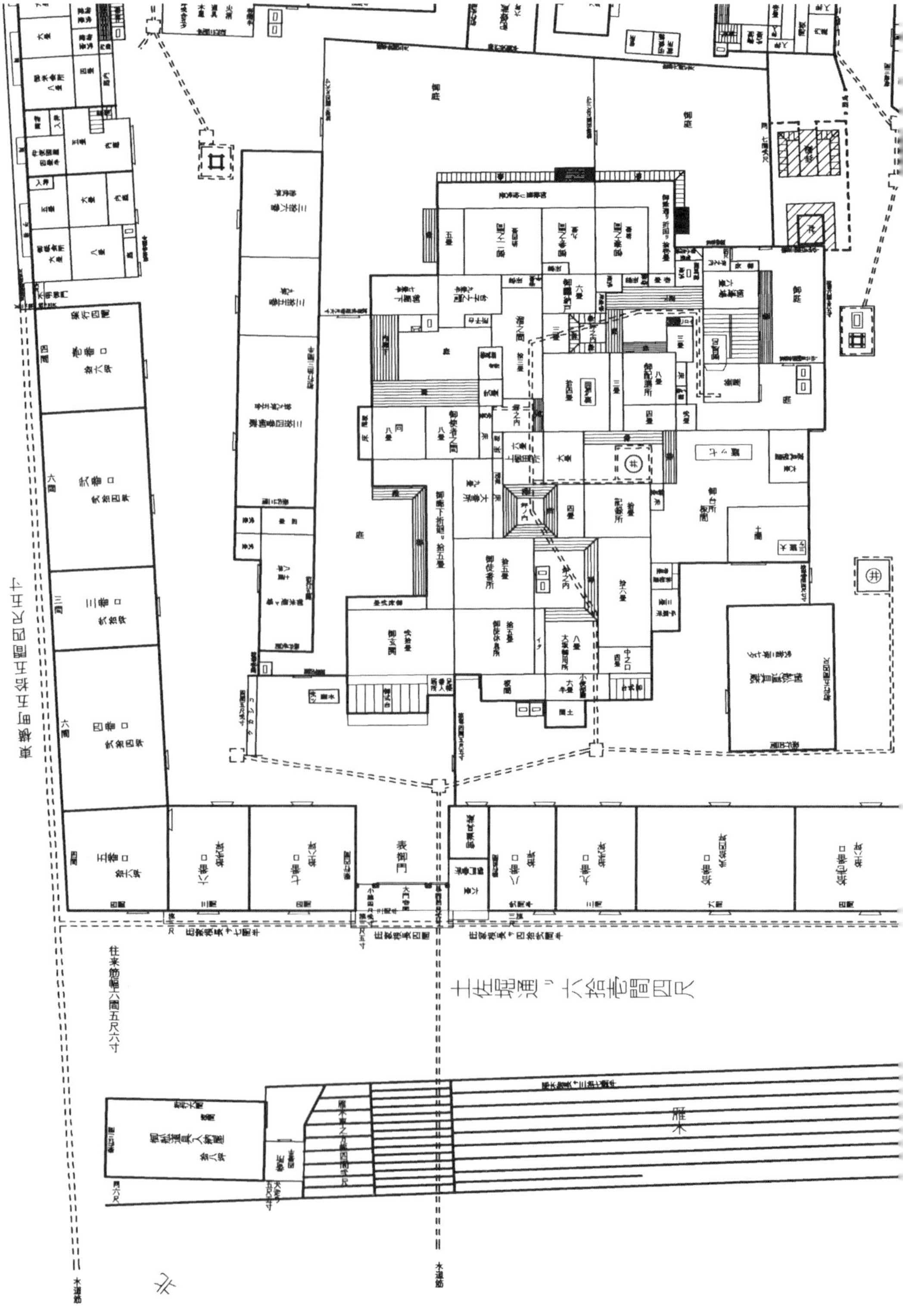

長州藩　大坂蔵屋敷絵図(九

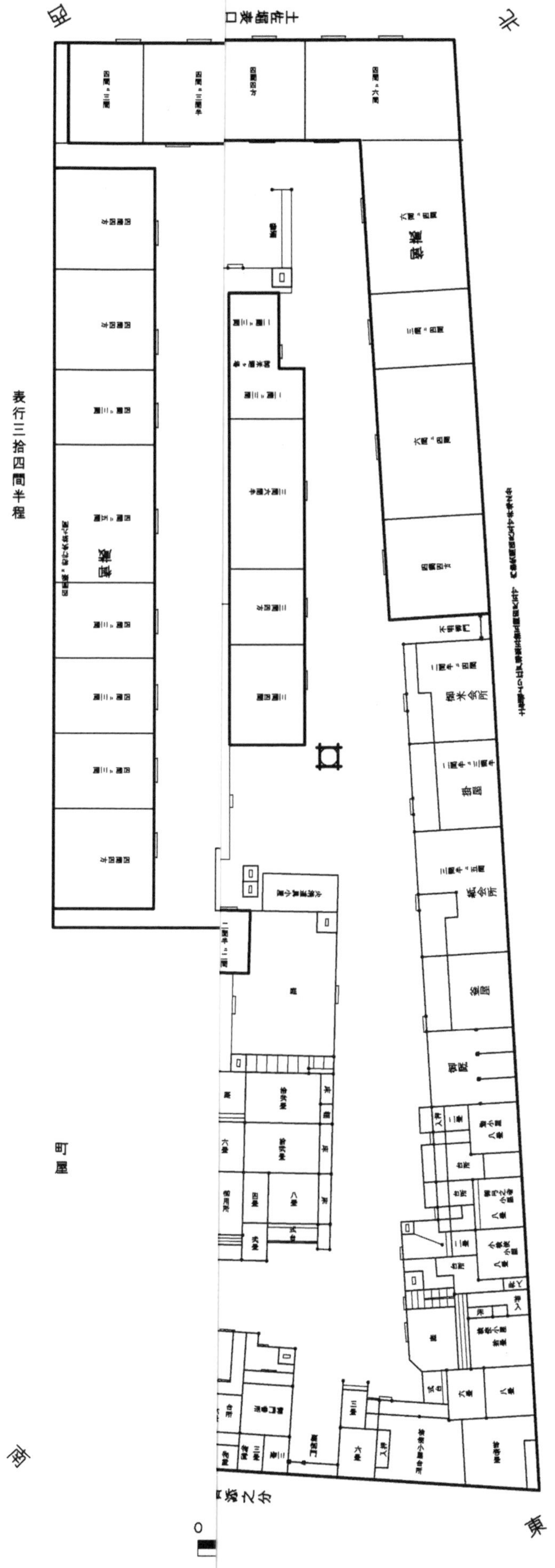
北
土佐堀表口
西
表行三拾四間半程
町屋
南
東

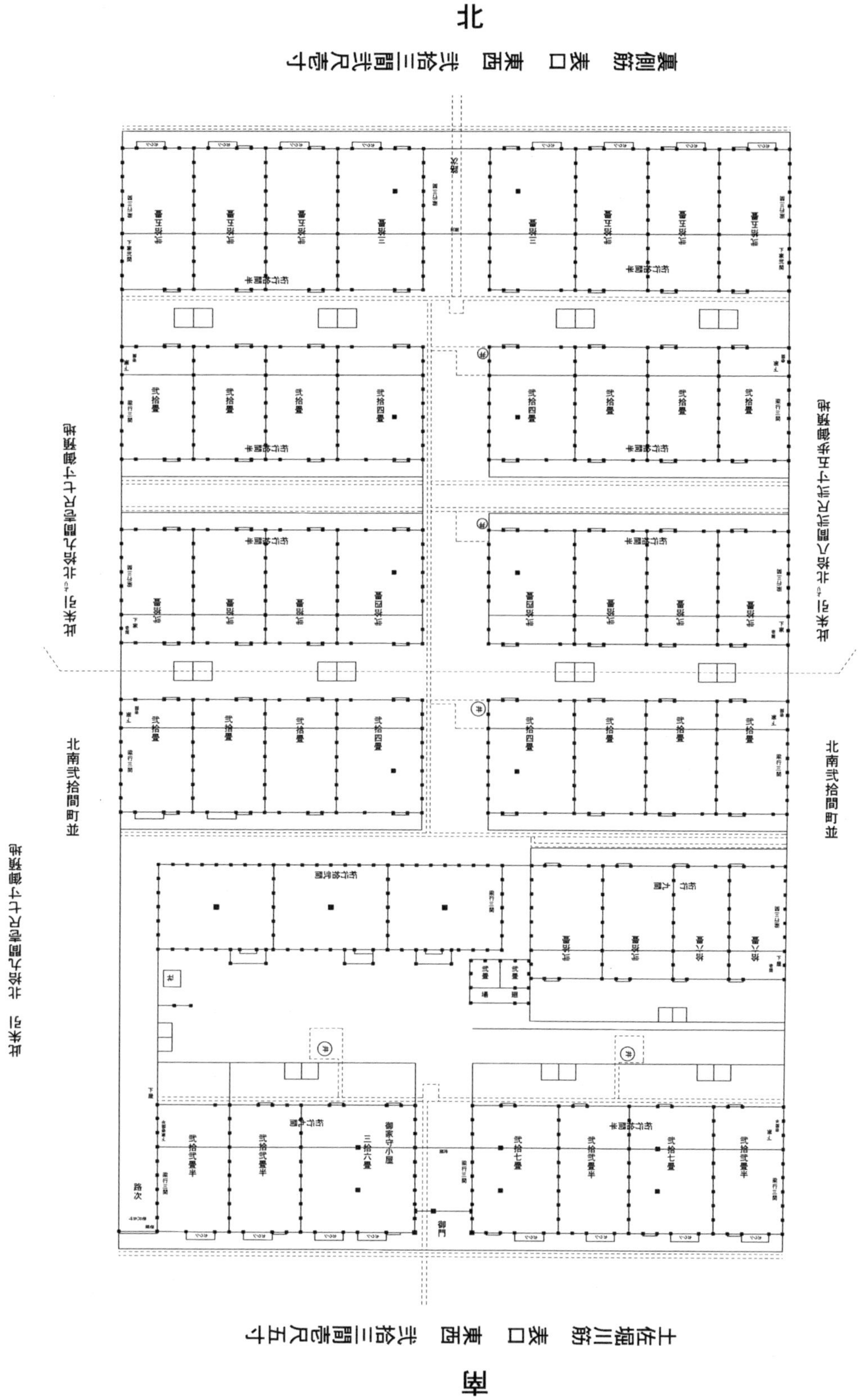

長州藩　中之島屋敷

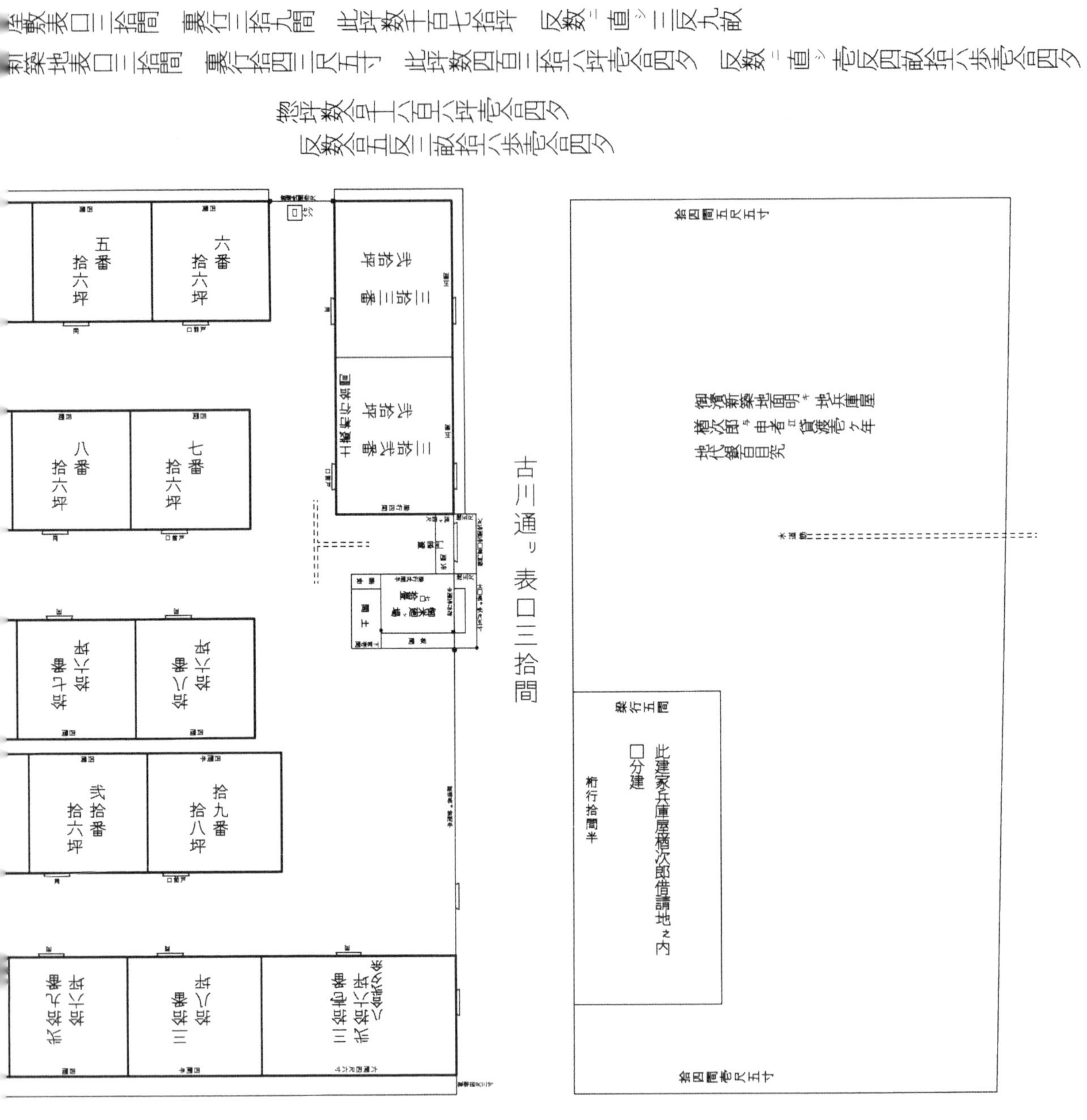

長州藩　大坂富島古川浜新築御屋敷差図

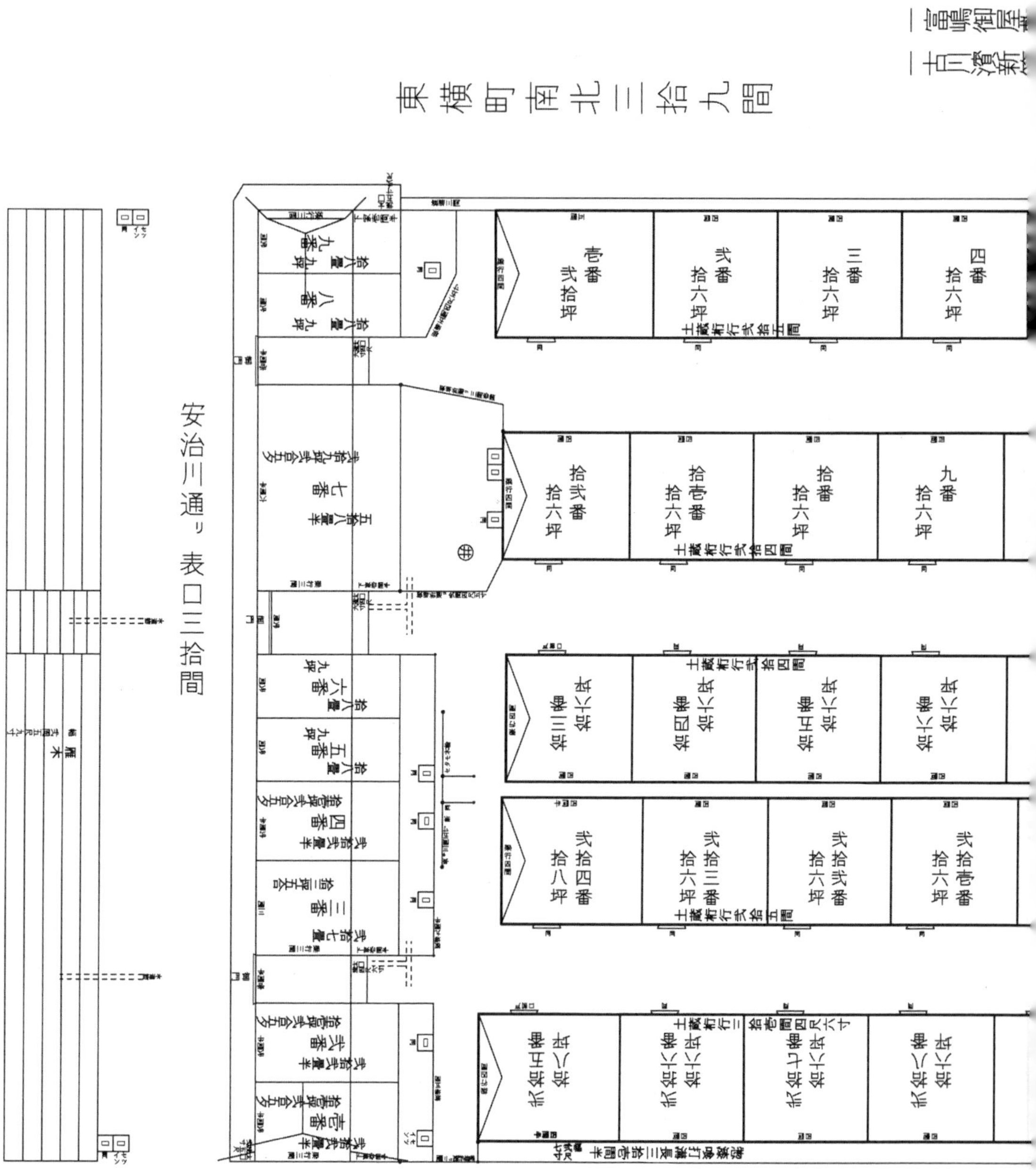
東横町南北三拾九間
安治川通り 表口三拾間

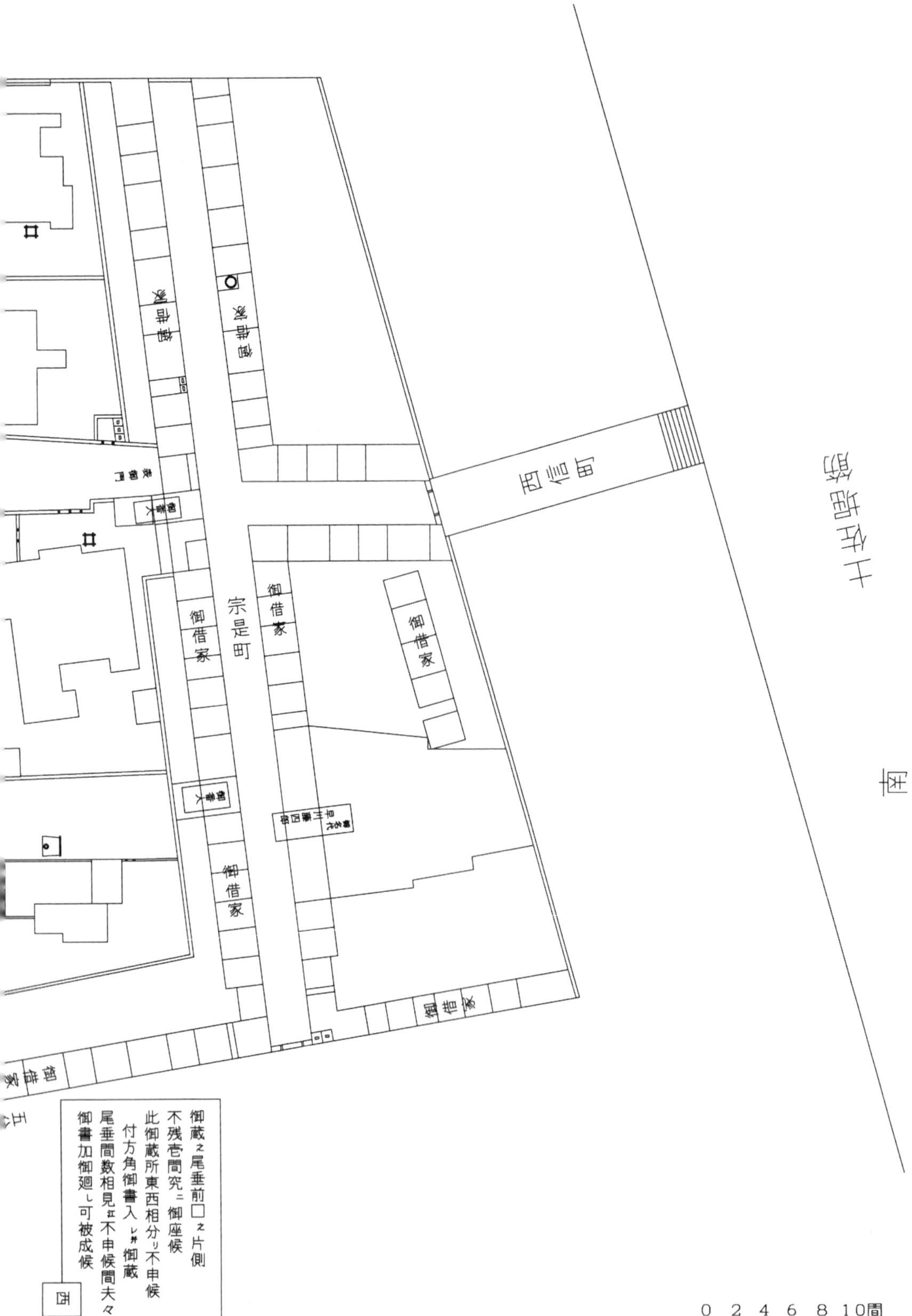
宗是町
御借家
御借家
御借家
御借家
御借家
御借家
御番人
御番人
表御門
御蔵之尾垂前□之片側
不残壱間究ニ御座候
此御蔵所東西相分リ不申候
付方角御書入レ并御蔵
尾垂間数相見エ不申候間夫々
御書加御廻し可被成候
西
0 2 4 6 8 10間

鳥取藩　大坂屋敷絵図

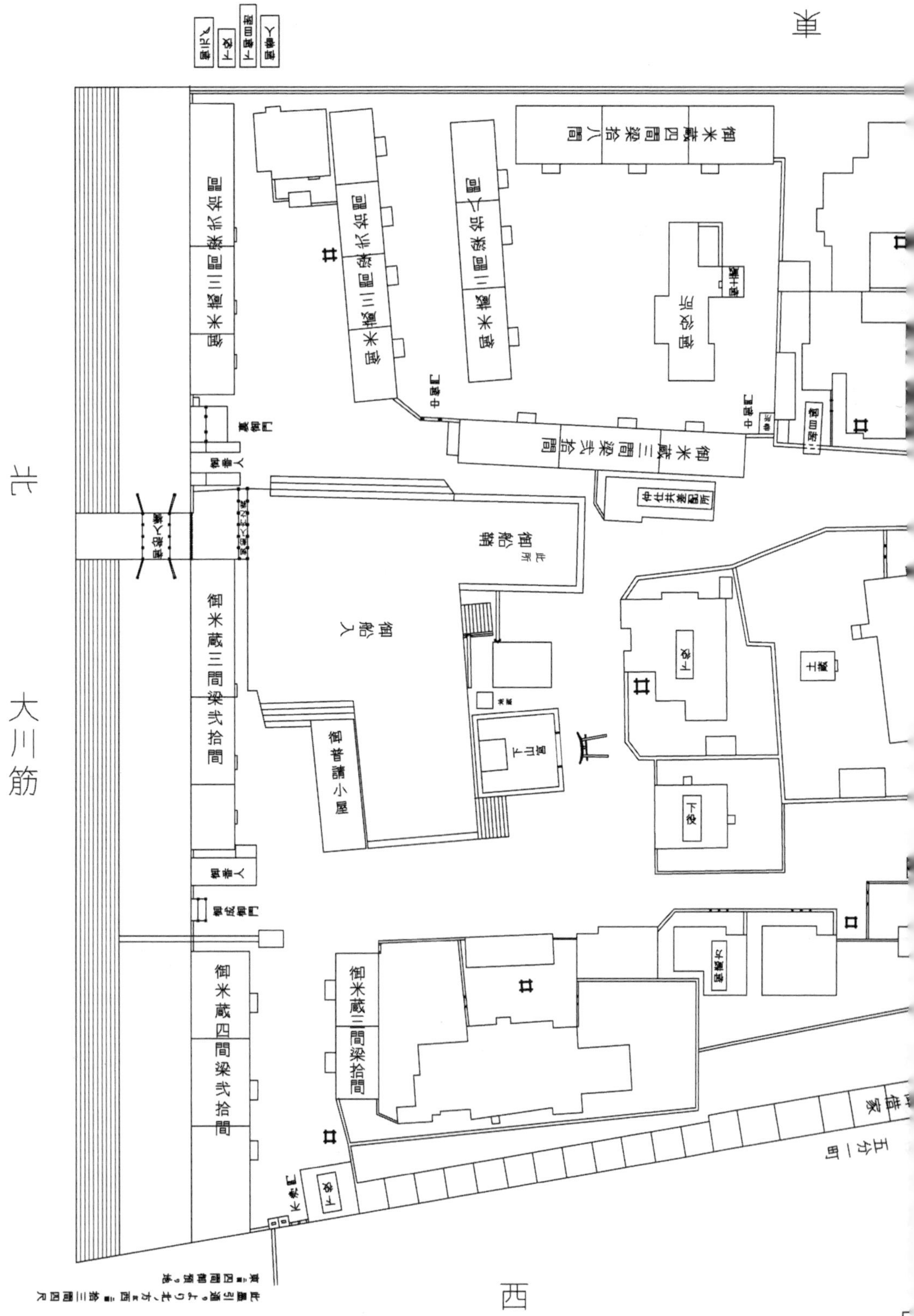
東
北
大川筋
西
御米蔵三間梁弐拾間
御船入
此所
御船蔵
御普請小屋
御米蔵四間梁弐拾間
御米蔵三間梁拾間
五分一町
借家

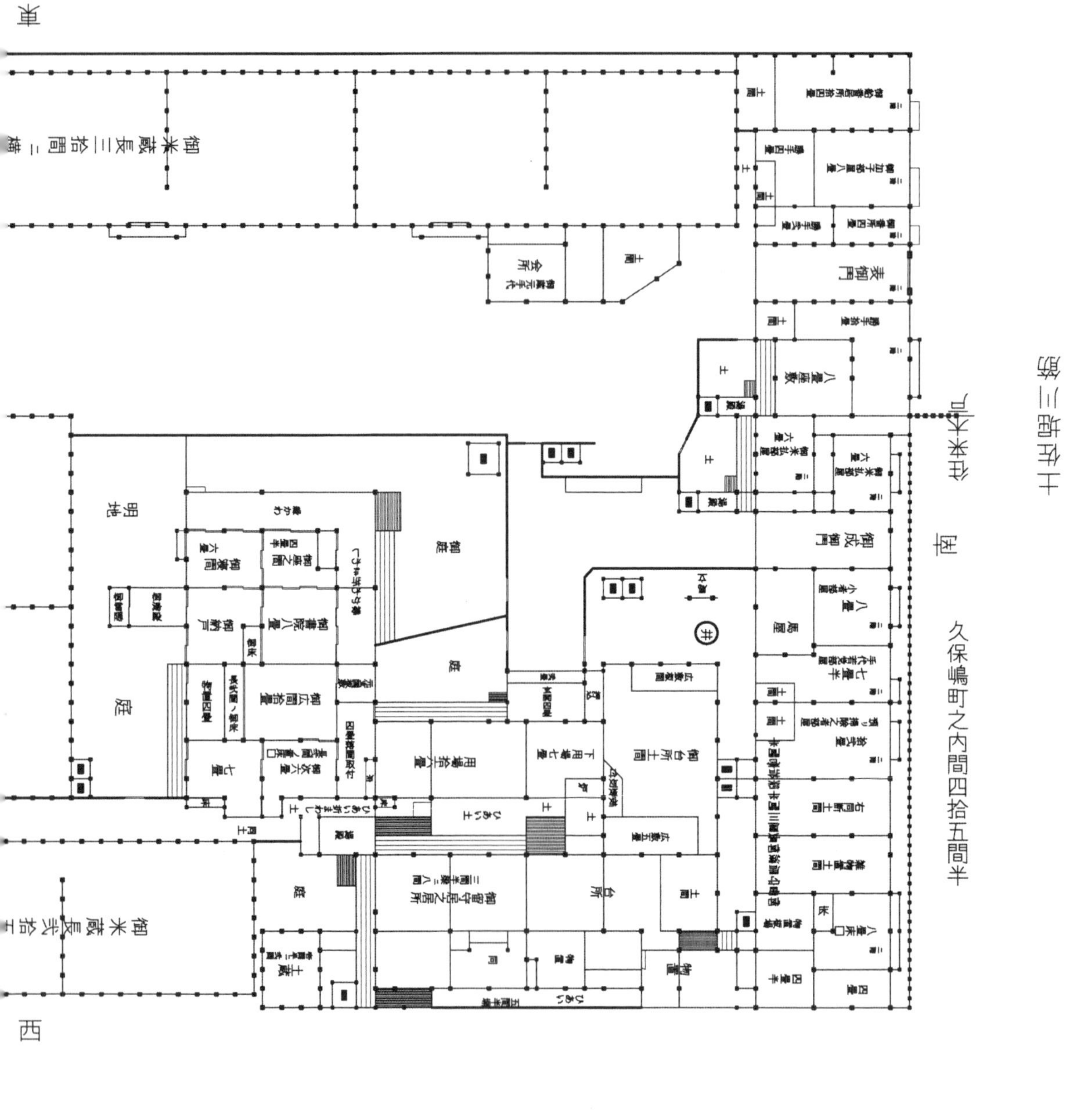

岡山藩　大坂中之嶋御屋鋪絵図

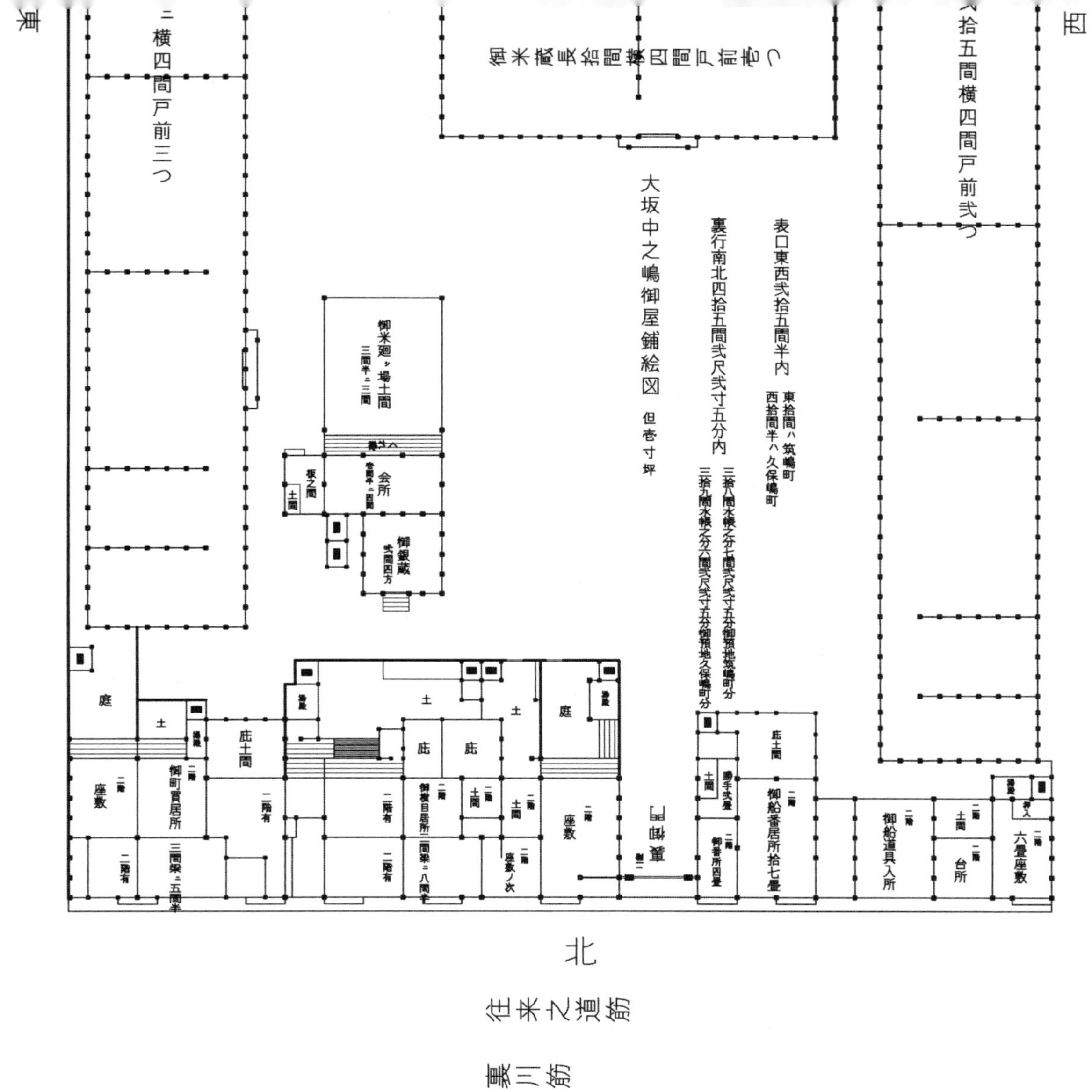
大坂中之嶋御屋鋪絵図
但壱寸坪
表口東西弐拾五間半内
東拾間ハ筑嶋町
西拾間半ハ久保嶋町
裏行南北四拾五間弐尺弐寸五分内
三拾八間水帳之分七間弐尺弐寸五分御預地筑嶋町分
三拾九間水帳之分六間弐尺弐寸五分御預地久保嶋町分
東
西
北
往来之道筋
裏川筋
二横四間戸前三つ
御米蔵長拾間横四間戸前壱つ
八拾五間横四間戸前弐つ
御米廻ヶ場土間
三間半ニ三間
会所
板之間
御銀蔵
弐間四方
庭
座敷
御町買居所
三間梁ニ五間半
庇土間
御横目居所
三間梁ニ八間半
座敷ノ次
御船番居所拾七畳
御番所四畳
御船道具入所
台所
六畳座敷

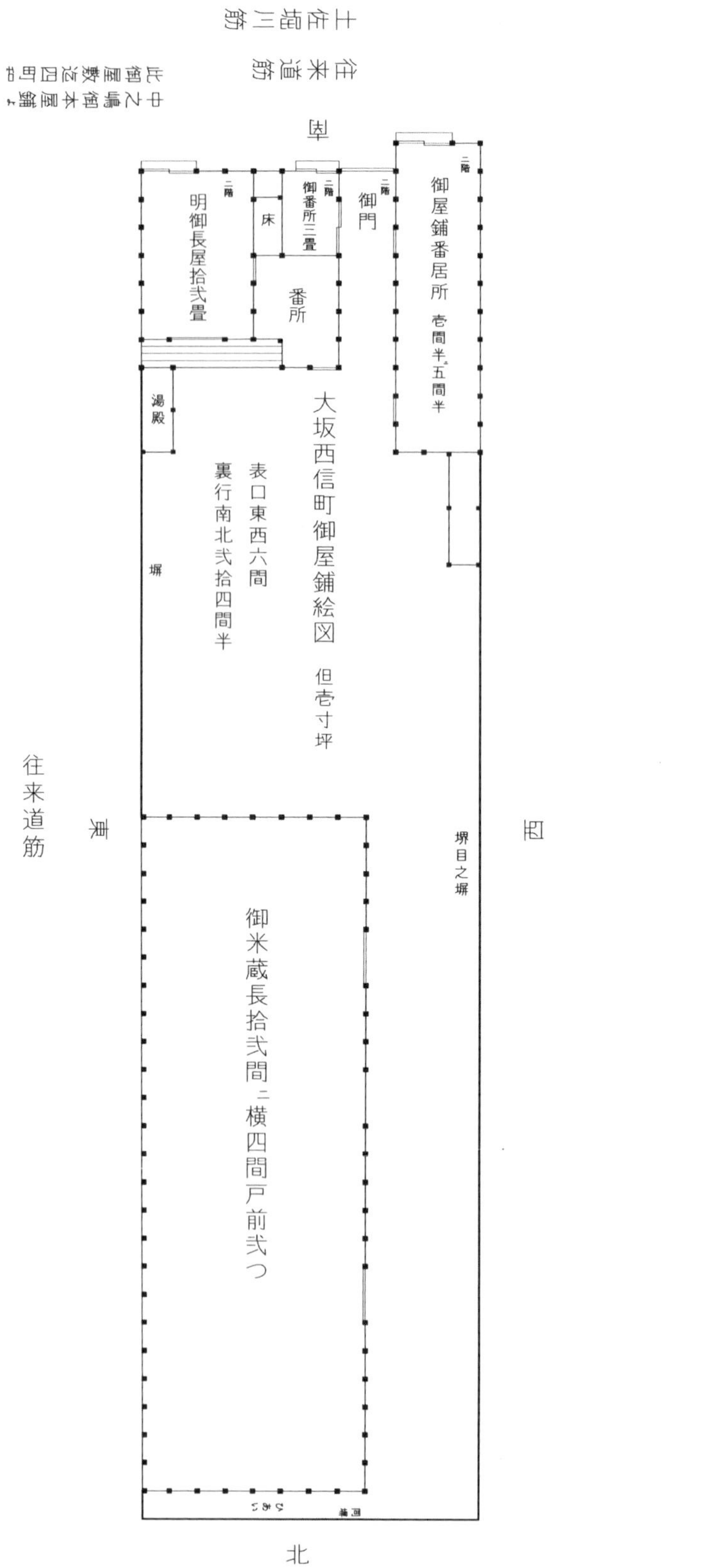

岡山藩　大坂西信町御屋鋪絵図

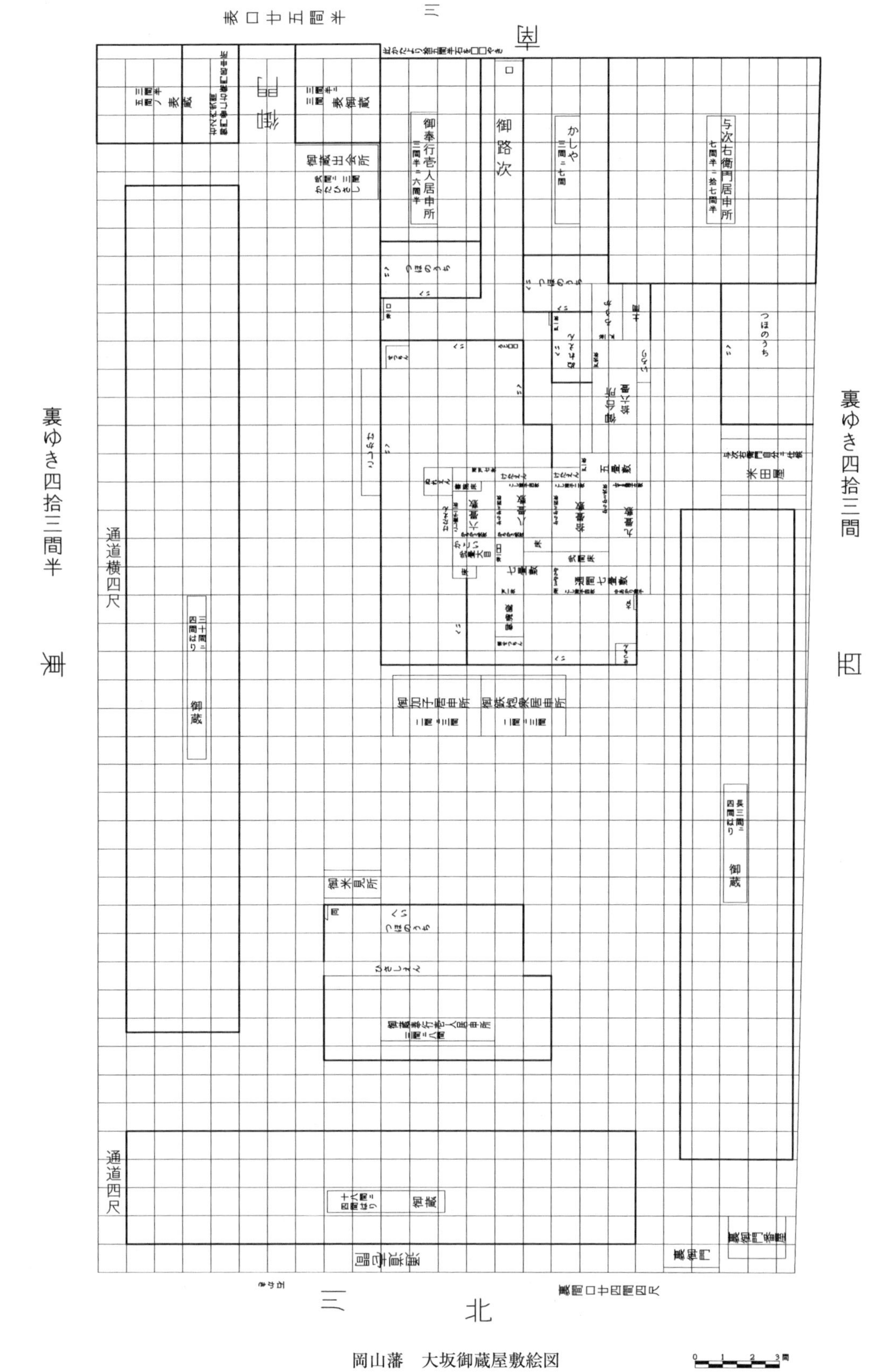

岡山藩　大坂御蔵屋敷絵図

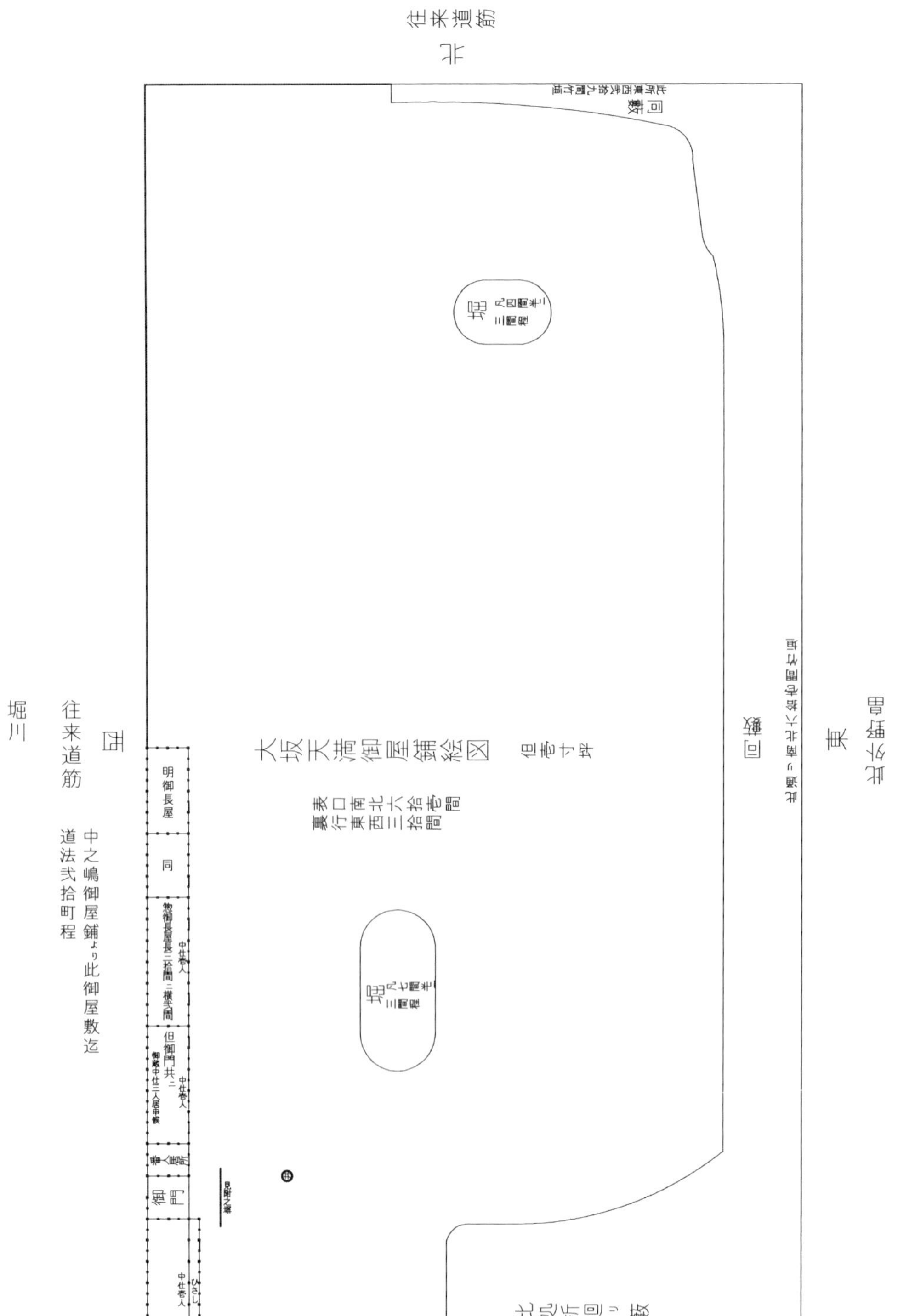

岡山藩　大坂天満御屋鋪絵図

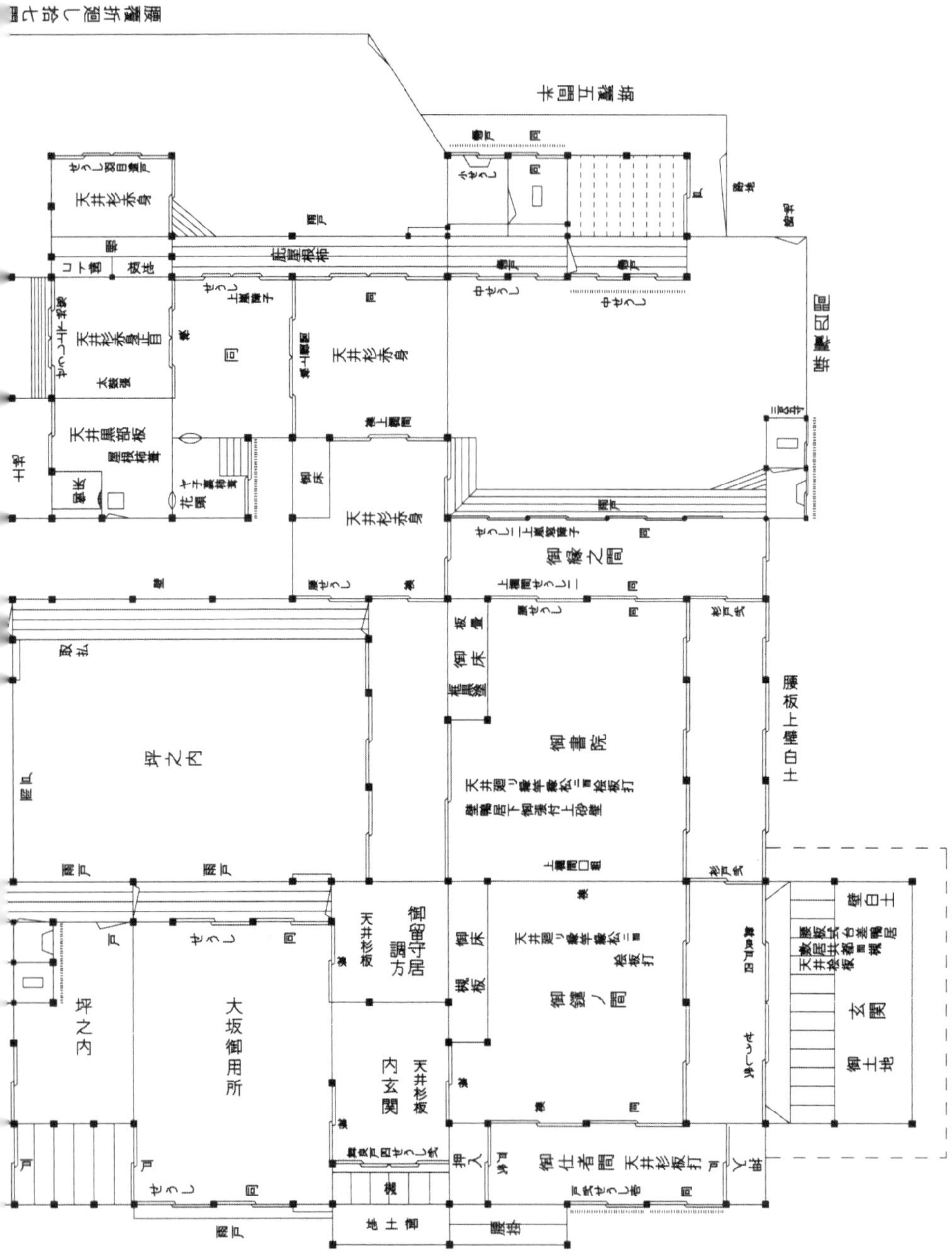

大坂御屋鋪御殿図

松江藩　大坂御屋鋪御殿図

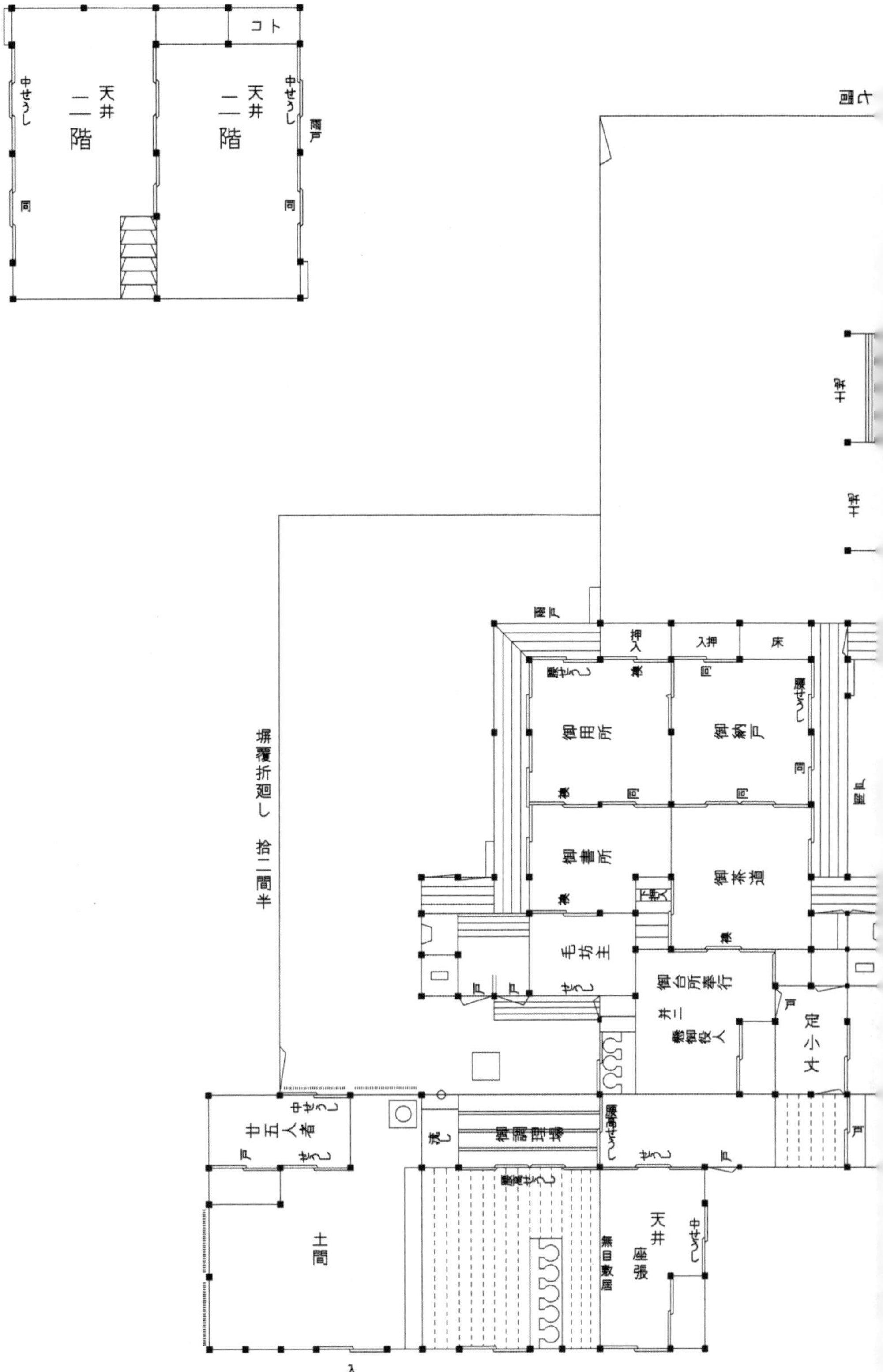
天井
二階
天井
二階
御用所
御納戸
御書所
御茶道
毛坊主
御台所奉行
御調理場
土間

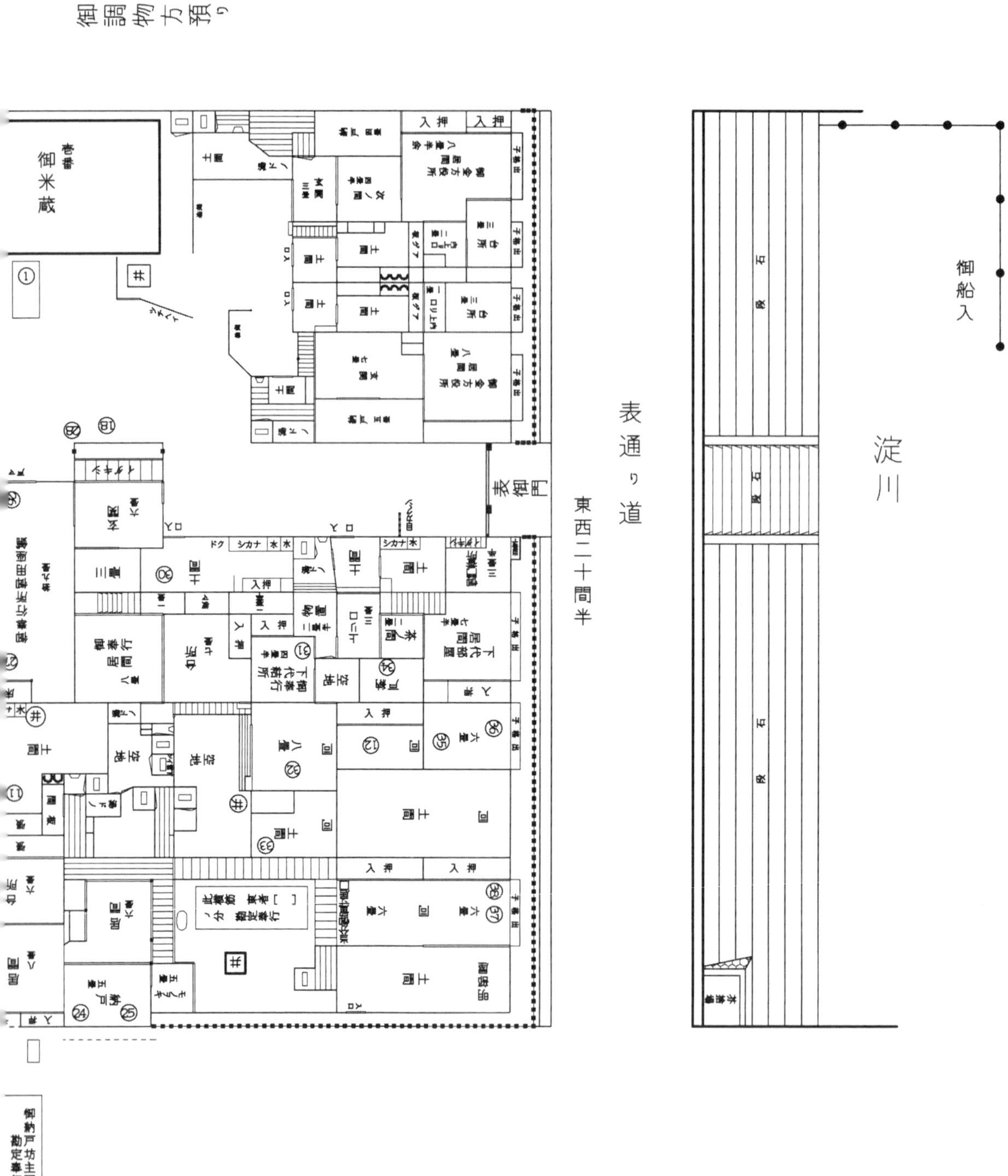

津山藩　大坂御蔵屋鋪物絵図

大坂御蔵屋鋪惣絵図

安政六巳未年調

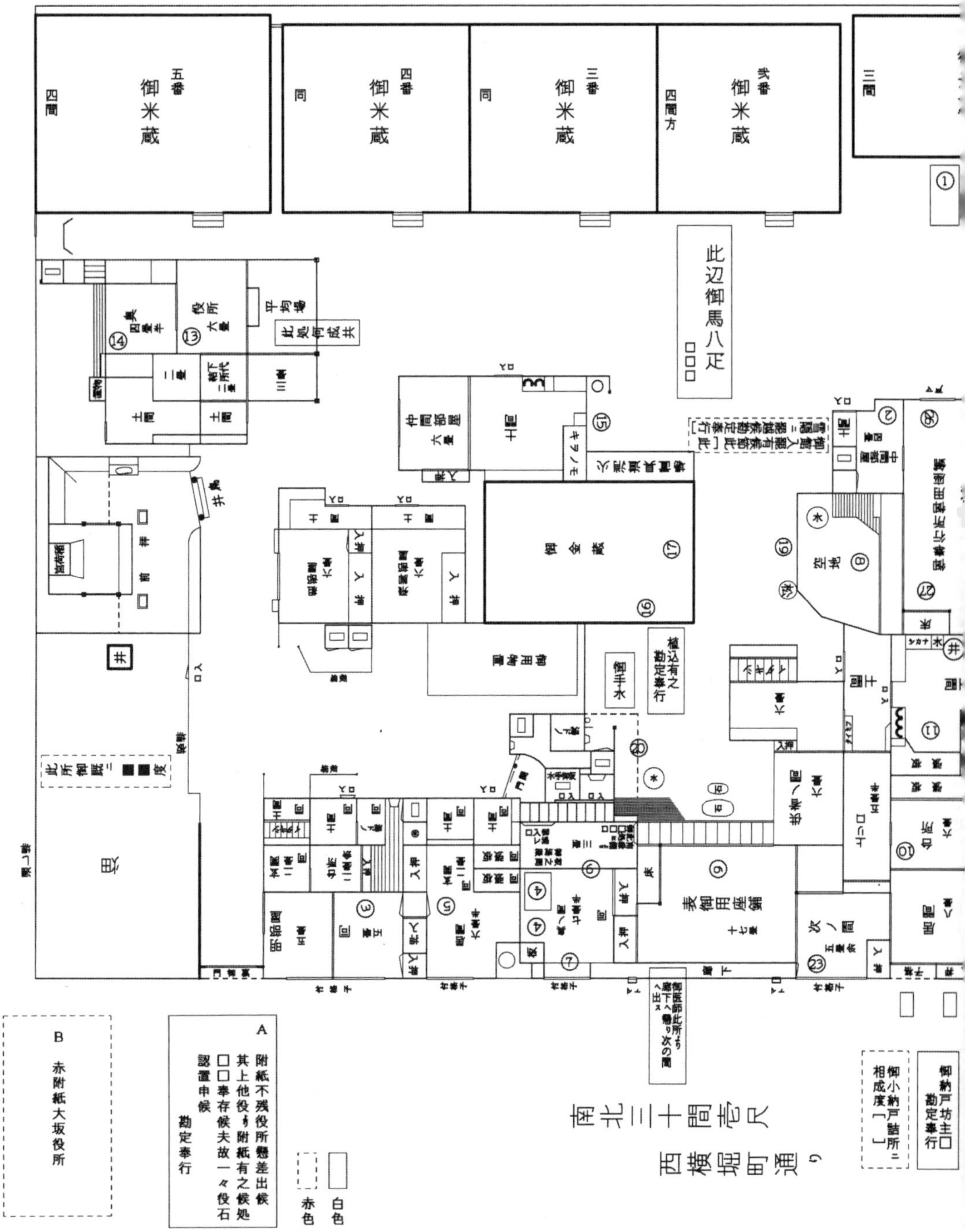

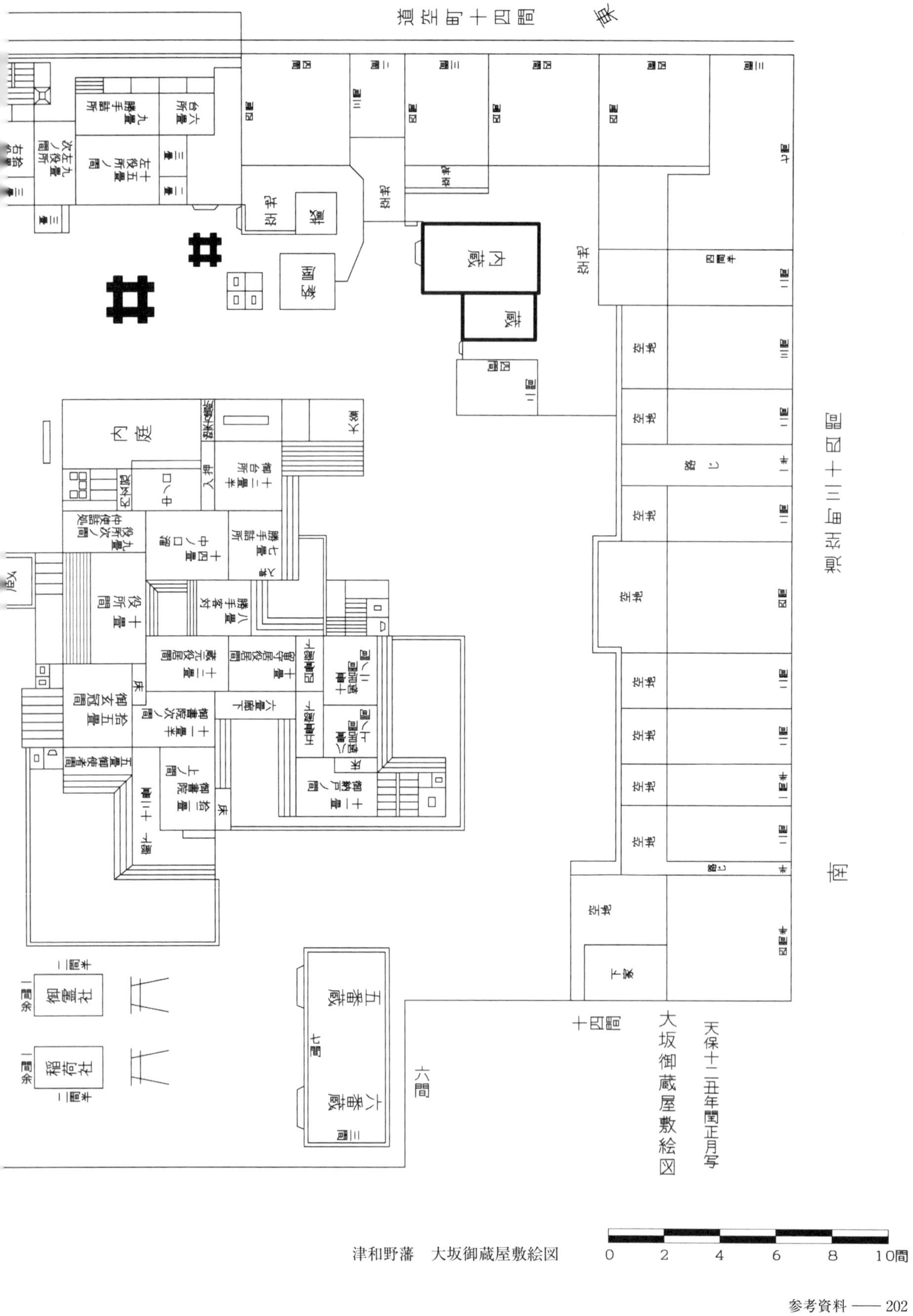

津和野藩　大坂御蔵屋敷絵図　　0　2　4　6　8　10間

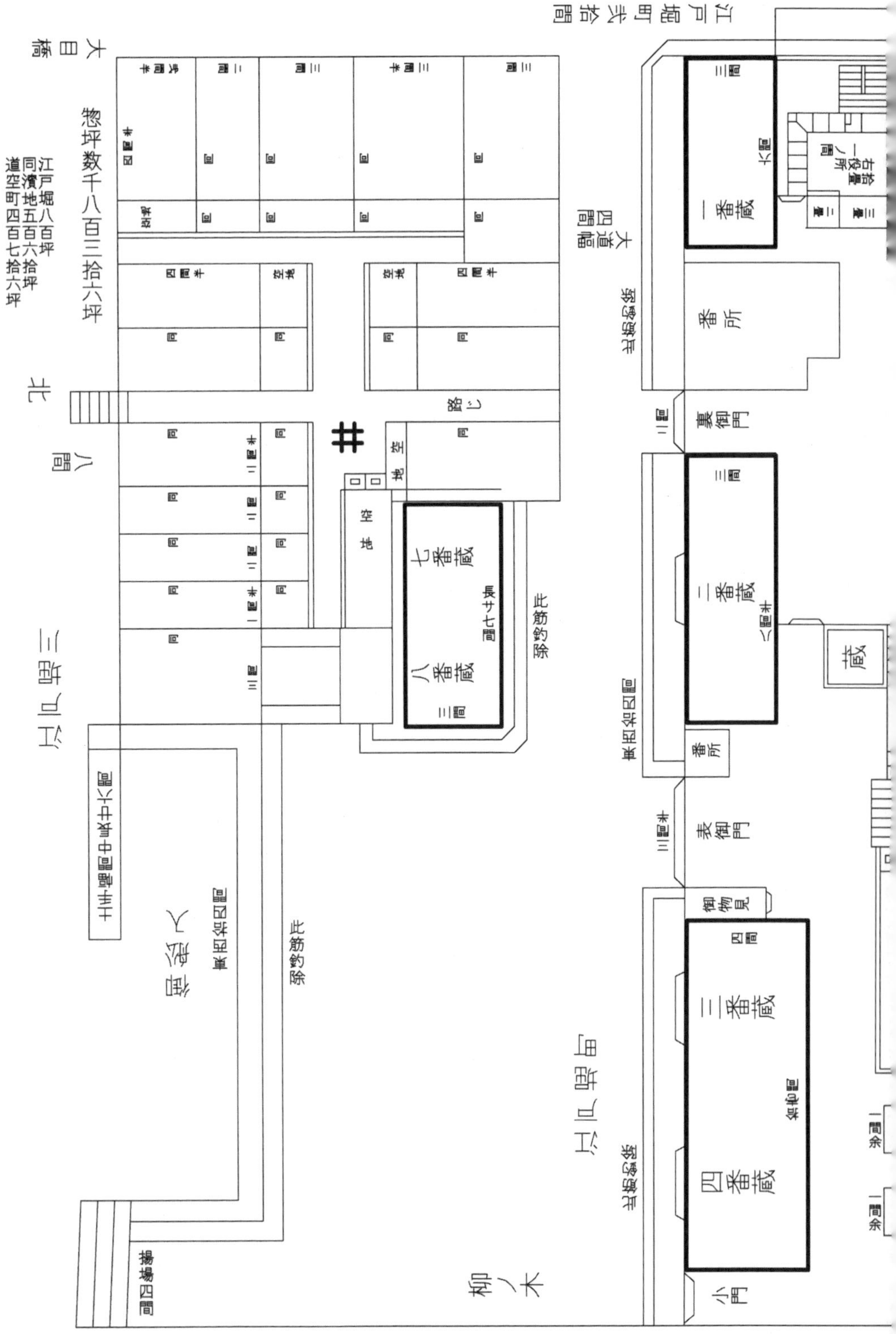
江戸堀町弐拾間
大目橋
総坪数千八百三拾六坪
江戸堀八百坪
同濱地五百六拾坪
道空町四百七拾六坪
大道幅四間
北
八間
江戸堀三
江戸堀町
柳ノ木
一番蔵
二番蔵
三番蔵
四番蔵
七番蔵
八番蔵
長サ七間
番所
裏御門
表御門
御物見
小門
此筋釣除
東西拾四間
御船入
土手幅中長廿六間
揚場四間
右役所一ノ間

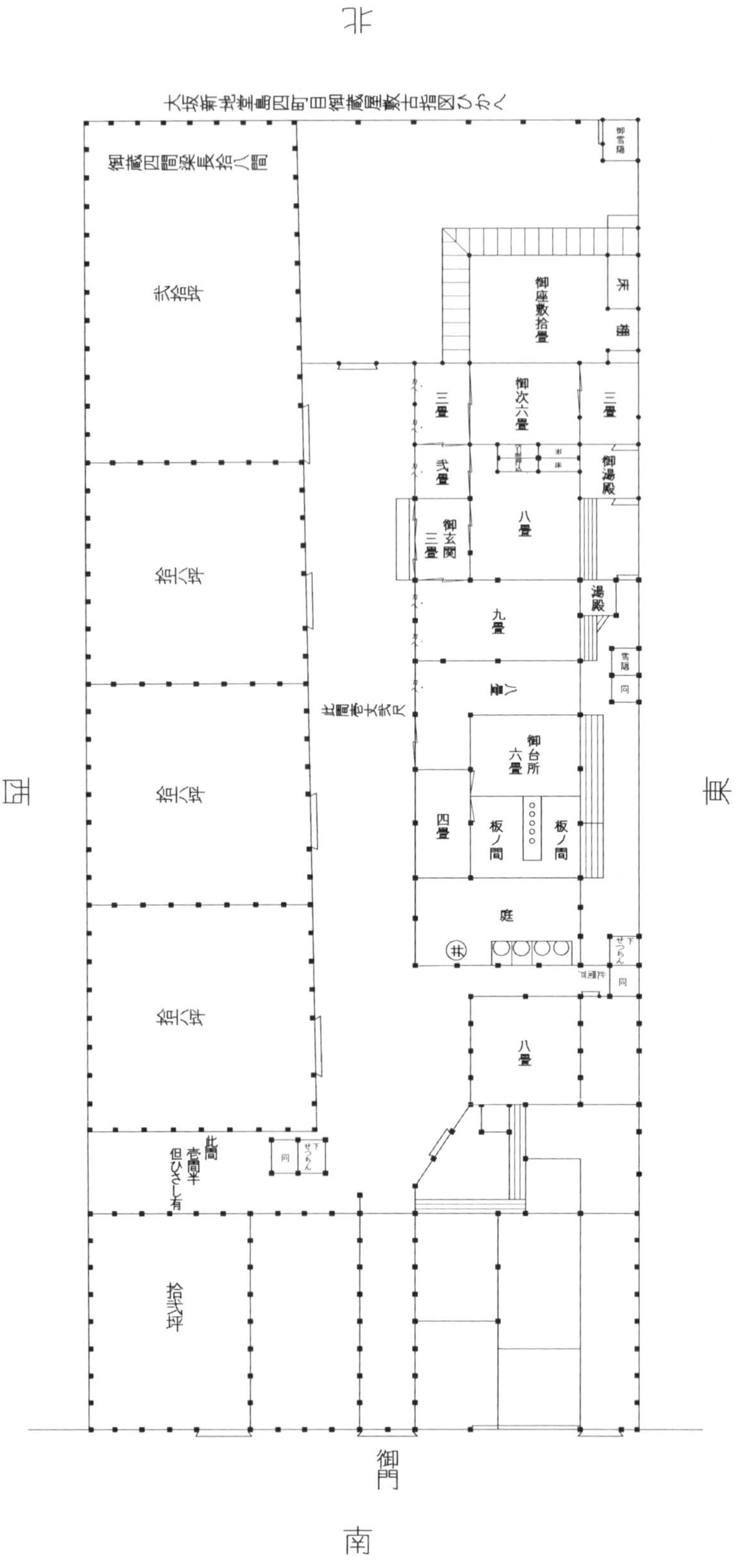

上田家　大坂新地堂島四町目御蔵屋敷古指図ひかへ

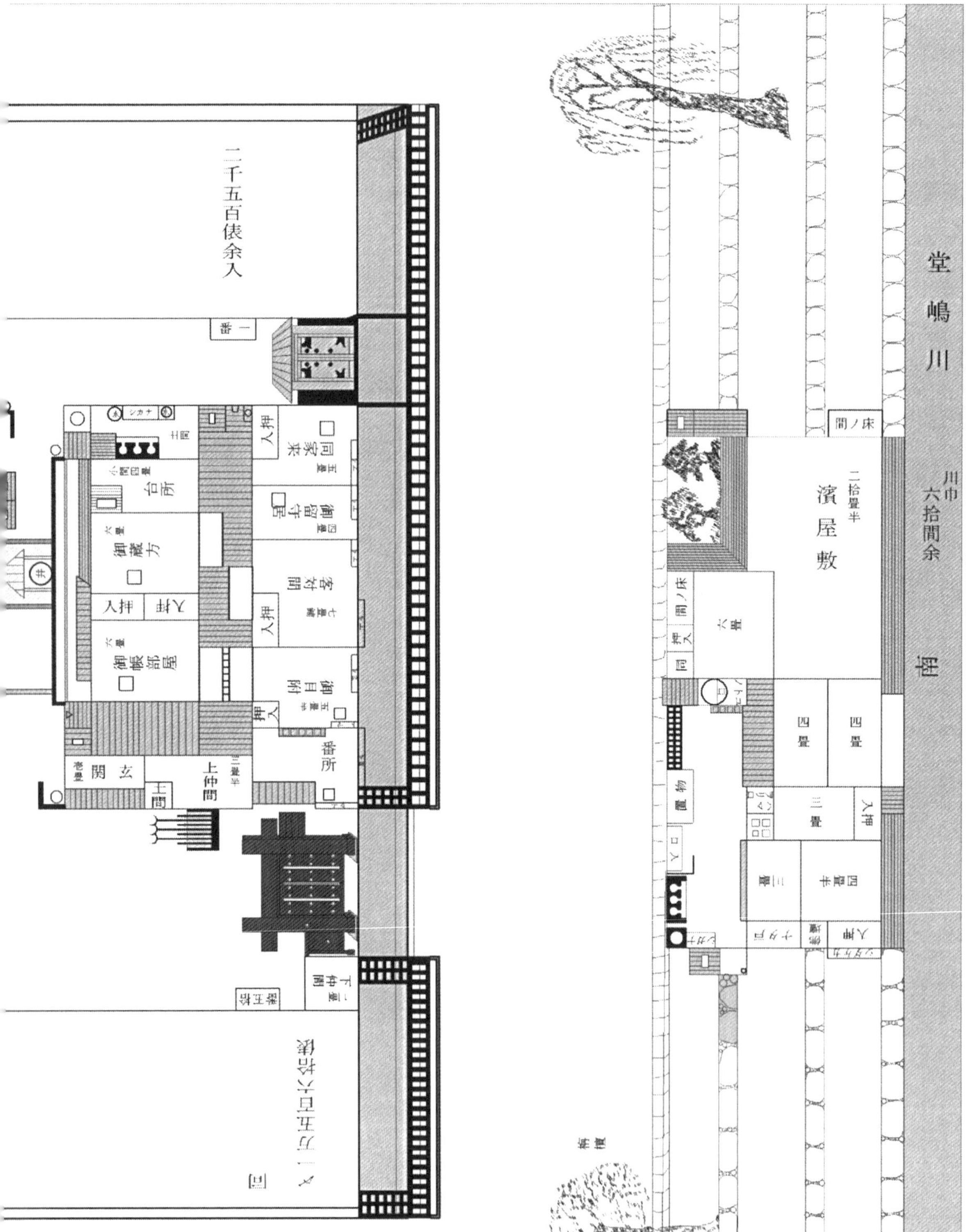

桑名藩　大坂堂嶋新地四丁目蔵屋敷絵図

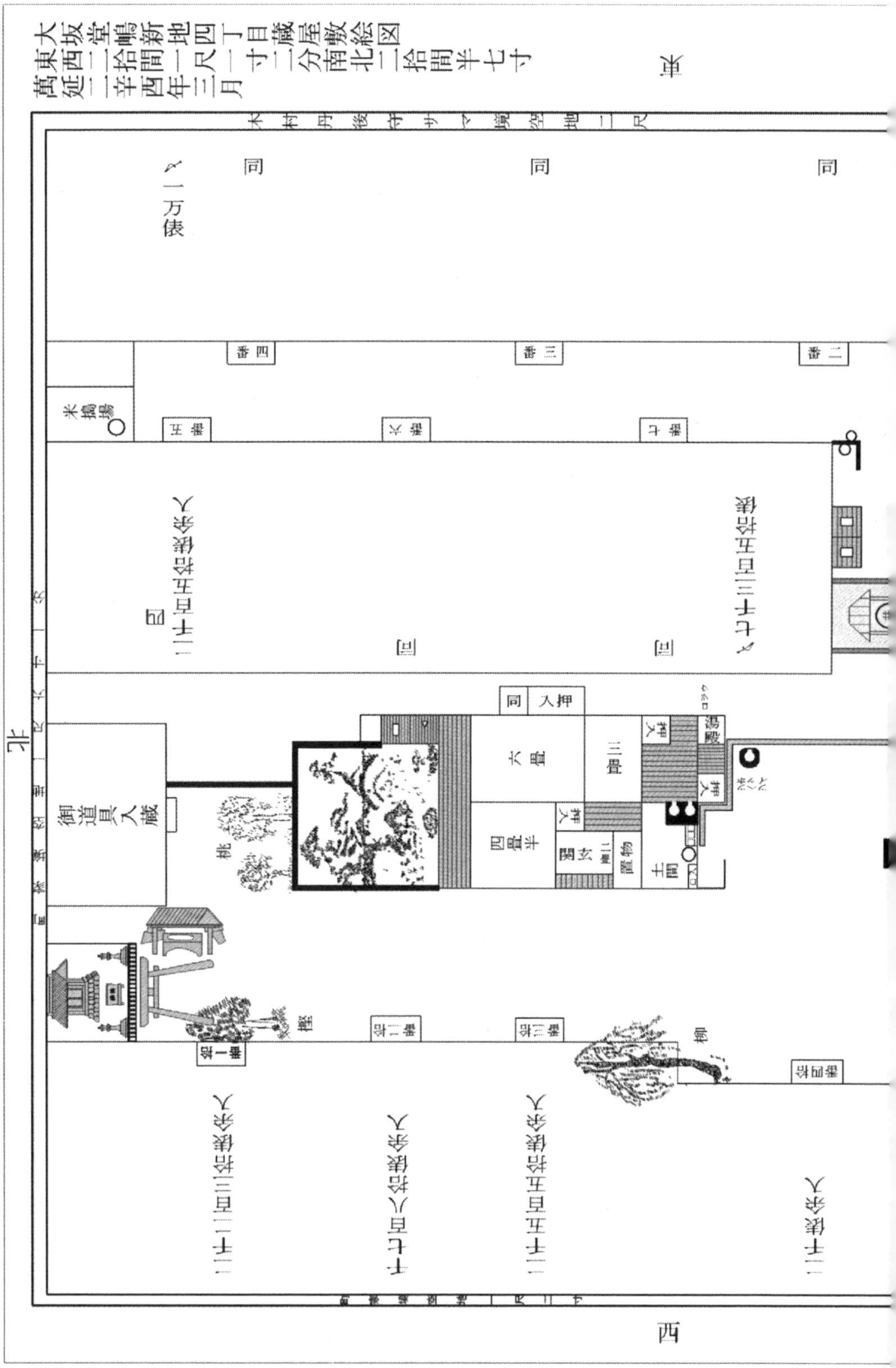

大坂堂嶋新地四丁目蔵屋敷絵図
東西二拾間一尺一寸二分
南北二拾間半七寸
萬延二辛酉年三月
東
西
北
御道具入蔵
米搗場
桃
柳
六畳
四畳半
土間

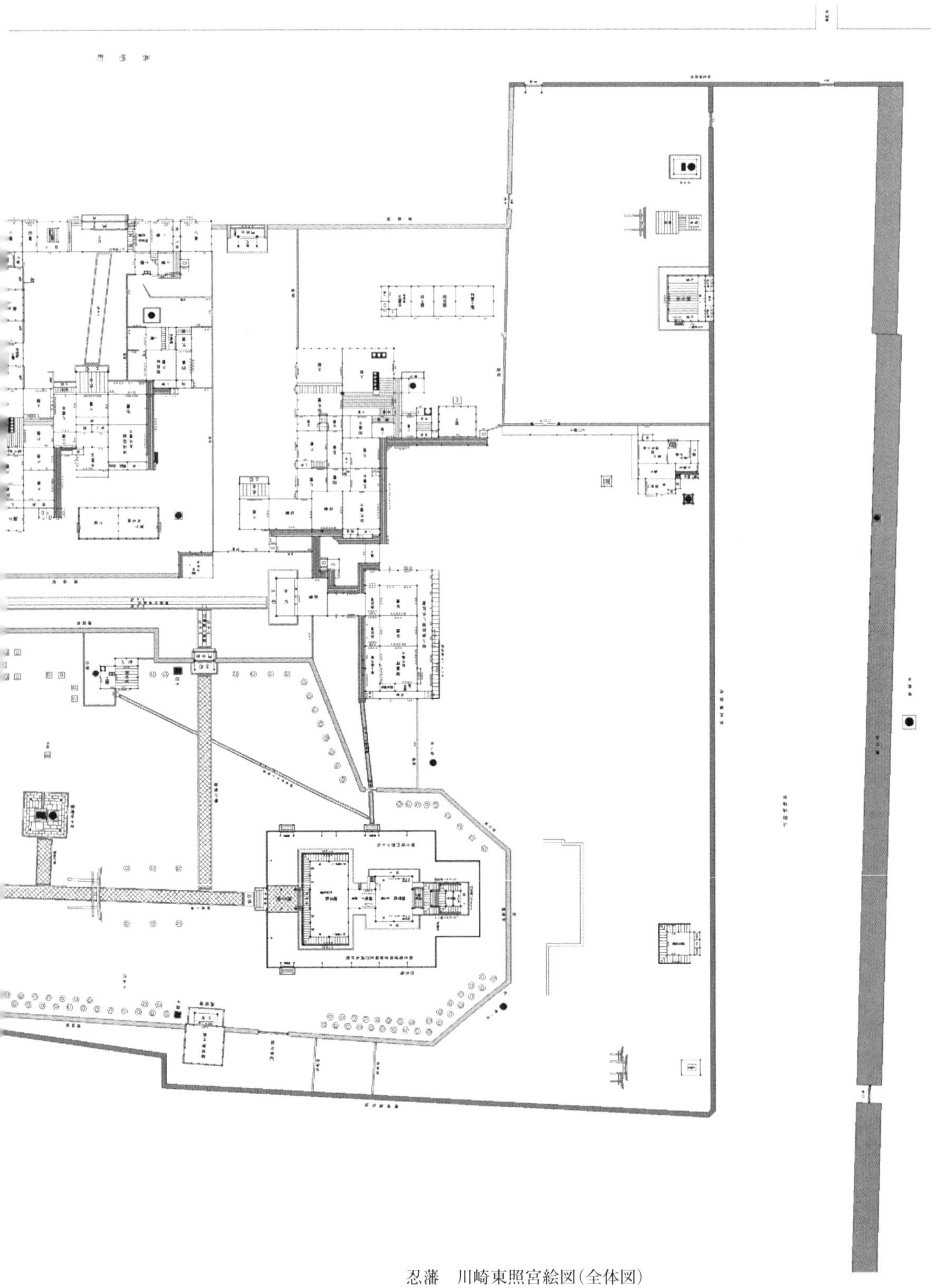

忍藩　川崎東照宮絵図(全体図)

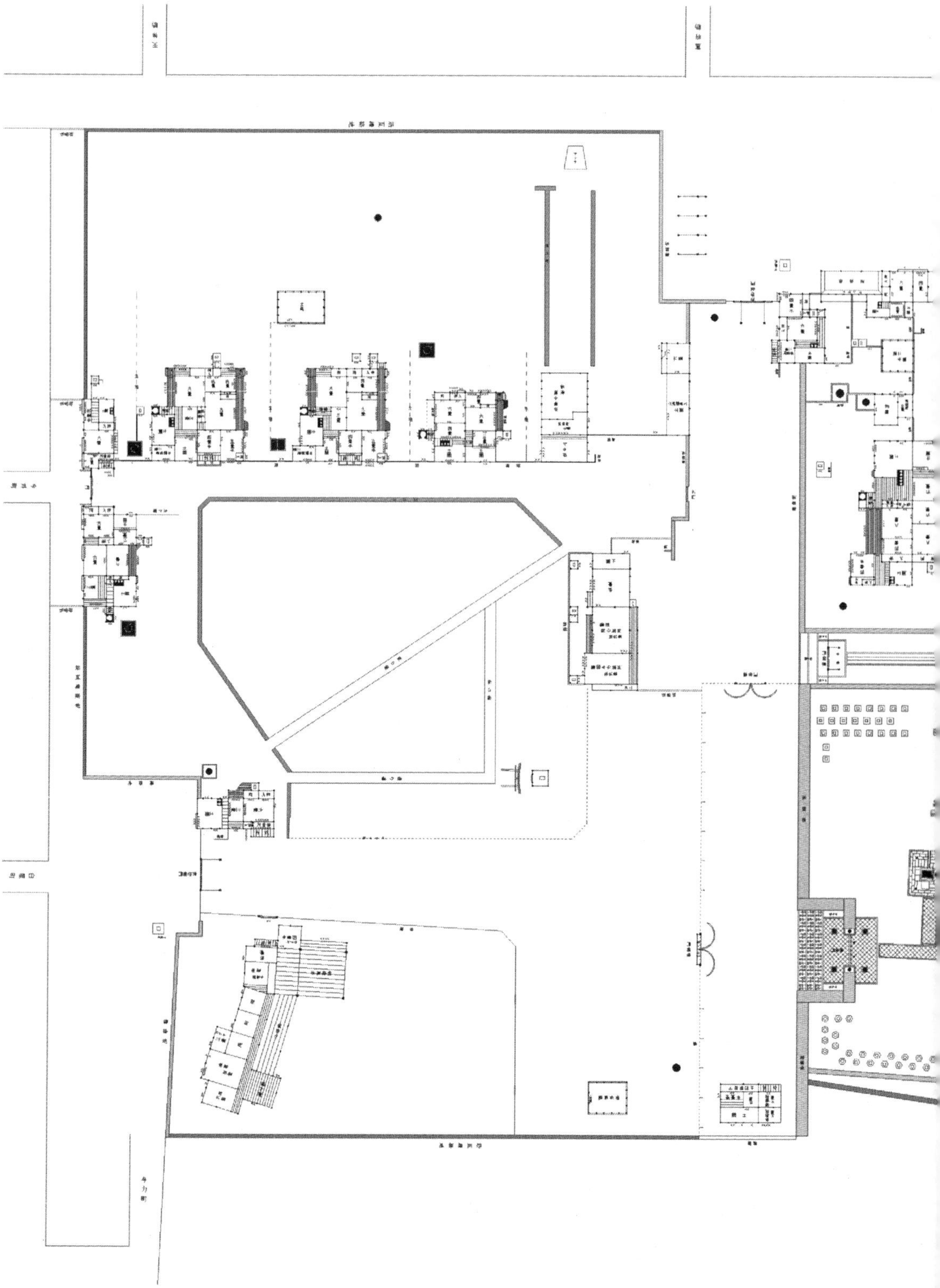

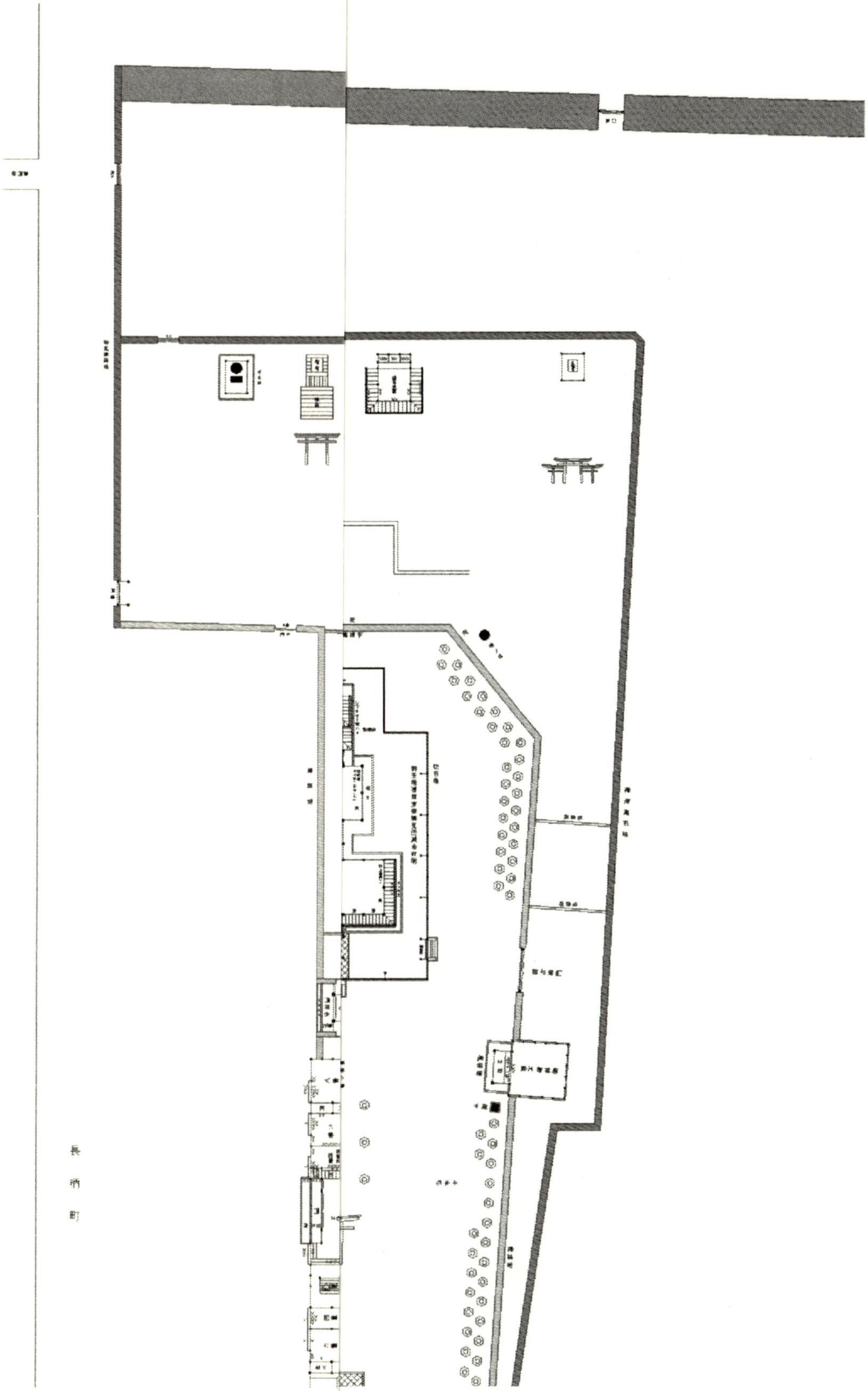

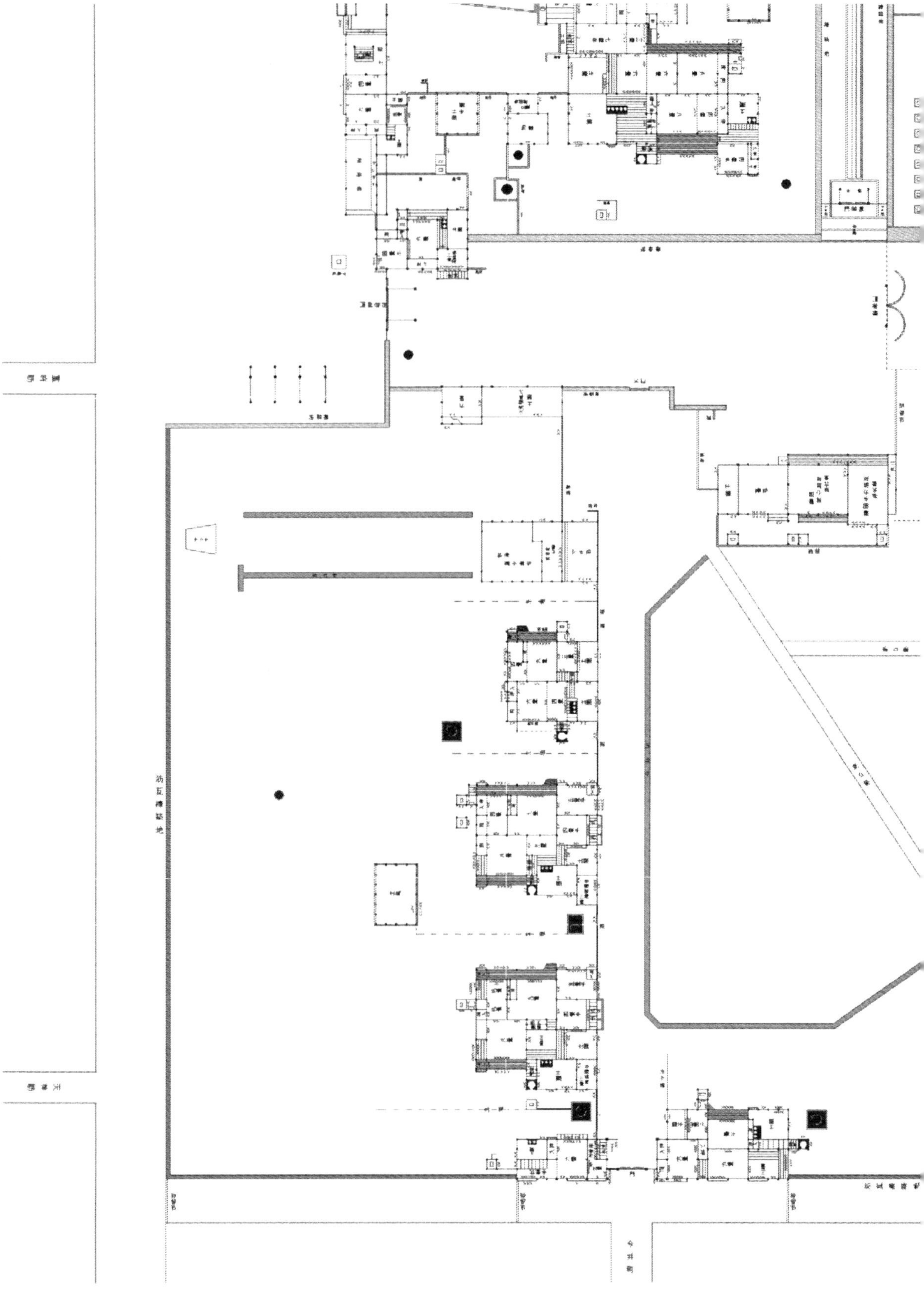

忍藩　川崎東照宮絵図(左

参考資料一覧

（図版の所蔵先および出典、これらを元にCAD図を作成し、植松が監修した）

熊本藩　大坂御蔵屋敷惣絵図（永青文庫蔵）…… 162〜163
佐賀藩　伊万里陶器蔵（江戸建築叢話〈中公文庫〉、中央公論社、1983年）……164
対馬藩　大坂本御屋鋪絵図（田代和生氏提供）……165
対馬藩　大坂本御屋鋪絵図（田代和生氏提供）…… 166〜167
対馬藩　大坂御屋敷長屋新規建絵図控（田代和生氏提供）…… 168〜169
島原藩　大坂屋敷絵図（本光寺蔵）…… 170〜171
島原藩　大坂蔵屋敷新絵図ひかへ（本光寺蔵）……172
秋月藩　大坂蔵屋敷御普請図面（福岡市博物館蔵）……173
広島藩　大坂御蔵屋敷絵図（大阪商業大学商業史博物館蔵）…… 折り込み
広島藩　大坂中ノ島御屋鋪絵図（広島市立中央図書館浅野文庫蔵）…176〜177、折り込み
広島藩　大坂中ノ島御屋鋪絵図御殿部分（広島市立中央図書館浅野文庫蔵）… 180〜181
広島藩　大坂浜之御屋鋪絵図（広島市立中央図書館浅野文庫蔵）……182
長州藩　大坂蔵屋敷絵図（山口県文書館蔵）……184〜185、折り込み
長州藩　大坂蔵屋敷図（山口県文書館蔵）…… 折り込み
長州藩　中之島屋敷（山口県文書館蔵）……187
長州藩　大坂富島古川浜新築御屋敷差図（山口県文書館蔵）…… 188〜189
鳥取藩　大坂屋敷絵図（鳥取県立博物館蔵）…… 190〜191
岡山藩　大坂中之嶋御屋鋪絵図（岡山大学付属図書館蔵）…… 192〜193
岡山藩　大坂西信町御屋鋪絵図（岡山大学付属図書館蔵）……194
岡山藩　大坂御蔵屋敷絵図（岡山大学付属図書館蔵）……195
岡山藩　大坂天満御屋鋪絵図（「天満御屋敷絵図」岡山大学付属図書館蔵）……196
松江藩　大坂御屋鋪御殿図（「松江藩大坂御屋敷御殿図」島根県立図書館蔵）… 198〜199
津山藩　大坂御蔵屋鋪惣絵図（津山郷土博物館蔵）…… 200〜201
津和野藩　大坂御蔵屋敷絵図（江戸建築叢話〈中公文庫〉、中央公論社、1983年）… 202〜203
上田家　大坂新地堂島四町目御蔵屋敷古指図ひかへ（「三原藩大坂新地堂島四町御屋敷古絵図ひかへ」三原市立中央図書館蔵）……204
桑名藩　大坂堂嶋新地四丁目蔵屋敷絵図（茨木市立文化財資料館蔵）…… 206〜207
忍藩　川崎東照宮絵図（行田市郷土博物館蔵）……208〜209、折り込み

あとがき

大坂蔵屋敷の建築史的研究は、筆者が一九九七年四月に大阪市立大学大学院博士課程に入学してからはじめたもので、研究方法などについて谷直樹教授（現大阪市立大学名誉教授）から直接指導を頂いたものである。大坂蔵屋敷の研究は、戦前からすでに経済史分野での蓄積があるが、建築史的研究は「佐賀藩大坂蔵屋敷の建築と年中行事」（伊勢戸佐一郎・谷直樹）がある程度で、未開の分野といえるものであった。

そこで、全国の機関に史料の所蔵を問い合わせ、史料探訪を行った。昼間は大学院生、夜間は工業高等学校の教員という二重生活のため、研究時間の捻出に苦労したが、翌年春に第一報をまとめることができた。その後、いくつもの論文を並行して執筆する期間が続いたが、二〇〇〇年三月大阪市立大学生活科学部に学位請求論文『近世大坂における蔵屋敷の住居史的研究』を提出することができた。

学位取得後、強い要請を受けて大阪人間科学大学に赴任することになった。新設大学のため、赴任後、建築士の受験資格取得の申請や他分野にわたる多くの授業の担当などで研究が進捗しない時期が続いたが、新たな史料の発見による成果も本書に掲載することができた。さらに研究を進めたいと考えていたところ、二〇一一年一月に次年度の学科募集を停止すると突然の通告を受けた。これまで大学や学科、学生に対して行ってきたすべてのことが無に帰すことになった。そこで、これまで行ってきた蔵屋敷の研究をまとめておきたいと考え、思文閣出版にお願いすることになった。本書は学位請求論文を元にしているが、谷教授・岩間香摂南大学教授の新稿を掲載することができ、現時点における大坂蔵屋敷の建築史的研究の全貌を示すことができたと考えている。

本書をまとめるにあたり多くの方々のお世話になった。終始研究のご指導を頂いた谷教授・中嶋節子講師（現京都大学准教授）をはじめ、当時の大阪市立大学生活科学部谷研究室の皆様には種々ご指導を賜った。高等学校教諭に採用される以前、四年間の講師の期限が切れ失職した際にお世話になった相川三郎先生（現京都建築大学校名誉校長）・中野吉晟先生（現中央工学校ＯＳＡＫＡ校長）には教諭に採用されたのちもご指導を賜った。また職場の福田剛先生・前田幸夫先生には、研究活動にご理解を頂き、種々ご高配を賜った。筆者が研究を進めることができたのは、こうした恩師や先生方に恵まれたことにある。本書の完成を機に感謝申し上げる次第である。また史料調査でお世話になった機関の担当者の方々にも謝意を表するものである。

最後に、出版のお世話になった思文閣出版の原宏一・三浦泰保の両氏にお礼を申し上げて、本書のあとがきとしたい。

二〇一五年三月

植松清志

初出一覧

序　章　大坂蔵屋敷の建築史的研究

植松清志　新稿

第一章　西国大名の大坂蔵屋敷——佐賀藩大坂蔵屋敷の成立と変遷——

植松清志・谷直樹「佐賀藩大坂蔵屋敷について」（『日本建築学会計画系論文集』四月号・第五三〇号、二〇〇〇年）、伊勢戸佐一郎・谷直樹「佐賀藩大坂蔵屋敷の建築と年中行事」（『大阪の歴史』第二五号、一九八八年）、ただし、同論文における伊勢戸氏の執筆分担は年中行事であり、本書では掲載していない。

第二章　西国大名の大坂蔵屋敷——徳島藩大坂蔵屋敷の建築構成——

植松清志・谷直樹「徳島藩大坂蔵屋敷の建築構成について」（大阪市立大学大学院『生活科学研究誌』六号、二〇〇七年）

第三章　西国大名の大坂蔵屋敷と京都・伏見屋敷——高知藩における上方屋敷の比較研究——

植松清志・谷直樹・中嶋節子「高知藩屋敷の建築構成について——大坂・京都・伏見屋敷を中心に——」（『建築史学』第三五号、二〇〇〇年）

第四章　奥羽諸藩における上方屋敷の変容——弘前藩・秋田藩の上方蔵屋敷——

植松清志・谷直樹「奥羽諸藩の蔵屋敷の建築について——弘前・秋田藩を中心に——」（『歴史科学』第一五九号、二〇〇〇年）、植松清志・谷直樹「弘前藩の蔵屋敷について」（『大阪市立大学生活科学部紀要』

第四六巻、一九九八年）

第五章　大坂蔵屋敷の鎮守社と祭礼
谷直樹　新稿

第六章　「よと川の図」と福岡藩蔵屋敷
谷直樹・岩間香　新稿

第七章　畿内小藩の大坂蔵屋敷――小室藩大坂蔵屋敷の成立と解体――
植松清志・谷直樹「小室藩大坂蔵屋敷の変貌」（『大阪城と城下町』思文閣出版、二〇〇〇年）

第八章　幕末における大坂蔵屋敷の新傾向――松代藩大坂蔵屋敷――
植松清志・谷直樹「松代藩の大坂蔵屋敷について」（『大阪市立大学生活科学部紀要』第四七巻、一九九九年）

第九章　幕末における大坂蔵屋敷の新傾向――御三卿清水家の大坂蔵屋敷――
植松清志・谷直樹「御三卿清水家の大坂蔵屋敷について」（『和泉市史紀要第八集　槇尾山と横山谷の調査研究』二〇〇三年）

結　章　大坂蔵屋敷の成立と展開
植松清志　新稿

索　　引

【人　名】

【事　項】

図版一覧

＊印の図版は、資料を元にＣＡＤ図を作成し、植松が監修した

口　絵

福岡藩蔵屋敷(「よと川の図」大阪市立住まいのミュージアム蔵)

佐賀藩元禄絵図

(「元禄五年佐賀藩大坂屋敷指図Ｉ」日本生命保険相互会社蔵・大阪歴史博物館寄託)

徳島藩大坂蔵屋敷絵図(個人蔵、徳島市立徳島城博物館蔵)

同上　部分拡大図(同上)

高知藩大坂蔵屋敷図(安芸市立歴史民俗資料館蔵)

第１章

＊図1-１　貞享五年天満十一丁目下半町水帳絵図 ………… 10
(日本生命保険相互会社蔵・大阪歴史博物館寄託)

＊図1-２　元禄五年佐賀藩大坂蔵屋敷指図Ｉ(同上) ………… 折り込み

＊図1-３　享保再建佐賀藩大坂蔵屋敷指図(同上) ………… 折り込み

＊図1-４　元禄期御屋形(同上) ………… 18

＊図1-５　元禄期御屋形(同上) ………… 18

＊図1-６　享保再建御屋形(同上) ………… 21

＊図1-７　明地の機能(同上) ………… 21

第2章

図2-１　元禄16年徳島藩大坂蔵屋敷の位置 ………… 27
(『新修大阪市史』第３巻〈1989年〉所収)

図2-２　文化３年の徳島藩大坂蔵屋敷の位置(『古板大坂地図集成』〈1970年〉所収) … 27

図2-３　貞享４年の徳島藩大坂蔵屋敷の位置(同上) ………… 27

＊図2-４　徳島藩大坂蔵屋敷図(「徳島藩大坂蔵屋敷絵図〈個人蔵〉」徳島市立徳島城博物館蔵)…折り込み

＊図2-５　徳島藩大坂蔵屋敷御殿(同上) ………… 29

＊図2-６　岡山藩大坂蔵屋敷図御殿(岡山大学付属図書館蔵) ………… 29

図2-７　広島藩大坂蔵屋敷御殿(『大阪の歴史』第51号〈1998年〉所収) ………… 31

第3章

＊図3-１　高知藩大坂屋敷図(安芸市立歴史民俗資料館蔵) ………… 折り込み

＊ 図3- 2　高知藩京都屋敷図（同上） …… 37
＊ 図3- 3　高知藩伏見屋敷図（同上） …… 34
＊ 図3- 4　高知藩江戸上屋敷図（同上） …… 40
＊ 図3- 5　高知藩江戸麻布屋敷図（同上） …… 41

第4章
図4- 1　弘前藩敦賀蔵屋敷の位置（『敦賀市史』通史編上巻〈1985年〉所収） …… 56
＊ 図4- 2　弘前藩敦賀蔵屋敷図（享保図）（弘前市立弘前図書館蔵） …… 52
図4- 3　弘前藩敦賀蔵屋敷図（天明図）（前掲『敦賀市史』通史編上巻所収） …… 52
図4- 4　弘前藩大津蔵屋敷の位置 …… 58
（印牧信明「近世前期の大津米穀市場について」〈『海事史研究』第53号、1996年〉所収）
＊ 図4- 5　弘前藩大津屋敷図（弘前市立弘前図書館蔵） …… 59
図4- 6　弘前藩京都屋敷の位置（橋本澄月編『改正再刻京都区分細図』〈1883年〉所収） 59
＊ 図4- 7　弘前藩京都屋敷図（享保図）（弘前市立弘前図書館蔵） …… 60
＊ 図4- 8　弘前藩京都屋敷図（天明大火後再建図）（同上） …… 61
＊ 図4- 9　弘前藩大坂蔵屋敷図（享保図）（同上） …… 64
＊ 図4-10　弘前藩大坂蔵屋敷図（文化・文政図）（国文学研究資料館蔵） …… 65
図4-11　秋田藩大坂蔵屋敷の位置（前掲『古板大坂地図集成』所収） …… 67
＊ 図4-12　秋田藩大坂蔵屋敷図（「大坂御蔵屋敷図」秋田県公文書館蔵） …… 68

第5章
図5- 1　「福神繁花巡り」の引き札（『摂陽奇観』〈『浪速叢書』〉所収） …… 79
図5- 2　「北堀江裏通地所家屋沽券」添付絵図（三菱史料館蔵） …… 81
図5- 3　『増脩改正摂州大阪地図』部分 …… 84
図5- 4　水天宮の祭（「大阪中之島久留米藩蔵屋敷絵図」尾嵜彰廣氏蔵） …… 85
図5- 5　「久留米藩大坂蔵屋敷図」の水天宮（個人蔵） …… 85
図5- 6　生根神社拝殿（『大阪府西成郡玉出町誌』〈1924年〉所収） …… 87
図5- 7　明治18年の土佐稲荷社（三菱史料館蔵） …… 98
図5- 8　明治20年再建の土佐稲荷神社（同上） …… 98

第6章
図6- 1　川御座船（「よと川の図」大阪市立住まいのミュージアム蔵） …… 105
図6- 2　福岡藩蔵屋敷古写真（『中之嶋誌』〈1937年〉所収） …… 105

編著者・執筆者紹介

編著者

植 松 清 志（うえまつ・きよし）

1952 年生。大阪市立大学大学院生活科学研究科修了、博士(学術)。大阪人間科学大学人間科学部教授。

『門真市史』第 3 巻・第 4 巻（共著、門真市、1997・2000 年)、『大工頭中井家建築指図集』（共著、思文閣出版、2003 年)、『大阪狭山市史』第 1 巻本文編通史（共著、大阪狭山市、2014 年)、「建築家本間乙彦について」(大阪人間科学大学紀要第 13 号、2014 年 3 月)、「氏神赤阪神社の再建について」(大阪人間科学大学紀要第 14 号、2015 年 3 月)、「復古紫宸殿における屋根の設計　寛政度内裏に関する研究(4)」(共著、日本建築学会『計画計論文集』第 669 号、2011 年 11 月)、「寛政度内裏における常御殿の設計」(共著、大阪市立大学『生活科学研究誌』Vol.10、2012 年 3 月)。

執筆者

谷　 直 樹（たに・なおき）

1948 年生。京都大学大学院工学研究科(日本建築史・博物館学)、京都大学工学博士。大阪くらしの今昔館館長。

『中井家大工支配の研究』(思文閣出版、1992 年)、『まち祇園祭すまい―都市祭礼の現代―』(共編、思文閣出版、1994 年)、『大工頭中井家建築指図集―中井家所蔵本―』(思文閣出版、2003 年)、『まちに住まう知恵―上方三都のライフスタイル―』(平凡社、2005 年)、『いきている長屋―大阪市大モデルの構築―』(共著、大阪公立大学共同出版会、2013 年)。

岩 間　 香（いわま・かおり）

1953 年生。大阪市立大学大学院生活科学研究科修了、博士(学術)。摂南大学外国語学部教授。

『まち祇園祭すまい―都市祭礼の現代―』(共著、思文閣出版、1994 年)、『寛永文化のネットワーク―『隔蓂記』の世界―』(共編、思文閣出版、1997 年)、『裏松固禅「院宮及私第図」の研究』(共著、中央公論美術出版、2006 年)、『祭りのしつらい―町家とまち並み―』(共編、思文閣出版、2008 年)。

中 嶋 節 子（なかじま・せつこ）

1969 年生。京都大学大学院工学研究科建築学専攻博士後期課程修了、博士(工学)。京都大学大学院人間・環境学研究科准教授。

『近代日本の郊外住宅地』(共著、鹿島出版会、2000 年)、『近代とは何か』(シリーズ都市・建築・歴史 7、共著、東京大学出版会、2005 年)、『東山／京都風景論』(共著、昭和堂、2006 年)、『伏見稲荷大社御鎮座千三百年史』(共著、伏見稲荷大社、2011 年)、『近代日本の歴史都市―古都と城下町―』(共著、思文閣出版、2013 年)

大坂蔵屋敷《おおさかくらやしき》の建築史的研究《けんちくしてきけんきゅう》

2015(平成27)年3月31日発行

編著者
植松清志

発行者
田中　大

発行所
株式会社 思文閣出版
〒605-0089　京都市東山区元町355　電話075(751)1781㈹

定価：本体4,800円(税別)

印　刷　図書印刷株式会社

ISBN978-4-7842-1724-3　C3021